全国哲学社会科学规划办公室　编

国家社科基金项目
成果选介汇编

〔第四辑〕

社会科学文献出版社
SOCIAL SCIENCES ACADEMIC PRESS (CHINA)

出版说明

    为宣传和推介国家社科基金项目成果，更好地促进优秀研究成果的转化和应用，全国哲学社会科学规划办公室陆续编辑出版《国家社科基金项目成果选介汇编》。本书是第四辑，选介了 76 项成果，涉及国家社科基金资助领域的 22 个学科（教育学、艺术学和军事学暂未选编），其中重点介绍了基础研究项目成果。本书所编入的各篇成果介绍分别由各项目负责人撰写而成，在体例结构、内容繁简、行文风格等方面不尽相同。

全国哲学社会科学规划办公室

2007 年 12 月

目　　录

马克思主义中国化研究

——《马克思主义中国化研究》成果简介

　　湖南省社科联肖浩辉研究员主持的国家社会科学基金项目《马克思主义中国化研究》（批准号为 02AKS002），最终成果为同名专著。课题组成员有：谭运宏、肖毅敏、周发源、曾端期、熊泽成等。

一 马克思主义中国化的理论来源和客观依据

马克思主义中国化，就是把马克思主义的基本原理同时代特征和中国实际结合起来、同中华民族的优秀传统和中国共产党人的实践经验结合起来，使之具有中国特色，以正确回答中国革命和建设中的理论问题和实际问题，开辟中国特色的革命和建设道路。

1. 马克思主义的基本原理是马克思主义中国化的理论源泉

马克思主义哲学是马克思主义的立场、观点、方法的集中体现，是整个马克思主义学说的理论基础，为无产阶级及其政党提供了认识和改造世界的锐利思想武器。马克思主义的政治经济学，是"马克思理论最深刻、最全面、最详细的证明和运用"，为无产阶级解放事业提供了坚实的理论基石。科学社会主义是国际工人运动的理论和纲领，为无产阶级解放运动指明了方向、道路和目标。世界共产主义运动的实践证明：马克思主义的立场、观点、方法和基本原理是放之四海皆准的普遍真理。《共产党宣言》发表以来，马克思主义一直是塑造世界的主要精神力量，是推动和指导世界人民摆脱剥削、压迫和贫困，走上独立和解放、争取社会主义和人民共同富裕的强大思想武器，是实现马克思主义中国化的理论源泉。

2. 中国革命和建设实践是马克思主义中国化的客观基础

马克思主义在本质上具有实践性，它既产生于一定的社会实践，又对社会实践具有指导作用。旧中国是一个半封建、半殖民地社会，人民陷入水深火热的之中，迫切需要科学的理论指导。中国的仁人志士，为了国家复兴，到处寻找治国的良方，首先是向西方取经。但是，帝国主义的侵略打破了中国人学西方的迷梦。十月革命一声炮响，给我们送来了马克思列宁主义。经过反复比较，中国人终于选择了马克思列宁主义。马克思主义同中国实际相结合是马克思主义中国化的根基。毛泽东最先倡导"马克思列宁主义的理论和中国革命的实践之统一的原则"，把马克思主义植根于中国实践的沃土中，使之生根、发芽、成长和发展，实现了马克思主义中国化。

3. 与时俱进的理论品质是马克思主义中国化的内在因素

马克思主义具有与时俱进的理论品质，是由马克思主义理论的科学性和实践性决定的。马克思主义始终严格地以客观事实为根据，而实践又总是在不停地发展中，马克思主义必定随着时代、实践的发展而不断发展。与时俱进的理论品质贯穿于马克思主义理论体系产生和发展的全过程。马克思主义中国化的理论成果是中国共产党人与时俱进的结晶。

二　马克思主义中国化的历史进程和丰硕成果

从中国共产党成立之日起，实际上就开始了马克思主义同中国革命实践相统一的进程，也就是马克思主义中国化的进程。经过一代又一代中国共产党人的探索创新，不断把马克思主义中国化事业推向前进。

1. 马克思主义中国化第一次飞跃和第一大理论成果——毛泽东思想

中国共产党成立以后，率先推进马克思主义中国化的，是以毛泽东为主要代表的中国共产党人。他把马克思主义的普遍真理同中国革命处于世界无产阶级革命时代的时代特征相结合、同中国半封建半殖民地社会的国情相结合，创立了新民主主义革命理论，开辟了农村包围城市、武装夺取全国政权的革命道路，制定了新民主主义革命总路线和基本纲领，解决了党在中国革命中的统一战线、武装斗争和党的建设等基本问题，形成了完整的、有中国特色的革命理论，实现了马克思主义中国化的第一次历史性飞跃，产生了毛泽东思想。中共七大把毛泽东思想写进了党章，确立为党的一切工作的指针。在这个理论指导下，取得了民族独立和人民解放的胜利。中共七大以后直到党的十一届三中全会，是毛泽东思想进一步丰富和发展时期。他提出了党在过渡时期的理论和路线，开辟了有中国特色社会主义改造的道路，建立了社会主义基本制度。社会主义改造基本完成后，又不失时机地探索中国自己的建设社会主义道路，提出了许多重要观点，领导中国人民取得了社会主义建设的初步胜利。

2. 马克思主义中国化的第二次飞跃和第二大理论成果——邓小平理论

党的十一届三中全会以后，以邓小平为主要代表的中国共产党人，继承了毛泽东的事业，开始了马克思主义中国化的新进程。高举毛泽东思想旗帜，坚持解放思想、实事求是的思想路线，把马克思主义基本原理同和平与发展已成为当今时代主题的时代特征相结合、同中国处于社会主义初级阶段的基本国情相结合，提出了一系列新的理论观点和战略策略决策：从实际出发，走自己的路，建设中国特色社会主义的理论；社会主义初级阶段理论；社会主义本质理论；改革开放理论；社会主义市场经济理论；社会主义全面发展的理论；分三步走的经济发展战略；民主法制建设理论；社会主义精神文明建设理论；新时期军队建设理论；团结一切可以团结的力量建设社会主义的理论；"一国两制，统一祖国"的构想；国际战略和对外策略；把党建设成领导社会主义现代化建设的坚强核心的理论等，构成了中国特色会主义理论的科学体系，第一次比较系统地回答了什么是社会主义、怎样建设社会主义等一系列基本问题，指导中国共产党制定了社会主义初级阶段的基本路线，开创了社会主义现代化建设的新局面。这个成果在中共十四大得到充分肯定，命名为中国特色会主义理论。中共十五大将中国特色社会主义理论正式命名为邓小平理论，在党章中确立为党的指导思想，明确提出高举邓小平理论伟大旗帜，把建设中国特色社会主义事业全面推向 21 世纪的任务。

3. 马克思主义中国化的第三大理论成果——"三个代表"重要思想

从中共十三届四中全会起，以江泽民为主要代表的中国共产党人，把高举邓小平理论旗帜，坚定不移地、完整准确地用邓小平理论武装头脑，指导实践摆在头等重要的地位。并在新的实践中创造性地运用马克思主义的世界观和方法论，科学判断和全面把握世纪之交世界多极化、经济全球化以及科技进步的时代特征和发展趋势，科学判断和全面把握中国将长期处于社会主义初级阶段的基本国情，科学判断和全面把握中国共产党所处的历史方位和肩负的历史使命，围绕建设中国特色社会主义这个主题，提出了一系列新理念，比如："三个代表"要求是立党之本、执政之基、力量之源；发展是党执政兴国的第一要务；经济体制改革的目标是建立社会主义市场经济体制；"引进来"和"走出去"相结合的对外开放战略；推进区域协调发展和可持续发展；建设社会主义政治文明；发展社会主义先进文化；积极推进中国特色军事变革，建设革命化、现代化、正规化军队；大团结、大联合是统一战线的宗旨和主题；发展两岸关系、推进祖国和平统一进程；维护世界和平，促进共同发展是中国外交政策的宗旨；推进党的建设新的伟大工程等战略思想，逐步形成了"三个代表"重要思想的科学理论体系，制定了社会主义初级阶段建设中国特色社会主义的基本纲领和全面建设小康社会的目标，进一步回答了什么是社会主义、怎样建设社会主义的问题，创造性地回答了建设什么样的党、怎样建设党的问题，开辟了马克思主义发展的新境界。"三个代表"重要思想，是面向 21 世纪的中国化的马克思主义，是指引全党全国人民为实现新世纪新阶段的发展目标和宏伟蓝图而奋斗的根本指针。中共十六大把"三个代表"重要思想写进了党章，确立为党必须长期坚持的指导思想。

4. 马克思主义中国化的最新成果——科学发展观

中共十六大以来，以胡锦涛为主要代表的中国共产党人，在新的征途中，高举毛泽东思想、邓小平理论和"三个代表"重要思想的伟大旗帜，继续探索什么是社会主义、怎样建设社会主义，建设什么样的党、怎样建设党，实现什么样的发展、怎样发展等重大理论和实际问题，形成了科学发展观。科学发展观是对党的三代中央领导集体关于发展的重要思想的继承和发展，是马克思主义关于发展的世界观和方法论的集中体现，是同马克思列宁主义、毛泽东思想、邓小平理论和"三个代表"重要思想既一脉相承又与时俱进的科学理论。中共十七大把科学发展观同邓小平理论和"三个代表"重要思想整合为中国特色社会主义理论体系。强调中国特色社会主义，是当代中国发展进步的旗帜，是全党全国各族人民团结奋斗的旗帜。高举中国特色社会主义伟大旗帜，最根本的就是要坚持中国特色社会主义道路和理论体系。科学发展观是中共中央从社会主义初级阶段基本国情出发，科学分析中国新的历史起点上发展的阶段性特征，适应全面建设小康社会、加快推进社会主义现代化的新要求做出的战略选择。科学发展观着眼于丰富发展内涵、创新发展理念、开拓发展思路、破解发展难题，在发展的道路、模式、战略、动力、目的和要求等问题上提出了一系列新思想。比如："科学发展观，第一要义是发展，核心是以人为本，基本要求是全面协调可持续，根本方法是统筹兼顾"；解放思想是发展中国特色社会主义的一大法宝，改革开放是发展中国特色社会主义的强大动力，科学发展、社会和谐是发展中国特色社会主义的基本要求，全面建设小康社会是党和国家到2020年的奋斗目标，是全国各族人民的根本利益所在，必须坚定不移；提出中国特色社会主义经济建设、政治建设、文化建设、社会建设四位一体的总体布局……丰富和发展了中国特色社会主义理论体系，指明了实现经济社会又好又快发展的科学道路。中共十七大将科学发展观写进了党章，强调科学发展观是中国经济社会发展的重要指导方针，是发展中国特色社会主义必须坚持和贯彻的重大战略思想。

三 马克思主义中国化成功的基本经验

中国共产党人在马克思主义中国化探索的长期实践中，对马克思主义中国化认识水平达到了新的高度。认真总结马克思主义中国化的基本经验，把握马克思主义中国化的规律性，推动马克思主义中国化的新发展，是学习和研究马克思主义中国化出发点和落脚点。

1. 坚持以科学的态度对待马克思主义是马克思主义中国化的前提

所谓科学的态度，就是用唯物辩证的观点看待和运用马克思主义，始终坚持马克思主义的基本原理不动摇，坚持把马克思主义作为行动指南，坚持完整、准确地理解和运用马克思主义，坚持以发展的眼光看待马克思主义。

2. 坚持理论与实践相统一的原则是马克思主义中国化的根本

"理论与实践相统一是马克思主义的一项根本原则"。这个原则同"马克思主义中国化"具有内在的联系，前者是表达马克思主义指导中国革命和建设过程中的动态行为方式，后者是理论和实践结合的必然结果。坚持马克思主义同中国实际相结合，是马克思主义中国化成功的根本原因。坚持在深入调查的基础上，科学判断和全面把握世情、国情和党情是理论联系实际的基础。在这个基础上建构理论，制定路线、方针、政策，才能产生中国化的马克思主义。

3. 坚持在继承的基础上创新是马克思主义中国化的内在要求

对马克思主义理论的继承，是马克思主义中国化的思想之源。这种继承，就其形式来说，是马克思列宁主义、毛泽东思想、邓小平理论、"三个代表"重要思想和科学发展观的一脉相承。就内容来说，是对马克思主义的立场、观点、方法和基本原理的创造性运用。我们党的一个重要特点，就是善于与时俱进，开拓创新，提出新理念。它源于马克思主义，新于马克思主义，我们可以从中看到马克思主义的灵魂，但是在马克思列宁的著作上找不出这样的现成答案。

4. 坚持马克思主义与中国传统文化相融合是马克思主义中国化的重要标志

马克思主义是在西方社会特有的历史条件和文化背景下产生的，它的思想内容、思维方式与中华民族几千年积淀的文化传统有较大的差异。把马克思主义同中国传统文化融合起来，是马克思主义中国化必须解决的一个重要问题。中国共产党成功地实现了这种融合，使马克思主义具有中国民族形式、中国语言、中国风格、中国气派的特色，真正成为中国化的马克思主义。

5. 坚持群众路线依靠集体智慧是马克思主义中国化的力量源泉

群众路线是我们党的根本路线，这就决定了中国共产党进行马克思主义中国化的探索，不是个别领导人的孤立行动，而是集体智慧的结晶。人民群众的智慧是推进马克思主义中国化的集体智慧的第一源泉，党始终把尊重实践和尊重群众结合起来，把群众实践的经验条理化、系统化，上升为理论和政策；智囊团的智慧是推进马克思主义中国化的集体智慧的重要组成部分，领导者要善于借用外脑，集智囊的智慧为决策所用；领导集体的智慧是推进马克思主义中国化的决定性因素，党坚持集体领导制度，重大问题按照民主集中制的原则，经过领导集体充分讨论后做出决定，所产生的成果集中了领导集体所有成员的智慧。

6. 坚持同各种错误倾向作斗争是马克思主义中国化的重要保证

在马克思主义中国化探索实践中，必然会出现危害马克思主义中国化的各种错误思想倾向。党坚持以实事求是的思想路线为武器，与不同时期的右倾机会主义，"左"倾教条主义、经验主义，思想僵化，否定、割裂、歪曲、篡改马克思列宁主义和毛泽东思想等错误思潮，进行了坚决的斗争，排除了干扰，端正了航向，保证了马克思主义中国化不断取得新胜利。

本课题的学术价值在于把马克思主义中国化的条件、进程、成果和经验系统化、条理化，具有创新性、完整性、准确性、实践性、继承性、与时俱进性等特点。其应用价值在于能帮助广大干部和群众了解党如何把马克思主义的普遍原理同中国实际相结合，实现马克思主义中国化的，更好地理解其精神实质；了解马克思主义中国化新成果的思想体系是一脉相承的；把握马克思主义中国化的理论成果的科学体系，用完整准确的马克思列宁主义、毛泽东思想、邓小平理论、"三个代表"重要思想和科学发展观指导社会主义现代化建设实践和各项工作，把发展中国特色社会主义的伟大事业推向前进！

《资本论》三大手稿历史观的
当代意义研究

——《马克思历史哲学的当代意义》成果简介

　　复旦大学孙承叔教授主持完成的国家社科基金项目《马克思历史哲学的当代意义》（项目批准号为 01BZX004），最终成果为专著《真正的马克思——〈资本论〉三大手稿历史观的当代意义》。课题组成员有：王东。

为了正本清源，高扬马克思的伟大思想成果，使我们"从对马克思主义的错误的和教条式的理解中解放出来，从主观主义和形而上学的桎梏中解放出来"。中国理论界在"回到马克思"的口号下，掀起了研读马克思的高潮，本著作是对马克思的一种解读。

作者认为，把握马克思，不能停留在教科书水平，也不能停留在他的早期著作水平，因为此二者都忽视了马克思在《资本论》时期对历史观的贡献。真正的马克思是《资本论》时期的马克思，正是对于资本主义的深刻解剖，才使马克思历史观达到炉火纯青。在《资本论》的研读中，作者又强调了对《资本论》三大手稿研读的迫切性。过去我们偏重于第一卷，主要从经济学以及方法论角度，而不是从历史观。恩格斯非常重视第三卷，他曾经在书信中说："这个第三卷是我所读过的著作中最惊人的著作。""这是一部光彩夺目的著作，在学术上甚至超过第一卷。"但是已出版的著作对于马克思的思想而言只是冰山一角，要真正理解马克思就必须深入到他的全部《资本论》手稿、马克思关于《资本论》的书信、马克思所作的几百本读书笔记。而最值得重视、哲学味最浓的首推《1857～1858年经济学手稿》，因为它是《资本论》的准备著作，是马克思的思想实验室，原汁原味地保存着马克思哲学经济学思想交汇的全过程，是我们把握马克思历史观的最经典文本。全书以资本为核心，围绕着当前最具前沿性的12个问题，以揭示马克思历史观的当代意义。这些问题是：资本与市场经济的起源；商品、交换与货币；资本的本性与文明面；资本的生产性与有限性；资本与现代社会；关于交往方式；关于竞争；关于重建个体所有制；关于生活世界；关于公共领域；关于共产主义；关于历史唯物主义。

为了从宏观上展示马克思的视野，作者首先讨论了马克思主义哲学的根本出发点。作者认为传统的哲学教科书从生产方式出发，虽然揭示了劳动在人类历史上的地位和作用，发现了阶级斗争的直接基础，但是却偏离了马克思历史哲学的能动性原则。历史唯物主义的真正出发点是"现实的人"，只有从"现实的人"出发才能展现历史唯物主义的全部丰富内容，展现社会有机体的全面生产内涵和过程，为此作者深入分析了《1844年经济学哲学手稿》马克思关于人的六方面性质，并通过《德意志意识形态》人类第一个历史活动的分析，充分展现人类生活的内涵，展现"现实的人"的本质属性及其行为根源，从根基处奠定了人类历史的能动性源泉。并通过哲学史的研究，作者认为一切哲学争论的核心问题就是历史发展的能动性根源问题，从自然哲学到神本哲学再到人本哲学，表明了哲学发展的三个阶段，而对于为什么人是历史过程主体的根源分析，导致了近代哲学和现代哲学的历史争论，马克思现实的人的学说是哲学史内在逻辑的必然结果，是马克思之为马克思的根本原因之所在。

在现实的人的基础上，作者从人的全面需求出发展开了社会有机体的全面生产理论，并认为物质生产、人的自身生产、精神生产、社会关系再生产、人与自然关系的再生产五种生产的内在平衡是社会和谐的哲学基础，是我们要进一步掌握的人类历史发展规律。

整个社会机体是五种生产的统一，物质生产是基础，它构成人类历史的真正发源地，除了物质生产以外，人类自身再生产同样具有基础性的地位，它和物质生产一样，是整个人类生存、发展的第一需要，是整个人类生存和发展的基础和根本目的，它构成全部社会运动发展的内在动因和力量源泉，是人类一切活动的起点和终点。精神生产是人类生存和发展的能动司令部，是人类最自觉的生产，它对社会生活具有伟大的组织作用、动员作用和改造作用，在整个社会演进过程中具有举足轻重的地位；它是社会心理的升华，但却能驾驭社会心理；它是社会存在的升华，却能变革社会存在；它是经济基础的升华，却能推进经济基础；它受制于上层建筑，却又构成上层建筑的灵魂，是上层建筑控制、调节社会力量的精神司令部；它是整个社会有机体的社会生产、社会结构、社会演进的先决条件和精神动因，忽视它，必将不能完整准确地解释和指导历史。社会关系再生产则是人类生存和发展的基本前提和最有力保证。人们往往重视对物质利益的追求，认为只有财富才是人类追求的最真实目的，这是对人类"本性"的片面理解，因为他忽视了建立最佳社会关系同样是人的生命活动的本质要求。离开了社会关系，任何社会生产都不能进行，它是其他三种生产的基本前提和要素，同时也是其他三种生产的结果、动力。能否建立最佳社会关系是人类自决能力的标准。它不仅外化为制度、法律、组织，同时还积淀为道德、风俗、习惯、文化，是人类文明的最主要标志。精神文明建设的目标就在于建立最佳社会关系。此外还包括人与自然关系的再生产，否则一切无从谈起。整个社会从本质上讲就是五种生产的统一，这是一个只能在形式上分开，而不能在事实上分开的过程，由于它们都是人类生活的必须，因而五种生产必须协调发展。从这方面讲，五种生产的和谐、共生是人类生存和发展的最本质要求，它构成社会运动的最本质规律，因而在客观上成为以社会和谐为目标的新的发展观的哲学基础。

由于从现实的人出发，因此作者主张在整个社会结构的理解中，应该增加生活世界这一层面，它是一切历史运动的根本出发点和归宿，是物质生产之所以要进行的根源，物质生产制约着社会生活，但是生活却构成生产的内在动因和目的。在生活世界（现实的人）——五种生产——上层建筑的整体构架中，人类自身生产在原始社会居于主导地位，物质生产在当今社会居于主导地位，在未来的社会中，很可能是精神生产居于主导地位，因而上层建筑的功能不能是单纯为统治阶级的物质财富服务，它还必须协调各种生产，为五种生产的内在平衡，从而为社会的和谐服务，否则任何一种生产的缺失，都可能影响整个社会有机体的生存和发展。因此，上层建筑必须与生活世界建立广泛的联系，除了经济领域以外，必须加强公共领域的建设，从而为整个社会的和谐发展奠定理论基础。

为了克服对历史过程的简单化理解，作者提出了生产方式的多样性问题，并集中讨论了亚细亚生产方式与东方社会的历史发展，提出了中国特色的历史根源。

在多样性基础上，作者集中讨论了马克思的三大社会形态理论，提出了历史过程的统一性，即任何国家、任何民族都必然要经过自然经济和市场经济的历史过程。集中讨论了商品、货币、交换、资本在历史上的地位和作用。这一部分内容既与《资本论》及其三大手稿在马克思主义哲学史上的地位相联系，同时也与马克思学说在当代的意义相联系。马克思是研究市场经济的第一人，他一生用了近 40 年的时间，研究了一个问题，那就是市场经济，马克思所揭示的市场经济内在矛盾今天仍然是当今世界的主要矛盾，因此，即使在今天，马克思依然是不可超越的。马克思的思想之所以对历史具有如此的穿透力，从根本上讲，是因为马克思对现实的把握具有穿透力，马克思正是在深刻理解了资本主义社会以后，才最后形成自己历史观的（马克思许多有穿透力的学说是在研究了资本主义以后才形成的，例如三大社会形态理论）。因此真正的历史唯物主义必然是现时代的。也就是说，只有站在时代的高度，我们才能真正理解历史唯物主义。从这方面讲，深刻理解市场经济是把握历史唯物主义的必要前提。

在《资本论》时期，马克思对历史唯物主义的贡献集中体现在以下几个方面。

（1）在《1857～1858 年经济学手稿》"货币章"，马克思在研究货币的历史起源过程中，第一次发现并提出了人类历史的三大社会形态，这不仅揭示了历史的新的发展规律，而且是对市场经济历史地位的最高概括。

（2）发现了市场经济的真正起源，即劳动力成为商品，货币成为资本，从而把商品经济区分为两个阶段。正像马克思所揭示的："最大的交换，不是商品的交换，而是劳动同商品的交换。""一旦劳动人口不再作为商品生产者进入市场，不再出卖劳动产品，而是出卖劳动本身，或者更确切地说，出卖他们的劳动能力，那么，生产就会在整个范围内，在全部广度和深度上成为商品生产，一切产品都变成商品，每一个个别生产部门的物的条件本身都作为商品进入该部门。……只是在劳动能力本身对它的所有者来说已经成为商品，而工人成为雇佣工人，货币成为资本的地方，产品才普遍采取商品形式。"因此商品经济我们实际上可以区分为两个阶段，前资本主义我们可以把它称为小商品经济阶段，从资本主义时期起，我们可以把它称为大商品经济或市场经济阶段。小商品经济从属于自然经济，而市场经济却从根本上瓦解着自然经济。第二大社会形态正是以市场经济为基础的。

（3）第一次从正面肯定了商品、交换、货币、资本的历史地位和作用。在历史动力问题上，我们以前把阶级斗争看作历史发展的唯一动力，这在一定意义上讲是正确的，但从历史过程的完整性上讲，却是片面的。从历史上看，商品经济一开始就是以一种革命力量登上历史舞台的。正像恩格斯所指出的"分工，由分工而产生的个人之间的交换，以及把这两个过程结合起来的商品生产……完全改变了先前的整个社会"。对于今天而言，"人们彼此间的世界主义的关系最初不过是他们作为商品所有者的关系"。马克思在这里不仅指出了世界经济一体化的趋势，而且揭示了世界经济一体化的实质和基础。

在商品经济的发展中，货币起着关键的作用。马克思认为"贪欲在没有货币的情况下也是可能的，致富欲望本身却是一定社会发展的产物，而不是与历史产物相对立的自然产物"。因此没有货币，就不可能有致富欲望本身，正是随着货币的产生，致富欲望才成为文明社会发展的一大杠杆，成为"发展一切生产力即物质生产力和精神生产力的主动轮"。

资本是能带来剩余价值的货币，因而资本的本性是对剩余价值的追求，从这方面讲，资本是最不文明的，但是按照历史主义进步原则，资本却有它的文明面。"资本的文明面之一是，它榨取剩余劳动的方式和条件，同以前的奴隶制、农奴制等形式相比，都更有利于生产力的发展，有利于社会关系的发展，有利于更高级的新形态的各种要素的创造。"在资本主义社会里，"由于劳动是雇佣劳动，劳动目的直接就是货币，所以一般财富就成为劳动的目的和对象。作为目的的货币在这里成了普遍勤劳的手段。生产一般财富，就是为了占有一般财富的代表。这样，真正的财富的源泉就打开了。"正是由于这一原因，资本主义才能迅速发展起来，人类的地域史才发展为世界史，第一大社会形态才发展为第二大社会形态。在这里，马克思是以彻底唯物主义立场直面人世的。

资本的文明面还表现在对世界市场的开拓和对旧生产方式的取代上，资本主义正是凭借着商业、货币而消灭着一切前资本主义社会。这一过程对于落后民族可能是痛苦的，但对于人类却是一种进步，因为它在客观上导致了人与人之间的世界性联系。

除了前两个文明面以外，马克思认为资本的文明面还表现出许多"不同于以往一切生产阶段的全面趋势"，这些趋势包括：无限度地提高劳动生产率的趋势、利用科学和集体力的趋势、促使分工越来越多样化的趋势、不断扩大流通范围的趋势、传播文明的趋势。现代人的自由、平等观念，本质上也是市场交换的结果而不是它的起因。我们只有在对这些趋势的理解中，才能理解市场经济的历史地位，理解第二大社会形态必然取代第一大社会形态的根源。

　　由于资本是在资本的基础上发展起来的，因此资本一开始就与构成它基础的那部分人口的利益是相矛盾的，由此构成了资本的局限性，也就是说，在资本的基础上，不可能达到社会和谐，达到五种生产的内在平衡，因此，为了发展生产，我们必须要承认资本，发展资本，但是为了社会和谐，我们必须限制资本（限制资本向非经济领域渗透）、驾驭资本，使资本更好地为人类服务。也就是说，在社会主义国家，资本的原则不是最高原则，最高原则是以人为本，只有坚持这一点，我们才能最终超过并取代资本主义。

　　因此，商品、交换、货币、资本是历史唯物主义所必须研究的基本哲学范畴，不了解它就不能理解现代社会。

　　本著作的最大特色是尽力开掘马克思的思想资源，以回答最前沿的时代课题，并在回答中构建马克思完整的思想体系。因此，下工夫于《资本论》，尤其是三大手稿中蕴含的丰富、深刻的哲学思想，不仅对于马克思主义哲学史建设，对于马克思主义基础理论建设，而且对于当代伟大的社会主义改革实践都具有较大的指导意义。

中国化马克思主义经济学说新体系研究

——《中国特色社会主义经济学体系探析》成果简介

河南财经学院杨承训教授主持的国家社会科学基金项目《中国特色社会主义经济学体系探析》（批准号为04BJL002），最终成果为专著《中国特色社会主义经济学》。课题组成员有：李随生、赵楠、刘美平、郭军、吴莲、周振鹏、张新宁、杨继。

该成果以"马学"为魂、以"中学"为体、以"西学"为用，即以马克思主义立场和基本原理为指导，以中国化马克思主义经济学说为主体，吸收西方经济学中有益的成分为我所用，体现解放思想、实事求是、与时俱进的思想路线。遵循这一指导思想，该成果突出一个"特"字，以新的框架全面深入地论述了中国改革开放和发展中的一系列重大理论问题，力图科学地总结中国社会主义现代化建设的历史经验，系统地梳理了毛泽东思想、邓小平理论和"三个代表"重要思想及十六大以来党的创新的经济学说，独立构建了中国特色社会主义经济学的新体系。

一　以"社会化"规律为主线、以五个基本经济范畴为支柱，架构中国新经济学

五个范畴是：社会主义本质、科学发展、社会主义自我完善、社会主义市场经济、社会主义初级阶段。五者形成一个有机逻辑体系，犹如人体的内生机制："本质论"（核心范畴）好比基因生命图谱；"科学发展论"作为动力，提供能源和物质支持；"自我完善论"就像自身调节、修复、代偿机制；"社会主义市场经济论"恰似体液系统，配置全身资源；"社会主义初级阶段论"则从纵向表现整体发育进程（社会主义分阶段发展的规律）。这个体系展示了中国特色社会主义经济的生机。连贯五大范畴乃至该成果的主线是："社会化生产方式及交换方式运动组合的客观经济规律。"社会化的生产力必然要求社会化的生产关系和交换方式与之相适应，集中反映广大劳动人民（生产力主体）实现共同富裕和全面发展的强烈愿望。该成果把各类经济学分为四种逻辑起点，中国特色社会主义经济学与众不同则以社会主义本质作为起点，并在各章具体体现社会化经济规律的客观要求。该成果着力用生产社会化的规律揭示市场经济和社会主义相结合、市场机制与宏观调控相耦合的内生机理，把交换方式纳入"社会基本矛盾"的范畴，深化公有资本的概念，澄清"私有制是市场经济唯一社会基础"、"市场经济没有属性之分"和"市场万能论"之类偏见，并剖析了作为"私化经济学"逻辑支点的"经济人"假定的非科学性和社会化悖论。

二　把坚持和完善基本经济制度作为规定中国社会性质的决定因素与深化改革的主线

　　该成果没有沿用苏联编写的《政治经济学（社会主义部分）》以所有制为起点的模式，而是以生产力—生产关系—上层建筑（对经济的反作用）的序列展开，但并未削弱所有制关系对社会制度性质的决定作用。该成果认为：社会主义本质论中的"消灭剥削，消除两极分化，最终实现共同富裕"正是公有制经济的基本功能，不能把"本质论"与"公有制主体论"分割开来。用系统论的观点分析，整体是由要素组成的，要素形成结构，结构决定系统的性质。生产资料所有制是社会经济关系的基本要素，而所有制结构则规定社会制度的属性，它是社会本质的基础。按照辩证法规定，主要矛盾的主要方面决定事物的性质。在社会主义初级阶段，由于生产力发展比较落后又是多层次，加上社会主义市场经济的选择功效，需要形成一个多种成分共同发展的结构，而其中公有制为主体、国有经济起主导作用，就构成主要矛盾的主要方面，决定整个社会性质是社会主义，同时影响着多种成分的发展和服务方向。改革是社会主义制度的自我完善，必须服务于解放和发展生产力，不断完善以公有制为主体、多种成分共同发展的基本经济制度以及以按劳分配为主、多种分配形式并存的基本分配制度。书中剖析了各种曲解社会主义初级阶段的思潮，特别是联系国内外的经验教训廓清了新自由主义、社会民主主义（或"民主社会主义"）同中国践行的科学社会主义的分野。

三 凸显"整体经济学"思维，着力阐发党的创新理论

该成果明确提出，要构建整体经济学，即把生产力、生产关系、交换关系和上层建筑的主要领域作为一个互相作用的运行整体，配置各种经济和非经济的"资源"，实现整体良性循环，突出"四位一体"的建设思想，体现社会化历史趋势同中国国情结合的规律性及其整体效应。在生产力系统中详尽阐发了社会主义的科学发展观，从世界观和方法论及整体经济学的视角论述它的特点、内容和对马克思主义发展观的贡献，并同新型工业化道路、发展先进生产力、优化经济结构、转变经济增长方式有机联系起来，说明了中国经济增长理论的新建树，特别是把"科学技术是第一生产力"和自主创新战略提升为"科技主导经济发展规律"（概括为社会再生产的"五环论"），并阐述了循环经济与可持续发展的基本原理。从中国特色社会主义实际出发，分析了中国二元经济结构的特殊性，以"五个统筹"为指导论述了农村"两个飞跃"、建设社会主义新农村、实现农业现代化和中国特色城镇化道路，同时也探析了中国共产党对区域发展理论的重大贡献。该书着眼于现时资本主义市场为主导的整个世界经济的格局，从客观规律的高度解析了中国扩大开放的必要性和特殊性，论述与世界接轨的各种经济形式，坚持社会主义的开放原则，并化解国际市场带来的各种风险。总结宏观调控的经验是该成果的一个重要任务，提出运用好"两只手"是社会主义市场经济的应有之义，不能把市场配置资源的机制与政府宏观调控对立或割裂开来。从世界范围来看，市场经济愈发达，宏观调控手段也愈完备，目前已经形成六大系统，社会主义市场经济必须善于匹配和运用好"两只手"，"计划和市场都得要"，利用好金融、财税、法律、行政等一切手段弥补与矫正市场缺陷，防止经济大起大落，并论及有关民生的重大经济问题。该成果运用系统论阐明实现整体良性

循环的原理，尤其把构建社会主义和谐社会作为中国特色社会主义经济学的一个重要任务和一大特色。实现整体良性循环（主要是四大循环），是社会化生产方式所要求的最佳状态，它要求各种社会关系、社会因素和自然因素都能够互补互约，揭示中国特色社会主义事业的整体生命力之源。

四　把意识形态与分析工具有机联系起来，用一定的篇幅剖析了一些流行的错误观点

意识形态与分析工具的关系实质上是世界观与方法论的辩证统一。该成果毫不隐瞒为中国社会主义服务的立场，用科学理论和科学方法为党的基本路线服务。运用的方法论最基本的也就是实事求是的唯物辩证法。由于客观情况复杂多变必然存在认识上的差异，由于新社会阶层丛生、利益关系格局变化势必会有不同的立场和观点，由于西方资本主义国家对中国通过各种渠道施加强大的影响，特别是西化、分化的图谋，在理论上出现重大问题的争鸣是正常现象。但最重要的是如何从中国的实际出发，旗帜鲜明地坚持马克思主义主流地位，回答各种诘难，澄清被混淆的是非，回应种种错误思潮（如"私有化优越论"、"国有经济低效论"、"两极分化无害论"等）。当然，它并不是简单解说现实政策，虽然各个时期的经济政策是直接指导社会主义建设实践的精神财富，必须认真积累和消化，但这些具体政策又有时间的局限性，并在变动之中，必须以实践检验为尺度去粗取精，使之系统地上升为理论，源于实践，又高于实践。

五　遵循"唯实"的要旨，以大量事实和数据为平台抽象理论观点

"政治经济学本质上是一门历史的科学"（恩格斯），该成果以历史分析为平台立论，分析了世界和中国建设的经验教训，力图弄清楚重大问题,诸如为什么社会主义革命和建设没有出现在发达资本主义国家,却出现在经济落后的国家?为什么世界上第一个社会主义国家从强盛走向灭亡?中国能在逆境中蓬勃发展的奥妙何在?中国将遇到多种风险何以化解?这里包含深刻的教训和规律性的东西。该成果在实证研究的扎实基础上立论,改变那种先找理论概念再说事实、用概念剪裁现实的习惯,分析大量案例,把定性分析与定量分析结合起来。同时还运用比较的研究方法,做了五个方面比较:①中国自身的历史比较;②中国的社会主义与苏联模式的比较;③中国与西方发达资本主义国家的比较;④中国与其他发展中国家比较;⑤中国与已和平演变的国家(主要是俄罗斯)比较。通过比较,找出优势和劣势,昭示中国的特色,进而揭示走社会主义道路和改革开放的必然性与特殊性。该成果体现了社会科学与自然科学的交叉融合,运用了大量的自然科学资料。总之,该书力求实现三个"实":理论思维唯实,行为导向务实,语言表达朴实,甘做中国化马克思主义的"实派经济学"。

马克思生态经济学说的当代形态研究

——《马克思主义生态经济理论与当代中国生态经济思想史研究》成果简介

　　中南财经政法大学刘思华教授主持完成的国家社会科学基金项目《马克思主义生态经济理论与当代中国生态经济思想史研究》（批准号为02BJL036），最终成果为专著《生态马克思主义经济学原理》。课题组成员有：李欣广、方时姣、郭剑仁、杨文进、苗艳青。

马克思生态经济学说，是指马克思主义创始人马克思和恩格斯的生态学和生态经济观点、思想、理论。马克思、恩格斯的生态学思想与生态经济理论是整个马克思学说中最具有现实性和时代感的科学理论，充分显示出在现时代的科学价值和强大生命力。在此领域构建发展马克思生态经济学说的当代理论平台，就是生态马克思主义经济学形态。现在，国内外学者越来越认识到马克思学说中蕴藏着丰富的生态学思想，尤其是马克思学说中社会历史发展的价值目标，是人的解放与发展和自然的解放与发展的有机统一。这种终极理想目标，显示出马克思学说的人学特征和生态学特征的内在统一，这是马克思经济学的最重要的理论特征，成为生态马克思主义经济学的理论前提。

马克思创立的辩证的、实践的、历史的唯物主义人与自然统一学说，奠定了马克思生态经济思想的哲学基础；马克思的社会历史理论与自然环境论的内在联系与辩证统一，是马克思生态经济思想的社会实践和社会历史特征的社会学基础；马克思的政治经济学理论和历史唯物主义原理的许多阐述相影随的理论观点，既是历史唯物主义的范畴，又是哲学的范畴，更是经济学的范畴，构成马克思生态经济思想的经济学基础；从马克思学说的整体上解读马克思的生态学思想，就为马克思生态经济思想奠定了坚实的生态学基础。

按照马克思学说的理论体系和生态经济理论的内在联系，可以构建马克思生态经济学说的当代形态的总体框架。其基本观点和理论原则，除马克思的自然生态环境内因论、生态经济价值论、生态经济可持续发展论、全面发展文明论之外，还有五条基本原理：一是马克思的生态经济二重性理论，是生态自然因素和经济社会因素的统一，成为生态马克思主义经济学的逻辑起点。二是马克思的物质变换理论，是自然生态关系和社会经济关系的统一；它是生态经济本质论，成为生态马克思主义经济学的生命线。三是马克思的全面发展生产理论，是经济社会生产和生态自然生产的统一，成为生态马克思主义经济学的根本主题。四是马克思的广义生产力理论，是经济社会生产力和自然生态生产力的统一，成为生态马克思主义经济学的主导话语。五是马克思的物质循环理论，是社会经济循环和自然生态循环的统一，成为生态马克思主义经济学的基本要义。

在马克思的唯物史观那里，其发展理论，就其本质含义来说，是由经济发展理论和社会发展理论构成的，简称社会经济发展理论；但从其深刻意蕴来看，则是人、社会与自然有机整体的发展理论。因此，马克思的发展理论是经济社会发展观和生态自然发展观的有机统一观。这在当代中国的全新诠释与最大实践意义，就在于它是同 21 世纪中国的全面协调可持续性的发展，促进人的全面发展和社会全面进步紧密联系在一起的。正是在这个意义上看，科学发展观和社会主义和谐社会论是马克思的发展观在当代中国的最新发展与当代新形态，它内在包含着生态经济协调可持续发展的新思想、新理论。

马克思生态经济学说的重要理论与创新主要表现在：马克思学说的理论体系中关于自然、社会和思维发展的规律性的一个基本看法，就是自然、人、社会是个统一的有机整体，这是马克思主义理论整体性的一个根本问题，在此基础上形成了马克思自然、人、社会有机整体发展理论；马克思自然—历史观语境下的以人为本和以生态为本是统一的，使马克思的发展观成为经济社会发展观和生态自然发展观的统一观；在马克思自然—历史观视角下社会形态的社会结构是物质、政治、精神和生态四种结构，与此相应的马克思学说中人类文明的基本要素是物质、政治、精神、生态的四大文明；马克思学说开创了循环经济研究的先河，马克思是自然生态环境内因论的理论先驱，马克思发展理论与生态经济学说中蕴藏着生态经济可持续发展观的思想先声。

马克思的环境伦理思想及其
当代价值研究

——《马克思的环境伦理思想及其
当代价值研究》成果简介

中共安徽省委党校宋周尧教授主持的国家
社会科学基金项目《马克思的环境伦理思想及
其当代价值研究》（批准号为 03BZX052），最终
成果研究报告《马克思的环境伦理思想及其当
代价值研究》。课题组成员有：戴启明。

该成果阐述了马克思环境伦理思想在马克思主义伦理思想体系中的地位，探讨了马克思环境伦理思想形成的基础，揭示了马克思分析环境问题的基本方法，解析了马克思环境伦理思想的基本观点，并立足于推进中国环境伦理学研究的现实需要，以及保护生态环境，构建环境友好型社会的客观要求，探讨了马克思环境伦理思想的当代价值。该成果由六个部分组成，主要观点如下。

一 马克思环境伦理思想是马克思主义伦理思想体系中的有机内容

马克思主义伦理思想是一个内涵丰富的理论整体，是马克思主义伦理思想体系中的基本内容。环境伦理研究是马克思进行伦理问题研究的一个基本领域，并取得了原创性的成果。马克思的一系列著作中，包含着丰富而深刻的环境伦理思想。马克思环境伦理思想的"出场"，必定会进一步强化马克思理论的当代性，必定会进一步凸显出马克思主义伦理思想在当代的理论价值和现实意义，会显示出马克思的理论在生态环境这一当代人类发展过程中面临的重大问题和全球性问题上的有效的阐释力和解决力，有助于将马克思贡献给人类世界的这一优秀的精神遗产得以传承和发展。

二 马克思环境伦理思想的形成具有深厚的基础

该成果认为，马克思的环境伦理思想的形成具有坚实的理论基础和现实基础。第一，马克思环境伦理思想的形成是基于马克思和恩格斯共同创立的新唯物主义人的主体性理论。这一科学的世界观理论阐明了人的需要是一种合理中的需要，人的能动性是受动中的能动性，人的活动具有社会性。主体性原则是新唯物主义世界观的基本原则，也是认识和处理人与自然关系应贯彻的基本原则。第二，马克思环境伦理思想的构建，是马克思对解决 19

世纪的生态环境问题所做出的伦理回应。马克思对 19 世纪的生态
环境问题做了具体揭示，19 世纪的生态环境问题表现为：对土地
资源的滥用；对森林的滥伐；气候变化异常；人居环境遭到破坏；
环境被破坏已危及到了人的生命存在。尽管 19 世纪还只是生态环
境问题的初发期，但马克思对生态环境被破坏和污染的严重后果
深表关切和忧虑，并促动他深入研究人与自然关系，探讨消除人
与自然对峙的现实路径。第三，马克思环境伦理思想的形成，是
马克思对人类生存发展理想状态的探解中所形成的重要理论成果。
马克思的一生及其理论始终充满着对人类生存发展的关怀，关注
现实的人是马克思理论的基本立场，他视人与自然的融洽和谐为
人类生存发展的理想状态之一，也是人实现全面发展的基本尺度
和内涵。第四，马克思环境伦理思想的形成，是基于马克思对近
代工业社会中物欲主义的分析批判。物欲主义是一种以自我利益
为核心、以贪欲为指向的生存价值观。物欲主义的盛行颠覆了人
与人、人与社会、人与自然之间的合理关系，造成了对人和自然
的双重毁损，因此，必须消除物欲主义，确立人的合理的生存价
值观和生存方式。

三　马克思运用科学的方法分析生态环境问题

该成果阐述了马克思分析生态环境问题的基本方法，认为马
克思分析生态环境问题的基本方法有：整体分析方法、历史分析
方法、社会分析方法。整体分析方法是马克思分析生态环境问题
即人与自然关系问题的基本方法。马克思从人与自然交互作用所
构成的整体出发研究人与自然关系，指出人是自然类存在与社会
类存在的统一体，探讨了人与自然万物共生共荣的机制。历史分
析方法是马克思研究人与自然关系的又一基本方法。马克思从历
史尺度的视角考察了人与自然交互作用史，将人与自然关系置于
特定的历史时期中来考察，将人置于特定的人与自然关系中来认

识，提出了人与自然交互作用的三种历史形态理论。社会分析方法是马克思研究人与自然关系所独具特色的方法和视角。马克思从人与人之间关系的视角研究人与自然的关系。马克思运用社会分析方法探讨了人的社会存在方式对人与自然关系的影响；揭示了人的劳动生产方式对人与自然关系的影响；分析了社会制度对人与自然关系的影响。整体分析方法、社会分析方法及历史分析方法的提出和运用，为马克思环境伦理思想的形成奠定了方法论基础。

四 马克思对环境伦理的基本理念、基本原则、基本规范作了具体阐述

该成果认为，马克思已明确地提出了环境伦理的基本理念、基本原则及基本规范。

第一，马克思阐释了人的自然的本质与自然界的人的本质相统一的环境伦理理念。在马克思看来，人与自然原本就是共生共荣的关系，因为，人与自然万物同根同源，人与自然万物互依共存，人与自然万物皆受自然规律的制约。马克思提出的环境伦理理念，蕴涵着马克思在人与自然关系上所持的基本的价值立场和善恶判断。马克思主张在人与自然的交互作用中，应确认并实现人的价值及福利，并同时确认和实现自然万物本身的价值及福利。由此，他明确提出了人的价值包含人本身的价值和人对自然界的效用价值，同时充分肯定自然界的价值和尊严，明确提出了自然界具有本身的价值的重要命题，自然生命物具有生存权利的重要观点。

第二，马克思阐述了人的实现了的自然主义与自然界的实现了的人道主义相统一的环境伦理原则。他认为，理想的社会是人同自然界完成了的本质的统一状态，是人的自然主义和自然界的人道主义得到充分实现的社会。在马克思看来，理想社会是万物一体、物我同类的社会，人与自然内在地融为一体，人与自然和合共生，人实现全面发展，自然界复活再生，人的自然主义以自然界的复活和新生为价值取向，它显现的是人对自然的尊重、仁爱、善待、护育的伦理道德品性。马克思将自然界的为人的品格，称为自然界的人道主义。自然界的人道主义的实现，以人的自然主义的实现为前提和基础。马克思提出，自然主义的贯彻，以生态劳动实践为基础，由此，他详尽地阐述了生态型劳动实践理论，生态型劳动实践既是人利用自然的基本方式，也是自然系统实现稳定、平稳及进化的机制。

第三，马克思阐明了人利用自然界所应遵守的基本的环境伦理规范。该成果将马克思所阐明的环境伦理规范概括为六个方面：一是善待自然。马克思批判了蔑视和贬低自然界的观念和行为，否定了荒谬的、虚置的人对自然具有所有权的观念，提出要恢复人与自然之间的温情脉脉关系。二是依从物道。马克思提出人对自然的利用中，既应贯彻人的内在尺度，又应贯彻物的外在尺度，要按照美的规律来建造人与自然的关系。他指出人对自然的利用所体现出的创造性，不只是使自然界发生合乎人的目的的改变，还在于创造了物质的新的生产能力。三是保护资源。马克思提出，自然界是人的无机身体，人应该像关爱自己的有机身体那样，仁爱善待自己的无机身体。他主张应将土地改良后传给后代，人对自然的利用中，保护自然界处在优先位置。四是循环生产。马克思主张人在生产中只能像自然界那样发挥作用，人的生产应该遵循生态规律，做到没有浪费和污染。他提出了循环生产和清洁生产的重要主张，认为在生产过程中应减少自然资源的消耗量，对生产过程的废物，要实现再利用，使其成为新的生产要素。五是节制消费。马克思批判了近代工业社会中的浪费现象，否决了拥有、所有式的生产观念和消费观念。他提出自然万物不仅是人们利用的对象，而且是与人共生一体的存在。他主张人应该合理地消费。六是联合利用。马克思主张人们联合起来利用自然，消除人利用自然过程中的盲目性，人应该共同地、合理地调节和控制人与自然之间的物质变换，使人与自然之间的物质变换既合乎人的本性，又合乎自然界的本性。

五 马克思的环境伦理思想对推进中国的环境伦理学研究具有重要价值

该成果认为，马克思的环境伦理思想对解决当代的生态环境问题具有极强的理论效用。马克思环境伦理思想之所以没有过时，是因为这一思想所要分析和解决的问题没有过时，这一思想赖以形成的方法论没有过时。该成果以马克思的环境伦理思想及其构建方法为指引，对中国环境伦理学研究中的一些基本理论问题做了进一步的思考和探索，并提出了以下观点：环境伦理学应以人与自然的和谐发展为价值取向；环境伦理学应以人与自然之间的伦理关系和以自然为中介的人与人之间的伦理关系为研究对象；环境伦理原则和规范的构建应以人与自然相依共生、互动一体为基础；人对自然的伦理责任和义务的根据在于自然界具有本身的价值；环境伦理中的人际伦理的构建应以公正性为基本原则。

六 马克思的环境伦理思想对构建环境友好型社会具有重要意义

该成果认为，环境友好是一个环境伦理意蕴极为显现的范畴，环境友好型社会内含人与自然的和谐发展、社会系统与自然生态系统的良性互动。从一定层面看，今天建设环境友好型社会，正是一百多年前马克思所提出并期望达到的人与自然的本质统一的社会状态。推进环境友好型社会建设，必须以马克思的环境伦理理论的基本精神为指引，确立科学的自然价值观念和人与自然关系观念；构建内含环境伦理理念的生产方式；制定实施包蕴环境伦理精神的制度、政策及规范；倡导合乎环境伦理要求的消费方式；推进全社会的环境伦理教育。

该成果通过系统化的分析和解读，充分确认了马克思的著作中具有丰富而深刻的环境伦理思想，从而有助于消除环境保护问题上对马克思的某种偏见和误解；深化了马克思主义伦理思想史的研究，拓展了马克思主义伦理思想体系的内涵，有助于人们完整地把握马克思主义的伦理思想；通过对马克思环境伦理理论中的一些基本命题和观点的解读，有助于人们科学地把握马克思环境伦理思想中的基本命题和原理，有助于彰显马克思主义伦理思想在当代的价值及意义，进一步显现出马克思主义理论的当代性。同时，加强对马克思环境伦理思想的研究，有助于推进中国的环境伦理学的研究和环境伦理学科建设，对建设环境友好型社会具有重要意义。

孙中山、毛泽东、邓小平法治思想研究

——《孙中山、毛泽东、邓小平法治思想研究》成果简介

大连海事大学王云飞教授主持的国家社会科学基金项目《孙中山、毛泽东、邓小平法治思想研究》（批准号为01BFX001），最终成果为专著《孙中山、毛泽东、邓小平法治思想论》。课题组成员有：丰霏、屈广清、于沛霖、王霞、张弘、刘宣池、罗浪。

一 孙中山与中国法治启蒙

该成果认为孙中山在其毕生奋斗中促成了近代中国法治的启蒙。同时，作为革命指导思想的三民主义恰恰也为中国法治启蒙提供了基本理论。其法治理论主要特点表现为民主性、民族性、反封建性、反帝性和爱国性，其中涉及了诸如民主、共和以及人权等与法治启蒙所紧密相关的核心概念。

第一，孙中山在革命斗争中所积累的革命思想与军事思想孕育了中国民主共和精神之芽。在这一法治启蒙过程中，近代中国社会中的资产阶级民主共和观得以深入发展，百年的共和国之梦化为现实。

第二，三民主义的开创为中国法治启蒙提供了理论基础。民族主义是近代中国法治建设的前提论。孙中山提倡民族自觉精神，把中国问题的"真解决"置于世界的范围内，并实事求是地结合中国国情，"走中国人自己的路"。中国的法治建设必须也必然以对中国国情和中华民族的认识为前提。同时，民权主义是近代中国法治建设的核心论，其中体现了自由与平等的法治元价值。孙中山设计了资产阶级民主共和国的方案，宣传并提倡资产阶级的"自由、平等、博爱"精神，主张学习西方分权学说和法治原则，却并不完全照搬，而是科学地提出了建立保障人民主权和民主自由的新法制。民权主义中蕴涵的权利意识与人权思想是近代法治精神形成的基础。在此基础上形成的孙中山女权思想成为近代法治理论的热点命题。再者，民生主义是近代中国法治建设的发展论。为了建立独立、民主、富强的共和国，孙中山通过民生主义提出了全新的国家发展命题，即开放门户、发展经济、修筑铁路、重视农业、建立港口、培养人才、引进技术、利用外资以及进行国际合作等创新思维，在现实层面上引导近代中国法治的长远发展。

第三，孙中山的"五权宪法"学说，是将资产阶级民主和中国国情结合起来的具有民族特色的法律思想，其启发设计了近代中国法治建设的具体方案，体现了对政治制度文明的改革创新精神。孙中山法治思想以三民主义为理论基础，而"五权宪法"是三民主义的精髓，即"依法治国，振兴中华"。其中，五权分立是"五权宪法"的表现形式；权能分开是"五权宪法"的基础；阶段发展是"五权宪法"的实施原则；地方自治是"五权宪法"的具体内容；三民主义是"五权宪法"的基本内核；爱国主义是"五权宪法"的指导思想。

二　毛泽东与中国法治萌芽

该成果认为新民主主义革命中的毛泽东法律思想是毛泽东思想的发端。毛泽东在新民主主义革命时期和新中国成立初期对民主法制建设有重大贡献，他在此时期形成的法治观是毛泽东思想的重要组成部分。在继承孙中山法治思想的基础上，实践中的毛泽东法律思想是巩固并发展中国革命与建设事业的理论基础。

第一，毛泽东的社会主义民主观具有中华特色。毛泽东在新民主主义时期就把适合于中国的政体确定为民主集中制。这个原则到社会主义时期仍然适用，并且一直被中国宪法所确认。民主政治是法治的基础，而政党制度又是现代化国家民主政治的核心部分。批判和推翻国民党一党专政和独裁统治是新民主主义革命的一项主要任务。而且毛泽东坚决反对以党代政的错误，甚至把它与国民党独裁专制相提并论。这与50多年后邓小平领导的党政制度改革是一脉相承的。

第二，毛泽东重视人民的自由和权利。他始终坚持统一战线的基本原则，没有把自由与权利限制于工农群众范围，而是包括一切符合当时政治斗争需要的阶级、阶层与个人，在最广大的范围内平等实行权利与自由，调动一切积极因素。

　　第三，毛泽东在对人民民主权利的论述上有两个重要特点。一是民主与专政的统一性。也就是说，他把民主作为人民民主专政不可分割的一个方面。二是人民的民主权利不是绝对的、不受限制的，民主权利与国家的管理需要之间有相互制约的关系。关于民主与集中的论述反映了这种观念的几个层次。一是民主与集中是国家政体的基本关系；二是民主集中制是施行于人民内部的民主制度；三是民主集中制也是国家机关的组织工作制度；四是民主集中制是发展社会主义经济的必要条件。

　　第四，毛泽东的宪政观有几个重要层次。他认为，首先宪政就是专政，即阶级的统治；其次宪政只是一种统治形式；再次宪政是民主政治；最后宪政就是宪法对民主化的确认。在这一基础上，毛泽东对宪法进行定位，他指出宪法是资产阶级反对封建专制的产物，是资本主义革命的成果，应当承认资本主义民主的历史地位，并认为民主和社会主义是中国宪法的基本原则。

　　第五，毛泽东民族思想是对共和精神的时代传承，实践着民族共和的价值理念，是对孙中山民族理论的继承和超越。同时，毛泽东思想中的独立自主思想蕴涵着深刻的国际法思想，其对国际法发展作出了巨大的贡献。

三　邓小平与中国法治发展

　　该成果认为邓小平法治思想、法治观是邓小平理论的重要组成部分，是对孙中山与毛泽东法治思想的创新发展，是指导中国社会主义初级阶段民主法制建设的基本方针。邓小平根据党的社会主义初级阶段基本路线，从解决迫切的现实问题入手，总结了中国的民主法制实践，最终形成了"依法治国"的法治观。在中国经济高速发展的过程中，邓小平解答了法本质论、法价值论、民主进化论、法制发展论等重要命题，为科学发展观的法哲学基础提供了最重要的理论参数，其中蕴涵着深邃的哲学智慧。

邓小平法治观的核心是依法治国论。邓小平深刻分析了人治与法治问题，提出了实行依法治国的目的和基本标准。他认为，社会主义法治的主要目的是社会主义民主的制度化、法制化；其基本标准是消除人治，实行法治，使社会主义的制度和法律具有最高权威性和稳固性，不因领导人的看法和注意力的改变而改变。他提出了实行依法治国的基本原则，即严格实行有法可依、有法必依、执法必严、违法必究的法制原则，坚持法律面前，人人平等。

社会主义法制建设与国家的改革实践密切结合，是邓小平法治观的主要特点。邓小平提出要对国家政治体制进行改革，处理好党和政府的关系，使党和国家机关严格遵守法律，真正解决人治与法治的关系；要学会运用法律手段为经济建设和社会稳定服务，为了保障改革开放，应当坚持"两手论"，要一手发展经济，一手打击犯罪；要搞好廉政建设，在整个改革开放过程中都要打击腐败；要发展和保障人民的各项权利，维护社会安定。

该成果还重点对邓小平"一国两制"的法律理论进行了深入研究，概括了"一国两制"构想的形成、内容及初步实践，分析了"一国两制"的法理学基础及其法律体系。同时，该成果还在和平与发展的时代主题下，阐述了其军事法制思想的发展脉络及其主要内容。

综上所述，该成果在具体内容方面不仅翔实、科学地论述了伟人法治思想的生成，而且还关注于三位伟人法治思想间的传承与发展，试图全面和系统地爬梳、概括、提炼出对指导当今中国法治发展有所裨益的精品理论。这对于依法治国，建设中国特色社会主义法治国家有着重要的现实意义、学术价值和社会价值。

中国共产党民间外交理论与实践研究

——《中国共产党民间外交理论与实践研究》成果简介

苏州大学王玉贵副教授主持的国家社会科学基金项目《中国共产党民间外交理论与实践研究》（批准号为04CDJ005），最终成果为专著《中国共产党民间外交理论与实践研究》。课题组成员有：朱蓉蓉、娄胜华。

一　关于民间外交的内涵

该成果认为民间外交是指有明确外交目的的民间往来与交流。民间外交可以具体划分为民间对民间、民间对官方或官方对民间三种基本形式，强调的是外交活动的民间性质（即非政府性质）。民间外交与公共外交、人民外交、国民外交、公民（公众）外交等，是既有联系又有明显区别的不同概念。

二　关于中国共产党民间外交思想的发展历程

从毛泽东、周恩来到邓小平，再到江泽民、胡锦涛的中共历代领导集体都有大量关于重视民间外交工作的重要论述。毛泽东曾指出："政府间不好往来，还有别的渠道，还可以加强民间往来。"周恩来也曾指出："中国的外交是官方的、半官方的和民间的三者结合起来的外交。"他还和毛泽东一起确立了中国开展民间外交的基本方针，即："民间先行，以民促官"、"以官带民，官民并举"等。邓小平指出：我们必须"积极开展人民外交活动"；又说："如果只有两国政府的合作，而没有民间交往，两国关系是不可能有扎实基础的。"1989年"政治风波"后，面对西方反华反共势力对中国的封锁和制裁、官方外交工作遇到的困难，江泽民指出，为了进一步对外开放，为了打破西方敌对势力的制裁，各地的外事部门要发挥自己地方外交、民间外交的优势，积极主动，多做工作。随后不久，他又指出，在帝国主义封锁我们时，当时周总理首创民间外交，用民间外交的办法为国家关系的建立开路，后来在大多数国家与中国建立外交关系以后，既有官方外交也有民间外交。用民间外交的办法不管从历史上看，还是从现在看，都有非常重要的作用。特别是有一些国家建交暂时还有点困难，但民间外交可以发挥作用。在党的"十六"大报告中，江泽民又明确指出：我们将"继续广泛开展民间外交，扩大对外文化交流，增进人民之间的友谊，推进国家关系的发展"。胡锦涛也多次强调中国政府一贯高度重视民间外交，"民间外交是我国总体外交一个不可替代的重要组成部分"。从这些论述中可以明显看出，中共历代领导集体都高度重视民间外交的开展，但其中也存在差异，主要表现在：以毛泽东、周恩来为代表的中共第一代领导集体之所以强调要大力开展民间外交，主要是为了打破孤立和封锁，实现走向世界、与世界各国关系正常化的目标；新时期以来的民间外交则是为了保持国家关系的持续稳定发展，增强抵抗不测事件消极影响的能力；而面向未来的民间外交则更多的是为了因应我国民间社会日益成熟的大趋势。此外，在民间外交的参与主体、活动内容等方面，也有明显差异。

三 关于中国共产党民间外交的历史分期

在这半个多世纪的发展历程中，中国共产党的民间外交历史就其不同时期的工作重点、活动方式和基本内容以及由此呈现出来的不同历史特点，大体可划分为以下几个阶段。

1. 扩大交往，冲破封锁

民主革命时期中国共产党的民间外交活动。在这一阶段，由于中国共产党没有掌握全国政权，并且在大多数时期处于国民党的造谣污蔑、包围封锁乃至武装进攻之中，因此无法开展正常的对外交往活动。为了打破国民党的包围封锁及其片面宣传的消极影响，向外部世界传播自己的真实声音，中国共产党利用一切有利条件，不放过任何一个可以利用的有利时机，积极开展民间外交活动，尤其以抗日战争时期最为丰富多彩并日臻成熟，取得了很大的成功，不仅在当时极为不利的条件下，获得了国际社会的广泛同情和支持，从而尽可能地改善了中国共产党生存和发展的内外环境，并由此迅速壮大，更重要的还在于由此极大地拓宽了中国共产党观察问题的视野，提高了对国际社会的分析和判断能力，积累了对外交往的丰富经验。事实上，新中国成立后从事外交工作的不少专业人才正是在这一时期内从民间外交工作的实践中成长和成熟起来的。

2. 民间先行，以民促官

20 世纪 50～70 年代初中国共产党的民间外交。如果说民主革命时期中共的民间外交有一个从起步到不断走向成熟，但却因其在野身份而无法充分展开的话，那么在新中国成立后，这些不利条件不仅不复存在，甚至取得了比官方外交（因有美国等西方国家的包围封锁）还要容易得多的有利条件。在这一时期，中国共产党民间外交在"民间先行，以民促官"思想的指导下，得到了长足发展，不断冲破美国精心拼凑的反华包围圈。在民间外交的大力推动下，中国先后同广大第三、第二世界国家实现了官方关系的正常化。到 60 年代后期、70 年代初期，就连美国自身也最终不得不调整其对华政策，主动揭开了中美关系正常化的帷幕，并由此带动了中国同世界主要资本主义国家的关系正常化。

3. 以官带民，官民并举

20 世纪 70 年代以来中国共产党的民间外交工作。在"官民并举，以官带民"思想指导下，民间外交有了进一步发展，呈现出官民相互促进、共同繁荣的特点。从 80 年代初开始，由于政治制度和意识形态方面的根本差异，使得中国和西方资本主义发达国家之间的官方外交关系频生枝节，麻烦不断，特别是因北京"政治风波"的影响，官方关系跌到了建交以来的最低点，在这种情况下，民间外交逐渐突破原有的框架，越来越成为官方外交不可或缺的重要补充，在增加官方外交的抗冲击力方面起到了非常重要的作用。

4. 官民互补，互相促进

从 20 世纪 90 年代初开始，由于中国共产党明确提出了建立社会主义市场经济的目标和任务，改革开放以来不断发育成长的民间社会获得了前所未有的有利条件。伴随着经济增长方式的根本转变,与之相适应的一整套新的价值观念、经济社会的管理模式和政治运作方式也在发生着深刻的变化。民间社会对外交活动的参与机会与途径越来越多、越来越宽,其形式也在发生变化。在民间社会不断成熟的情况下,大力开展民间外交,大力拓宽对外交往的渠道,积极转变原先已有的习惯做法,主动适应不断变化的形势,能使国家间关系得到更好的发展,国家间的矛盾和冲突能得到有效控制,并进而使双边关系具有一种"韧性"和良好的防冲击能力。要充分认识到民间外交不应仅仅成为一种退而求其次的被动选择,而应该是一种立足长远、积极主动的理性设计。

四　关于中国共产党民间外交的主要特点和基本经验

中国共产党民间外交的主要特点是:成绩显著,影响深远;高度重视,一以贯之;主题鲜明,各有侧重;作用突出,效果明显。中国共产党民间外交的基本经验是:重视发挥新闻记者在传播信息和影响舆论方面的重要作用;高度重视开展双边和多边的文化交流;积极发挥对华友好人士的作用;重视发展经济关系,用经济促进政治。

中国学术思想史研究

—— 《中国学术思想史稿》成果简介

　　中国社会科学院步近智主持完成的国家社会
科学基金项目《中国学术思想史稿》（批准号为
06FZS006），最终成果为同名专著。课题组成员
有：张安奇。

这项成果是一部科学简明、系统完整地阐述自孔夫子至孙中山的学术思想发展历史的学术专著，是一部可供包括文、理、工科大学生，乃至高中以上文化水平的更为广大读者阅读的"传统国学"读本。

一　项目研究的立意

中国传统的思想文化具有 2000 余年连续发展的历史，博大精深、辉煌灿烂，是世界上唯一不被中断的历史文化。而所谓传统的"国学"，主要是指中国传统的学术思想。学术思想属于理论思维活动范畴，历代思想家思想深刻、理论建树和学术著述浩瀚，构建了中国独特的理论传统和思维模式，对世界文化作出了巨大贡献。"传统国学"中反映了中华民族优秀的思想、理论、精神，这是"中华魂"；也反映了中华民族强烈的爱国主义精神，这是"中华情"。通过本书，使读者通观地认识中华民族伟大精神之根源、之发展演变的历史，更加热爱自己的国家、民族的历史，倍加珍惜来之不易的今天；鼓舞我们为建设有中国特色的社会主义、为实现和谐社会而努力奋斗。

二　研究成果的主要内容

该成果所述内容，贯穿自史前至近代的中国历史时期。从《原始思维》起，学术思想史列九章：《孔子儒学的创建与诸子百家的争鸣》、《儒学的独尊与经学思潮》、《玄学思潮与儒佛道思想的发展》、《学术思想的多元化与汇合趋势的出现》、《理学思潮与蓬勃发展的学术流派》、《理学北传与朱陆"和会"》、《心学的广泛传播和对理学、心学的批评或修正》、《实学思潮与乾嘉汉学》、《近代"新学"思潮与孙中山前期的学术思想》。

该成果将整个历史时期分为四编，即先秦编、秦汉魏晋南北朝隋唐五代编（封建前期）、宋元明清编（至清前期、封建社会后期）和近代编。每编之首，分撰各代"社会与思想概述"。由此，将历代学术思想的发展阶段与其社会历史背景相联系，简明扼要地阐述了社会政治、经济、民族、科学技术与文化艺术状况，使之形成一个整体的社会历史和学术文化概貌。

三 研究成果的学术特点

（1）对学术思想、思潮发展阶段的界定。此前，学术界沿袭的提法是：先秦子学、两汉经学、魏晋玄学、隋唐佛学、宋明理学、乾嘉汉学，至近代的维新之学。在本书中，基于将"思潮"解为是一个历史时期的主流思想，即居于主流地位的思潮。故认为：先秦时期为诸子百家之争鸣时期——春秋孔子创建儒学，而儒、墨同为"显学"，战国时诸子百家中儒、道、墨、法均有较大发展。秦以法家为主，至汉代董仲舒才确立了儒学统治地位，遂有经学思潮。隋唐时佛学虽兴盛，而儒佛道并重。宋明理学思潮之后，继而为明清实学思潮。这是学术思想史研究中首次将"实学思潮"明确列入。最后是进入近代的"新学"思潮。

（2）对自孔子创建原始儒学以来在封建社会中儒学长期成为主流学术的历史，有较为深入的研究。在孔子思想中最为积极的、鼓舞着历代志士仁人为实现崇高理想而献身的"经世致用"思想，其"仁"学的人本主义精神，儒学发展中不断形成的"人格"、"国格"观念，知行关系的发展等富有哲理的学术思想，均有详明的阐述。对儒学在长期发展演变中的开放、融合、吸取和不断创新的历史也有平实和合理的肯定。

（3）对历史伟人孔子和孙中山作为大思想家而重点阐述。对宋代大学问家、思想家、教育家朱熹，也做了客观的评价。

（4）对宋明理学的发展演变做了合理的阐述。从体现思辨哲理的程朱理学的出现，到冲破理学教条桎梏的阳明心学，从张扬人心的王学衰变而走向虚空，实学思潮应运而生。对这一学术演变做出了可信的、合乎历史和逻辑的诠释。

（5）为明清实学思潮的产生、发展和终结做了合理的阐述，对这一学术思潮做了精确的理论建构。从而，首次明确地将"实学思潮"列为继"宋明理学"之后中国思想史的一个发展阶段，并将"乾嘉汉学"列为实学思潮中的一个发展过程。

（6）对晚明以来中国资本主义关系萌芽的出现，从经济生活、政治格局、哲学思想、自然科学乃至各文化现象做了较为全面的论述。特别对早期民主启蒙思想的出现和自然科学中近代因素的萌发，尤为精到。

（7）在对屈辱的一百年近代历史的概述中，饱含着沉痛的反思。从志士仁人前赴后继探索富国强兵之道和开展反帝国主义反封建的斗争中，从伟人孙中山的伟大思想和革命实践中，以辛亥革命的胜利为结束。著者又以爱国主义的高昂精神，展示了现代中国历史近百年的巨大变革和实现中华民族伟大复兴的壮丽前景。

从现代新儒家到现代新儒学研究

—— 《现代新儒学的走向》成果简介

　　中国人民大学宋志明教授主持完成的国家社会科学基金项目《现代新儒学的走向》（批准号为03BZX026），最终成果为同名专著。课题组成员有：刘成有、程志华、王贻社、王兴彬。

　　关于现代新儒家思潮的研究已经有 20 多年的历史了，尽管取得了丰硕的成果，但也存在着需要进一步加大研究深度的问题。称实而论，目前关于现代新儒家的研究，尚处在"照着讲"的阶段，研究者的"我见"或"创见"不多。本项目力图改变这种状况，在充分吸收已有成果的基础上，实现从"照着讲"到"接着讲"的转型，实现从讲现代新儒家到现代新儒学的转型。

　　该成果由六章组成。第一章《现代新儒学思潮》分为《现代新儒学思潮的起因》、《现代新儒学思潮的发展历程》、《现代新儒学思潮的表现形态与走向》三节，概述五四新文化运动以来现代新儒学思潮发展变化的总体情况。第二章《现代性向度》分为《儒学与市场经济》、《儒学与工具理性》、《儒学与民主法制》三节，专题论述现代新儒学思潮在现代性向度上的理论进展。第三章《全球化向度》分为《儒学与西方近现代哲学》、《儒学与全球伦理》、《新儒学与后现代视角》三节，专题论述现代新儒学思潮在全球化向度上的理论进展。第四章《本体论向度》分为《生命本体论》、《体用不二论》、《"理世界"本体论》、《"心理合一"本体论》、《道德的形上学》五节，专题论述现代新儒学思潮在本体论向度上的理论进展。第五章《价值论向度》分为《内在的取向》、《超越的境界》、《新式的儒者》、《内在与超越的统一》四节，专题论述现代新儒学思潮在价值论向度上的理论进展。第六章《民族精神向度》分为《民族精神的目标定位》、《民族精神的培育理念》、《儒学与精神文明建设》三节，研究者从培育中华民族精神的新视角对儒学的现代价值做出新的诠释。

一

　　该成果的写作风格，不再以"述"为主，而是以"论"为主。研究者力求在弄清楚每一位现代新儒家主要人物的思想状况的基础上，捕捉他们提出的具有普适性的问题意识，并且针对这些问题提出研究者自己的看法，形成超越现代新儒家的新结论。例如，本项目从现代性向度、全球化向度、本体论向度、价值论向度对现代新儒家作整体的、综合的考察，在提炼出他们的基本观点以后，都阐述了研究者的看法。我们认为，现代新儒家已经成为历史，而现代新儒学仍然在发展。我们不必拘泥于现代新儒家的讲法，也不必以"现代新儒家"自诩，但应当大胆地探索现代新儒学，找到更新的讲法，从而推进社会主义精神文明建设。从"照着讲"转向"接着讲"，是本项目在研究方法上的创新，也是突出的特色之一。本项目运用这种新的研究方法，形成了许多新的观点。例如，研究者认为现代新儒学思潮的起因是对五四时期批孔思潮的反弹，既有国内背景，也有国际背景；儒学作为中华民族文化的基因，是催生现代新儒学思潮的内在原因；现代新儒学思潮的发展历程分为五四时期的草创、30~40年代的理论建构阶段、50年代以后内地的"批孔"和港台新儒家活跃、从70年代开始的学风转折四个阶段；现代新儒学的表现形态有狭义新儒家、广义新儒家、儒家解释学三种。现代新儒学思潮虽然是现代新儒家提出的一个话题，但到20世纪末，已经不再局限在现代新儒家的范围内，已经变成全中华民族的思想动向，变成社会主义精神文明建设的一项重要内容。未来的现代新儒学思潮，将在时代精神和民族精神的交汇中，与世界上其他文化形态的对话中，得到长足的发展。

二

目前关于现代新儒家的研究尚处在个案研究的阶段。本项目试图有所突破，实现从个案研究到综合研究的转型，实现从人物研究到专题研究的转型。研究者不再把视角限制在每一位思想家身上，而是把现代新儒家看做是完整的历史文化现象，并且对其作宏观的研究，概括出现代新儒家代表人物的理论特色，找到他们之间的内在联系，指出他们的学术成就和思想限制，贯彻人物与思潮相统一的原则。例如，本书以本体论向度为专题，在逐一论述了梁漱溟的生命本体论、熊十力的体用不二论、冯友兰的"理世界"本体论、贺麟的"心理合一"本体论、牟宗三的道德的形上学之后，着重分析他们之间内在的逻辑联系。我们认为，梁漱溟突破天人合一的模式，从主客二分角度思考宇宙存在的本体论依据。他从主体出发考察宇宙，否认客体自身的实在性，把宇宙视为生活或生命的表现形式。不过，他往往仅限于提出论断，而不去作论证。真正重视本体论研究的现代新儒家则是梁漱溟的讲友熊十力。熊十力甚至认为哲学就是本体论，反对有些西方哲学家"哲学就是认识论"的说法。他用毕生精力创建"新唯识论"体系。他创立的本体论学说可以称为"体用不二"论。在梁漱溟和熊十力的本体论思考中，实际上只有飘忽不定的、抽象的主体，并没有确定的客体。他们的本体论学说对世界的解释力是有限的，他们只是接触到主体性原则，并没有具体地贯彻这一原则，没有展开地论述主客体的相互关系，没有对客体世界做出充分的哲学解释，没有充分体现哲学思考的现代性向度。在本体论思考方面，冯友兰比他们前进了一步。冯友兰从客体出发，采取逻辑分析的方法，为世界的确定性找到了哲学依据，但他把思维与存在对立起来，形成了多元主义的、二重化的世界图式。贺麟总结他们的理论思维成果和教训，找到了新的出发点。这个新的出发点就是主体与客体的统一。贺麟接受了梁漱溟和熊十力的主体性原则，以"心"为解释世界的逻辑起点，但不认同他们的生命进路以及没有确定性的世界图式；贺麟接受了冯友兰关于理为世界的"范型"的观点，但不认同冯友兰的逻辑分析方法、思维与存在对立的思路以及多元主义的、二重化的世界图式。贺麟把主体与客体统一起来，把思维与存在统一起来，消解多元主义的、二重化的世界图式，重申"一个世界"的理论，运用逻辑综合的方法，建构了"心理合一"本体论。牟宗三不再采用先讲存在本体论然后再讲价值本体论的思路，而是首先从价值本体论讲起，然后再引申到存在本体论。他从关注价值本体论的视角契入，沿着生命—人文—道德的进路，建构了被他称为"道德的形上学"的本体论学说。

三

目前对于现代新儒学的只作哲学史的研究，并不做哲学研究。本项目试图改变这种情况，着眼于对其做哲学的研究，努力寻找超越现代新儒家的途径，从培育中华民族精神的新视角推进儒学的现代转化。在最后一章《民族精神向度》中，研究者在总结现代新儒家的理论思维成果和理论思维教训的基础上，从培育中华民族精神的角度对儒学做了新诠释。主要观点是：①儒学内通心性，外透天道，旁彻物情，合内外，一天人，是天人性命一贯之学，是内圣外王之道，是大家公认的中国传统文化的主干。它奠定了中华民族精神的基调，对中华民族精神的形成和发展所产生的影响，是其他任何学派所无法比拟的。②儒家把"道"视为意义世界的终极依据，视为价值的本源，把求道当作终极的价值目标。在儒学中，道是真实的本体，求道也就是求真。儒家求道、求真、求诚的价值本体论培育了自强不息的中华民族精神。求真是对终极价值的关切，然而真善美是相互联系在一起的，求真必然涉及求善和求美。善是对道德价值的关切，美是对艺术价值的关切。儒家强调真善美的统一，培育了讲道德、重教化的中华民族精神。儒家所向往的理想人格是圣人，而所向往的理想社会是大同之世。儒家成圣与合群的价值取向培育了团结统一的中华民族精神。儒家提出"以人为本"的理念、"以和为贵"的理念、"以礼为序"的理念，并且最终都要落实到"经世致用"上。"仁"、"和"、"礼"、"用"四个字相互联系，构成儒家系统的关于如何培育中华民族精神的理念体系。③儒学是中国传统文化的主干，也是中华民族精神的主要培养基，在中华民族精神的形成过程中曾经起了非常重要的作用。民族精神是一个动态的概念，是民族性与时代性的统一。诚然，当代的中华民族精神与以往相比，有了崭新的内涵，但是今日的中国毕竟是昨日中国的继续和发展：我们不能割断历史。在当今时代，我们培育和弘扬伟大的中华民族精神，仍需要从儒学中吸收精神营养。

　　本项目既是对五四以来现代新儒学思潮的总结，也是对这一思潮发展走向的前瞻。本项目作为对现代新儒家的哲学史研究，对于中国哲学史学科建设具有学术价值；作为对儒学现代转化的哲学研究，对于提高理论思维能力具有理论意义。本项目的针对性强，具有实践价值，有助于人们正确认识儒学与现时代的关系，有助于社会主义精神文明建设。本项目的一些主要观点，或者在许多学术研讨会上宣讲，或者以论文的形式公开发表，在思想界已经颇有影响。

道德形而上学体系的精神哲学基础研究

——《与社会主义市场经济相适应的伦理体系研究》成果简介

东南大学樊和平教授主持完成的国家社会科学基金项目《与社会主义市场经济相适应的伦理体系研究》（批准号为 01BZX037），最终成果为专著《道德形而上学体系的精神哲学基础》。

该成果由三卷九篇二十章、外加一个绪论和结语构成。绪论"'实践理性'与'伦理精神'",从康德、黑格尔,以及中国传统伦理的道德哲学资源出发,对伦理道德的形上本性进行辩证,其结论是:伦理道德的形上本性不是"实践理性"而是'伦理精神'。精神是意识、意志与伦理道德的统一体,现象学、法哲学和历史哲学是道德形而上学体系的精神哲学结构。

上卷"概念的辩证生态与道德体系的现象学复原",是关于道德形而上学体系的现象学结构和现象学研究。第一篇从逻辑与历史两个纬度探讨道德体系的价值生态与现实生态及其资源性难题。第二篇对 20 世纪关于伦理—经济关系的三大理论范式,即基于哲学本体论的"经济决定伦理"、韦伯"新教伦理"的"理想类型",以及基于伦理学学科视野的"经济伦理"进行理论辩证,对于伦理—经济关系和道德体系进行精神哲学的澄清。在此基础上,第三篇提出关于伦理—经济关系和道德体系的"第四种理念",即"伦理—经济生态"和道德体系与市场经济"生态相适应"的理念,它基于"伦理世界观"的形而上学基础,提出当代道德哲学与道德形而上学体系应当实现由"本体世界观"到"生态世界观"的道德哲学范式的转换,进行"从生态实体出发"的道德哲学革命。

中卷"'冲动的合理体系'与道德体系的法哲学结构",是关于道德形而上学体系的法哲学结构与法哲学研究。第四篇"道德形而上学体系的法哲学概念与法哲学结构",提出道德形而上学体系在研究对象方面必须完成由"理性"到"精神"的过渡,而作为意志的一般形态的"冲动",则是"理性"向"精神"转换的概念中介。道德形而上学的法哲学结构,不仅要研究"冲动",而且要研究由众多不同主体、不同性质的相互冲突的冲动所构成的"冲动的体系";不仅要研究"冲动的体系",而且要研究"冲动的合理体系"。第五篇研究"'伦理冲动'及其'体系'"。它认为，伦理道德有两种精神形态，即意识形态和意志形态，道德形而上学体系应当复归伦理精神的"冲动"本性，研究"冲动形态的伦理"及其道德哲学意义。在道德形而上学体系和伦理精神体系中，内在着"伦理的实体与不道德的个体"悖论，由此产生两种个人主义形态，即个体个人主义与实体或集体个人主义两种形态，造成 20 世纪最深重的文明灾难——如生态危机、战争掠夺——的道德哲学根源，并不是个体个人主义，而是实体个人主义，因此，必须实行由个体伦理到实体伦理的道德哲学转向。第六篇探讨"'经济冲动'及其'体系'"，研究的重点是伦理—经济概念互释与理论移植中的意义对话及其价值异化。在此基础上，第七篇"'冲动'与冲动'力'的'合理体系'"，根据现象学意义上"力"作为"共同媒介"的概念本性，认为"力"就是诸冲动的"共同媒介"，是"冲动的合理体系"形成的概念基础。在法哲学意义上，"冲动的合理体系"的"力"学模型，就平行四边形模型，它赋予冲动和冲动力以"庄严的哲学格式"。

下卷"'精神'的现实运动与道德哲学的历史哲学复归"，是道德形而上学体系的历史哲学结构与历史哲学研究。第八篇"道德形而上学体系的历史哲学复归与历史哲学结构"从理论与现实两个角度探讨道德形而上学体系的历史哲学意涵。它认为，道德形而上学体系的历史哲学本性，就是伦理精神的"哲学的历史"；历史哲学结构是道德体系的现象学结构与法哲学结构的历史和现实的统一，是伦理精神与民族精神的统一。20 世纪道德哲学的历史觉悟，就是历史哲学的觉悟。第九篇"伦理精神的历史哲学运动"分别从现象学与法哲学两个纬度考察中国伦理精神的历史哲学运动。中国传统伦理精神的历史哲学形态，是儒道佛三位一体的自给自足的伦理精神体系或精神哲学体系；在近现代以来的经济社会变革中，中华民族正在形成和造就新的伦理精神和道德哲学的历史形态和现实体系。"冲动体系"的历史哲学形态，就是伦理冲动—经济冲动的"合理冲动体系"，在中国它经历了自然经济—计划经济—市场经济三种历史哲学形态及其辩证发展。在完成现象学复原、法哲学考察、历史哲学分析的基础上，第十篇"道德形而上学体系的精神哲学形态"对全书进行总结——道德形而上学体系有三种精神哲学形态：由"精神"的概念规定所形成的"自由意识—自由意志"的逻辑形态或概念形态；逻辑形态与特定的民族精神和民族文化传统结合所形成的"伦—理—道—德—得"的历史形态或民族形态；精神现象学—法哲学—历史哲学三位一体的哲学形态或体系形态。

结语"伦理精神'预定的和谐'"，立足道德辩证法，提出现代伦理精神应当进行"和谐"而不是"冲突"的形上预定，以"'和谐'的'实体'"为伦理精神的概念真理。由此必须"预定"和建立两大和谐——伦理世界的和谐："人的规律"与"神的规律"的和谐；道德世界的和谐："道德规律"与"自然规律"的和谐。现代道德形而上学体系和伦理精神体系应当实现从"冲突伦理"到"和谐伦理"的根本性转换。

该成果的主要观点有。

第一，关于道德形而上学体系及其精神哲学基础的研究。该成果认为，道德哲学体系应当由现象学、法哲学、历史哲学三个基本的结构构成，三个结构同一的概念基础是"精神"。"精神"是"意识"与"意志"的复合体。现象学的研究对象是"自由的意识"，法哲学的研究对象是"自由的意志"，历史哲学的研究对象是"自由的精神"及其历史运动。于是，道德哲学的方法论体系，就是现象学的方法、法哲学的方法、历史哲学的方法的有机统一。将法哲学、特别是历史哲学的研究方法引入道德哲学体系，是伦理学研究中的一个重要突破，由此，道德哲学、伦理精神不仅在理论和概念上内在地具有"实践"的意义，而且逻辑与历史地与民族传统、民族精神相契合，成为"这一个"民族的"精神"。

第二，关于伦理道德的形上本性的研究，这一问题的核心是：伦理道德到底是"实践理性"，还是"精神"？到目前为止，约定俗成的观点为伦理道德是"实践理性"。该成果的结论是：伦理道德的概念本性不是"实践理性"，而是"精神"。理由有三：一是"实践理性"的定性来源于康德的《实践理性批判》，但康德本人从未说过道德就是实践理性，《实践理性批判》一书的主题，是接着《纯粹理性批判》而确证理性的全部实践能力，就是说，在康德那里，道德只是纯粹理性的"实践能力"确证，并不就是实践理性。黑格尔道德哲学也很少用"实践理性"的概念，在《精神现象学》中，黑格尔不仅将伦理与道德相区分，而且明确地将伦理道德作为"精神"的两个重要结构，事实上将它们定性为"精神"。二是"精神"较之"实践理性"的逻辑合理性在于："精神"是意识与意志的统一体，而在"实践理性"的概念中，实际上潜在的将"理性"和"实践"当作两个不同结构的观点，而这种观点已经遭到黑格尔和康德的严厉批评。三是历史合理性。"理性"是现代哲学尤其是现代西方哲学的话语系统，作为道德哲学的概念，"理性"的重要缺陷在于：它难以真正包含行为和道德的意义。在德国古典哲学和中国传统哲学中，与道德哲学密切相关的概念是"精神"，因为精神是"包含了理智、意志和人的全部心灵与道德的概念"。在"精神"中不仅包含理性，而且包含意志、心灵和道德，"精神"是一个比"实践理性"具有更大的理论合理性并体现中国民族特色的概念。

第三，关于 20 世纪伦理—经济关系的三大理论范式的反思。关于伦理—经济关系的研究，是形而上学层面的道德体系研究的关键。该成果认为，20 世纪关于伦理—经济关系的研究内在着重大的理论缺陷和实践误区。一是"经济决定伦理"的理论范式，在本体论方面，是对马克思历史唯物主义的泛读与误读；在价值论方面以本体论僭越价值论，以思辨理性取代价值理性；在实践论方面造成诸多虚妄。二是韦伯的"新教资本主义"的"理想类型",在道德哲学方面由宗教—伦理—经济的三维结构构成,具有一定的合理性,但在历史哲学方面,却与传统的西方文明中心论一脉相承,"理想类型"是"全球化"、"文明冲突论"和"文化霸权"、"文化帝国主义"的历史哲学基础。三是"经济伦理"的范式内在重要的价值悖论、规范悖论和实践悖论,是一个"虚拟命题"。该成果对这三个对 20 世纪中国伦理学发生重大影响的理论范式进行了集中和系统的批判性反思。

第四,关于道德哲学体系由现象学向法哲学、历史哲学过渡与转换及其概念中介研究。该成果认为,由"理性"向"精神"的转换,是由哲学的形而上学向道德的形而上学转换的重要概念,它一方面形成道德形而上学的现象学结构,另一方面又内在着由现象学向法哲学的辩证转换;"冲动"是现象学向法哲学转换的概念中介,但法哲学的研究对象和试图解决的难题,不是"冲动",而是"冲动的合理体系";意识—意志向精神的复归,伦理精神与民族精神的逻辑与历史的统一,是道德哲学体系由现象学、法哲学结构向历史哲学结构转换的概念基础,道德体系的历史哲学结构的形而上学本质,是伦理精神的"哲学的历史"。

道家哲学与西方心理治疗学的互动研究

——《道家哲学与西方心理咨询、心理治疗学的互动研究》成果简介

中南大学吕锡琛教授主持完成的国家社会科学基金项目《道家哲学与西方心理咨询、心理治疗学的互动研究》（批准号为03BZX022），最终成果为专著《人同此心——道学与西方心理治疗学的互动研究》。课题组成员有：贺福安、杨德森、周亮、甘祥满、姚勇。

一 主要内容和重要观点

本成果由以下三个部分组成：上篇——西方心理学与道学思想互动的文化背景及其哲学基础，中篇——道学与西方心理治疗学，下篇——道学心理调治理论的应用研究。

在上篇中，分析了西方心理治疗学与道学思想互动的文化背景和哲学基础：现代西方哲学的转型、现象学和存在主义的兴起、实证主义心理学方法论给心理学带来的危机等因素，导致了心理学研究方法的转型。在这一过程中，现象学发挥了沟通东西的桥梁作用。它一头连接东方古老的道家并受惠于道家，另一头则直接深刻地影响着西方心理治疗学，促使西方心理学界对中国文化所特有的思维方式产生了认同和理解，给他们带来实现心理治疗转型和创新的思想资源。从而为道学与西方心理治疗学的千年对话提供了可能。并从方法论的高度考察了西方心理治疗学与道学思想在人性论、整体观和治疗思想等方面的相契。

在中篇的各章中，具体探讨了荣格、马斯洛、罗杰斯等西方心理学家与道学的深刻联系，分别探讨了荣格的分析心理学和马斯洛为代表的人本心理学对道学思想的吸收、运用及其对中国心理治疗和文化研究方面的启示。

在 20 世纪，"玻尔现象"（即丹麦物理学家玻尔受老子思想影响而在量子力学领域作出贡献）曾受到中西学术界的关注，然而，在更高水平上理解和吸收道学思想的罗杰斯现象、荣格现象、马斯洛现象却未引起人们足够的重视，这是令人遗憾的。

上述西方心理学家在对西方现代文明的弊病和现代生活中人的存在困境进行深入反思的基础上，对西方主流心理学进行了挑战和超越，而道学思想是支撑他们实现超越的重要文化资源。在这一系列中西文化互补的创造性活动中，道学既凸显出其独特性，又通过弥补西方文明之片面性带来的弊病而展现出普遍性价值。

在文化全球化的趋势下，如何将荣格等西方心理学家已经开展的工作深入下去，如何让道学乃至中国哲学中的普遍性价值充分彰显出来，从而在文化全球化进程中贡献出中华民族的智慧，这是当代中国学者所面临的重要课题。

道学的朴素辩证法思想受到荣格的高度重视和赞扬，"这一东方人的真理""具有无比贡献"，运用这一原则，荣格提出了整合意识与潜意识、阴影与光明、兼顾个体需要与社会需要以及阿尼玛与阿尼玛斯等一系列理论，在西方心理学领域内创建了独树一帜的宏大体系。

荣格认识到道学自然无为思想的心理治疗意义，将其吸收到心理治疗实践之中，并强调这有助于纠正西方文化过分重视"意识"而导致的偏颇。他还用潜意识理论来解读道教内丹修炼，沟通了内丹修炼与现代西方心理学。荣格的理论启示我们重视中国先贤的心理保健智慧，理性和非理性、意识和潜意识皆是人类精神心理健康发展不可或缺的方面，我们既需要吸收西方的理性和科学精神，但也绝不可对中国先贤的无为、直觉、顿悟等非理性智慧妄自菲薄。运用荣格的理论来解读道学"致虚守静"、"坐忘"、"心斋"等方式，有助于我们更自觉地运用这一中国先贤独特的修身养性方法，缓解焦虑、浮躁等负面心理。

马斯洛则基于对西方心理学界一味模仿自然科学而将人当成"物"来研究等弊病的深刻反思，吸收并发展了道家的自然无为思想。他主张以"道家的客观"来弥补传统科学的客观的不足。他在晚年发展了需求层次论，在自我实现层次上增添了自我超越层次，从而将人本心理学发展为以宇宙为中心、超越自我及自我实现的超个人心理学。马斯洛从老子的"道"的概念及人类道德是以"自然的道"为摹本的观点中，看出了弥补人本主义的狭隘性的途径，他强调这种超越型人格"比自我实现者更多一些道家思想"。

　　马斯洛对道学思想的吸收启示我们：有选择地运用和吸收前人思想精华并加以现代诠释；注重理论与实践的互动、注重哲学理论对具体科学的指导是推动具体科学发展的重要动力；道学思想具有超越时空的独特智慧，是可供人类共享的思想宝藏。马斯洛深刻领悟并运用道学智慧的成功尝试向人们昭示，道学具有融通东西文化并进行现代转换的可能性和现实性，对21世纪人类文化发展具有重要价值。

　　在中篇中，还从在西方社会产生广泛影响的弗兰克意义治疗学的视阈来发掘道家的意义治疗思想和心理健康智慧。道家注重养德调心、心德互养。其意义治疗思想体现在以下几方面：返璞归真，因性而为；"为人"、"与人"，超越自我；不与物迁，宠辱不惊；清心寡欲，不为物累。这一宝贵的文化资源启示人们自觉地追寻人生的意义，将心理治疗与精神层面的意义治疗和道德修养紧密结合。

　　作者还分析了西方心理治疗与道学思想的区别以及道学思想的局限性。西方心理学家虽然推崇并吸收道学有机整体观、自然无为等思想资源，但他们对道学思想的理解和运用是有限的，同时也是经过了改造和选择的。如，马斯洛倾向于"以一种'美国式的道家'为指导"，他们的"层次整合式思维"是建立在科学分析方法高度发展的基础之上，既整合"科学的客观"与"道家的客观"，又整合行为主义和精神分析、存在主义等多家学派，而道学的思维却属于科学分析尚未进行的混沌形态。马斯洛强调的是"有帮助的顺应自然"，认识到在实践中一味地放任自流也可能导致人生一败涂地。弗兰克认为，一味强调"平衡"将导致所可能出现的危险性。这就启示我们，必须辨析二者在本质上的异同之处，以客观的态度认识道家思想的优长和消极面，以开放的胸怀考察自然无为等概念在西方的发展变化，以图对其进行合理的扬弃，综合创新，自觉地借鉴"他山之石"来建立和完善中国特色的心理保健和心理治疗学。

下篇则借鉴和运用意义治疗学、认知疗法和人本心理学、分析心理学等西方心理治疗理论和方法，针对浮躁、焦虑和自卑等负面心理或心理障碍的成因，阐发道学原典中"顺应自然"、"安时处顺"、"宽容不苛"、"祸福相倚"、"不与物迁"、"宠辱不惊"、"各当其分"、"厚积薄发"等心理调治智慧，并列举道学人物的典型事例进一步说明这些思想对于保持心理健康、稳定心理品质的积极作用。以图为陷入心理困扰、心理疾患以及精神空虚、意义失落的现代人类提供对治之方。

下篇中还具体介绍了杨德森教授所创建的"道家认知疗法"的运用情况，以及他指导博士生所进行的临床治疗案例及其分析。"道家认知疗法"将道家哲学与西方心理治疗技术相结合，总结出 ABCDE 五个操作程序，已经成功地运用于临床治疗，取得了良好的疗效。

二 学术价值和社会价值

（1）促进道学思想回归生活世界并实现现代转化，探索中国哲学走向世界、参与文化全球化进程的通道，试图找到在现代社会和现代文明中的生长点，从而在文化全球化的进程中贡献出中华民族的智慧。

（2）改变了以往从理论到理论的玄学式思辨传统，采取了将理论研究与实际操作相结合的研究方法，不再泛泛而谈中国哲学的现代价值或普遍性，而是从西方心理学家主动将道学思想运用于心理治疗实践这些事实出发，展示出中国哲学所具有的特殊性和普遍性，证明了中西文化融通互补的必要性和现实性，深化了中西文化的融通与互补。

（3）将西方心理治疗方法与道学思想相结合，借鉴荣格、弗兰克、马斯洛等西方心理治疗学的理论和方法，针对实际生活中的浮躁、自卑、焦虑等负面心理阐发道学思想的心理调治智慧，并将其应用于心理治疗的临床实践，具有调治负面心理或心理障碍、心理疾病的实用价值，

（4）道家认知疗法已在全国 20 余个省市推广和运用，效果显著，为建立有中国特色的本土心理治疗学提供文化资源。

（5）推动道学思想与心理学和伦理学等学科的交叉互补，揭示出心理治疗与道德治疗的密切联系，将心理治疗和精神治疗相结合，揭示了心理调节与道德调节的密切联系；启示人们认识树立正确的人生观、价值观对心理保健的积极意义，认识人生意义失落、价值错位对心理健康的危害，促进心理保健与道德修养的互动，建立起方便、经济且适合中国人性格特征的自我心理调节、道德调节机制，为个体的心理调治和道德培育提供内在动力。

西方后现代主义历史哲学研究

——《西方后现代主义历史哲学》成果简介

北京师范大学韩震教授主持完成的国家社会科学基金项目《西方后现代主义历史哲学》（批准号为03BZX036），最终成果为《历史学研究的语言学转向——西方后现代历史哲学研究》。课题组成员有：董立河。

一　研究成果的主要内容和重要观点

1938 年，雷蒙·阿隆的《历史哲学导论》和曼德尔鲍姆的《历史知识的问题》相继问世，这标志着与传统的"思辨的历史哲学"相对立的"分析的历史哲学"的兴起。分析的历史哲学是对历史思维的探讨，终将把历史解释问题提上议事日程。1942 年亨普尔发表《普遍规律在历史学中的作用》一文，把科学解释模式"覆盖规律模型"推及历史领域，认为历史解释也必须服从科学解释模式，从而引发了西方哲学界和史学理论界关于历史解释的旷日持久的讨论。

20 世纪 70 年代之后，历史哲学发生了转向，历史哲学的中心概念不再是因果解释。人们不仅开始怀疑黑格尔所代表的元叙述，而且怀疑严格的合乎理性的历史命题分析是否合理，因此出现了亚瑟·丹图所说的"分析的历史哲学的衰退与没落"的状况。与此同时，在哲学领域，20 世纪初就肇始的语言学转向开始向历史学界渗透。1979 年，劳伦斯·斯通在《过去与现在》杂志上发表《新叙述主义的复兴》一文，反思传统叙述史在当前史学实践中的新价值。由于叙述主义的复兴，许多人对史学性质的定位，愈来愈远离了"科学"。历史学的形式不仅与科学的分析在性质上大相异趣，而且也愈来愈与社会科学相抵牾。

法国哲学家们率先破除了历史学在人文科学和社会科学中的特权幻想，随后又把它变成语言学甚至文学修辞的一种特殊形式。通过哲学家巴尔特、福柯和德里达等人的工作，历史学愈来愈远离了科学分析的轨道，把历史学变成文学修辞性学科的趋势很快在史学界引起轩然大波。在海登·怀特、安克施密特和凯尔纳等人的推动下，历史学界也出现了"语言学转向"。语言学的历史哲学也被称作后现代历史哲学，它主要包含以下两个论点。

一是泛文本主义。根据这一观点，过去不可能是历史认识的对象，或者更确切地说，过去不可能成为历史陈述和表述的指涉物。这些陈述和表述所指涉的并非是过去，而是其他的并且总是当下的历史陈述、话语和文本。这样，后现代主义就完全切断了历史知识和过去实在的联系，从而不仅将历史著作消解为文学，而且把历史本身还原为文本和话语。

二是叙述主义或修辞主义。它把历史叙事创造过程中的优先权赋予语言的规则和语言用法中固有的转义或修辞格。根据这一论点，文学作家创作的虚构故事和历史学家撰写的历史叙事之间没有实质性区别，因为两者一方面都是由语言构成，另一方面都遵循同样的修辞和叙事规则。在后现代主义者看来，历史叙事的情节、叙事在历史事件之间设定的联系、历史叙事所表达的阐释和解释，都不过是历史学家的建构，是由历史学家强加给过去的，本身并没有外在的证据和事实根据。从叙述主义的观点来看，历史学家所采用的转义和文学策略预示和决定了事实的视阈、阐释和意义。这样，历史叙事和文学家的虚构叙事之间的界限就被抹平了。

海登·怀特等人所发起的"语言学转向"，以更加明确的形式，肯定了过去就潜存于学术界中的对历史的主观主义理解。根据这种新的风尚，任何历史事实都不可能超越表达这些事实的话语形式。人们在写历史时，与其说是追求真相，不如说是要追求语言的修辞效果。既然历史语言与文学语言没有什么区别，那么在历史与小说之间也就很难划定严格的界限。在历史中并不存在真相、事实和正义，有的只是关于真相、事实和正义的看法的语言表达形式。历史必须通过语言显现自己，语言就是历史的界限。历史话语并不具有可以讲述真理的特权，它们同文学话语一样，都是在书写表达某种愿望的"虚构的故事"。

总之，实际上，这是一种"语言决定论"的历史哲学，它采取的是一种极端相对主义和反实在论的立场，其目的在于彻底掏空历史文本的真实性和客观性。它的论证策略是，通过对历史著述的话语分析，展示出它们的文本性、叙事性和修辞性，并由此将它们归结为一种文学制品或想象之物。

当今学术界，后现代思想已经无处不在，它已经并且还在继续冲击着传统观念。具体到历史学领域，历史客观性、历史真实性和历史因果规律等传统史学观念受到了无情的奚落和揶揄，历史学的合法性和自律性面临着前所未有的威胁和挑战。总的说来，后现代历史哲学对史学界的影响是广泛而深刻的。到 20 世纪 90 年代后期，西方大部分历史学家都卷入到了由后现代主义者发起的对历史真理和客观性的争论中。以对原始资料的严格考证为基础的科学历史观受到了猛烈抨击，历史学的合法性也受到质疑。当今的西方历史学界笼罩在一片悲观怀疑的气氛中。

研究认为，历史哲学的"语言学的转向"对历史学的理论研究是有意义的。这种转向把重点转到历史学家表述了什么和怎样表述的问题上，揭示了历史语言的非透明性和意识形态性，从而拓展了历史学研究的视野。这种研究击中了朴素客观主义或抽象经验主义的要害。的确，抽象经验主义把历史文本与历史事实之间的关系以及历史认识的性质简单化了，想当然地认为历史语言能够像镜子那样再现历史实在，没有认识到历史认识过程的复杂性。实际上，正像后现代主义者所指出的那样，历史写作的风格、文本语言、语境等再现历史的形式不应该仅仅被看做一种解释的形式，它们本身也的确具有某种意义和内容。

因此，历史学家应该认真地对待这种后现代主义语言理论。他们完全可以把最新的语言理论成果应用到自己的历史思想和写作中去，这有助于他们突破陈旧的思维定式和僵化的研究路数。另外，我们还认为，后现代主义还迫使历史学家反思他们工作的性质，开辟阅读文本的新方式。它也提醒历史学家，在历史实践中要慎重考虑自己的写作风格，促使他们更仔细地考察文献，更认真地对待表面现象，重新思考文本和话语等问题。后现代语言理论对哲学和历史学都提出了挑战，接受这一挑战必定使学术研究进入一个更高的层次。历史学和哲学问题，都有话语和语言的层面，对语言的深入研究，必将从深度和广度上把学术研究推向一个更高的境界。

但是，后现代历史哲学的立论是不能成立的；历史学绝不能落脚在后现代主义的结论上。语言分析特别是后现代主义的语言分析在本质上是破坏性的，缺乏建设性维度。尽管新的分析方法看起来令人眼花缭乱，然而它却只能破坏旧的理论体系，不能建设一个开放的、相对的新理论。如果使研究仅仅停留在话语和语言的范围内，那么我们得到的就只能是话语和语言，这势必会妨碍人们对历史学的理解。后现代主义是建立在对语言本质和功能的错误观念之上的，它与历史学家的职业直觉和信仰明显相悖，也不能够对历史学的性质做出适当的说明。我们并不否认语言的相对独立性、文化和语言对人们的生活有不可磨灭的影响，但是我们否认语言是自主的，因为语言是与社会经济现实、阶级状况和意识形态纠缠在一起的，其中经济基础起着决定性的作用。然而后现代主义者则把"事实"放入括号，对外部世界特别是历史存在的真实性提出质疑，对他们而言，历史事实不过是表达他们的话语。他们的话语分析局限于语言的狭隘性，把任何历史事件和社会变化都归结为话语，这反映了话语分析在历史认识和社会批判活动中的无能和本质上的轻浮。人是使用语言的动物，但人的实践活动是语言的根基和动力源泉。

总之，朴素的客观主义已经无法提供令人满意的史学指导，相对主义和怀疑主义也绝不应该成为人类心灵的最终寓所。人类心智应该重新寻找新的家园。对于历史学家经过千百年史学实践所总结出一套行之有效的研究原则和方法，我们应该继承和发扬；对于那些不利于学术发展或理论创新的陈旧模式，我们理应改进甚至抛弃。后现代主义的出现为我们扬弃传统历史学、构建新的历史学理论提供了契机。融合传统经验主义和后现代主义的理论视界，构筑一种新型的历史哲学，将成为今后相当一段时期哲学家和历史学家们富有挑战性的任务。

二　研究成果的学术价值和社会价值

近 20 年来，国内对历史哲学的研究有了一定的发展，但是与哲学的其他分支相比，研究仍然相对薄弱。例如，尽管对福柯、巴尔特、利奥塔等人的理论已经有了较多研究，但是专门研究他们历史哲学思想的论著却很少见。对海登·怀特《元历史学》只有初步的介绍，但是仍然没有系统的研究，对安克施米特、H. 凯尔纳等人的历史哲学的研究几乎还是空白。

加强对西方历史哲学的研究可以推动我们自身的学科建设。另外，历史唯物主义只有在与形形色色的社会历史哲学的斗争或对话中，才能得到发展。历史哲学是意识形态较强的一和哲学分支学科，对于我们来说，加强这方面的研究具有特殊的理论意义和实践意义。我们始终认为：后现代历史哲学的最终结论是不能成立的，但是它提出了许多富有挑战意义的问题，这些问题是有历史和时代的原因的。我们回答了这些问题，就能够丰富历史唯物主义的内涵，就能够赋予哲学时代气息。总之，该课题的研究工作可望能够推进和深化国内有关后现代历史哲学研究，并能对构建中国历史哲学起到积极的建设性作用。

形而上学与境界研究

——《当代意义上的形而上学与哲学境界》成果简介

　　辽宁大学陆杰荣教授主持的国家社会科学基金项目《当代意义上的形而上学与哲学境界》（批准号为 04BZX007），最终成果为论文集《形而上学与境界》。课题组成员有：王国富、刘宏九、马志国。

该成果主要研究的问题是如何从哲学境界的维度来解释形而上学的发展理论与展开逻辑,进而力求在当代哲学意义上构建同时代精神相印证的形而上学。其研究的设想与思路着重在于说明,哲学的形而上学本性与境界的共通性;哲学的形而上学演进与境界规定的生成性;哲学的形而上学意义与境界的超越性;哲学的形而上学与境界的时代性等问题。其研究的始因与问题意识主要是为了应对当代哲学诸种有关形而上学的理论挑战,也出于从建设性的角度建构当代意义上形而上学的努力。

一 研究成果的主要内容

第一,对哲学的形而上学本性给予了比较充分的论证与揭示,从历史的形成和积淀方面说明了哲学的形而上本性,从现代的维度和层面上说明了哲学的形而上旨趣,从展望的角度说明了哲学的当代境界的意蕴。从哲学的内在逻辑和发展历史来看,哲学的本性与形而上学的本性是内在相通的。哲学的本性就其指向和追求而言,就是形而上学,形而上学的性质与特质乃是哲学的内在本性的实质性与提升性的体现。哲学与形而上学的相通性意味着,哲学与形而上学具有同一的追求和意境,这就意味着二者都蕴含着对某种境界的追求,对境界的把握。哲学的形而上学性质体现为或规范为哲学所确定的境界维度。从这个意义上可以说,把握哲学境界的规定乃是理解哲学与形而上学性质的关键所在。

第二,对哲学的形而上学本性演变逻辑和发展历史的互动关系给予了比较充分的论证和揭示,进而得出了形而上学在历史诸因素的冲击下有其阶段性发展的基本结论。从哲学史的自身发展过程本身,从社会生活的现实状况与精神状况的迁移二者之间的相互关系分析就会看到,我们既要从通常的意义上来理解哲学与形而上学保持其自身所拥有的相对固定的规定性,同时还必须要注意到哲学与形而上学在不同的社会历史条件与精神状况影响下的变化与更替的性质。这就是说，哲学的形而上学性质与规定有其阶段性的差异。哲学的形而上学本性在不同的历史条件下有其变化性的内容，即形而上学必然蕴含着历史性的内容，这就是马克思所讲的哲学必然蕴含着内在表征的"时代性"的内容。从学理和历史的相互关联角度揭示形而上学的这一基本特质，才能从当代的视阈中理解形而上学的发展走向和意义，也才能意识到今日之形而上学对当今之现代生活的重要。由此可以表明形而上学的样式在历史中有其盛衰的过程，对旧的形而上学的拒斥绝不意味着拒绝所有样式的形而上学，哲学的形而上学仍然有其内在与超越的生命力，仍然表征着某种在现实社会中的理想的价值尺度。因而，哲学或形而上学在当今的社会中既要表达着时代的内涵，又要以超越性的视阈关乎社会发展的现实。当代意义上的哲学仍然有其当代意义上的境界追求，只有如此，才能在勾勒当今层面上的哲学境界的同时，建构当代意义上的形而上学。

第三，对马克思哲学的当代性特质与意蕴给予更为深入的，更为符合现代发展逻辑的思考，通过对这一问题的研究可以更为透彻地说明，马克思哲学从实质上提出了理解当代哲学本性的现实道路，确立了当代意义上理想维度的价值追求。从当代哲学的维度与视阈上看，以境界和形而上学的一体性为基点可以进一步深刻理解和把握马克思哲学的路向和实质。事实上马克思哲学作为体现时代精神的"精华"是对现实社会的发展逻辑与历史走向的深刻反思，马克思哲学的境界是以当代重大的现实问题为基点提出的，这表明马克思哲学的思考方式既是对西方传统形而上学的理论逻辑的突破，又是对在现代条件下的哲学思考方式的现实性把握，马克思哲学的"境界"乃是在对现实问题的把握与批判中所提升或显现的。哲学的形而上学性质在马克思哲学那里有了全新的历史性诠释，以往哲学那种恒定不变的精神寻求已经失去了存在的现实基础。这也就是说，哲学的形而上学抽象性质已经不复存在，哲学的形而上学框架已经不再永恒，哲学的境界也不是某种虚无的、抽象的、亘古不变的产物了，哲学的这些形而上学规定深植于现实的社会条件之中。哲学的"解释世界"的理论功能被"改变世界"的现实任务所取代。据此，这就提供了对马克思哲学理解的历史与现实根据。

二 研究成果的主要观点

第一，从哲学内在的逻辑角度和历史的演变角度把握形而上学的规定，将形而上学不仅看做是哲学的本质规定，而且看作是一个表征和蕴涵与现实社会精神状况阶段性发展的过程相适应的历史性产物。

第二，从形而上学与现实因素的实质性关联角度理解形而上学的特质，指出形而上学的性质是与对现实因素的肯定性表征相对应的"理想"得否定性指向，这就从新的方面进一步论证了形而上学乃是某种理想的价值指向，这一指向有其坚实的现实基础。

第三，对当代意义上形而上学建构的一个切实可行的路径就是要理解哲学层面上的"境界"在当今现实生活的重大意义，哲学的旨趣在于指向"境界"，形而上学表达的"境界"在当今仍然具有特殊的时代感召力。在当代条件下存在着进一步建构当代形态形而上学或进入当代"思想"的可能。

第四，马克思哲学是对传统哲学演进理路的实质性突破和现实性否定，这就从根本上结束了传统形而上学的历史，由此也开辟了理解当代意义上形而上学的可行道路。马克思哲学从根本上摧毁了了传统形而上学的存在根据，又在当代的视阈中历史的说明了当今形而上学的性质。

与过去对形而上学的研究主要采取理论抽象的研究方法相比，该成果坚持马克思哲学的实践诠释学与历史诠释学相统一的方法，坚持哲学的文本学研究与时代精神境遇的重大历史问题相统一的方法，坚持哲学的理论逻辑内在角度与社会历史状况现实角度研究向统一的方法。这一研究的方法论原则突破了传统哲学在形而上学研究上的"静观"性质，打破了旧有的形而上学的预成论结构，将哲学高高在上的"天国"品性置放在现实的历史的过程之中，进而超出了对哲学形而上学的纯学理性探讨，将哲学的本性与境界问题的理解同社会的历史的现实结合起来，同人的本性的时代追求结合起来，同对社会状况评价的事实尺度与价值尺度的统一结合起来。

《史记》与民族精神研究

——《〈史记〉与民族精神》成果简介

　　西藏民族学院池万兴教授主持完成的国家社会科学基金项目《〈史记〉与民族精神》（批准号为03BZW023），最终成果为同名专著。课题组成员有：刘志伟、徐正英、徐万发、高明。

《史记》是中国历史上第一部纪传体通史，也是一部百科全书性质的名著。司马迁创作《史记》的目的就是要"究天人之际，通古今之变，成一家之言"，要探讨3000年来社会的治乱兴衰规律，为统治者提供历史的借鉴。因此《史记》的最大价值就在于它第一次全面地总结与记述了中华民族近3000年的创业史，对此前的民族精神第一次进行了全面地总结，最完满地体现了中华民族在结束分裂重新走向统一的历史进程中所形成的那种刚健有为、自强不息的民族精神。随着《史记》在后世的巨大影响，《史记》所弘扬的民族精神也对中华民族产生了极为深远而巨大的影响。因此研究《史记》不能不对《史记》所弘扬的民族精神及其对中华民族的影响进行深入的探讨。纵观人类发展史，有无民族精神，对一个国家和民族的生存与发展具有重大意义。研究《史记》所体现的民族精神，不但能够拓宽《史记》的研究领域，挖掘其新的价值，具有重要的学术价值，而且对于我们建设中国特色的社会主义，增强当代中国的精神凝聚力，实现中华民族的伟大复兴与和平统一，建设和谐社会、实现长治久安，具有重要的现实意义。

从上古到秦汉，中华民族在经历了种种艰难曲折、求索奋斗之后，终于从分裂走向统一，以空前强盛的帝国屹立于世界的东方，迎来了华夏民族辉煌的时刻。记述中华民族近3000年艰辛伟大的创业历程、反映这一历程中所形成的民族精神的，是司马迁用其毕生精力所写成的不朽的文化巨著《史记》。《史记》以十二本级为纲，以纪传体的形式，通过各种类型的人物群像塑造，第一次形象地对中华民族3000年的奋斗历程进行了全面地总结，对中华民族形成过程中逐渐积淀起来的民族精神予以生动、形象地再现。因此，本课题上编分六章着重探讨中华民族精神的形成与积淀。

民族精神是一个历史的范畴，它有其萌芽、形成与发展的过程。中华民族的民族精神是在中华民族的形成过程中逐渐积淀与形成的。早在远古时代的漫长岁月里，中华大地上的先民就进行了艰苦卓绝的探索，形成了丰富多彩的旧石器时代远古文化。新石器时代是人类发展史上一个光辉灿烂的时代，也是人类最具活力与创造精神的时代之一。这一时代形成了几个比较发达的文化区。文化区域的先后形成表明中华远古文化自古以来就是多元发展的。由多元发展逐渐地过渡到融合与统一，这为中华民族多民族文化的丰富多彩又逐渐地结合成为统一的多民族国家和形成层次多样、内涵丰富的中华文明奠定了坚实的基础。以五帝为代表的英雄时代是中华民族精神积淀的重要时期。炎黄和尧舜先后登上历史舞台，炎黄作为部落联盟的首领，他们不仅为部落联盟的发展建立了不朽的功勋，而且他们以非凡的勇气和过人的智慧，进行了许多发明创造，为社会经济的发展，为文明时代的到来作出了巨大贡献。尧舜开辟了华夏历史发展的一个新时代，促进了各部族的融合与统一，形成了古老的华夏文明。他们之所以能成为华夏民族的始祖，成为人文之初，作为《史记》述史的开端，就在于他们所体现的探索与创造、进取与奋斗的精神成为中华民族精神最早、最生动的体现。因此，《史记》从黄帝开端记述了中华文明与中华民族精神的形成历程，并提出了中华民族皆黄帝子孙的大一统观念。夏朝是中国历史上第一个国家形态，它的建立对于中国主体民族的形成与民族凝聚力的产生和民族精神的积淀都产生了深远影响。商王朝的建立，标志着宗法制的初步确立与王权的进一步加强。同时也加强了方国与部落联盟，树立了王权的中心地位，增强了凝聚力，对后世大一统政治格局与多元一体民族大融合的出现都产生了深远影响。西周的礼乐文明已经发展到相当成熟的阶段。春秋战国则是中国历史文化大放异彩的一个光辉灿烂的时代。中华民族的大一统思想观念、大一统政治格局，中华民族的优秀传统文化、民族凝聚力与民族精神等都形成于这一历史阶段。尤其是这一时期所形成的传统文化中对于内圣外王的理想追求，志士仁人的理想人格，刚健有为、自强不息的意志品质等都对中华民族精神的形成产生了深远的影响。可以说中华民族精神的重要内涵皆形成于这一历史时期。秦汉之际，随着大一统政治格局的形成，以汉族为主体的中华民族初步形成，中华民族精神也得到进一步丰富与完善。司马迁正是为这种大一统的蓬勃向上的时代精神所鼓舞，立志要"究天人之际，通古今之变，成一家之言"，自觉地以撰写中华民族通史的形式，总结与弘扬中华民族的民族精神。

下编分六章着重论述《史记》所弘扬的民族精神的主要内涵。司马迁在《史记》这部不朽的巨著里，以卓越的史学家与思想家的德、才、学、识构筑了一组又一组富于鲜明思想神韵的历史人物群像，并着重于这些人物身上所固有的精神气质的凸现与揭示，注意挖掘他们身上所体现出的民族精神。这就使中华民族在漫长的形成过程中逐渐积淀起来的民族精神得以真实集中地再现与升华、积淀与弘扬。《史记》2000多年来之所以广泛而深刻地影响着中国的文化精神与民族精神，与其所体现的被整个民族文化心理所认同的民族精神与民族心理意识有着深刻的内在关系。司马迁在《史记》中首先着力弘扬了中华民族的大一统精神。他认为从黄帝到汉武帝3000年历史发展的方向就是逐步走向统一。他突破了春秋以来儒家"内诸夏而外夷狄"的传统偏见，提出了中华各民族皆黄帝子孙的口号，认为各民族作为天子臣民都是平等的。他对坚持民族团结与统一的人物进行了热情的歌颂，对破坏民族统一的人进行了严厉的批判。《史记》所体现与弘扬的这种大一统观念几千年来已渗入中华民族的骨髓里，融进我们的血液里，铸就了我们的民族精神，激励了无数的仁人志士为中华民族的生存、繁荣和进步而奋斗。"炎黄子孙"至今仍是一个具有无限凝聚力与号召力的名词，它引导全球的华夏儿女追念先祖，认同文化，产生民族自豪感和爱国心，奋发图强，不畏艰难险阻，为中华民族的伟大复兴而奋斗。

《史记》首创了以"纪传"为主的史学体裁，第一次以人为中心来记述历史，表现出对于人在历史中的地位与作用的高度重视。司马迁认为，社会是不同层次的人群按照其自身的利益向着各自不同的目的进行活动而联系起来的人们共同体。社会的主体是人，社会活动实际上是人的活动。历史是人类社会的历史，人是社会的主体。因此，记述各层次人的活动历史，就等于叙写了人们自己创造的历史。《史记》通过记述中华民族各阶层人物奋发有为的精神和及时建功立业、显身扬名的功业追求，突出了人的社会历史作用，体现了司马迁以人为本的思想理念，表现了中华民族奋发有为、积极进取的民族精神。

中华民族是一个勇于探索、锐意变革、不断创新的民族。司马迁在《史记》中记载了变革创新者的事迹，歌颂了他们为国家的富强、民族的进步抛头颅、洒热血的变革创新精神，对他们的变革创新的历史功绩予以热情的赞扬和高度的评价。司马迁认为，正是这些改革创新者顺应历史发展的潮流，以敏锐的目光洞察当时社会的各种弊端，在政治、经济、文化思想领域里进行了大胆的改革创新。他们敢于冲破因循守旧、墨守成规的陋习，不顾保守势力的种种阻挠与反对，立志改革，勇于创新，对中国的历史发展作出了不同程度的贡献。他们身上所体现的勇敢探索、锐意改革、积极进取精神，他们知难而进、敢于同落后思想和保守势力进行搏斗、为真理而前赴后继、不怕牺牲的精神，是我们的民族之魂。

司马迁以其独特的人生经历与悲剧精神研究历史，评价人物，重视人物的实际业绩而不注重等级地位。人物不分贵贱贫富，只关注他们在历史上建功立业的人生历程，挥写他们顺应时势，把握机遇，积极奋斗、自强不息、成就功名的人生亮点。而对那些

"为丞相备员而已，无所能发明功名有著于当世者"的人物不予立传。这样，《史记》立传的人物，大都胸怀大志，有一种豪迈进取、奋发有为的精神。他们为了某种事业或者道德观念而生存、而奋斗。他们有着坚忍不拔的意志和百折不挠的奋发精神。在遭受困辱之时，绝不轻易放弃奋斗与生命，而是忍辱负重，发奋有为，终成功业。他们有着见义勇为、视死如归的英雄气概，有着扶危济困、救人危难的狭义精神。特别是国难当头的关键时刻，都能挺身而出，英勇赴难，以死报国，或为道义而献身。《史记》所弘扬的这种刚健有为、自强不息的民族精神对后世的优秀知识分子以救世安民为己任，对国家民族的高度责任感和忧患意识产生了极为深远的影响。同时对后世的志士仁人前赴后继地探索救国图存、振兴民族之路而慷慨献身的牺牲精神也产生了深远的影响。

　　爱国主义是中华民族精神的主要内容之一。千百年来，中华民族之所以能够历经磨难而不衰，饱尝艰辛而不屈，千锤百炼而愈加坚强，靠的就是强大的爱国主义精神。爱国主义是中华民族5000年来生生不息、发展壮大的强大精神动力，也是中国人民在未来的岁月里薪火相传、继往开来的强大精神动力。作为中华民族精神的核心，爱国主义是团结统一、爱好和平、勤劳勇敢、自强不息等伟大民族精神更为深刻、更为根本的灵魂。它滋育这些民族精神的生成，并为这些民族精神的彰扬和发展提供着强劲的激励力量和鲜明的目标指向。正是爱国主义精神的激励，才使我们民族每当外族入侵之时，能够团结一致，奋起抵抗。正是爱国主义精神构成了中华民族的精神纽带，增强了民族凝聚力，使中华民族渡过了一次又一次危机，维护和促进了国家的团结统一。司马迁在《史记》中生动地描写了许多不同历史时期的爱国人物的历史形象。歌颂了这些民族英雄和对国家、对民族的重大贡献。

　　《史记》记述了那些为正义和公道而悲壮牺牲的志士仁人的

崇高品格，热情弘扬了他们舍生取义、杀身成仁的自我牺牲精神。这种崇高的精神品格和人格风范千百年来激励了一代又一代的志士勇赴国难，注重气节，坚持操守。尤其是在民族危亡之际这一气节风范一再显现出来，形成强大的民族凝聚力并成为民族精神的重要源泉，成为中华民族宝贵的精神财富，支撑着我们民族的大厦，使之充满生机与活力，永远激励着后来的人们自觉地追求这种美德，自觉弘扬这种精神，并使之代代相传。

该成果对《史记》所弘扬的民族精神进行了全面、深入地探讨，拓宽了《史记》的研究领域，填补了《史记》研究方面的空白。该成果采用文献考证与阐释学相结合的研究方法，以文献为基础，以地下出土文物和文献相印证，既有扎实的文献支撑，注重实证性；同时又广泛吸收文物资料，使研究具有开拓性、创新性和前沿性。同时由于本课题的跨学科性质，因此力图从史学、文学、哲学与民族学等角度全面挖掘与论述《史记》的民族精神。在论述上既注重学术性，同时力求行文简洁、通俗易懂，避免文献堆积与行文生涩之弊，这就使本成果既具有较强的学术性，又具有可读性。

齐鲁文化与当代民族文化的建构研究

——《齐鲁文化与当代民族文化的建构》成果简介

山东师范大学王志民教授主持的国家社会科学基金项目《齐鲁文化与当代民族文化的建构》（批准号为01BZS020），最终成果为专著《齐鲁文化与当代民族文化的建构》。课题组成员有：梁宗华。

一

　　齐鲁文化研究是近三十年来文化研究热衷、颇受关注的重要领域之一。齐鲁文化研究的重要性和特殊性首先在于它在中华早期文明发展中具有特殊的地位，作出过巨大的贡献。在从东周至秦汉这一中国传统文化形成和奠基的重要历史时期，诸多奠基中国文化传统和影响中华文明进程的重要历史人物及重大历史事件都产生于齐鲁或与齐鲁有密切的关系。其次，齐鲁是中国传统文化的核心思想儒学的发祥地，是孔孟的故乡。齐鲁文化研究以其在儒学研究中的重要性成为中国传统文化研究中不可或缺的重要一环。

　　齐鲁文化的研究虽然已经取得了一定的成绩，但从总体上看，仍处于比较薄弱的地位。一是研究成果主要集中于历史人物和历史事件等的研究，个案研究多，综合研究少。二是诸多领域尚多研究空白区，以儒代鲁、重鲁轻齐的情况仍普遍存在。三是将齐与鲁分割研究多，二者结合研究少。将齐鲁作为一个文化圈进行整体的宏观研究，尤其是对齐鲁文化与中国传统文化的关系的研究，对齐鲁文化在中华文明发展中的地位与贡献的宏观研究，更属薄弱环节。著名历史学家傅斯年先生提出："从春秋至王莽时，中国的上层文化只有一个重心，这个重心便是齐鲁。"著名历史学家徐中舒先生也有"齐鲁为先秦最高文化区"的提法。但对"重心"和"最高文化区"之说，迄今未有人进行全面探讨和论证，而齐鲁文化作为高度发达的古老文明，对后代的重大影响和当代的重要价值及现实意义的研究更是齐鲁文化研究中的少见之作，而这两个方面的研究对齐鲁文化研究来讲，极具重大意义和重要价值。

二

　　该成果主要基于上述两点作为研究的重点和着力点，主要内容分两大部分：第一部分（1~10章）为齐鲁文化本体研究，以探讨和论证"齐鲁为先秦最高文化区"和"文化重心"说为着力点，重点在于对春秋至秦汉时期齐鲁文化发展的历史考察和对齐鲁文化在中华早期文明发展中的历史地位和贡献进行较全面的分析研究。第二部分（11~14章）为齐鲁文化的当代价值和现实意义的结合研究，重点探求齐鲁文化与当代社会的结合点，从齐鲁文化的主体精神对当代民族精神文明建设的重大意义和家庭伦理、和谐社会建设及对当代教育的启发等进行探索。

　　该成果在主要研究对象的确立上，就齐鲁文化的本体研究而言，总体上突出了重点历史时期、重点文化现象和重点历史事件的研究。确立以周室衰微、政由方伯的春秋时期与列国分裂割据的战国时期这样一段文化独立发达时期作为齐鲁文化本体发展的轴心期，文化特质的突显期，文化成就的高峰期，列为主要研究内容，并将其中的文化发展和重大历史事件中的文化现象作为重点。突破前人对齐鲁文化分割的、具体的、零散的研究状况，从宏观把握的前提下，集中探讨和论证了齐鲁文化在中华早期文明发展中的地位。在论证齐鲁文化对民族文化建构的当代意义上，着力于以齐鲁文化与当代社会的结合为切入点凸显齐鲁思想文化的历史价值及其现代意义。

　　（1）针对齐鲁文化研究长期存在的齐鲁文化为同一支文化、而以儒学为其文化特征的观点，鲜明地提出了齐鲁文化是由齐文化与鲁文化两支不同性质文化组成的观点。对于齐鲁两支文化的差异和不同特色，从氏族渊源、文化基础、生成环境以及齐鲁分封的不同目标、文化背景、封主差异、建国方针等多个方面进行了全面分析论证，较深入地探讨了齐鲁文化渊源的多元性、其文化形成的复杂性和文化内涵的丰富性；并从齐鲁文化比较的十个方面详析其不同特色。

（2）进一步从历史文化发展的角度论证了齐文化、鲁文化与齐鲁文化的关系，提出齐鲁文化是齐鲁两支文化在以春秋战国为轴心期的漫长历史发展中，不断交流、演变、融合，形成了一个统一的复合型文化圈的观点。在这个复合型文化圈中，它们既有共同的文化形象，又有各自独立的文化特征，而且贯穿到齐鲁文化本体发展的各个历史时期中。

（3）重点探讨了孔子与春秋时期齐鲁两支文化发展的关系。提出齐鲁为春秋时期东方的两个文化中心。春秋时期齐鲁文化的碰撞和交流，是孔子思想产生的重要文化土壤。孔子对齐文化的重点研究、探讨和吸收，是其"仁"学产生的重要来源。孔子思想的形成是特定的历史时期和齐鲁作为"最高文化区"、"文化重心"孕育的结晶；作为其核心思想的"礼"是其对周鲁文化研究吸收的结晶，而其"仁"学思想则与其对齐文化的研究、吸收密不可分。

（4）提出战国时期是齐鲁文化面貌"儒化"的时期。儒家"显学"的传播以及齐国稷下之学为儒学在齐地的深入传播提供的有利条件，是齐鲁文化深入融合的最有利契机。史称"齐鲁之学"自战国始。

（5）提出齐鲁文化在秦代前期获得更大发展、后期遭受摧残走向民间的观点。深入探讨了齐鲁文化对秦代政治、文化的巨大影响和在专制大一统的情势下，齐鲁文化的发展轨迹和演进情况，填补了在该时期齐鲁文化研究的空白。

（6）史学家徐中舒先生在 20 世纪 30 年代曾有"齐鲁为先秦最高文化区"的说法，傅斯年先生在《夷夏东西说》中也有"自春秋至王莽时，中国上层的文化只有一个重心，这个重心便是齐鲁"的话，但二者都未多加论说。该成果全面论述了齐鲁文化在中华早期文明发展中的历史地位和重要贡献，对上述论断做了较深入的论证。

（7）较深入地探析了齐鲁文化在汉代大一统局面下发展演变的轨迹。该成果从"黄老之学在汉初的支配地位"、"齐鲁之学与儒学复兴"、"董氏儒学对齐鲁之学的融合与超越"、"郑玄对今古文经学的融合"等方面，剖析了汉代独尊儒术、儒学被定为一尊成为官方意识形态后，齐鲁文化融合为一体而又相对保持各自独有特色的发展历程和规律。

（8）着力于从齐鲁文化与当代社会的结合点探寻以儒家文化为主体的齐鲁思想文化的历史价值及其现代意义。从宏观层面探讨了齐鲁文化基本特征以及齐鲁文化对中国传统的社会心理与理想人格的影响。构成齐鲁文化主体的儒、道、墨、法等诸家人生价值观念及特定思维方式，共同作用于民族的社会心理及价值观念，形成中国特定的传统社会心理与价值观念，凝成传统理想人格。

（9）齐鲁文化所积淀的极为丰厚的历史文化和思想智慧资源，在当今全球化背景下世界文化多元交流、冲突、选择、融通的时代，奠定了我们民族文化创新发展的坚固基石。该成果在齐鲁文化对当代民族文化建构的重大意义和启迪、影响的研究中，选取了几个有代表性的层面，分从齐鲁文化与当代民族文化建构、齐鲁文化与和谐社会建设、齐鲁文化对传统教育的价值和现代意义三个层面具体探析了齐鲁文化与当代社会的契合点。该成果把视阈放在齐鲁文化与民族精神、齐鲁文化与公民道德建设、齐鲁文化与家庭伦理构建、齐鲁文化与青少年教育四个关节点，就齐鲁文化与当代民族文化建构问题进行了较深入的探索。在齐鲁文化与建设和谐社会层面，该成果以崇仁尚礼与"以德治国"、"以人为本"的政治文明建设、"和为贵"与和谐社会建设、齐鲁文化与现代经济伦理建构等问题为探讨重点，具体剖析了齐鲁文化在和谐社会建设中的重要作用。

三

该成果全面论述了齐鲁文化本体及对后代的重大影响和当代的重要价值及现实意义，不仅对几十年来齐鲁文化研究的理论成果有一个较好的总结，也对今后齐鲁文化研究的若干问题进行了较深入探讨，对当前山东的文化大省建设，继承和弘扬齐鲁文化的优良传统，提供了有利地推动和建设经验。该成果对进一步确立齐鲁文化在中华传统文化形成发展中的历史地位和文化贡献，推动齐鲁文化研究及中国传统文化研究向前发展具有一定的借鉴意义。

20 世纪旧体诗词研究

——《20 世纪旧体诗词研究》 成果简介

　　云南民族大学陈友康教授主持完成的国家
社会科学基金项目《20 世纪旧体诗词研究》
（批准号为 01BZW042），最终成果为同名专著。
课题组成员有：杨晓勤、尹子能、赵嘉鸿、
康泳。

一　研究成果的主要内容

这项成果的研究内容是 20 世纪迄今的旧体诗词。该成果分析了旧体诗词存在和发展的社会历史背景，以几个重要历史时段为重点对现当代旧体诗词的发展过程做了简要概括。然后按照作者的身份分别对新文学家、人文社会科学家、政治人物、自然科学家、艺术家等的诗词创作活动和创作成果进行了描述和分析，归纳出各种类型诗词的特点，并对重要人物的创作情况进行具体介绍和评价。还以专章介绍了台湾、香港和澳门地区及海外的诗词创作情况。在较为全面地描述 20 世纪旧体诗词创作情况的基础上，最后一章进行总结，对现当代诗词的特点、价值、地位、未来命运和存在问题进行较为学理化的讨论。

该成果较为全面地呈示了 20 世纪特别是"五四"新文学运动以来旧体诗词的发展过程、创作成就和思想贡献，有助于人们更好地认识现当代诗词的价值和 20 世纪中国文学的全貌。旧体诗词是富有鲜明民族特色的文学样式，"五四"新文学运动以后，它被作为落后、僵化的艺术形式受到否定，人们认为，旧体诗词的历史命运已经终结。因此，学术界长期不把 20 世纪诗词创作作为专门研究对象，对它的系统化研究基本处于空白状态。改革开放以来，对 20 世纪旧诗的研究有所开展，但大多局限于诗词圈内的常识性讨论，学术价值有限。21 世纪以来，学术界的研究增多，出版了多种专著，旧体诗词的合法性逐渐被越来越多的人所承认。但现有成果有的侧重于某一时段的诗词研究，有的侧重于某一群体的研究，《20 世纪旧体诗词研究》全方位研究现当代旧体诗词，系统性更强。

二　研究成果的重要观点

该成果分析了现代诗词被忽视或得不到认可的原因。研究指出，现当代诗词命途多舛，除了文化上的激进态度使中国新文学的创立者、辩护者没有对传统文化进行必要的区分，往往笼统否定，不可避免地产生负面作用以外，还有一个原因是文学研究者和文学史家没有对传统文体在现代社会的不同命运进行区分。"五四"新文学运动后，用文言文写的散文、骈文、赋、小说等全面退出文坛，白话文占绝对的主导地位，旧文章的成绩和影响可以忽略不计；然而，旧诗虽然是新文学不遗余力排斥的对象，但它却始终顽强地生存着，传统诗人依然我行我素；新文学家也保持对旧诗的爱好，乃至于"勒马回缰做旧诗（闻一多语）"；新的诗人也在增生，这样就造成旧诗一枝独秀，挺拔在 20 世纪中国文坛的局面。在 20 世纪中国诗坛上，新、旧两种诗体实际上是并行发展的，新诗可以列出自己的优秀诗人和优秀文本的清单，建立自身的知识谱系，旧诗也能建立自己的清单和谱系。研究者对传统文体在中国现当代的不同表现没有加以必要的区分，一概认为传统文学形式已经无所作为，当然就难以对 20 世纪中国旧体诗词的生产和消费进行实事求是的描述和评价。本研究项目对 20 世纪旧体诗词的优秀诗人和文本进行了归纳梳理，是建立现当代旧体诗词知识谱系的一次尝试和努力。

　　该成果对现当代旧体诗词的合法性、现代性、在 20 世纪中国文学中的地位和未来发展等重要问题进行深入思考并给出自己的答案。旧体诗词的现代价值和命运一直是个充满争议的话题。长期以来，20 世纪旧体诗词的合法性处于被怀疑、否定或悬置的状态，致使它被摒弃在文学研究和文学史写作之外，从而造成一部分精神资源的人为遮蔽。本成果引入"现代性"概念，对旧体诗词的思想价值和精神贡献给以较新阐释，从根本上确立它的社会合法性和学科合法性。研究表明，20 世纪旧体诗词表现了鲜明的现代性追求，自足地构成一种新的诗歌传统和诗歌历史。

　　研究认为，要为 20 世纪旧体诗词确立合法性，关键看它是否为社会提供了有价值的精神成果。20 世纪中国社会发生的历史性变化，特别是由传统社会向现代社会的进步，由十年"文化大革命"向新时期的转折，对诗词的思想内容产生深刻的影响。现当代诗词从总体上看基本上摆脱了使它招致严厉抨击的腐朽落后的封建思想，呈现出具有鲜明时代特点的精神风貌。虽然仍有不少作品把历史创造和社会进步的艰难掩盖在空洞的口号之下，但是，更多的作品表现了对真、善、美、独立、自由、民主、平等、正义等人类终极价值的关注和追求，对国家现代化和民族复兴的渴望，具有浓烈的现代色彩。这就使它与古代诗词产生了根本的区别，足以构成中国诗词发展史上一个新的、独立的时代。在现当代诗词中，举凡国家大事、世界风云、自然万物、人间情愫、诗文艺术、科学成就等，凡是现代社会和现实生活中存在的东西，都有深入周到的反映，呈现出现代世界的多样性和精神世界的丰富性，在某些时候，旧体诗词文本还代表时代精神的高点。优秀诗人的作品既代表了 20 世纪旧体诗词创作达到的高度，又为旧形式开辟了新境界。20 世纪诗词中的不少优秀之作已经完成了经典化，它们像古代佳作和新诗中的优秀作品一样传诵人口，滋润了人们的精神世界，涵养了人们的品格节操。这才是为 20 世纪旧体诗词确立合法性的终极性价值依据。

研究认为，"五四"新文学运动的成功，导致了旧体诗词诗坛正宗和主流地位的失落，取而代之的新诗确实以它自由的形式和鲜明的时代内容开创了中国诗史上一个崭新的时代，但新诗的成功并不必然以旧诗的消亡为代价，换言之，新诗的成功并不必然意味着旧诗的失败和终结。事实证明，旧体诗词创作虽然不再像过去那样雄踞诗坛，但它仍然是 20 世纪社会生活中时时进行和变化着的活生生的文学现象，20 世纪以来中国诗歌的发展实际上是新旧诗双线并行的。特别是改革开放以来，旧体诗词创作也在与社会、新体文学创作同步前进，它的作者、诗词组织、发表报

刊、发表作品的数量之多，内容和质量的丰富提高，都足以证明
旧体诗词创作已呈复兴态势。这一文学现象，对中国诗歌的发展
有着重要意义。一方面，它说明具有几千年悠久历史的中华诗词
在经过短时期的沉寂以后，又获得了新的生命，焕发出一定生机；
另一方面，中国现代诗歌尽管取得了杰出成就，但每前进一步都
伴随着困惑和争执，形式的探求尤其伤人心神，新旧形式的争斗
像阴影般伴随着诗歌的发展。当代旧体诗词创作的崛起使诗坛这
种二元对立态势被打破，旧诗和新诗作为诗体形式可以分镳竞骋，
共存共荣。这不仅使中国现代诗歌多有了一种发展的可能性，而
且使作为整体的中国现代诗歌排除了内部困扰，可以在创造未来
诗歌历史中拥有更强的力量。项目成果对旧体诗词的未来命运持
乐观态度，认为从今以后中国诗歌将是新诗与旧诗共同发展，双
线并行。

因此，建议重新审视和界定"现代文学"范畴，用"现代汉
诗"概念整合 20 世纪中国诗歌，消弭新旧诗的对立和对抗。在新
的世纪，文学界应该打破新旧诗二元对立的模式，以更加理性和
宽容的态度对待传统文体的存在，建立良好的文化生态，促进旧
体诗词健康发展。成果还建议要从整个中国文学发展和文化自觉
的高度重视旧体诗词研究和创作，维护文化多样性。

三　研究成果的学术价值和应用价值

该成果把 20 世纪旧体诗词视为新文学的重要补充和中国现当
代文学的一个有机组成部分，视为中华民族在新的历史时期创造
的文化产品和精神成果，对它的发展过程、成就、特点和存在问
题进行了研究。这一研究成果将使我们更全面地把握 20 世纪中国
文学，并为社会文化发展提供一些新的思想资源。就纯学术意义
而言，它能在一定程度上弥补学术界长期以来忽视现代诗词研究
的缺陷，并为构建完整、客观、公允的 20 世纪中文学史提供

参考。

该成果有一定的应用价值。20 世纪后期以来，随着社会的发展和文化环境的改善，旧体诗词出现复兴之势。20 世纪 80 年代以来，普通的文学爱好者却对旧体诗词产生了浓厚的兴趣，并且成为各级诗词学会的主力军。现在，旧体诗词的作者和欣赏者数量绝不在新诗之下，其社会影响也足以与新诗抗衡。旧体诗词的存在仍然有广泛的社会基础和良好的发展前景。

该成果总结了 20 世纪旧体诗词创作的成败得失，对于当前和以后旧体诗词创作和健康发展有借鉴作用。与传统诗词相比，20 世纪诗词从宏观的思想观念到具体的艺术技巧都有了发展变化，对此加以归纳、揭示，探寻新的创作规律，无疑有助于正在发展中的当代诗词创作。在总结经验的基础上，由于时代的需要和更多才智之士的参与，也许旧体诗词在一定时候真能回波一转，创造出一片光辉灿烂的文学新天地。

20 世纪中国文学中的母爱主题和儿童教育研究

——《二十世纪中国文学中的母爱主题和儿童教育》成果简介

山东德州学院翟瑞青主持完成的国家社会科学基金项目《二十世纪中国文学中的母爱主题和儿童教育》（批准号为03CZW008），最终成果为专著《"乳汁"与"蜂蜜"——20世纪中国文学中的母爱主题和儿童教育》。

发端于 20 世纪初期的中国现当代文学有一个特别令人注目的文学现象，这就是母爱和儿童作为文学母题的绵延和繁盛。本课题的研究目的正是通过对百年文学发展历程中母爱主题的展现和儿童在母亲的羽翼之下所接受的家庭教育的综合考察与分析，以文学和教育的双重视角，探讨各个特定历史时期知识分子（作家）的母爱观念以及对儿童家庭教育的思虑，从而总结出中国家庭教育在 20 世纪各个时期不同的特点和发展轨迹，以及母亲在树立孩子正确的世界观、人生观、价值观方面所起到的重要作用，探索中华民族的精神在文学发展与母爱主题及儿童教育中的传承与熔铸。

全书共分两部分，为上编、下编。

上编属于总论，重点阐释了"现代性语境中作家的母爱阐释"，分五章进行："春天来了——女性的觉醒"、"现代作家笔下的母爱阐释"、"母爱——女性的永恒主题"、"女性的丑陋——女性的泥泞"、"历史与文化的盲区"。

在 20 世纪的发展进程中，从放足、接受教育到参政议政，女性在政治、经济、文化等各个领域占有越来越重要的地位，女性主体意识逐渐增强，这为她们对孩子进行科学抚养提供了有利条件，为培养儿童的健全人格打下了坚实基础。更为重要的是在 20 世纪初期，随着西方各种先进思潮的涌入，随着"人"的发现，"女性"的发现和作为"将来的'人'的萌芽"的"儿童"的发现，尤其是女性创作群体浮出历史地表，女性自主意识的张扬，母爱、儿童才成为作家注目的焦点，书写母爱和儿童开始成为作家反封建启蒙的一把利刃。为此，受过西方现代教育的作家把这一主题作为思想启蒙和国民素质提高的一项重要内容，并赋予这一文学主题以新的时代和文化内涵。在现代性历史语境中，作家站在人道主义立场上，从个性解放的角度出发，对普通母亲的命运与痛苦，母亲的情感和精神世界，以及在抚育儿童上的良苦用心给予了极大的关注，对她们的逐渐觉醒和反抗给予了大力支持，并对她们在当代社会现实中所承受的心理压力和精神苦难，给予了更多的同情和理解，表现了对女性角色的认同和为人妻母的赞美。为此，母爱情感在沉寂了几千年之后重新获得了现代历史和文化意义上的价值，以及美学意义上的肯定和认可。在百年母爱书写过程中，已具备现代性视野的现代作家在表现和挖掘母爱的本质内涵时，和古代作家相比已经具备了完全不同的思想文化内涵。作家在观照母爱时首先注意到的是母性生命意识的彰显和对社会发展所起到的制衡作用。尤其是女作家对母爱主体意识的凸现，更加强化了母爱在生命和人性意义上的价值，肯定她们的生育价值，批判传统的生育观对女性的身心摧残，揭示她们对人类的发展和文明的传承所作出的突出贡献。

在对现代作家笔下的母爱阐释进行表述的同时，也对母爱对作家创作的影响进行了阐述。母爱作为作家童年经验的源头，对作家一生的影响非常巨大，对他们题材的选择、艺术风格的形成、人物形象的塑造都产生了不同程度的影响，特别是有一大批现代作家是由寡母带大成人的。在中国男权文化社会中，寡母作为一个特殊的女性群体在育儿方面其心态尤其不同，为此而成为不少作家重点表现的对象，出现了一大批这方面的作品。所以在该成果中将其作为一章中的主要内容进行了阐述。母爱主题和儿童教育又与女性的社会地位、社会要求、社会角色，以及对儿童地位的重视程度相关联，在对儿女进行教育时，势必要受到历史和文化、现实和理想的限制和干扰，所以在第三、第四章中重点对此进行分析和阐述。

下编重点分年代阐述"母爱主题的延续与流变"。由于构成作家艺术追求背后的价值关怀、思维方式、审美意识、文化氛围、时代潮流等一些精神要素，都会对文学表现这一主题产生重要影响，为此必须从 20 世纪整个社会变迁的角度来做分析。

　　20 世纪初期以鲁迅为代表的"立人"思想的提出确立了五四新文化运动先驱的"儿童本位"思想，五四文学初期出现了母爱主题极度张扬的创作局面。部分作家笔下，母亲因其无私、伟大、善良，从而成为真理、正义、爱与美的化身。而凄风苦雨的社会现实，又决定了鲁迅等作家笔下被撕裂的母爱带着斑斑血迹和泪痕呈现在文坛，伟大的母爱被封建思想和残酷的社会现实撕扯得体无完肤。虽然她们当中有很大一部分尤其是寡妇幻想通过孩子的长大成人以体现自己生命存在的价值，但恶劣的社会环境却把她们推向绝境。

　　抗日战争爆发之后，作家的文学叙事开始由个性化的叙述慢慢转入国家、民族的宏大叙事之中，首先彰显的是爱国主义时代主题。这时所涌现的众多母亲形象，是积极挣脱命运的摆布，和环境、命运进行顽强不屈的抗争，积极把握自我命运的形象。以丁玲为代表的一批作家虽然也展现战争给家庭、亲情所带来的灾难或痛苦，但她们所选取的政治立场和秉承的中国战争文学传统，使她们采取的叙事视角是要求个人、家庭、爱情绝对服从于国家、民族的利益，道德伦理层面的"人性"描写被置于宏大的历史叙事之中，从而缺乏对战争给人本身造成的深层伤害的理性思考。以张爱玲为代表执著于探求女性婚恋、家庭、生育等关涉女性人生命题的作家，从"人性"的角度探讨被婚姻和文化所困扰的母爱情感，呈现出与以国家民族宏大历史叙事话语的不同和疏离。通过对家族小说的解读，分析了萎缩性人格养成的深层原因。

　　20 世纪五六十年代对丰富复杂的母爱情感世界并没有进行充分地揭示和展现。一方面，英雄模式、战争叙事、政治话语模式，使得作为"人性"中母爱描写被置于宏大的历史叙事之中，在战争叙事语境中，对爱的书写是出于倾力赞美对国家、民族、革命的"宏大"的爱，而个人的情感生活无法独立获得充分合法的言说身份。另一方面，随着妇女社会地位的提高，广大妇女大都由家庭开始转向社会并积极地参与社会，改变了以前以家庭角色为主的生存状况，将视野从家庭转向了社会，将个体意识转向了群体意识，以顺应时代潮流的同时，对孩子进行符合社会主义时代精神的新式教育，即英雄主义、理想主义和集体主义精神的教育。对此进行了实事求是的辩证分析。随着时代的发展，这种集体意识渐渐地与个体意识对立起来，从而把个体意识逐渐统一在集体意识之中，五四时期艰难建立起来的个性意识逐渐消亡在国家统一意志之下。

"文化大革命"时期，文学界一片荒芜。对"文化大革命"时期母爱的书写，散见于"文化大革命"后的作品中，作家对亲情伦理的被割裂进行了强烈的控诉。作家更多的是探讨政治意识影响的背后母亲教育所存在的弊端，知识和知识分子的极度贬抑所造成的恶果。

新时期之后，伴随着"人性"的回归，女性作家的大量出现，母性开始得到整体再现。20世纪80年代中期之后，随着文学主题的逐渐深化，文学开始探究人性当中的深层次的东西，对包括母爱在内的感情世界进行深层把握和多维表现，呈现母爱情感的多维空间，并揭示了为人妻母和事业无法两全的矛盾。与此同时，作家也开始关注在经历了"文化大革命"这场人性大破坏之后，人性恶的暴露和展现，揭示被异化了的人类情感，包括母爱。高考作为这一时期最重要的历史事件，在为千家万户带来荣耀的同时，伴随着独生子女的大量出现，也为家庭教育带来了诸多弊端。素质教育问题，贫困生问题应运而生，文学家对教育进行诉说。

20世纪90年代，时代的转型为儿童教育提出了新的时代命题，伴随市场经济的确立形成了价值多元化的倾向，无论是作家还是母亲都在为坚守精神家园做出自己积极不懈的努力。尤其是女作家的创作以自己的切身体验呈现出母亲对孩子的爱和教育更加趋于理性化。她们不再把生育仅仅作为人类生命的自然延续，而是更加注重责任意识，更加关注孩子是一个独立的生命个体。随着现代理性注入生育文化，女性的"母爱"书写也开始超越对女性自然本能的歌吟，传达出现代文化的精神特质。它常是作者本人做母亲的亲身体验，并融入了女性对自我生命价值与意义的哲学思考，深化了中国现代女性文学的"母爱"主题

港、澳、台地区作为中国的一个重要组成部分，在 20 世纪经历了坎坷的历史命运，香港和澳门已经回归，但台湾一直未能回到祖国母亲的怀抱。为此深爱中华文明并深受中华民族文化精神熏陶的港、澳、台湾作家满怀深情地塑造着祖国母亲的文学意象，尽情地讴歌和赞美母爱情感，展示母亲在抚育儿童的过程中传递着中华民族的传统美德和优秀文化，维系和延展着中华民族的文化精神。

随着 20 世纪海外华人力量的逐渐壮大，华人文学创作也出现了蔚为壮观的局面，为中华文化在世界范围内的发扬光大作出了自己的贡献。作家注意到在中华文化的传承过程中，母亲对儿童的教育起到了非常重要的桥梁和纽带作用，从而促进了全球化语境下中华文化的传播及其与世界文化的交流融合。

20 世纪中国文学中的母爱主题和儿童教育这一具有跨学科特点的边缘课题的完成，无论对于中国近百年文学史的研究，还是对于近百年教育史的研究都将有一定的启发意义和开拓价值。

1949~2000 中外文学比较史研究

——《1949~2000 中外文学比较史》成果简介

苏州大学朱栋霖教授主持完成的国家社会科学基金项目《1949~2000 中外文学比较史》（批准号为 01BZW037），最终成果为同名专著。课题组成员有：吴格非、南志刚、陈南先、方贤绪、江腊生、陈黎明、卢炜。

　　该成果站在新世纪文化的高度，以新的文学史观、文学观重新诠释 1949～2000 年间的中国当代文学；以文学的现代化、民族化作为 20 世纪中国文学的基本考察视角与轴线，使之贯穿全书整个论述的始终，研究中国文学面临外来文学影响如何吸纳、排斥、变异与自我创造，实现文学现代化、本土化的过程。

　　全书共八编。

　　第一编：俄苏文学与中国十七年文学。在俄苏文学理论的影响下，中国学者和作家对社会主义现实主义理论进行了阐释，并且围绕着真实与真实性、本质与典型的关系，以及如何理解人民性和党性等问题进行了长期论争和探讨。对于苏联的"解冻"文学和中国的"百花文学"而言，揭露社会矛盾和表现人道主义是二者共同的文学主题。

　　第二编：西方现代主义与中国 80 年代文学。西方现代主义文学不仅发现了"社会关系总和"意义上的人，而且不断地向人的精神领域开掘，探讨人类的深层心理结构，从人类的本质存在和生存处境出发，表达对人类的终极关怀。随着现代主义文学思潮在中国传播的深入和发展，中国文学观念从形式层面的变化开始，逐渐发展到功能观和对文学基本性质的认识方面，并通过文学审美功能的强化进一步导致文学本体层面的嬗变。

　　第三编：萨特存在主义及其相关文学思潮与中国新时期文学。法国存在主义哲学家、文学家萨特在中国的接受和影响，经历了以理论启蒙为目的的最初的译介、阐发，到作家们在创作实践中把它与中国当代社会情境相结合，并使之逐渐嬗变成为一种当代中国所能接受的新的文化精神这样一个过程。在萨特"人学"思想的影响下，中国新时期文学开启了人的"存在"探询的新领域，深化了"人"的观念的发现与重构。

　　第四编：后现代主义思潮与中国 20 世纪 90 年代文学。后现代主义思潮进入中国，原因在于中国本土具有相对应的传统文化因素，并在当代文化语境的影响下，形成了后现代主义在中国的本土化特征。后现代主义话语和市场话语的合力作用下的生存处境，决定了 90 年代小说人的观念嬗变，进一步促成了新的主体建构方式；并导致过去的历史观的断裂，形成 90 年代文学中虚拟历史、游戏历史和消费历史的不同表征；最终对 90 年代小说的文体特征和美学追求方面产生了深远的影响。其中，魔幻现实主义文学，直接促成了中国文学"人"的观念的嬗变与思维中心的转移。魔幻现实主义与 20 世纪后期中国小说的孤独母题、魔幻意象的创造以及叙事艺术的多样化三个层面，直接展示了魔幻现实主义文学对 20 世纪后期中国小说思想与艺术方面的影响，实现了以"寻根"小说为中心的 20 世纪后期中国小说在思想与艺术方面对传统文学实践的双重超越。

第五编：叙事学与中国当代先锋小说。叙事学的中国接受，存在以西化中、以中证西，忽视民族审美经验和文化传统，进行技术层面简单类比等文化态度和方法的误区。运用比较叙事学的方法，分析西方现代叙事学和中国叙事传统的冲突与融合，通过解剖以马原、余华、莫言、苏童、格非为代表的中国当代先锋小说的叙事特征和美学属性，探讨中国文学面对全球化语境的对策和出路。

第六编：西方女性主义理论与中国当代文学。在批判男权这一前提下，女性批评话语体现出开放性，也实现了方法的多样性。从中国的女性文学批评话语中可以看到女性主义理论与西方其他理论方法的结合，如女性主义社会历史批评、女性主义精神分析学批评、女性主义原型批评、女性主义后殖民理论批评、女性主义叙事学批评等。鲜明的目的性使中国女性文学创作在主题、人物形象、叙事方式等方面都出现明显的变化。在结合的过程中，一定程度上实现了中国本土文化对西方理论的过滤与筛选，也存在着脱离中国国情的生搬硬套。

作为中国文学言说方式和精神世界的一种补充,新时期以来的中国基督教文学试图构建一个充满着丰富而强劲的个体生命形态以及神性和诗性可以互释的精神空间。这种写作对于当下中国文学来说,无疑是一种有意义的表达。但在中国传统道德资源和信仰资源出现严重的意义匮乏之时,中国基督教文学并没有因叩问灵魂生命和追询神圣维度而得以引起关注。

第七编:西方文学对我国诗歌与戏剧创作的影响。新时期以来西方现代主义诗歌的大量译介促成了朦胧诗的发展,"文化大革命"则是朦胧诗产生的直接背景和反抗对象。从人的发现和人的自觉两个方面,朦胧诗对西方现代主义诗歌进行了吸收和选择,开始对人的价值和生存处境进行反思。这一思潮反映了民族集体无意识和传统美感范畴对外来"模子"的本土化取舍。

20世纪80年代的戏剧创作,不断受到西方荒诞派的影响。西方戏剧对人性的荒诞表现,使中国当代戏剧感受到更多人性复杂的一面,从而产生了一系列相关的探索戏剧。然而这所有的探索戏剧并非西方意义上的荒诞派戏剧,因为当代戏剧并没有真正实现"用荒诞的形式表现荒诞的内涵"。90年代,梅耶荷德戏剧理论、创作实践与中国当代新戏剧运动产生了影响。立足于高行健、林兆华、牟森、孟京辉和王晓鹰等导演及剧作家的戏剧作品,在革命性、假定性、剧场性三个方面,梅耶荷德对中国当代新戏剧运动产生了不可忽视的作用。布莱希特是对中国新时期戏剧影响最大最深的西方戏剧家。以布莱希特戏剧体系中辩证思想和人的观念为维度,探究其对中国新时期戏剧影响和接受的历程,最终得出"从辩证到综合"的影响接受模式。

第八编:儒家文化与新时期文学的关系。积极入世、具有强烈的社会责任感和使命意识的士的精神,影响了80年代作家的精神世界,并使80年代文学发挥了文章乃经国之大业的作用,并在90年代作家中呈现出多元的转化趋势。儒家道德意识影响了对新时期作家在社会历史转型期儒家义利之辩的展开，而中和审美意识主要体现在情感表现、语言和审美意境方面。在现代人学观念基础上，作家以个体的方式实现他的社会责任感和历史使命感，实现儒家精神的现代转化。

该成果主要有以下创新和特色。

其一，坚持以人的发现及其观念的演变为一以贯之的理论视角。作者认为，文学发展与演变的核心是文学观念与文化观念，其根本是人的发现及其观念的演变，由此构成文学观念、文学思潮的更迭、文学创作的变异。

其二，注重把握中国传统文化、古典文学对当代作家创作的影响，在探讨文学的现代化与本土化时坚持一个宏阔而贴切的文化视野，也形成我们从事中外文学比较的一个独特视角。

其三，重点关注当代中国作家在面对外来文学影响时的主体自我独创与对民族文学的新建构。

其四，注重对文学本体的研究。文学主题、文学人物、文体形式、叙述方式的变化发展，是本课题始终探讨的对象。本书史的叙述以文学思潮的变更为各历史阶段的基本框架，而将较重要的创作情况（作家作品）的分析结合于其中。克服当下"文化研究"替代"文学批评"的弊端。

其五，在对各种文学思潮和理论的发掘、整理、钩沉的过程中，有新的发现。

其六，全书史料相当丰富，以富有说服力的史实，改变了中国现当代文学研究的一些定论和成见。

该成果为深化 20 世纪中国文学史研究提供了可资借鉴的研究视野、思维模式和价值坐标，对于指导 21 世纪中国文学的发展，建设现代性的、参与世界文化对话的民族新文学，具有重要的意义。

阿尔泰语系诸民族神话比较研究

——《中国阿尔泰语系诸民族比较研究》成果简介

中央民族大学那木吉拉教授主持完成的国家社会科学基金项目《中国阿尔泰语系诸民族神话比较研究》（批准号为 02BZW058），最终成果为同名专著。课题组成员有：满都呼、毕桪、文日焕、赵志忠、汪丽珍、钟进文。

　　阿尔泰语系诸民族包括突厥、蒙古、满—通古斯语族民族，中国有近 20 个阿尔泰语系民族，是世界上该语系民族最集中、最齐全的国家。该成果为中国阿尔泰语系诸民族（兼顾国外同语系民族）神话的比较研究，由绪论、正文九个部分和结论以及《中国阿尔泰语系诸民族神话类型母题索引》等相关附录构成。

　　绪论部分主要介绍了中国阿尔泰神话比较研究的学理基础、比较研究视阈、比较研究的理论与方法以及资料建设、比较研究的目的和意义等。第一部分，阿尔泰语系诸民族开天辟地神话比较研究，由蒙古语族诸民族开天辟地神话比较研究、满—通古斯语族诸民族开天辟地神话比较研究、突厥语族民族开天辟地神话比较研究等内容构成。第二部分，阿尔泰语系诸民族图腾崇拜及神话比较研究，由阿尔泰语系诸民族熊图腾神话比较研究、古代阿尔泰语系民族犬戎和北狄崇犬神话传说研究、额尔古涅·昆传说的狼图腾神话原型重构、阿尔泰语系诸民族"先祖之窟"信仰及神话传说研究等内容构成。第三部分，阿尔泰语系诸民族日月星辰神话比较研究，由蒙古族日食月食神话的印度影响、日月的性别及其活动神话比较研究、阿尔泰语系诸民族射日神话比较研究等内容构成。第四部分，阿尔泰语系诸民族腾格里（天神）信仰及神话比较研究，由突厥和蒙古语族诸民族腾格里信仰与神话比较研究、布里亚特蒙古天神大战神话比较研究、天神于尔根（又称"地母神"）的神话比较研究等内容构成。第五部分，阿尔泰语系诸民族人类起源神话比较研究，由阿尔泰语系诸民族天降型人类起源神话比较研究、抟土造人型神话的宗教文化影响、卵生型人类起源神话与创世鸭、阿尔泰语系诸民族树崇拜与树生人神话比较研究、阿尔泰语系柯尔克孜族源神话传说研究等内容构成。第六部分，阿尔泰语系诸民族洪水神话比较研究，由阿尔泰语系诸民族洪水神话母题比较研究、蒙古族大地再生洪水神话比较研究、蒙古族人类再生洪水神话比较研究等内容构成。第七部分，阿尔泰语系诸民族物种起源神话比较研究，由阿尔泰语系一些民族苍穹与日月起源神话比较研究、阿尔泰语系诸民族北斗七星来历神话比较研究、阿尔泰语系诸民族月亮阴影神话比较研究、阿尔泰语系诸民族谷物来历神话比较研究等内容构成。第八部分，阿尔泰语系诸民族动植物神话比较研究，由阿尔泰语系蒙古和突厥语民族常青植物神话比较研究、阿尔泰语系诸民族乌鸦崇拜及神话探考、乌孙和蒙古族狼和乌鸦的双重信仰及神话传说比较研究、阿尔泰语系民族巨鸟神话比较研究、阿尔泰语系民族蛇与乌龟神话比较研究等内容构成。第九部分，阿尔泰语系诸民族文化英雄神话比较研究，由满族盗火英雄神话比较研究、蒙古语族民族盗火神话比较研究、阿尔泰语系诸民族文化英雄神话比较研究等内容构成。结论部分对全文进行总结，提出通过比较研究所取得的一些结论性的见解。《阿尔泰语系诸民族神话类型母题索引》，主要对本研究成果中出现的一些神话类型及主要母题进行检索和编排等。

阿尔泰语系诸民族神话比较研究或称阿尔泰比较神话学和阿尔泰历史比较语言学都是阿尔泰学的分支学科。阿尔泰比较神话学关注阿尔泰语系诸民族神话的比较研究，致力于重构阿尔泰原始神话；阿尔泰历史语言学主要关照阿尔泰语系诸民族语言的比较研究，致力于重建阿尔泰祖语。在欧洲，19世纪历史比较语言学的发展带动神话学的发展，其结果诞生了比较神话学，推动欧洲乃至整个世界神话学研究。阿尔泰历史比较语言学虽然不像欧洲历史比较语言学那样带动民间文学或神话学的研究，但是它为阿尔泰神话的比较研究提供了学理基础和方法论。

瑞典学者菲利普·约翰·冯·斯特拉伦贝格（Phillip Johann Von Strahlenberg）在《欧洲和亚洲的北部和东部》（Stochholm，1730）一书中首次提出阿尔泰语系诸民族语言之间存在某些一致性以来，阿尔泰历史比较语言学诞生并得到发展，取得了令世人注目的成就。尽管如此，时至今日，阿尔泰语系假说还没有完全确立，有来自"亲缘论"和"接触论"两个方面的讨论，迄今为止仍未取得一致意见。不过两者进行长期争论的结果，却得出了一些为双方所能接受的共识：承认突厥、蒙古、满—通古斯诸语之间的共同性——同构与对应现象的存在；承认这些语言在早期阶段彼此有过长期接触。

神话与语言之间的关系非常密切，神话和其他任何文化事象之间的关系都不可能取代它。这是因为人类的语言被创造不久，在其基础上神话和原始信仰才孕育产生。而神话容括了初民所有的知识以及思想意识，成为颇具特色的文化载体。因此，诸民族先民语言的共同性，便意味着神话的共通性，他们曾拥有一种原始的共同神话文化的可能性是存在的。由此，完全可以运用历史比较语言学理论为依据，同样运用比较的方法研究阿尔泰语系诸民族神话，探讨它们的共同性特点，重构这些民族原始共同神话文化。

研究表明，阿尔泰语系三大语族神话之间存在"亲缘"关系，现存阿尔泰语系诸民族很多神话是从原始阿尔泰神话演化而来的。阿尔泰语系诸民族神话好比是一棵从同一个根上生长的大树，树干是原始阿尔泰神话的原型；大树的粗枝为阿尔泰语系各语族神话的共同点较多的那些部分；而树的众多细枝为现代阿尔泰语系各民族神话部分。所以，在现代阿尔泰语系诸民族神话文化深层中，积淀着原始阿尔泰神话思维和观念，自然他们的神话之间也存在很多契合的要素。

具体的比较研究也在一定程度上证实了这一点。首先，如阿尔泰语系诸民族先民原始群体中曾存在共同的腾格里（天神）、"天父地母"信仰及其与之对应的神话传说。这些神话传说与信仰习俗，在现代阿尔泰语系诸民族中仍在传承。其次，动物始祖观念及其神话在阿尔泰语系诸民族先民中普遍存在，这些不但在较早的文献中有所发现，而且在近现代口承资料中也有所显露。比如，突厥、蒙古语族民族先民中存在狼始祖神话与崇拜习俗，并产生于诸民族先民处于同一部族共同体尚未分离时期，并与欧亚大陆古代民族同类神话与崇拜习俗有着相近的根基。再如，与上述几乎同时在阿尔泰语系诸民族先民群体中产生了熊兽祖观念与神话传说，在北亚的西伯利亚、东北亚森林地区的居民以及朝鲜、日本、阿伊努以及古亚细亚语族民族和中亚、西亚的一些民族中普遍存在熊崇拜习俗，也普遍传承着与之相对应的神话传说。可见阿尔泰语系诸民族先民共同拥有的熊始祖崇拜、熊神话与其周围相关民族同类崇拜习俗与神话观念在发生学上存在一致性。此外，通过比较研究还发现，阿尔泰语系诸民族日月神话、人类起源神话、洪水神话、动植物的起源神话、文化英雄神话等诸类型中均可寻觅到一些共同成分，其中很多都是从阿尔泰语系诸民族先民共有的神话要素发展而来。

　　最后值得一提的是，阿尔泰语系诸民族很多神话及其形态类型、情节母题已经发生不同程度的变异。其中一部分神话在诸民族先民从原始部族分离并在各自发展进程中，其原初形态发生变化，一部分则消亡失传。另外一部分神话接受外来文化影响而发生变异或蒙上一层异文化色彩。

闽粤赣客家文学史研究

——《闽粤赣客家文学史论纲》成果简介

　　赣南师范学院钟俊昆教授主持完成的国家社会科学基金项目《闽粤赣客家文学史论纲》（批准号为 03CZW001），最终成果为专著《客家文学史纲》和《客家文化与文学》。课题组主要成员有：曾晓林、宋德剑、高伟光、程箐、郭名询、钟德彪。

　　该成果从文学地理学视角出发，以闽粤赣台客家历史上实有的文学创作（文人创作）和以客家山歌为代表的民间文学为研究对象，但避免单一的文学考察，而是将研究对象置于闽粤赣台客家地域环境文化背景下去考察，以客家文化思想内涵来衡量客家文学的主题意义，以闽粤赣台客家文化的变迁来俯瞰闽粤赣台客家文学创作轨迹的变化，将共时性剖析与历史性的纵论相结合，对闽粤赣台客家文学做了全景式考察。

　　要发展客家文学必须先整理客家文学的历史与已有成就，如果从地域文化与文学的互动关系出发，那么将很明显地感受到这面临着诸如客家文学起源、属性、界定等问题，只有对比加以明确并取得广泛共识后，才有可能建构起较为可行的学术目标与理论框架，从而更接近闽粤赣台客家文学史纲要的真实性。因此，"客家文学"的界定应该更加宽泛，即凡是历代客家人的创作、非客籍作家在客家地区（寓居客家）的创作或写客家地区的作品及客家民间文学均应纳入客家文学的考察、研究、评判范围，也都是客家文学的组成部分。该成果以赣南、闽西、粤东及粤北为考察对象，这是因为这个区域范围中客家文化占据了主流地位，绝大部分是纯客家县，客家文化成了这个区域范围内的人们较为共同的文化体认。显然"闽粤赣台"突破了行政区划的分省局限，而是以客家背景为主的文化地理概念。

　　闽粤赣台客家文学的异同也是明显的。相同的是在不同时期都对文化非常重视，崇文重教，文化也相对发达，创作虽有先后，但客家文学的发展是较快的，在生长与成熟阶段取得了重要的创作成果，使之在中国文学中占有举足轻重的地位，如綦毋潜、魏熹、吴之章、杨以任、黎士弘、刘鳌石、李世熊、林宝树、宋湘、黄遵宪、丘逢甲等的创作，都曾影响一时。不同的是体现在创作时序有先后、体裁有侧重、审美有多元。闽粤赣台边区各地的文化艺术，虽然同属客家文艺，但同中又有异：文化的传入，大都

由北而南；文艺（各品种）的鼎盛期，往往是北先南后；北片的
文艺较多中原成分，南片的文艺较多地方特色；赣南以哲学的散
文著称，闽西以美术和韵文见长，粤东以诗歌和小说扬名。客家
文学史的发展依北而南，赣南孕育早、起步早，而后闽西、粤东、
粤北，这与客家人的搬迁路线是一致的；客家诗歌都较发达，但
赣南的散文、闽西的口头韵文、粤东的小说各有特色；从创作史
角度看也大体循自然风貌、民俗风情、政治意识、历史阐释等衍
进，但赣南的诗文更偏重儒学理学观念，闽西更重生活情怀，岭
东注入政治色彩。客家文学在当代的创作蕴含巨大潜力与影响力，
当代赣南李伯勇、卜利民，闽西张惟、吴尔芬，梅州程贤章等的
创作，或关注当下客家人状态、或揭示客家家族情仇、或纵览客
家史变迁，无不以其活力与特色，构筑起客家文学的强大阵容与
气势，为客家文学、当代中国文学作出重大贡献。

　　客家文学应当发展，也在发展中，这是题中之意。但在促使
客家文学的发展过程中应采取一定的措施，一方面应整理传统民
间文学资料，如山歌、传说、故事、典故、对联、童谣、谜语、
谚语等，并将人文创作的经验进行整理、借鉴；另一方面也要创
新客家文学艺术，契合时代的脉动，使客家文化展现、融合到我
们的生活中，将客家人的生存智慧与困惑、追求与祈望、生活方
式与心灵状态等进行描述，不致成为历史记忆。审视客家作家的
作品，大多较充分地展示了客家人的精神与生活，可以寻找到客
家人的社会生活影像和客家族群的文化特质。

　　该成果对客家文学的综合研究，既是对闽粤赣台等地域文学
创作的历史概括，又是客家文化氛围下的文学考察，同时也是对
文学表达方式下的闽粤赣台客家文化的描述，随着对闽粤赣台文
学与文化的历史、现实及其走向的深入，这对闽粤赣台文学、文
化都有一定的理论建设意义，同时对闽粤赣台客家文化的发展也
将起到一定的促进意义。

唐宋词体演进史研究

——《唐宋词体演进史》成果简介

　　吉林大学教授王洪主持完成的国家社会科学基金项目《唐宋词体演进史》（批准号为06FZW008），最终成果为同名专著。

有关唐宋词史的研究，汗牛充栋，但以唐宋词体的演进历程来勾勒唐宋词史，此书还是第一部。传统的文学史或是唐宋词史写作，很少有能将整个一部文学史或是词史作为一个整体来加以阐发的，本书以词体来勾勒唐宋词史，就避免了一般意义上的文学史的芜杂，而将唐宋词史，通过最有代表性的诸多词体之间的演进历程描述了出来。所谓词体，是指那些由于具有创新意义的词人词作，而被其他词人加以效法和模仿的词体。

这部专著不是一般意义上的词史，而是偏重于"论"的词体演进史。全书稿 39 万字，是一部以写作大论文的方式来写作的词体演进史；该论著也不是单篇论文的合集，而是按照专著的方式来规划和写作每一种词体，每一个章节所论述的词体，从单篇局部而言，都是一篇单独成立的论文，合起来，又是观点基本统一、气脉连贯、前后呼应、上钩下联的一个总体。

本成果名为《唐宋词体演进史》，也可以视为一部精约的唐宋词史。从篇幅来说，唐宋词史照顾的面较大，涉及的词人词作更为宽泛，该论著不以涉及范围宽泛取胜，而在以下几个方面下了工夫。

（1）选体的精约。唐五代时期，论证了太白体、飞卿体、花间体、正中体、后主体五体；北宋时期，依次论证了宋初体、柳永体、晏欧体、张先体、东坡体、小晏体、少游体、山谷体、方回体、美成体十体；南宋时期，论证了易安体、稼轩体、白石体、梦窗体四体。以 19 种词体来论证整个唐宋词体演进的历程，甚至要达到以此来勾勒整个唐宋词史的演进历程，这就要去除一切非本质的因素，而仅仅以每个时代的最高峰，联络成线，从而达到凸现其演进历程线索的目的。

（2）视角的开拓。本成果贯穿始终的一个方面，是词体写作的"应"与"非应"的问题，这实际上是以词的接受对象来作为研究视角：早期飞卿体应制兼有应歌，决定了其香软华贵的特色，并奠定了词体的艳科柔媚的属性，也就是说，并非飞卿有意识要将词写成这种带有贵族女性特征的样式，也并非飞卿知道这样写才能得到词本体的认同，而是他的接受对象决定了他的这种写作方式；以后，张先体具有应社的特征，这是他的士大夫词的属性所决定的，写作对象发生了变化，词体性质也就随之转型；东坡体实现了由一切之"应"而向"非应"的转型，是由于黄州贬谪，推动东坡实现了这种面对自我、面对大自然本身而创作的飞跃；到了南宋白石体的应社，则是白石布衣清客、职业词人的产物，其写作对象已经不是北宋时代赠酬往来的士大夫，而是要写给切磋词艺的词社词友。谁人写词，写给谁人，也就是词体创作的主体者和接受者，这是本成果贯穿始终的两大问题，其中特别是关于词体的接受者，是促动词体演进的一个终极动力。

（3）观点的创新。本成果以应歌、应社等问题作为一条线索贯穿，但又不拘于此，而是根据每种词体在唐宋词史中的实际情形，来加以辨析它们的特殊意义：首论以太白体代表的早期应制应歌词的词史意义，探讨词体的起源与宫廷应制、应歌之间的关系，探讨太白体对于词体特征的第一次奠基；次论应制、应歌对于飞卿体的种种特质的促成；三论花间体对飞卿体的进一步确认；四论对于正中体超越时代现象的质疑；五论后主体的形成历程，论证了后主体时代，尚不具备正中体形成的基础。

北宋时期，则首论柳永体之于民间词的回归，柳永体的市井应歌的词体性质，柳永体对张先体、东坡体的开启地位；次论宋初体对于花间体和早期文人词的延续；三论晏欧体之作为士大夫词的开端，以及在演进过程之中对于柳永体的渐次接纳；四论张先体的首开应社体和瘦硬体的体制；五论东坡体的特质并非豪放，而是雅词，论证东坡体的形成历程，以及与传统的应歌、应社之间的关系，论证东坡体由"应"向"非应"的飞跃历程；六论小晏体的以情爱醉梦来表达另一种人生态度；七论少游体的寄慨身世之词，对晏欧体、东坡体的承接和对美成体的开启；八论美成体之于整个北宋词体的整合，对柳、苏两大词体的整合，对北宋诗词之间的整合，特别是对江西诗派的破体承传。

南宋时代，则首论易安体女性视角南渡时期的家国之痛等带来的新的特质，易安体对于美成体和江西诗派的再次传承，以及对于南宋雅词的中间链接；次论稼轩体的本质并非豪放，也不能以雅词来论，而是呈现了悲壮沉郁的特征；三论白石体开启了职业词人之新的人生境界和词体新的写作方式；四论梦窗体被批评为"七宝楼台"的原因，阐发梦窗体特质形成的原因。

（4）翔实的材料与严谨的论证。本成果观点新颖，几乎每个章节都有作者独特的视角，独特的体会，独特的见解，但作者又能时时注重材料的运用，特别注意了将量化的分析和翔实的材料与严谨的论证方式相结合。全书的各个章节，几乎都有量化的统计。

本成果的创新和价值主要表现在以下几个方面。

（1）《唐宋词体演进史》为有关唐宋词体的第一部专门研究的专著，此前，虽然有唐宋词史方面的一些专著，都还不是以词体为基本研究对象的专著。关于"词体"，使用的是该书作者所给予的新界说："风格独特、具有创新意识而产生一定的影响并被一些词人仿效的词人词作为词体。"本成果正是对这一新界说的展开和延伸性论证。

（2）传统之诗歌史、词史，基本是对各个阶段、各个词人的横断面研究，较少给予相互之间关系的梳理，而本成果将唐宋词中具有重要转折意义的词体，尝试性地给予了流变演进式的探索，从太白体代表的早期应制词，到飞卿开拓的花间体，直到白石体，尝试将唐宋词史视为一个有机的整体加以研究，并且在论证中，经常性地给予前后的比较和梳理，譬如论证小晏体，则与大晏词、东坡体加以比较，论证白石体的应社现象，则与张先体的应社加以前后对比，这样，就形成了较为独特的比较性论证方式。

（3）关于应歌、应社等问题，学术界对此也不乏论述，但本成果所论：应制、应歌与应社，是唐宋词史中的重要现象，词体是在早期的应制、应歌中诞生，并在应社的氛围中变革，也就是说，唐宋词的前期史，在某种意义上来说，就是由早期的应制、应歌，向北宋中期张先代表的应社，再向东坡词代表的非应的"非应体"体式演进的历史。这是对应歌、应社、应制的带有根本性质不同的诠释。

（4）关于正中体，著者通过一系列的材料，论证了正中体可能是伪作，很有启发意义。

（5）每个章节针对不同的词体，提出不同词体的不同词体史定位：唐五代部分，首次揭示了应制词是词史产生的另一种源头，对于词体的早期产生形态，做出了创新性的思考和论证。北宋部分，首次以宋初十八位词人作为宋初体的成员构成，并给予"宋初体"以新的界说；首次论证了"晏欧体"的特质及其构成，论证了晏、欧之间的异同，论证欧阳修对于柳永体的接纳；首次论证了张先始创应社之瘦硬体及其特质；首次论证了东坡体的形成历程及其对于"应体"的超越；论证了少游体之于东坡体的渊源关系；打破诗词研究之间的畛域，论证了美成体是江西诗派美学思想在词体中的反映。南宋部分，论证了稼轩体的本质特征不宜以"豪放"界说，提出稼轩体的本质特征是"悲壮沉郁"；并对豪放婉约说，从词本体理论的角度，给予了较为系统的辨析；论证了白石其人的特质及其在中国历史文化上的地位和影响，论证了白石体新型的应社方式及其词体特质等。

元和诗歌传播接受史的
文化学考察

——《元和诗歌传播接受史的文化学考察》
成果简介

　　武汉大学尚永亮教授主持完成的国家社会
科学基金项目《元和诗歌传播接受史的文化学
考察》（批准号为 01BZW018），最终成果为同
名专著。课题组成员有：洪迎华、刘磊。

中唐元和时期大家辈出，诗派纷纭，创作极为繁盛，是唐诗史乃至中国诗史上极堪注意的一个重要时期。清人叶燮将此一时期视为古今百代之"中"，为中国文化史、文学史最重要的转折点。近人陈衍进一步提出诗史"三元"之说："诗莫盛于三元，上元开元，中元元和，下元元祐。"沈曾植亦有"三关"之论："诗有元祐、元和、元嘉三关。"这里，无论是"三关"，还是"三元"，元和均在其中，起着承上启下、继往开来的重要作用。这是本课题选择此一时期诗歌为研究对象的远因。

元和诗歌之所以如此重要，首先在于它是唐诗之第二高峰，亦为唐诗之大变期；其次，元和诗歌的部分新变已颇具宋调，开启了宋诗某些重要特征之先河；再次，元和诗人的内部交往颇为频繁，形成了较为明确、自觉的流派意识，从而使其创作特点获得了较个体诗人更为突出的集团放大效应。概略言之，元和诗人可分为三个群体：一是韩孟诗派，二是元白诗派，三是以刘禹锡、柳宗元为代表的贬谪诗人。整体来看，20世纪百年中对这些诗派和诗人的研究已出现大量成果，取得了很大的成绩，但也存在诸多不足，如研究对象多为单个诗人，而非群体；多关注作者、作品，而忽略了读者；研究时段多为分散状态，而缺乏系统性、连贯性；研究方法主要是传统的考据法或历史文化分析法，而较少新方法的运用。这是本课题选择此一时期诗人群体及其传播接受史为研究对象的近因。

该成果借助接受美学理论对元和诗歌传播接受史进行全方位考察，在以下几方面具有较突出的学术价值：其一，改变了传统研究只重视作者、作品的格局，引入读者即接受者并将之放在重要地位，使得研究从一维走向多维，从平面走向立体，尝试为中国古代文学接受史的研究建立范式。其二，改变此前只重个别作家的现象，选择重要历史时段中的重要文学现象、文学群体进行考察，在更长的时间段和广阔范围内研究其作品流传及声名得以形成的过程，将文学史研究进一步细化、深化和动态化。其三，采用多种研究方法特别是比较分析法和定量分析法，使研究更为精确，更为科学，更易于彰显特点，由此形成对传统历史文化研究方法的辅助和补充。

该成果由中晚唐五代、两宋、金元、明清之传播接受史及选本分析五编十五章构成，前有导论，交代研究之缘起及研究思路、目的；后有附录6篇，是对20世纪百年间关于元和诗歌研究的系统总结和评说。

在研究思路和内容上，以整个元和诗人群为对象，而将韩愈、孟郊、贾岛、李贺、白居易、元稹、张籍、王建、刘禹锡、柳宗元十大诗人置于突出位置，按韩孟诗派、元白诗派及刘柳两大诗人这三大版块安排布局，抓住紧要方面，或总或分，或点或面，依次考察其政治行为、诗歌创作、艺术特点、诗学观点及流派构成等在后世的传播接受情形，揭示传播接受史的某些特点和规律。而在中晚唐、两宋、金元、明清、近现代诸大时段中，更着力于两宋和明清时期的重要接受者，对制约其接受心理的个体生存状态及社会文化背景予以考察，由此将此项研究导向深入。

就接受史发展时段而言，宋代在元和诗歌接受史中意义重大，是本课题花费笔墨最多的一个时代。对于唐诗接受史来说，宋代有其特殊意义。一方面，宋人在唐诗高峰之后为了独树面目，必须在诗歌领域中开疆拓土，在题材、手法、意境各方面力辟新路；而创新的前提是继承，所以另一方面，宋人又在唐诗的文本整理、评点诠释、理论阐发、创作继承等方面，都具有开风气之先的引领和奠基作用。如韩愈的以文为诗、笔补造化、雄奇险怪等鲜明的创新特征，都备受宋人关注。从欧阳修、梅尧臣开始，王安石、王令、苏轼、黄庭坚、陈师道等，都是韩诗的重要接受者。李贺在宋代大部分时间里虽受冷遇，但南宋后期渐被发现，开元代崇贺风潮的先声。贾岛在宋代初期和末期先后为晚唐体、四灵、江湖诗派等诗人群体趋摹，也是对宋代诗坛具有重要影响的诗人。
白居易的平易诗风为宋初王禹偁等人效法，形成白体；苏轼则全
面继承了白居易的生活理念而又有新的发展和超越，形成独特的
人生范式。至于刘禹锡、柳宗元，更在宋代形成道德与文学的双
重接受，大致规范了后人的接受方向。至于明清两代，乃是中国
诗学的集大成时期，评论资料、诗歌选本汗牛充栋，而在理论上
也更为系统、更为深入。本课题对明清时期的重要接受者、重要
接受现象及争论的焦点问题，细加剖判，对明清人之于前代接受
方向的遵从或背离，以及由此导致的接受主流的变化详加分析，
凸显其于元和诗歌接受史上的理性眼光和凝定功用，并揭示其对
元和诗歌之近现代接受史的启示和影响。

就接受者而言，本课题尽力突出每个时代重点读者的地位和
意义，尤其重视在接受史中有重要意义的"第一读者"。如韩诗
接受史中的欧阳修，李贺接受史中的杜牧，白居易接受史中的王
禹偁、苏轼，张籍接受史中的王安石，柳宗元接受史中的范仲淹、
苏轼等，都在前人基础上有独到的发明和创新，他们的阅读经验
和诠释观点则被后代读者继承并进一步充实、发展，影响极为深
远。此外，在"第一读者"之后出现的能够摆脱陈言、自出新见
的"第二读者"（所谓"第二读者"系从"第一读者"的概念引
申而来，是指那些能突破"第一读者"诠释见解的影响和约束、
转换接受角度，并同样可以引导接受方向的读者），也是本课题关
注的重要对象。如元好问对柳宗元与谢灵运诗歌特点相似性关联
的发明，便在苏轼指出的柳与陶的关联点之外，另辟新境；叶燮
对韩诗之诗史意义的系统阐发，便摆脱了自司空图、欧阳修以来
仅就以文为诗、雄奇恣肆等表现手法、艺术风貌评骘韩诗的路线，
给人耳目一新的感觉。"第二读者"增加了接受的广度、深度，开
拓了视角，其价值、意义在元和诗歌接受史上是不容忽视的。

与接受紧相关联的是传播。作品创作出来，要进入到接受者

的视野中，传播成为必不可少的环节。传播方式和手段的多样化会扩大作品的影响范围，使接受者增多，作品影响变大。因此，本课题对元和诗歌的传播方式、媒介特别是作家别集的整理校注，诗歌选本入选量的多寡及其影响力的大小，都做出了做系统的考察和分析，而对"元和体"的传播时间、形式、受众特点、传播效果等的考察用力尤夥，获得了不少新的结论。

研究方法并不外在于研究内容，适宜的方法运用往往可以导致研究视角的转换。在信息技术迅猛发展的今天，古籍文献已经大批量数字化、电子化，网络文史资源也不断丰富，这使得我们有可能借助计算机的功能将自然科学、社会科学的计量方法运用到文学研究中来（所谓计量分析，重在通过对数据之数量特征、数量关系与数量变化的分析，考察研究对象之内部构成、所占比重、时空分布、发展变化，并在此基础上做出明晰的论断，揭示和描述文学现象之性质、特点及其相互作用、演进趋势、整体规律等）。通过这种分析，能够克服文学研究的主观性与武断性，使一些笼统的、印象式的东西准确化、清晰化，在一定程度上弥补传统历史文化研究的不足。因此，本课题根据研究对象的差异，适当地引入计量分析，将元和诗歌在各历史时期被评论界关注的程度、在选本中选录作品的状况，以及选本、版本流传等方面的情况数字化，制成表格，进行分析，对元和重要诗人在不同历史时期接受视野中的分合变化、升降起伏做出较系统的勾勒和描述，并遴选出最具影响力的诗人和作品。

接受美学的理论虽然为接受史研究提供了不小的帮助，但在实际操作中，要搞清元和诗歌在后代的传播接受何以褒贬不一、起伏不定，同一接受者何以重此轻彼，不同接受者何以所见略同，同一时期的接受者何以观点迥异，不同时期的接受者何以后先接武，除了要考察被接受对象的思想内涵、艺术特点，考察接受者自身的心性特质、身世遭际、诗美追求外，还需要对不同时代相类或相异的文化精神进行考察，揭示蕴涵于传播接受过程中的深层的原因。有鉴于此，本课题力求辩证地、联系地、多方位地关照接受对象，在把握不同历史时期接受重点与特点的同时，动态地考察深隐于其后的政治文化因素，不同时期时代精神的变异，从而努力使接受史研究在进行传统的实证分析等方法的同时，发挥文本分析、心理分析、比较分析、文化分析、计量分析等方法的优长，对元和诗歌与当时文学与文化之间的复杂关系做出多方位的观照，对不同时段接受状况的总体倾向和线索做出尽可能准确的描述。

杂剧形成史研究

——《类群理论与杂剧的生成》成果简介

　　广州大学刘晓明教授主持的国家社会科学基金项目《类群理论与杂剧的生成》（批准号为02BZW02），最终成果为专著《杂剧形成史》。

一　关于杂剧形成的一个新的思考进路

该成果所阐述的"类群理论"建立在这样一个前提下：杂剧作为一种综合艺术，是建立在与之有亲缘关系的类群基础上的，亦即杂剧是通过对唐宋说唱艺术、俗乐艺伎、剧谈诨话、戏弄杂技等亲缘因子的汲取中生长起来的，因此需要以类群理论的观点来考察杂剧发生与发展。类群理论是从"类"也即与之有亲缘关系的群体来研究该对象的一种理论。与一般孤立研究不同的是，该理论着力于被研究对象与其同类因子间聚合关系的探讨，即从"聚合"的视阈来考察被研究对象的发生、发展、变异与萎缩。一般来说，类群是由若干相关类簇构成，而类簇又由若干同类因子构成。类群理论需要着重阐释以下问题：类群因子之间为什么能聚合？怎样聚合？决定其形态的基本因素是什么？类群因子之间之所以能够聚合的机理在于，诸因子之中有的因子具有较大的引力，能够将相关因子集合在其周围，此因子即类核。类核是某一类簇的核心因子，它具有某种聚合力和兼容度，足以联结周围的类群因子以形成综合性的种类（类簇）。同时，类群又是由一定的方式被聚合在一起的，这种方式就是类群的结构方法，它决定着类群或类簇的稳定与表征。类群的聚合方法因类群的性质而不同，并且是一个动态的过程，即不同的类群或类簇具有不同的聚合方式，即使同一类群或类簇，在不同的历史时期聚合的方式也会有所改变。此外，相关因子各自的特征、存在方式、结构方法又影响着由类核构成的综合性类簇的形态和特点。

杂剧这一综合性艺术中还存在着某种偶然形成的关联，这种关联甚至可以追溯到某个个人或一个很小很小的群体。因为杂剧的基因显示，其中的某些具有遗传特征的东西最初只发生在某个个体的某次偶然事件上。例如，角色制的形成就是如此。当然，这种偶然的东西会被他人接受使之具有遗传性特点，从理论上说，是因为事物发展的偶然性关联中也蕴涵着必然性。该成果认为，这种必然性的获取并非由于该偶然事物的不可战胜，而是得益于某种发展方式。某种后世具有巨大影响力的事物，最初可能仅仅起于青萍之末，更重要的是，其生发壮大并非自身拥有的强大生命力，而是由于其起跑优势和路径依赖。也就是说，在艺术这一动态系统中，一旦受到某种偶然事件所影响，就会依其惯性沿着一条固定的路径一直演化下去。而中国古代伎艺的传承方式，更进一步强化了这种既定路径的前行惯性，使事物发展的偶然性关联在此路径上获得延展。

二 关于从"伎艺传承"与"杂剧群落"的视角研究杂剧

第一，从民间表演伎艺的方法和规律来研究杂剧。这是杂剧作为表演艺术的特点所决定的。这一视角重点研究的不是表演伎艺本身——当然，这也是该成果需要研究的内容——而是掌握和传承这种伎艺的方法和规律，以及这些方法对中国戏曲的形成、发展所带来的影响，对中国戏曲诸种形态的规定。简言之，中国民间表演伎艺的方法和规律主要指的就是所谓"格式化框架内的套袭与变异"这一方法的诸种语言，如角色制的表演格式语言、套曲式唱腔音乐的语言、科介类的动作范式语言、拴搐式的结构内容语言等。即伶人所谓"格范"、"框格"、"戏式"通过这类方法将经过观众选择的优秀表演伎艺以格式的方式固定化，从而将那些偶然出现的或由天才创造的卓越表演艺术化为一种可以传承的表演伎艺基因，产生以简驭难、化个别为一般的效果；也使杂剧由仅可"施于一时一地"的临场表演进化成一种可以由不同演员在不同场合演出的重复表演。

第二，从杂剧的相关群落来研究杂剧。这是杂剧的综合性艺术特点所决定的。如前所述，杂剧是通过对唐宋说唱艺术、俗乐艺伎、剧谈诨话、大曲小唱、戏弄杂技等亲缘因子的汲取中生长起来的，尤其是散乐与诸宫调，对其影响尤其巨大。总之，这些因子构成了杂剧所处的生态环境，决定着杂剧的生成形态。这是相关群落的存在对研究杂剧的形成与发展所具有的意义。如果杂剧综合了它的相关群落是一种必然，那么，决定这种必然的因素是什么？这是从杂剧的相关群落整体性研究杂剧的视角所提出的并要回答的问题。

"杂剧群落"的一个核心概念是"剧核"。作为综合艺术的中国戏曲，包含了诸多构成元素：扮演、歌舞、故事、角色、演技、服饰、化装、文本、乐器、舞台、砌末等，其中最基本的要素是：扮演、歌舞、故事、角色，这些要素的综合便形成了后世的成熟戏曲。但是，上述某种单一的或综合的要素究竟是怎样生发成真戏剧——"戏曲"的，怎样"逐渐结合"以及何以如此结合，源头的探索还不能予以有效的解释。福柯认为，在研究起源与流变的过程中，特别需要考察何种"规则"在起作用，"描述一个陈述的整体，不是为了从中发现起源的时刻或者痕迹，而是为了发现某种并合的特殊形式……用并合性的分析替代起源的探寻"。显然，诸种戏剧因子在其并合过程中，有一个决定将这些要素最终黏合在一起的是我们称之为"剧核"的东西。"剧核"与普通的戏剧因子不同，它不仅自身具有戏剧性的因素，可以作为独立的娱乐形式；而且，具有强大的吸附能力和类核兼容度，能将那些平行的因子凝聚在一起，结合成一种新的综合性的戏剧形式——戏曲。

三 关于杂剧研究的一些新见解

一是关于唐代杂剧起源的问题。该成果依据新发现的资料，证明唐玄宗时期即有杂剧，将杂剧的历史由晚唐上溯到中唐。从社会观念和语言环境的角度探讨了杂剧得名之由，并对杂剧产生于唐代的原因提出了新的看法。研究认为，杂剧得名之际本为类名而非专称，其初始形态函括甚杂，此后，便一直处于演变之中，其演变的趋向是"杂"消"剧"长。而且，这种消长是一个由"剧"不断吸收"杂"的过程。

二是关于"矾拨"与唐代杂剧形态问题。该成果首先从语词的角度考释了"矾拨"：所谓"矾"，即装痴侮弄；所谓"拨"，即嘲拨。随后考察了"矾拨"的历史存在形态：讥讽性装痴和嘲拨性韵语，包括弄痴、嘲拨、作语、口号等形式。"矾拨"的特性是十分强调"临机之能"，也即临场捷讯。"矾拨"是唐代和宋代的一种形式，也是后世杂剧的重要手段。

三是关于"合生"与唐宋伎艺的问题。该成果首先梳理了有关"合生"的文献及"合生"研究的学术史，并对"合生"的本义及其渊源进行了探讨，进而对"合生"的演变及其体制作了勾勒与描述，最后，阐述了"合生"与唐宋伎艺及杂剧的关系。

中国古代民间故事长编

——《中国古代民间故事长编》成果简介

　　杭州师范大学顾希佳研究员主持完成的国家社会科学基金项目《中国古代民间故事长编》（批准号为06FZW005），最终成果为多卷本资料集，分为《先秦两汉卷》、《魏晋南北朝卷》、《隋唐五代卷》、《宋元卷》、《明代卷》、《清代卷》。

　　该成果从诸子散文、史书方志、文人笔记、宗教经典、民间抄本等文言古籍中辑录古代民间传说故事的原文，按作品年代先后大致排列，并界定其体裁分类和 AT 分类法的故事类型。以在古籍中较早出现而又相对定型的文本作为正文，同时将其流变轨迹中先后曾经出现过的诸多重要异文分别辑录，或作为正文的附录文字，或分别辑录，与正文参见以供比较。同时在附录文字中提及相关的俗文艺代表作和当代采录成果，以供读者作进一步的检索。读者由此可以大致了解许多故事的"生活史"。该长编同时附有两种索引，一为传说故事类型索引，一为 AT 分类法故事类型索引。

　　古代民间传说故事是中国古代民众口耳相传的叙事文学体裁，对于中国古典文学、古典戏曲的发展起着至关重要的作用，它本身又构成了中国传统文化的重要组成部分，是一笔弥足珍贵的文化遗产。民间文学的流传和保存，主要依赖于民众间世代的口耳相传，故而又被称为口头文学、口传文学，但也常被历代文人用各种不同的方式记载于典籍之中，用文本方式传播和保存。由于口头故事的流动性和不稳定性，仅靠至今仍存活在民间口头的故事来研究民间文学显然是不够的，也无法知道口传故事历史流变的具体轨迹。历史上曾经在民间口头广为流传的一部分故事，有可能由于传承人的原因而失传。即使流播至今，也会由于时空变换、文化变迁而出现种种嬗变。基于此，从古代典籍中钩沉历代作家对古代传说故事的写定文本，对其进行全面考察，系统整理，是研究中国民间故事史、中国民间文学史，建设中国民间文艺学的重要环节。同时，民间故事在典籍文本中被记录、改写、再创作的轨迹，又是研究民间文学与作家文学的互动、民间文化与精英文化的互动的重要史料，必将有助于我们对中国传统文化的更全面、更深刻的认识和把握。

　　古籍浩瀚，从中对古代民间传说故事作系统钩沉梳理，是个浩大的工程，难度之高，可以想见。新中国成立以来，已有专家就某种民间文学体裁从事此类工程，如袁珂的神话、王利器的笑话、魏金枝的寓言等；而传说故事范畴，数量既大，界限又较难划定，故迄今未见有专门作钩沉辑录和系统研究者。一般从事民间文学理论研究的学者，多就某一专题（如孟姜女、白蛇）而作史料之钩沉，并在史料的基础上，探寻该故事的变迁史。新近出版几种民间故事史研究专著，已涉及这一领域，但限于写作体例，在使用古代文献的广度和深度方面尚嫌不够，亟须有这方面的较详细完备的工具书面世。

　　国际民俗学界通用 AT 分类法对口头故事作分类研究，此种方法引入中国学界不久，迄今也尚未有用 AT 分类法对中国民间故事作系统分类研究的成果出现，与中国相邻的日本、韩国民间文学界，均已在大量资料的基础上做出了 AT 分类的研究成果。我们在这方面的工作便显得尤为迫切。将古代典籍中的民间传说故事作 AT 分类，在国内民间文学界尚属填补空白的工作。读者依据《长编》所附的 AT 分类索引，便可较为便捷地知道相关故事类型在世界各国的分布情况，从而进一步设法获得那些故事的记录稿文本，并开展比较研究。该长编有两种索引，另一种传说故事类型索引，是中国学界目前通用的分类方法，读者比较容易掌握，使用也就更为便捷。

　　本课题的前期工作主要是古籍的整理，需要大量阅读古籍原文，加以辨析，从中确认哪些是古代传说故事材料，将其一一钩沉出来，标点、汇校，整理成文。然后进入对入选的每一个古代传说故事具体作品的辨析梳理，引入国际通用的 AT 分类法，建立适合中国民间故事实际的体裁分类框架。并对每一个重要类型的传说故事在历史上的发展轨迹做出追寻和分析，以便能够在此基础上，下一步与世界各地的各类型故事作比较研究，展开与国际学术界的广泛对话。

这就形成了该长编不同于一般意义上的古代文学作品选集的一大特色，除了这是一部专门辑录古代传说故事的文集之外，还在于它在许多古代文本正文的后面，附加了大量的札记性质的附录文字，用来说明该故事（或故事类型）在历史上的流变情形。有时候，这种附录文字的篇幅会是传说故事文本正文的几倍。这些附录文字，连同文本正文，可以帮助读者对该传说故事的"生活史"（流变轨迹）有一个形象而清晰的认知。大凡一个重要的故事类型，或是某个故事的主题、母题，往往都有一部属于它自己的"生活史"。在历史的长河中，有着它自己的滥觞、萌生、发展、成型、衍变或是衰落的过程。历代作家在不同的地域，不同的场合，从不同的讲述人口中，都可能听到有关它的讲述，然后又将其写成了文本。当然，在写定的过程中，也不可避免地加入了作家本人的认知和情感，使之发生了或大或小的变异。具体来说，大致又可以分成记录、写定、润色、整理、改编与再创作等多种情况。总之，由此而产生的大量异文需要从浩瀚的古代典籍中尽可能地钩沉出来，与我们所认定的"正文"作比较。

古代作家对于古代口传故事的采集、记录、写定、引用、改编或再创作，当初都有其各自的指导思想和实用目的，因而导致在他们笔下的文本风貌有很大差异。由于历史的原因，他们不可能具备当今民间文艺学和民俗学的学科意识，在写定口头故事的文本时，会对故事原貌有不同程度的损伤，同时又会在一些方面推进故事的升华和广泛流播。我们不能对古代作家过分苛求，因为他们毕竟是在当时的历史条件下对民间传说故事的传播和保存做出了可贵的努力。以文言小说的作家为例，历来就有志怪和传奇两种体裁的分野，他们都对古代民间文学的发展作出过不可磨灭的贡献。如果细加辨析，我们自然会发现传奇与志怪的区别，传奇作家往往会对民众中口耳相传的材料做较大的改动，融入作家的主观色彩，但是传奇中的一部分作品客观地记录了作者所处时代里的口头故事状貌，则是个不争的事实。当然，志怪较为简朴，客观的因素更多些，但也不等于说志怪就是一种口头故事的科学记录。许多人都知道，文言文与古代民众的口头语言之间有较大差距，这是我们都必须正视的基本事实。

推而广之，古代典籍中的民间故事材料往往会出现一些情形：哲学家把口头故事当作说理时的例证，加以概括提炼，以至于使得他笔下的文字少了些血肉；宗教家用口头故事来宣扬宗教，有时候也会故弄玄虚，无中生有；史学家把传说故事记入史书方志，则是把它当作史实来处理的；文学家把民间故事写进他们的作品里去，则更加欣赏故事的文学性、艺术性，因而也就不可避免地带上了他本人的一些感情色彩。凡此种种，不一而足，和我们今天所提倡的科学记录并不是一回事。总之，我们今天要考察口头故事的历史轨迹，不得不借助于历代作家所写定的各种典籍文本；而与此同时，对于历代作家在将口头故事写定为文本时，曾经自觉不自觉对口头故事原貌加以改动的情况，也应该审慎地加以辨析，恰如其分地描述出该故事在历史上衍变的具体轨迹以及这种改动的成败得失。

这种对民间故事的历史研究又必须与当代田野作业成果密切结合，加以辨析，从中发现民间故事衍变的一系列内在规律。只有这样，才能正确估价民间文学与作家文学的相互关系，深刻理解民间文化与精英文化的相互关系，也有助于我们对民间故事史乃至传统文化发展史的全面理解。综上所述，从浩如烟海的古代典籍中钩沉梳理出古代民间传说故事材料，加以必要的甄别、梳理，实行类型研究，是本课题的主要难点所在。

该长编的编纂工作大约经历了20多年的过程。编纂者在此期间阅读积累大约3000多万字的古籍资料，主要从杭州师范大学图书馆、海盐图书馆、浙江大学图书馆、浙江图书馆、上海图书馆、北京图书馆借阅古籍。有的古籍孤本较难寻访，还曾托朋友从海外复印。为了工作方便，编纂者本人购买了相当多的一批古籍点校本和类书、工具书，以便随时查阅。该长编的附录文字则吸收了海内外民间文学、古代文学、史学界的大量前人成果。该长编的出版作为一种学术资源，将为以后的研究提供种种方便。

《中国古代民间故事长编》是属于填补空白的工作，将给研究传统文化、民俗学、古典文学、古典戏剧、俗文学、美学的学者带来方便，可以起到索引的作用。也可以作为大学文科的辅助教材，使读者能够比较便捷地查阅到民间传说故事在历代典籍中被保存的情况。面向社会，则可借此向国内外介绍中国优秀的传统文化，有效地保护这一大批非物质文化遗产，对弘扬中华民族传统文化将有所裨益。对于文学、戏曲、影视的创作来说，它也将是一个宝贵的资料库。

中国古代文论诗性特征研究

——《中国古代文论诗性特征》成果简介

武汉大学李建中教授主持完成的国家社会科学基金项目《中国古代文论诗性特征》（批准号为02BZW008），最终成果为专著《中国古代文论诗性特征研究》。课题组成员有：吴中胜、褚燕、李小兰。

　　中国文论与西方文论有着共同的诗性智慧之源，自雅斯贝尔所说的"轴心时代"起，当西方文论走上哲学化、逻辑化之路时，中国文论却保持了逻辑性与诗性相统一的理论传统。文论是文化的组成部分，一个民族的文化（包括文论）特征的形成，取决于该民族的言说方式及思维方式。中国古代文论的诗性特征，由外而内、由近而远地表现为三个层面：言说之体、思维之方与文化之源。该成果从原始时代的诗性智慧、轴心期的诗性空间、原始儒道的诗性精神以及汉语言的诗性生成之中，探求中国诗性文论的文化之源与文字之根。继之，在思维方式与言说方式两大层面，阐释中国诗性文论的特征、成因及理论价值。

一　中国诗性文论的文化之源

　　中国早期文化的诗性智慧（原始思维），本源性地铸成中国文化和文论的诗性特征。原始思维对中国古代文论的影响表现在四个方面：一是原始思维的以己度人、万物有生和万物同情决定了古代文论理论形态的生命之喻和人格化；二是原始思维的想象性类概念决定了古代文论理论范畴的经验归纳性质；三是中国古文字的形象性、会意性决定了古代文论言说方式的诗意性和审美性；四是原始思维的直觉思维方式决定了古代文论思维方式的直觉性和感悟性。

　　在中国文学理论批评的发展进程中，从根本上规定古代文论诗性特征之历史走向的，是儒道释文化的诗性精神。儒家文化"比德"的人格诉求和"比兴"的话语方式，使得古代文论的创造成为主体的生命体验和人格承担，其理论形态的人格化与理论范畴的经验归纳性质得以加强；道家文化的"道法自然"和"得意妄言"，将追求自然真美与言外至味的审美品质永久性地赋予古代文论，从而使得言说方式的诗意性和审美性成为中国古代文论数千年不变的标志性特征；禅宗文化的"熟参"和"妙悟"，借助严羽的"以禅喻诗"进入古代文论，使得古代文论的直觉思维在理论形态上更加精致，在诗学批评中更具可操作性和方法论价值。

二　中国诗性文论的思维之方

中国诗性文论的思维之方，其总的特征是整体性思维，最富于原始感觉的是直觉性思维，最富有艺术精神的是具象性思维。整体思维源于中国诗性文化之本和诗性文字之根，是一种富有诗性智慧的思维方式。以整体性思维观照文学，则文学是一条源流相承与世推移的历史之河，是一个四肢百骸一气贯通的生命之体；而表达这种整体观照的结果时，古代文论家多一言以蔽之，乘一总万，举要治繁。而历史之河、生命之体和一言以蔽之，也是一个完美的统一体。中国诗性文论整体性思维表现为两大特征：一是以己度人的生命化，二是唯务折中的综合性和统一性。

中国古代文论的直觉思维表现为原逻辑性、非时间性和直感性等特点。古代文论的概念、范畴、术语大都是对五官感觉体验的隐喻式表达。建立在直觉性范畴概念基础上的中国古代文学批评，对文学的产生、作品的阅读和欣赏都是富于直觉体验的。袁中道《宋元诗序》论唐人诗，称"览之有色，扣之有声，而嗅之若有香，相去千年之久，常如发硎之刃，新披之萼"。这里的"色"、"声"、"香"等概念，原来是人的感官的日常体验，今引之以论文，似乎文学也视之有色，听之有声，嗅之有香臭，尝之有滋味。这种体验性的表达最富于原始感觉因而也最富于诗性特征。

中国传统文化的具象思维兼有外观的鲜明性与内涵的深刻性，而具象思维用之于古代文论，无论是理论性言说还是评点式表达，其外观的鲜明性可以给观照者某种具有启示和导向意义的明确印象，其内涵的深刻性又避免了难以包容和界定的尴尬。古代文论家凭借富于诗性意味的具象思维沟通"道"与"文",言"道"时不失"文"的鲜活灵动,言"文"时又含蕴"道"的超迈清远。古代文论的具象思维源于汉语言的诗性特征,以象形指事为主要特征的汉语言一直保持着"绘"的功能,既绘声绘影,又绘形绘象。在此基础上,形成华夏民族思维方式的具象性特征。哲学上,先哲们认为"尽意莫若象";文学上,引譬连类是常用手法;文论上,兴象论、意象论等形成具有民族特色的象征理论。

三 中国诗性文论的言说之体

中国古代文论以论说之体而具诗赋之性,其批评文体的文学化、语言风格的美文化和理论形态的艺术化,共同铸成"言说之体"的诗性特质。而导致批评文本"破体"的主体性缘由,则是文论家思维方式和生存方式的诗意化。"诗体若人之有身",言说方式的"人格化"是古代文论诗性传统的具体体现,与西方文论的"人喻"相比,具有明显的民族特色。"人格化"批评保持了艺术诞生之初的诗性,使文学与人全面地融合,成为张扬着活力和灵性的生命之舞。人格化的具体内涵是:将文学作品及创作过程视为与人同形同构,文学的构成具有和人一样的生命模式,文学的体性充溢着灵动的生命力,文学的风格和人一样其异如面、各具风神。

"洪范九畴,归畴为范",术语、范畴的经验归纳性质是古代文论诗性言说方式的又一民族特色。我们的祖先在认识世界、构建概念的过程中,取"归畴为范"的经验归纳之径,在提取概念的同时对具体的形象和鲜活的经验不离不弃,并逐步树立起名实相符、名不离实的名实观。这种名实观落实到文论范畴之上,表现出生命之灵动与概括抽象相统一的诗性特征,成为中国传统文论诗性景观的重要组成部分。许多文论范畴无论是其原初含义还是其参与构建传统文论世界之过程,无不饱含着浓郁的诗性意味。

"语不惊人死不休"，创作如此，批评亦然。中国古代文学理论批评，从文体样式、语言修辞到语体风格，都表现出鲜明的诗性特征。批评主体的艺术精神，批评文体的开放多元，批评风格的萧散淡雅，共同铸成中国古代文论"体"之诗性。中国古代文论具有特殊的文学性和审美性，它不是艰涩晦深的文字，而是亲切和蔼的对话；它不是冷酷无情的解剖，而是竹影山色之外的又一道风景，如李贽评《水浒传》之言："若令天地间无此等文字，天地亦寂寞了也。"

四　中国诗性文论的当代之用

迄今为止的中国古代文论研究，其理论重心是"说什么"，而非"怎么说"。古代文论的"说什么"当然是很重要的，它直接构成中国文论的思想资源和理论传统。但是也应该看到，古代文论的"说什么"因其时代和思想的局限，有些内容在今天已失去了作用和价值。相比之下，古代文论的"怎么说"，因其对中国诗性文论之言说方式及思维方式的承载和表达，有着较强的超时空的生命力、实现现代转换的潜在活力以及针砭现代学术病症的疗救能力。中国文论的"怎么说"，不仅在文体样式、话语风格、范畴构成等方面表现出鲜明的诗性特征，而且以其言说的具象性、直觉性和整体性，揭示出中国文论在思维方式上的诗性特质。而中国文论诗性传统在 20 世纪初的断裂，正是在"怎么说"这一个特定层面导致中国文论民族特色的丢失，导致中国文论与世界文论以及传统文论与现代文论的疏离。

从事文学理论批评的当代学者，在获得稳定的学术位置和职业化的学术生涯的同时，却逐渐丢失了原创性的才、胆、识、力；在拥有学术话语权力的同时，却逐渐丧失了诗性思维和诗性言说的能力。在"怎么说"的层面论，20 世纪以来的中国文论既"失语"亦"失体"：文学理论批评所操作的主要是西方的文论话语，所使用的主要是西方的批评文体，热衷于他者的"语"和"体"却遗忘了自己的诗性传统，荒芜了自己的诗性园地。老子说，反（返）者道之动。欲复活中国诗性文论的当代之用，须返回到周秦诸子时代的诗性智慧和儒道释文化的诗性精神，须用中国传统文论的诗性言说启发学术灵性，润泽学术话语，创获学术自由。用中国文化的诗性精神及智慧，消解技术理性时代的工具主义和功利主义，重建中国文论的诗性空间。

中国戏曲传播接受史研究

——《中国戏曲传播接受史》成果简介

华东师范大学赵山林教授主持完成的国家社科基金项目《中国戏曲传播接受史》（批准号为01BZW026），最终成果为专著《中国戏曲传播接受史》。课题组成员有：朱崇志、田根胜、陈建华。

　　该成果以古典戏曲的"传播"与"接受"为研究对象，系统地梳理和归纳了自宋代至清末近千年中国戏曲传播接受的历史轨迹、具体面貌和规律特征，从一个独特的角度，系统地总结了中国古典戏曲的发展规律，立体地描述了中国古典戏曲的历史面貌。

　　该成果首先对戏曲作品的传播史和受众对作品的接受史进行了宏观审视和总体思考，在理论上概括出"观众与作者"、"演员与作者"、"观众与演员"、"演员与演员"、"观众与观众"五个方面的关系。进而以这个理论视角为基础，以充实的史料、充分的论述建构起全书纵横结合的学术框架。

　　在纵的向度上，该成果对中国戏曲传播接受的历史进行了系统梳理，清晰地显示了它的发展脉络，指出从宋、元、明、清直至近代戏曲的传播与接受，既有承继关系，又存在时代差异。之所以如此，既有社会经济、政治、思想、文化方面的影响，也有戏曲自身发展变化的原因。

　　在横的向度上，该成果对于戏曲传播接受的方方面面进行了深入研究，包括：戏曲文本的流传，特别是戏曲选本的演变；戏曲演出的组织、场所、形式；戏曲的评论，包括评点这样一种极富民族特色的评论形式；戏曲的研究；戏曲的影响，包括对观众、读者的影响，对文化市场、社会风气、社会生活的影响，等等。在研究这些问题的时候，该成果注意传播与接受的不同趋向，对于不同背景、不同渠道、不同群体的传播接受的差异进行了仔细的辨析。

　　该成果主题内容分为宋、元、明、清四大块面。

　　宋代戏剧的演出形式包括宫廷演剧，勾栏和路歧演剧，神庙演剧与节日演出活动。宋代戏剧的流向是以汴京、临安为中心，沿水路、陆路向各地辐射，直至辽金管辖的地区。宋杂剧虽然还不是成熟的戏曲形式，但它已经在一定程度上具备了综合性艺术的特征。它的发展有赖于长期在民间流传的民间歌舞、说唱与滑稽戏等艺术形式的有机融合，而城市里的庙会与瓦舍勾栏为这种融合提供了适宜的场所，也为这种融合所形成的早期戏曲提供了最早的一批观众。宋代文人与戏剧的关系，表现在参与戏剧创作、批评，以及写作咏剧诗歌等方面。宋代文人的戏剧批评，包括历史角度的批评，以戏剧作为参照的诗、画批评，以及以戏剧为主体的批评；宋代文人的戏剧著作，大致可以分为源流考镜类、全景描述类、剧目记录类三个系列，这些都呈现出逐渐向戏剧本体靠拢的趋势。戏剧与宋代文人心态的关系，主要表现在"人生如戏"的人生态度上。

元代的宫廷演剧、勾栏和路歧演剧、庙会演剧延续宋代风气，再加上多民族文化的融合，呈现出更加繁荣的局面。勾栏遍布全国，而以大都、真定、东平、平阳、开封、洛阳、松江、金陵、杭州等地尤为集中。民间戏班的构成以家族成员为主，戏班的流向以黄河中下游一线、汾河一线、大运河一线、长江中下游一线最为明显。艺人为元代戏曲的繁荣作出了不可磨灭的贡献，但社会地位十分低下，在称呼、衣着、婚姻、出路等方面受到种种歧视，演出活动也受到种种限制与干涉，女艺人的生存状况尤其悲惨。元代文人对戏曲的接受可以区分为前后两期，前期除燕南芝庵《唱论》外，主要是单篇诗文；后期则主要是专论——声律专论周德清《中原音韵》、作家专论钟嗣成《录鬼簿》、演员专论夏庭芝《青楼集》。这些专论以前所未有的体系框架和相对集中的思想，成为古代戏曲理论成熟的标志。

明代戏曲的传播接受出现了许多引人注目的变化：①宫廷演剧派生出宗室演剧，不少宗室成了戏曲的行家。②职业戏班呈现出鲜明的声腔特色，弋阳、余姚、海盐、昆山诸腔传播各有自己的传播路线，有区分亦有重叠。商路即是戏路，戏曲传播与商业活动的关系日趋密切。③家班繁盛，其功能可以概括为自娱、交际、艺术实践三个方面。家班的特点，一是世代相传；二是艺术

水平一般较高，而且往往各有特色；三是与整个社会艺术活动相
联系。随着家班的盛衰兴替，家班演员、教师在家班之间、家班
与职业戏班之间进行着交流，有利于全社会戏曲表演水平的提高。
④嘉靖以后，串客和清曲家数量众多，推动了戏曲特别是昆曲的
广泛流传。

　　明代的戏曲选本比元代数量大增，经历了沿袭阶段、推进阶
段和成熟阶段，逐渐形成了较为分明的文人、民间两个系统，二
者在编选意旨、审美情趣、编选模式上存在差异，双枝并秀，共
同创造了戏曲选本的辉煌。明代的戏曲批评高潮迭起。李贽提出
的"画工"、"化工"说，李开先、何良俊、徐渭等人对戏曲"本
色"的深入探讨，对提高戏曲的地位、扩大戏曲的影响产生了积
极的作用。万历年间，汤显祖对"情"的高扬与沈璟对"法"的
总结，以及这一时期发生的"情辞"与"声律"、"本色"与"文
采"的关系的论争，使得戏曲学家们对于戏曲内容、形式及其相
互关系的认识达到了新的高度。

　　清代的宫廷演剧在前代的基础上进一步发展，成为宫廷演剧
的集大成形态。伴随着花雅竞争的展开，清代的职业戏班经历了
盛衰种种变化，其中尤以高朗亭时代到程长庚时代北京戏班变迁
的历史最值得关注。"四大徽班"成功的经验，可以概括为四个
方面：兼收俱蓄，诸腔并奏；自由竞争，彰显特色；切磋琢磨，
精益求精；从严治班，和衷共济。京剧票房与票友活动，在北京、
天津、上海特别活跃，对于促进京剧传播、提高京剧艺术水平起
了积极的作用。清代的戏曲选本，反映了花雅竞争的态势，乾隆
中期之后，花部诸腔选本纷纷崛起，蔚为大观。清代的戏曲批评
与明代相比有了发展，一是咏剧诗歌的创作更为丰富，二是戏曲
评点出现了金圣叹这样的大家。清代文人的戏曲研究分为两个阶
段：第一阶段是顺治、康熙阶段，这是中国古典戏曲学继续发展
的时期，其代表人物是李渔。由编剧理论和演习理论组成的李笠

翁曲论，以戏剧是综合艺术的观念作为理论基础，从剧本、演员、观众各个角度全方位地考察和研究戏剧，对于戏剧的认识体现了文学性与舞台性的统一。这一理论的提出，在中国古典戏曲学的发展史上，有着划时代的意义。第二阶段，从雍正年间开始，中国古典戏曲学进入了它的总结时期。

"余论"讨论了"戏曲传播接受方式的近代转型"，指出戏曲传播接受的近代转型有三个标志：一是戏曲与报刊传媒发生了密切关系，二是市场化的运作方式和灵活的经营体制，三是舞台装置和演出形式的变革。顺应时代潮流，此期戏曲特别是京剧舞台上时事新剧的出现和表演上的革新创造，成为一道绚丽的风景。上海掀起的京剧改良运动，启发并促进梅兰芳等人的戏曲改革。由于时代处于新旧交替之中，社会和文化环境变得相对宽松和开放，一度禁止的夜戏开始上演，女客也可以进戏园观剧。还有一个值得注意的现象是，戏曲艺人的组织由纯粹的封建行会转向具有近代色彩的职业公会。随着封建王朝被推翻，被誉之"京师特别之风俗"的"私寓"制度得到解决，这不仅是戏曲人才培养体制的改变，更标志着艺人自我意识与职业尊严感的确立。戏曲演员，尤其是男旦与观众的关系，发生了根本性改变。演员和戏曲作家、戏曲理论家之间的新型合作关系，在一定范围内逐步形成。

在戏曲传播与接受的过程中，剧作家、出版商、戏班主人、演员、观众、读者发挥了各自的作用，正是他们的作用的合力，保证了戏曲的广泛传播与普遍接受。其中起主导作用的是剧作家，起基础作用的是广大观众与读者，特别是民间观众与读者。接受的层次不同，呈现出明显的差异，而不同层次之间，也存在相互影响。

宋、元、明、清和近代，在戏曲传播与接受上，存在明显的时代差异。之所以产生这些差异，既有社会经济、政治、思想、文化方面的原因，也有戏曲自身发展变化的原因。

　　一部戏曲传播与接受史，从某种意义上说，是中华民族文学审美心理特别是俗文学审美心理的演变史。人民大众的喜怒哀乐、爱憎褒贬、审美心理、审美趣味，都能从中得到折射。

　　一部戏曲传播与接受史，也是浩如烟海的戏曲作品优胜劣汰、接受观众与读者选择、经受时间检验的历史。真正有价值的戏曲作品必然具有长久的生命力。

　　一部戏曲传播与接受史，也是戏曲这种精神产品生产与消费双向互动的历史。创作带动传播与接受，传播与接受又反过来对创作产生影响，从而推动戏曲不断向前发展。

　　该成果既充分注意作家对作品的创作，又充分注意作品的传播与观众、读者对作品的接受，充分注意二者之间双向互动的有机联系，因而是一种能够反映戏曲全貌和本质的完整意义上的戏曲史，有利于戏曲研究的深入发展。

中国小说戏曲的发现：
文献、价值与观念

——《中国小说戏曲的发现：文献、
价值与观念》成果简介

　　复旦大学罗书华主持完成的国家社会科学基金项目《中国小说戏曲的发现：文献、价值与观念》（批准号为06FZW004），最终成果为同名专著。

一

　　简单地说，本书对一百多年小说戏曲文献方面的重要稀有文献的发现做了较为全面的总结，是一部人文相兼的活生生的文献发现史、研究史。《中国小说戏曲的发现》的"发现"包含三个层次的意义：小说戏曲文献的发现与整理；文献内在价值的研究与发现；小说戏曲意识与观念的呈现与发现。这三个部分相互联系，相互包涵，合为一体。先有明确的小说戏曲意识与观念，才会有文献实物的发现与整理；文献内在价值的研究，又是文献实物发现与整理的延伸；文献内在价值的研究，又内蕴了小说戏曲意识与观念。这三个部分构成了全书的基本内容。由于全书在体例上以单个文献的发现为题，而不以时间为轴线，所以书名取《中国小说戏曲的发现》，而不称《中国小说戏曲发现史》。

　　全书首先对一百多年来海内外小说戏曲文献的重要发现做了较为全面、彻底的调查，从中遴选出40余种重要和较为重要的文献发现作为对象，这些发现包括：《游仙窟》、《敦煌变文》、《红白蜘蛛》、《西游记平话》、《大唐三藏取经诗话》、《李卓吾记事本西游记》、《宋元讲史平话》、《清平山堂话本》、《京本通俗小说》、《喻世明言》、《警世通言》、《型世言》、《三国演义》嘉靖本、《金瓶梅》词话本、《姑妄言》、《轮回醒世》、《玉闺红》、《丽史》、《聊斋志异》稿本、《歧路灯》、《照世杯》、《红楼梦》脂评本、《无声戏》、北师大藏本《石头记》、罗贯中史料、施耐庵史料、吴承恩史料、张竹坡史料、曹雪芹家世史料、《元刊杂剧三十种》、《脉望馆钞本古今杂剧》、《永乐大典戏文三种》、《九宫正始》、《风月锦囊》、《成化说唱词话丛刊》、清升平署戏曲文献、《车王府曲本》、《远山堂曲品剧品》、元本《琵琶记》、《白兔记》、《刘希必金钗记》、《天宝遗事诸宫调》、《西厢记》刘、徐、何本、《录鬼簿》与《续录鬼簿》、《礼节簿传》、《弥勒会见记》等。这些文献覆盖了小说戏曲发展的各个时期、各种类型，涉及半部中国小说戏曲史。

学术史中的"发现"并不简单等同于首先"看见"和"看到"文献实物，它同时还要求"看到"文献的学术价值。学术史上的"发现者"，常常是指将某种久已湮没无闻的文献带入学术界视野的人。小说、戏曲文献的发现，总是与对这种文献的追寻探求、整理与研究分不开。正因为如此，本书不仅挖掘了小说戏曲稀有重要文献实物的或艰苦、或离奇、或曲折的发现过程，还原了人们探寻和偶遇这些文献实物的或艰苦、或离奇、或曲折的历程，同时还清理总结了对这些文献文本的整理、研究过程，描绘了它们从版刻、流传、湮没、发现以至于走进研究视野的完整路线。同时还尽力搜寻与勾勒出了在此背后的小说戏曲观念与意识。将全书各案例综合起来，可以看到近代以来中国小说、戏曲意识的流变。

该成果既是文学研究著作，也是文献研究著作，所以全书尤为强调实事求是，一丝不苟，强调一切从材料出发，从原始材料出发，以材料的调查作为研究的起始点。由于本书的对象是具体的人的历史活动，而不是寂静的典籍，这些活动有的有载籍记录，有的则在典籍之外，因此，本书还特地使用了实地勘查与人物访谈的研究方法。这种社会学与民俗学经常使用的研究方法，引进到本课题中来，被证明是行之有效、饶有意味、值得推广的方法。实地的勘查，总会给人一种不可替代的场境感，而与发现者、当事人及其亲友故旧的访谈，则不仅可以弥补文献的不足，可以与文献资料相互参证，也为研究增加了浓郁的生命气息。这种方法的运用，应该可以为略显沉闷的古代文学研究界打开一扇窗，引来一阵新鲜的空气。

二

　　中国古代小说与戏曲，在 20 世纪以前的几千年时光里一直处于文学的边缘，19 世纪末、20 世纪初学人逐步意识到它们的价值，并开始对它们进行深入的研究，逐步形成了小说（史）、戏曲（史）学科。本书复原了 40 余种珍稀重要小说戏曲文献的原始发现经过与研究始末，展示了小说（史）、戏曲（史）学术的动态增长过程，再现了中国小说（史）、戏曲（史）学科草创初建的艰苦历程，补足了小说戏曲学术史遗忘的一个重要环节。

　　考虑到这是一项文字记载有限，有的材料甚至需要从当事人口中挖掘出来，此前研究者多不愿啃的硬骨头，考虑到随着时间的推移，相关资料的散失，当事人及其亲友逐渐故去，这些宝贵的发现过程可能很快消失在时间的大海里面，本书对文化遗产的抢救性质以及其不可替代的价值可以看得更清。

　　在对小说戏曲文献发现与研究的复原过程中，本书特别注重强调发现者在其中的主体作用，特别注重展示研究活动本身，以及发现者、研究者喜怒哀乐的生命体验。这对当前学术史研究中只重文、不重人，只重研究成果、不重研究活动的倾向也是一种纠正。而书中对研究者特别是第一辈研究者筚路蓝缕的功勋与艰苦卓绝的努力的表彰，对先辈们学术、生活和生命三合一生存方式的展示，对于今天的学人也有一定的启迪。

艾丽丝·沃克的妇女主义文学研究

——《艾丽丝·沃克与当代美国女性文学》成果简介

南京师范大学王晓英教授主持的国家社会科学基金项目《艾丽丝·沃克与当代美国女性文学》（批准号为 01EWW001），最终成果为专著《走向完整的生存——艾丽丝·沃克的妇女主义文学》。

该成果围绕艾丽丝·沃克倡导的妇女主义，对其文学创作的主要特征进行了梳理归纳，并从社会历史意义和艺术审美价值两方面对艾丽丝·沃克的妇女主义文学创作做出评价。该成果由以下四个部分组成。

一　"以文为生"——艾丽丝·沃克的人生与写作

该部分总结论述了艾丽丝·沃克作为当代美国最重要的作家之一的独特风格，并对艾丽丝·沃克的成长经历以及她创作的主要文学作品做概观性的描述和评介。该成果认为，对于艾丽丝·沃克来说，文学创作是她的生活方式，而生活则是她汲取素材和创造力的源泉。作为一名作家，艾丽丝·沃克以美国黑人妇女的代言人为己任，敢于对黑人自身的阴暗面进行暴露，坚持做一名干预社会现实生活的"行动主义者"，这些都体现了艾丽丝·沃克独树一帜的作家风格。

二　"紫色与淡紫色"——妇女主义的理论与实践

该部分通过对传统女性主义、黑人女性主义以及妇女主义的分别评述，界定了妇女主义的概念，探讨了艾丽丝·沃克在妇女主义文学传统的建构与发展上所作的贡献。妇女主义与西方传统女性主义的基本立场是一致的，都试图挖掘女性与男性不平等的社会历史根源，力求削减整个男性中心文化造成的负面影响，从而在物质与精神生活各方面缔造全新的女性观和实现男女平等的理想。但在艾丽丝·沃克等黑人女学者看来，西方传统女性主义在很大程度上体现的是欧美白人女性在社会生活中对教育、权利、性的追求，它忽略了黑人和其他有色人种妇女的特殊情况。黑人或有色人种女性面对的不仅有性别歧视，还有种族压迫。因此，沃克创造了"妇女主义者"一词来表示与西方传统的女性主义的区别。妇女主义关注的是黑人和有色人种妇女的解放，但它绝不仅仅是在争取性别平等的斗争中再加上种族的意识，更重要的是它还表达了一种希望世界上不同种族不同性别的人类从对峙走向和谐共存，从而实现全人类的完整生存的理念。虽然一般评论者都认为妇女主义就是黑人女性主义的另一种说法，但相对于黑人女性主义强调性别种族二元对立的倾向，沃克所提倡的妇女主义更注重黑人男人与女人的团结和共同发展，并由此延伸至对所有人类的关怀，表达了希望地球上不同民族和不同文化多元共生、多元互补、共同繁荣的理念。我们应该看到，完整是妇女主义的一个重要的理念。对于妇女主义来说，种族主义，性别歧视、阶级压迫都是实现人类完整生存的障碍，只有当地球上各种族之间，男人和女人之间没有了歧视、压迫和暴力，人类特别是黑人妇女，才能真正得以完整地生存。

作为一位文学艺术家，艾丽丝·沃克以文学创作为途径，在作品中形象、具体和生动地阐述了妇女主义的思想，并将意识形态与创作艺术相结合，形成了独具特色的文学风格——妇女主义文学。同西方经典女性主义文学重视传统的构建一样，妇女主义文学也非常重视挖掘和构建黑人妇女文学的传统。沃克通过对早期黑人女作家佐拉·尼尔·赫斯顿的挖掘与评介，为妇女主义文学建立一个与历史连接的纽带，也为妇女主义文学传统奠定了基本的特征。在建立妇女文学传统的基础上，艾丽丝·沃克通过她的文学创作使得妇女主义文学的题材和艺术表现不断得到拓展。

三　"寻找母亲的花园"——妇女主义在沃克文学创作中的主题构建

该部分围绕艾丽丝·沃克作品的主题特征，探讨了艾丽丝·沃克的妇女主义思想如何建构了其文学创作的主题模式。在艾丽丝·沃克阐述其妇女主义思想的散文集《寻找我们母亲的花园》中，"母亲的花园"作为妇女主义的一个具象，既代表了黑人女性创造力和审美特征，又象征了妇女主义所追求的完整生存的理想境界。因此，"母亲的花园"可以被看做沃克妇女主义文学的主题意象，而其创作过程就是寻找这一意象的过程。作者认为在沃克的文学创作中，妇女主义思想是通过附着于一种特定的主题模式而得到阐释的，换言之，妇女主义思想构建了沃克文学作品的主题模式。这一主题模式具体表现为一种破碎—缝合—完整的结构。艾丽丝·沃克认为在种族主义和性别主义的双重压迫下，黑人妇女的生存状态，尤其精神世界是分裂、破碎、不完整的。由于种族主义，她们不仅被贬低人格，还失去了与祖先历史的联系，以致无从确认自己文化身份；由于性别主义，特别是种族内部的男权思想，她们还要背负男人强加的重担，沦为"世间的骡子"，以致失去最起码的做人的尊严。因此，艾丽丝·沃克把向世人揭示黑人妇女生存状态的真相当作自己的责任。当然，沃克的为黑人妇女代言并不只停留在对丑恶现实的揭露上，对于她来说，更为重要的是通过艺术创作呼唤黑人妇女自我意识的觉醒，树立黑人妇女的自尊和自信，探索将黑人妇女破碎的灵魂缝合以实现完整生存的途径。该成果认为，艾丽丝·沃克在探讨美国黑人妇女的完整生存的思考中，特别强调了四种因素的重要作用，即黑人妇女的文化身份、异教信仰、姐妹情谊以及代表民族精神的社区意识。

四 "缝合的百衲被"——妇女主义在沃克文学创作中的艺术表现

该部分内容以文本分析为主，选择艾丽丝·沃克有代表性的作品，从叙事结构、叙述声音、语言、文化等视角出发，探讨沃克妇女主义文本的结构形态和审美特征，分析作者如何通过对叙事手法的选择来表达和加强妇女主义的主题意义与美学效果，揭示作者对黑人文学传统的继承和开拓。艾丽丝·沃克曾表示说，她希望自己的作品如同"疯狂的百衲被"。事实上，艾丽丝·沃克的创作艺术完全可以用"百衲被"一词来加以形象地概括。沃克的创作思想与创作艺术一脉相承，都以阐发妇女主义理想为宗旨。可以说，在艾丽丝·沃克的文学创作中，"母亲的花园"和"百衲被"是源自一个理念的两种意象，一棵树上的两个果实。我们也可以将百衲被视为妇女主义理想中的"母亲的花园"：不同形状、不同颜色的碎片相拼相嵌，一起组成一幅"母亲的花园"的完整图画。

该成果认为，百衲被是艾丽丝·沃克作品艺术形式的象征。百衲被的形象不仅作为重要的隐喻或意象经常出现在沃克文学作品中，也体现在艾丽丝·沃克的叙事艺术之中。沃克小说的一个重要特征就是故事情节常常以碎片化的形式呈现，但是读者读完作品时，得到的却是一个完整的印象，或得到的是欣赏了一个完整艺术品的感受。艾丽丝·沃克的作品多采取多元的叙述视角，多声部的叙述声音和共时性的叙事结构，整个作品往往由许多貌似关系疏离、独立成章的片段组成，这就如同百衲被由多块不同颜色、不同形状的碎片缝合在一起一样，从而构成一个完整的作品。

百衲被也是美国黑人文化的象征。作为一名黑人作家，艾丽丝·沃克将她的文学创作植根于美国黑人传统文化的土壤，并在此基础上进行具有独创性的艺术探索。一方面，艾丽丝·沃克将美国黑人传统文化中特有的表达方式，如布鲁斯音乐、黑人土语等直接运用到艺术创作中，既弘扬了美国黑人文化的审美价值，又为文学的创作艺术增加了新鲜元素，令其作品有让人读之耳目一新的感受。另一方面，艾丽丝·沃克将现实主义创作思想和现代主义创作技巧有机地结合，取得了显著的艺术效果，使其作品体现了独特的思想内涵和艺术价值。经由这些方式，艾丽丝·沃克将妇女主义的思想内容与艺术形式完美地结合在了一起，由此构建了妇女主义的文学式样。

妇女主义理念不仅是艾丽丝·沃克文学创作阐述的思想主题，而且漫布于她的全部文学创作之中，形成了她独具特色的艺术风格和美学意蕴。换言之，艾丽丝·沃克文学创作的鲜明特征在于她致力于表达的妇女主义思想和与此相关的特有的文学表达方式。她的作品，尤其是小说，不仅具有丰富的文化思想内涵，还体现出独特的视角，厚重的历史感和精神维度，并在人物形象的塑造上体现妇女主义的理想之光。在创作艺术上，艾丽丝·沃克不仅继承和拓展了她的文学先辈们开创的黑人妇女文学的传统，将黑人土语方言、布鲁斯音乐、百衲被等具有黑人文化特征的形式作为重要的艺术表现方式，还结合现实主义、现代主义的各种写作技巧，为妇女主义精神寻找最好的传递渠道，形成了独具特色的妇女主义文学艺术形式，并由此拓展和丰富了文学艺术的表现手段，为世界文学的发展作出了贡献。

巴赫金哲学思想与小说诗学研究

——《巴赫金哲学思想与小说诗学》
成果简介

北京大学凌建侯副教授主持完成的国家社会科学基金项目《巴赫金哲学思想与小说诗学》（批准号为 05FWW002）。最终成果为专著《巴赫金哲学思想与文本分析法》。

这项成果探讨了巴赫金哲学思想的发展脉络，揭示了独白思维诸倾向（主要是唯我型与唯他人型思维倾向）与反独白思维诸倾向（主要是狂欢与对话思维倾向）彼此对立又互依互存的关系，并以这一关系理论为切入点，探究了人文文本（话语）与文学文本（话语）的分析方法。

一 研究的出发点、目的和任务

复调艺术思维是文学现实还是理论假说？狂欢理论有否想象的成分？狂欢与复调是相互联系还是各自独立的，是彼此矛盾还是相辅相成的？如何看待话语对话性一说的对话泛化？怎样分析话语的对话性？言语体裁观对语言学和文艺学的贡献究竟在哪里？如何把巴赫金的小说理论应用于对现当代文学的阐释？为了回答这些问题，该成果突破了纯文艺学和纯语言学的研究视角，立足巴赫金"更多是一位哲学家"来整体阐发他的哲学理路，借助"人格两分法"认清独白思维与反独白思维诸倾向在文学创作乃至整个文化发展中的互动关系，由此从一个新角度把握了他的学术创新，有助于认清巴赫金哲学的认识论意义、巴赫金对话观与其他对话理论的异同，也有助于发展文本分析的方法，特别是以复调小说理论与狂欢理论的哲学纽带为切入点来探讨巴赫金的文艺学思想，更加全面和深入地揭示了巴赫金对当代文学乃至文化研究的重要意义，同时也为比较合理地探究复调、独白与狂欢因素在现当代文学创作中是否存在又怎样存在的问题扫清了疑问。

二 研究成果的主要内容和观点

本项成果以哲学思想为纲，以语言学和文艺学为目，在论证巴赫金整个学说具有开放的体系性的同时，阐明其文艺学和语言学理论的重要作用，从独白和反独白思维诸倾向互动理论的角度，探讨了文本（话语）分析的诸种方法。

第1章至第3章是"以哲学思想为纲"的阐发，即把巴赫金早期哲学与美学论著以及论陀思妥耶夫斯基与拉伯雷的专著作为考察对象，揭示这些论著所涉及的哲学问题——依次为独白思维诸倾向、对话与狂欢思维倾向的问题。巴赫金为了强调某种思维倾向，往往不顾及甚至贬低其他思维倾向，如探讨复调艺术思维时排斥独白艺术思维，阐发狂欢思维时几乎把对话思维弃之不顾，又加上巴赫金从未专门谈论独白、对话与狂欢思维的相互关系，所以让人觉得这些思维倾向是各自孤立存在、彼此矛盾对立的。但是，如果抛开非此即彼的思考方式，采用亦此亦彼的思考方式，那么它们表面上矛盾对立，实际上又互依互存，甚至在一个人身上乃至一部作品中都有可能同时共存。巴赫金在多种意义上使用独白/对话范畴，这既是话语的形式，也是科学研究的方法，更是学术、艺术与生活的立场。拿巴赫金本人来说，他对待康德、洪堡特、马克思、尼采、克尔凯郭尔、新康德主义者等总是采取对话的立场，而对弗洛伊德主义者、俄国形式主义者、以索绪尔为代表的结构主义者等则缺乏这种立场，虽然晚年态度有所改变。但非对话立场并不一定是独白立场，也可能是狂欢立场，即为了追求自己的个性张扬而敢于颠覆一切的立场。独白作为一种学术、艺术与生活的立场，表现为让我/他人丧失自我，这可以是剥夺别人的说话权（其变体是让别人成为"传声筒"），也可以是随声附和别人，而狂欢毕竟还容许别人观点的存在，只不过采取了对抗与颠覆的姿态。独白与反独白思维诸倾向彼此对立又相互依存，这一立论，不但深化和拓展了巴赫金对话理论的内涵，而且也为建立独特的文本分析法提供了理论依据，不但有助于探究日常生活与人文科学研究中语言思维活动的特点，而且也有助于揭示长篇小说创作思维的特征。

第4章至第9章是"以语言学和文艺学为目"的讨论，即在巴赫金哲学思想的开放性体系中研究其语言学与文艺学思想，特别是从语言学诗学和言语体裁理论的角度，考察俄国文艺学理论中与语言学相交叉的研究倾向的特点，重点探究以独白与反独白思维互动关系为理论依据的文本分析法，主要是语言学诗学分析法、话语对话性分析法、言语体裁分析法、文学狂欢化分析法以及整部文学作品中可能存在复调、狂欢与独白因素的创作思维特征综合分析法。

研究认为，讨论对话或独白问题以及分析话语的对话性，都可以采用辩证的方法和对话的方法，但不论采用哪一种方法，研究者都可以是具有对话精神的人，对知识分子来说，这种精神意味着既不唯我独尊、妄自尊大、自命不凡，也不人云亦云、随波逐流、唯命是从，就是要尊重他人话语，同时说出自己独有的新东西。

该成果从语言学和文艺学两种角度考察了言语体裁。人们说话或写作，除遵循语法规范外，还要遵循言语体裁的规范。相对于简单言语体裁而言，复杂言语体裁中个人创造性空间较大，其中巴赫金最推崇的是长篇小说体裁，而其狂欢化倾向则是他关注的主导问题。我们完全可以把他论陀思妥耶夫斯基复调小说、拉伯雷狂欢小说、歌德教育小说的三部专著和《长篇小说的话语》、《小说的时间形式与时空体形式》、《长篇小说话语的发端》、《史诗与小说》四篇长文以及未完成的讨论言语体裁问题的专著，看做是一部书，有三编构成，第一编是体裁的个案研究（陀氏、拉伯雷、歌德），第二编是历史诗学与"整体诗学"（程正民语）的研究，第三编是文学体裁与语言哲学相互关系的研究。通过对莎士比亚《一报还一报》和普希金《安哲鲁》的体裁分析，得出了普希金的这部叙事诗已出现"长篇小说化"的结论。

该成果从阐述狂欢节与文学狂欢化的关系入手，探讨了疯癫形象与狂欢精神的关系。无论是装疯卖傻的"主动疯子"，还是众口铄金下的"被动疯子"，作者若想通过这些形象有意识地向读者展现出颠倒了的世界，那么就需要采取狂欢式的创作立场。真疯本身并没有狂欢色彩，但一旦被作家引入艺术世界，就有可能使作品发生狂欢化的效果，如鲁迅的《狂人日记》，作者对狂人既不融合又不排斥，也未采用对话的姿态，而是抱着"同盟军"式的立场描述了狂人的言行，并用他的异于常人的眼光来颠覆普通大众思想意识中根深蒂固的"吃人"的世界图景。

最后是复调艺术思维分析法。研究认为，既不可把复调小说理论扩大化，扩大化就会得出索尔仁尼琴的《红轮》与托尔斯泰的《三个生命之死》也是巴赫金意义上的复调小说的结论；也不能把它狭隘化，狭隘化就会出现该理论只适合于阐释陀思妥耶夫斯基小说的结果。复调小说理论不是万能的，但复调艺术思维却是持久的，虽然从现代小说的维度上看它早已不再以陀思妥耶夫斯基笔下那种极端的形态出现了。考察《魔山》我们发现，这是一部独白小说，但从特定角度看它又带有复调和狂欢因素。首先，作者"全知全能"的视野与背靠背的议论清晰可辨；其次，在特定的成长阶段，卡斯托尔普经常处于塞塔姆布里尼和纳夫塔相互作用的共同地带，其思想观点经常存在于"若干个人意识紧张斗争的超个人领域"；最后，主人公在瓦尔普吉斯之夜利用什么都可以做和说的机会，用实际行动——向克拉芙吉亚求爱，颠覆教师爷的迂腐观念，而实际上颠覆迂腐观念的是作者和卡斯托尔普结成的"同盟军"。

三　研究成果的学术价值

建立独白与反独白思维诸倾向的关系理论，并用这一理论，从文艺学与语言学的交叉视角，探究文本分析的方法，特别是形成分析现当代中外小说创作思维特征的方法，这些都有助于扩大小说研究、话语分析研究的视野，也为如何吸收巴赫金文艺学思想为国内文论建设所用做出了有益的尝试。还值得一提的是，本项成果也对近年来国内外出现的一些质疑，如狂欢理论具有太多的想象成分而缺乏科学性，复调小说理论因无法阐释许多现代小说而应嫁接到米兰·昆德拉的复调小说理论等，做出了有力的回答，这些回答在某种意义上展示了我们面对巴赫金理论时如何"接着说"的可能性。

当代俄罗斯文学纪事研究
(1992～2001)

——《当代俄罗斯文学纪事 (1992～2001)》
成果简介

　　中国社会科学院张捷研究员承担的国家社
会科学基金项目《当代俄罗斯文学纪事 (1992～
2001)》（批准号为 05FWW001），最终成果为同
名专著。

从 1992 年到 2001 年这十年正值俄罗斯社会的大变动时期。政治经济制度、社会生活和社会意识发生了根本的变化，作为一种独特的意识形态的文学，也随之发生了重大变化。研究这个时期处于剧变中的俄罗斯文学，认清各种纷繁复杂的文学现象并做出正确评价，认真总结经验教训，是一件很有意义的事。本项目把研究重点放在收集材料、弄清事实和了解全面情况上，最后编出《当代俄罗斯文学纪事（1992～2001）》一书作为最终成果。这是一项对各个学科来说必不可少的基础研究，因为只有把这项工作做好了，才能把整个研究建立在坚实的基础上。

《当代俄罗斯文学纪事（1992～2001）》一书是一本资料汇编。它用"编年体"的写法，按照年月日的顺序排列史实，记述了从 1992 年到 2001 年这十年间俄罗斯文学生活各个方面的情况，其中包括文学界的各种活动、文学理论问题和文学史问题的讨论和争论、主要文学奖的评奖结果、重要作家的情况和他们的创作、有代表性的重要作品和理论著作等。

俄罗斯文学界各种活动的记述是该成果的重要内容之一。书中讲了俄罗斯文学界两大派的组织（自由派的俄罗斯作家协会和传统派的俄罗斯联邦作家协会）召开历次代表大会的情况，讲了这两个组织举办的各种文学活动和参加的各种社会政治活动，叙述了两派在 90 年代前半期的斗争和争论（例如两派对 1993 年"十月事件"的不同态度和它们之间的严重对立）以及从 90 年代下半叶起两派之间紧张关系的缓解和为实现联合采取的一些步骤。与此同时，也讲了两个作家协会内部的矛盾和斗争。

在文学理论问题和文学史问题的讨论和争论方面，本书用不少条目写后现代主义理论的引进和传播以及文学界对它的不同看法和争论，写俄罗斯现实主义的"回归"和关于"新现实主义"的讨论，写俄罗斯学者关于如何撰写 20 世纪俄罗斯文学史的讨论和不同意见的交锋，同时也写了关于几部已出版的 20 世纪俄罗斯文学史著作（例如旅居国外的俄罗斯学者和西方斯拉夫学者合著的一部俄罗斯文学史以及库兹涅佐夫和阿格诺索夫主编的两本 20 世纪俄罗斯文学教学参考书等）的争论。此外，书中还收入了写高尔基的死因问题、高尔基与斯大林的关系问题、马雅可夫斯基的评价问题、肖洛霍夫的《静静的顿河》的著作权问题、对索尔仁尼琴的看法问题等热点问题的争论的条目。

俄罗斯大大小小文学奖数量很多，该成果中主要讲了俄罗斯联邦国家奖、布克俄罗斯小说奖（后来改名为斯米尔诺夫—布克奖）、反布克奖、凯旋文艺奖、肖洛霍夫奖、格里戈里耶夫奖、莫斯科—彭内奖、索尔仁尼琴文学奖、民族畅销书奖九种文学奖历届的获奖作家和作品，并将获奖者名单作为附录列于正文之后以供查阅。

在介绍重要作家的情况和他们的创作时，对两大派的作家采取一视同仁的态度，既讲自由派的代表人物巴克拉诺夫、扎雷金、雷巴科夫、叶夫图申科、奥库扎瓦、弗拉基莫夫、阿克肖诺夫以及后来靠拢他们的阿斯塔菲耶夫等人的社会活动和文学创作，也介绍传统派的代表人物邦达列夫、拉斯普京、普罗哈诺夫、别洛夫、阿列克谢耶夫、普罗斯库林、利丘京、博罗金等人的表现和在创作上取得的成果。在介绍苏联解体前已成名的老作家的同时，也介绍了在苏联解体前后涌现的一大批文学新人，其中有从地下或半地下转到地上的作家，例如叶罗菲耶夫、叶夫根尼·波波夫等；有早已开始创作、但是作品得不到发表的机会或没有受到重视的作家，例如哈里托诺夫、阿佐利斯基、谢尔盖耶夫、乌利茨卡娅等。他们大都已是年近半百的中年人。而大多数新人都比较年轻，他们是科罗廖夫、科兹洛夫、德米特里耶夫、阿列什科夫斯基、博罗德尼亚、斯拉波夫斯基、布依达、谢根、索罗金、叶尔马科夫、瓦尔拉莫夫、帕夫洛夫、加尔科夫斯基、佩列文、希什金、乌特金等。此外，还对许多读者关心的苏维埃时代的著名老作家进行了追踪，报道了他们晚年的情况和去世的消息。例如书中关于小说家列昂诺夫、巴巴耶夫斯基、恰科夫斯基、特罗耶波尔斯基、阿纳托利·伊万诺夫、斯塔德纽克，诗人格里巴乔夫、阿利格尔、多尔马托夫斯基、奥沙宁，剧作家加布里洛维奇、萨伦斯基、施泰因、沃洛金以及学者洛特曼、利哈乔夫等人都写有专门的条目。

对重要文学作品和理论著作的介绍占了该成果的很大篇幅。首先着重介绍的是作为文学创作主体的小说创作，书中总共介绍了82部作品。这是从1992年到2001年十年内发表的大量作品中挑选出来的。在挑选作品时不拘一格，只要它达到一定的艺术水平、具有较大的代表性和产生过较大影响，就加以介绍。其中包括长篇小说、中篇小说、短篇小说、回忆录小说、怪诞小说、侦探小说等不同体裁的作品，其内容有的写苏维埃时代，有的反映当代生活，也有写俄罗斯历史题材的。就思想政治倾向来说，既有对苏维埃时代持严厉的批评态度的作品（例如阿斯塔菲耶夫、艾特马托夫、巴克拉诺夫、贝科夫、奥库扎瓦、阿克肖诺夫、沃依诺维奇、叶罗菲耶夫、佩列文等人的某些小说），也有基本上肯定苏维埃制度的作品（例如邦达列夫、阿列克谢耶夫等人的新作）。而就艺术方法来说，既介绍了带有明显的后现代主义特点的作品（例如索罗金、佩列文、哈里托诺夫、叶罗菲耶夫、加尔科夫斯基等人的一些小说），也介绍了用传统的现实主义笔法写成的作品（例如邦达列夫、拉斯普京、别洛夫、普罗哈诺夫、利丘京等传统派作家和某些自由派作家的新作）。书中还着重介绍了一些具有所谓的"新现实主义"特点的作品，例如瓦尔拉莫夫、帕夫洛夫、斯维特兰娜·瓦西连科、科兹洛夫、等人的新作。读者可以从本书的介绍中了解小说创作的比较全面的情况。

在1992年到2001年这十年内诗歌创作也比较活跃，发表的诗作数量很多，但是缺乏传诵一时的佳作。根据这种情况，《纪事》中介绍诗歌作品的条目相对地比较少。值得注意的是，这十年内出版的诗集不少，反布克奖和格里戈里耶夫奖评奖时，几次把奖金授予一些诗人的诗集，这一情况在该成果中得到了反映。书中介绍了甘德列夫斯基、基比罗夫、伊万·日丹诺夫、薇拉·帕夫洛娃的获奖诗集。

在戏剧创作方面，在这时期著名的老剧作家，例如罗佐夫、罗辛、佐林、沙特罗夫等人，未见有新作发表，该成果只介绍了格利曼的一个新写的剧本。90 年代下半期开始出现一批年轻的剧作家，他们的作品引起了重视，上演后受到了好评。该成果介绍了他们当中的萨韦利耶夫、博加耶夫、格里什科韦茨、西加列夫等人的新作。

苏联解体后的十年，俄罗斯文学理论界似乎缺乏新的突破和大的建树。后现代主义理论引进后，不少学者进行了研究，写出了十多部著作，该成果介绍了其中库里岑、利波韦茨基、马尼科夫斯卡娅的三部专著。关于"新现实主义"，还没有专著出现，该成果只介绍了报刊上论述它的文章。有分量的文学理论著作不多，只介绍了俄罗斯科学院世界文学研究所学者编著的《文学理论》四卷本中的第四卷《文学过程》。在这时期出现了不少 20 世纪俄罗斯文学史，其中相当大的一部分为教科书。该成果介绍了其中学术性较强的三部著作，一部是俄罗斯科学院世界文学研究所学者编写的《世纪之交的俄罗斯文学：十九世纪九十年代至二十世纪二十年代初》，另一部是侨居国外的俄罗斯学者与外国斯拉夫学家合著的七卷本俄罗斯文学史当中的第四本的俄译本《俄罗斯文学史：二十世纪，白银时代》，还有一部是涅法金娜的《八十年代到九十年代初的俄罗斯小说》。此外，该成果还对这一时期出版的一些比较重要的论文集、资料汇编和辞书做了介绍。具体说，介绍了俄罗斯学者和外国斯拉夫学家合编的《社会主义现实主义的准则》、利加乔夫的《关于俄罗斯的沉思》、普罗菲利耶夫编的

《〈静静的顿河〉之谜和秘密》、巴比钦科编的 1925 年到 1938 年有关文学的文献资料汇编、斯卡托夫和尼古拉耶夫分别主编的 20 世纪俄罗斯作家辞典、德国学者卡扎克主编的《二十世纪俄罗斯文学百科辞典》等。

综上所述，该成果介绍了小说、诗歌、戏剧等各个门类的作品将近一百部，各种论著、资料汇编和辞书 20 多部，这些作品和著作在很大程度上代表了 1992 年到 2001 年这十年在文学创作和文学研究方面取得的成果。而该成果则是这一时期俄罗斯文学的各个方面的比较全面、客观和符合实际的反映。

该成果作为一本资料书，首先它具有较高的史料价值。在中国外国文学研究的各学科中，只有俄苏文学学科做过编写这样的资料书的工作，于 20 世纪 70 年代编写和出版过一本《苏联文学纪事（1953～1976）》。编写本书的目的，是为读者了解当代俄罗斯文学的情况提供资料和线索，它具有较大的实用价值。由于近年来中国对当代俄罗斯文学介绍得比较少，而且在介绍时偏重于自由派文学，因此关心俄罗斯文学现状的读者很难对它有一个全面的了解。本书将会对这些读者有所帮助，他们可以从中获得很多信息，从而形成对俄罗斯文学现状的正确认识。同时它也将对俄罗斯文学的研究者有所裨益，帮助他们在宏观把握的基础上根据书中提供的线索做进一步深入的研究。

古英语与中古英语文学通论

——《古英语与中古英语文学通论》成果简介

绍兴文理学院陈才宇教授承担的国家社会
科学基金项目《古英语与中古英语文学通论》
（批准号为 04FWW001），最终成果为同名专著。

　　该成果是一部系统论述英国早期文学的著作。它的研究意义
在于为后来者更深入、更精到的研究提供一份有用的资料，同时
也为这一时段的外国文学史教学提供一份有益的参考。

　　古英语文学是指盎格鲁—撒克逊时期（公元 5 世纪到 10 世
纪）的文学创作，包括史诗《贝奥武甫》和一些头韵体诗歌，如
诀术歌（charms）、谜语诗（riddles）、箴言诗（gnomic poetry）、
宗教诗（religious poetry）、哀歌（elegy）、战歌（battle songs）、
寓言诗（allegory）等。散文作品主要有比德的《英吉利教会史》、
阿弗莱德的《盎格鲁－撒克逊编年史》以及艾尔夫里克和乌夫斯
坦的著作。

　　中古英语文学是指诺曼征服（1066）至 15 世纪的文学创作。
韵文罗曼史是这一时期的文学主流。此外还有莱歌（lay）、辩论
诗（debate poetry）、宗教诗、典雅情诗（courtly love lyrics）、动物
故事诗（beast verse tales）、法布罗（fabliau）、民歌（folk songs）、
谣曲（ballads）等。中古英语后期的朗格兰、高厄、《高文爵士》
的作者和乔叟，是中古英语文人文学的杰出代表。尤其是乔叟，
他的创作代表了中古英语文学的最高成就。中古英语戏剧主要是
一些演绎《圣经》或圣徒故事的神迹剧、奇迹剧和道德剧。这个
时期的散文大致可分布道文、游记、神秘文和散文罗曼史等数种。
马罗礼的《亚瑟王之死》集罗曼史之大成，是中古英语文学中最
重要的散文作品。

　　该成果考察的就是上述一些文学品种。称之为"通论"，一
是为照顾文学史意义上的广度，二是认可批评意义上的自由度。
以文本为中心的综合研究方法是文字操作的基本策略。具体地说，
在考察文献资料时，除了采用一般的文学研究的方法，作者还尝
试了比较文学和民俗学的研究手段。这样做的好处是：不拘泥于
文学史的一招一式，增加了考察的视角，从而在有限的文献资料
中最大限度地发掘具有历史认识价值和文化认识价值的东西。

该成果从语言自然分上下两卷。每卷前面均有一篇"概述"，用来宏观把握这一时期英国人的生存状态，文学的基本特征，当时的语言（包括语音、文法），诗律与现代英语的差异，等等。"概述"以后以文学品种为叙述单元分章论述。对于每一种文学形式，作者都先从文学史的著述入手，尽可能为读者描述一个概观。对于重要的作家作品，都有较详尽的介绍和评论。

古英语文学的基本主题是宣扬勇武精神，传播基督思想和感叹人生之短暂。这个时期的文学颇具阳刚之气，但缺乏阴柔之风，基本上属于一种男性的文学。中古英语时期由于时局相当稳定，长矛利箭不再是话语的中心，表现在文学上，便是男女爱情描写的比重加大，文学角色性别失衡的现象得到局部的纠正。综观中古英语文学的历史面貌，大致走过一条从殖民文学到民族文学、从民间文学到文人文学的发展轨迹。

古英语和中古英语时期的文学，尤其是诗歌，大多属于民间文学。从这些文献中传达出有关历史、文化、信仰、民俗等方面的信息，往往比文学的信息更重要。因此，在具体论述某一种文学品种时，本研究不断地转换视角，力求获得新的感悟，得出新的见解。如论述史诗《贝奥武甫》时，本研究借助民俗学的方法，从主人公三战魔怪的叙述程式推断出史诗所表现的神话性其实是童话性的结论；战歌是史诗的胚胎，在描述盎格鲁—撒克逊时期的战歌时，大胆地采用了"准史诗"这个概念；在分析莱歌《奥菲奥爵士》时，利用神话学的方法，讨论过"死而复生"这个母题，认为初民的巫术、万物有灵观、神话、多神教以及后来的一神教，都是人类为摆脱生的短暂和死的永恒的宿命而设计的几套延续生命的策略；在《无名氏抒情诗》这一章里，对这一类诗作出系统的分类，介绍了许多鲜为人知的作品；针对国内某学者对一首春歌的错误译介，还提出过翻译早期的英语文献应注意词义的演变的意见；传统的文学批评都把乔叟的创作分为法国、意大利和英国三个时期，通过具体作品的考察和分析，研究认为，这三个时期又分别代表了作者文学观形成的三个阶段，构成了一条始于主观化的浪漫话语，止于客观化的写实话语的心路历程；在介绍 15 世纪英国民间谣曲时，发现这些民间文学作品中存在着朴素的人文主义思想，由此可见，早在莎士比亚前一个世纪，英国民众已经为人文主义思想在英伦三岛的着陆搭建了一个接受的潜在平台。

哈代诗歌研究

——《哈代诗歌研究》成果简介

　　华南理工大学外国语学院颜学军教授承担的国家社会科学基金项目《哈代诗歌研究》（批准号为04FWW003），最终成果为同名专著。

这项成果对哈代诗歌的基本主题及其特点进行了较为深入的研究，从而揭示出哈代诗歌思想内容的丰富性和深刻性。另外，该成果还对哈代的史诗剧《列王》进行了探讨。

为了较为全面地分析哈代的思想感情，本研究重点分析哈代诗歌的六个重要主题：爱情、战争、宗教、自然、时间、死亡。这六个主题既相互联系、又相互补充，构成了哈代思想感情的最重要部分。通过深入分析这六个基本主题，可以看出哈代诗歌的中心内容：探索人类生存的困境以及寻求摆脱生存困境的途径。

在哈代的爱情诗中，他十分重视现代文明下人们的爱情悲剧和爱情的丧失给人们的心灵带来的巨大痛苦，揭示现代社会的异化现象和人的孤独感。哈代的爱情诗是他对生活的集中表现。他的爱情诗融合了他的个人感情生活和他对整个世界、整个人生的深刻思考，所以朴实而动人，深刻而不玄奥。

在他的战争诗中，他从人道主义的角度，考察战争给人们带来的心理创痛，揭露战争的残酷性和荒诞性。由于他对战争深刻而颇具穿透力的批判，他对战争的历史透视，他对战争给人们带来的心理创痛的真实描写，他对人类生存状况的高度关注，他对人类前途的忧患意识和他的颇具现代特征的艺术手法，他的战争诗在他的全部诗作，乃至英国战争诗中，占有举足轻重的地位。

在他的自然诗中，他把阴郁的自然同阴郁的人生联系起来，从而揭示，残酷是贯穿自然界和人类社会的法则，人们必须面对残酷的现实，而不能奢望从自然中寻求解脱。哈代自然诗的内容是丰富的，其中有对自然的敏锐观察和细致入微的描写以及对自然状况的忧虑。哈代的自然诗是深刻的，因为它们探索世间万物的秘密，人类生存状况以及人类生存的意义。更重要的是，他的自然诗歌颂生命，歌颂生命在逆境中的不屈不挠的精神，同时也揭示了自然的残酷法则，批判人性中的残忍和无情。

在他的宗教诗中，他表现了对人类命运的深切关注。他渴求一种精神寄托，来填补因"上帝已死"而产生的精神真空，但是，他又认为，传统宗教因其是迷信和蒙昧的产物而无法作为人类摆脱生存困境的精神力量。从他的宗教诗中，我们可以清楚地看到，哈代是一位探索者，他探索宗教的历史和现状，探索宗教在现代社会衰落的原因；哈代是一位有独立见解的沉思者，他关注人类的生存状况，并对人类的现状和未来充满了忧患意识；哈代还是一位真诚的、具有人文主义思想的艺术家，他密切关注人类生存的痛苦，并力图寻求摆脱痛苦的途径。

在他的时间诗中，他表现由时间给人们的物质生活带来的变化以及这些变化给人们带来的心理创痛，探索人们应当如何面对残酷的时间，追求生活中的真善美；在哈代看来，人生短暂，却充满了悲剧。人们应当以悲剧的眼光，而不是以悲观主义眼光来看待人生。人们应当以积极的态度面对生活，以纯真的爱情，真诚的友谊和人与人的相互理解，来充实短暂而充满悲剧的人生。珍惜美好时光就是珍惜生命。这是哈代时间诗给人们的启示。

在他的死亡诗中，他通过对死亡的探索来肯定生存的价值。一方面，他认为，人类生存在一个异己的、压抑个性和自然感情的世界里，人类的生存必然是悲剧性的，死亡也许是摆脱生存痛苦的一种途径。另一方面，他赞赏人们对生存意义的探寻和对生活中真善美的渴望。

哈代诗歌的这六个基本主题有三个既矛盾又统一的特点：具体与一般、传统与现代、悲观主义与乐观主义。哈代诗歌的一个显著特点是，哈代经常从一个生活片段出发，进而表现总的生活图景。这种从具体到一般的表现手法使得他能够揭示人类生存的最基本问题。哈代诗歌的另一个特点是，哈代虽然不在诗歌形式上刻意创新，但是在诗歌内容方面却表现出浓郁的现代意识。他对西方现代文明的大胆抨击，对现代文明下人们心灵创痛的坦诚表现以及他对人在冷酷的世界里生存困境的执著探索，使他的作品颇具现代文学的精神，因此他被认为英国现代文学的先驱。哈代诗歌的第三个重要特点是，从表面上来看，哈代诗歌表现了诗人的悲观主义思想，但是我们如果深入研究，就会发现哈代诗歌中深沉的乐观主义精神。

哈代诗歌是他从许多角度对生活的考察和反思，表现了诗人对人类生存状况的关注和对人类摆脱生存困境的途径所进行的真诚探索。尽管他的诗歌流露出悲伤的情绪，但是，哈代诗歌与其说是悲观主义情绪的流露，倒不如说是对人类前途的忧患意识和对人类的愚蠢和荒诞行为的极度失望。哈代是一个理想主义者，他渴求美好的人生。他又是一个现实主义者，他从不回避有缺陷的人生，而是着意把不完美的人生表现出来。因此，他的诗歌常常表现人们的理想生活与现实生活之间的巨大反差，从而揭示生活的悲剧性。

在哈代看来，由于"残酷是贯穿于自然和人类社会的法律"，人的自然本性受到压抑，人的美好愿望难以实现，人生中必然充满了痛苦，但是，哈代不赞成清静无为，消极地对待生活。他主张人们应当正视丑恶的现实，坚毅地忍受生存的痛苦，并敢于同现存的不合理社会进行抗争，不懈地追求生活中美好的事物。另外，哈代认为，为了把生存的痛苦减少到最低限度，并摆脱生存的困境，人们应当相互同情，以仁慈作为人类的行为规范。他认为，人的理性、博爱、团结和仁慈是人类生存状况改善的先决条件。这是哈代通过自己一生对生活的探索所得出的结论。

哈代的这些思想在 20 世纪上半叶没有得到批评界的公正评价。批评家出于种种原因对哈代的思想甚为反感。T. S. 艾略特对哈代的反宗教思想极为不满。布莱克摩尔不赞成哈代的悲剧人生观。F. R. 利维斯拒绝在他的《英国文学的伟大传统》中评价哈代小说。至于哈代诗歌，他认为，只有几首悼念爱玛的诗作值得重视。使这些批评家反感的，与其说是哈代的传统艺术技巧，倒不如说是哈代直率表达的、被误解为"宿命论"的悲剧人生观。

尽管有些作家和批评家不赞成哈代的思想，忽视哈代的诗歌创作，但在英美作家中仍有一些同情和赞赏的声音。辛克莱·刘易斯十分赞赏哈代"伟大而独特的、颇具人情味的"生活观。西格弗里德·沙松在哈代诗歌中感受到强烈的反战情绪。埃拉德·庞德深感哈代对他的影响，说"自从托马斯·哈代去世以后，再也没有人教我写作了"。W. H. 奥顿赞赏哈代"鹰一般的洞察力"和他观察生活的高度，称哈代为他的"诗歌之父"。菲力普·拉金"不希望《哈代诗歌选集》缺少哪怕是一页，并把这部诗集看做是本世纪所能展示的远远超过其他诗人的作品"。唐纳德·戴维在 1972 年出版的《托马斯·哈代与英国诗歌》中认为，对过去 50 年英国诗歌产生深远影响的诗人，不是艾略特或叶芝，而是哈代。哈代所代表的诗歌传统是英国现代诗歌的主流，而艾略特和叶芝的现代主义是支流。在许多批评家看来，哈代是 20 世纪最伟大的诗人之一，是创建英国现代诗歌的一个主要源头。

哈代诗歌对 20 世纪英语诗歌的影响是巨大的，庞德、格雷夫斯、劳伦斯、奥顿、斯蒂文斯、狄兰·托马斯、罗伯特·洛厄尔、威廉斯、弗罗斯特、拉金、西尼、冈恩等许多诗人都直接受过哈代的影响。在哈代诗歌的研究中，本研究认为，哈代之所以是 20 世纪为数不多的最有影响的诗人，有以下几个原因。

第一，哈代敏锐地观察社会现实，客观地反映人类生存的最基本问题。他所反映的社会问题是人们正在面临的问题。人们必须面对诸如残酷的竞争、战争的威胁和人际关系的敌对等严峻的生存问题，因此，哈代诗歌具有现实意义。

第二，哈代把个人经历与人类经验，把过去、现在与未来很好地结合在一起，这不仅使哈代的个人经历具有普遍意义，而且使他的诗歌具有很强的历史意识，因此，他的诗歌有深刻的生活哲理和较高的历史价值。

第三，哈代诗歌具有本土特点。他以本国的文化传统为营养，以周围的生活为描写对象，以本土的视角观察世界，表现生活。他不注重纷繁的心理流程和晦涩艰深的哲学思辨，而是注重日常经验的描述。因此，他所表现的生活具体、实在，可感性强，颇具英国特色，很容易为不同文化背景的读者所接受。

第四，哈代是继往开来的诗人。哈代诗歌是英国诗歌从浪漫主义向现代主义过渡的必然环节。在哈代诗歌中有浪漫主义的激情和对痛苦的敏锐感受，有现实主义观察现实的冷峻目光，还有现代主义对人类命运的危机意识。但是，哈代诗歌有自身的特点。在哈代那里，浪漫主义的回归自然在现实生活中只是幻想，现实主义对社会邪恶的揭露，其力度还不足以使人类生存状况有很大的改善，所以，他正视现实，直面人生，无情地批判压抑人性和个性发展的社会，以悲剧的目光来看待人类的生存。与现代主义不同的是，哈代对文学技巧并不刻意创新，而是以传统的文学形式表达他特有的思想观念。因此，哈代诗歌既有传统的继承，又有个性的展示。

第五，哈代真挚地表现自己的情感，坦诚地表达自己的社会观和人生观。哈代诗歌朴实、动人，因为哈代敞开自己的心扉，使读者深入他的感情世界，体验他的痛苦和欢乐，伤感和坚毅，懊悔和期盼，读哈代诗歌，人们似乎同平易近人的老诗人进行思想和感情的交流；哈代诗歌直率、深刻，因为哈代追求真理，敢于向传统的社会价值观念挑战，坚持自己的诗歌中表现生活的本质和他"非正统的"思想。他的诗歌很容易引发人们对生活做深刻的思考。不管人们是否接受哈代的生活观念，但是，他对人类生存状况的真诚探索和面对惨淡人生的勇气会深深打动读者。他对人类生存困境所进行的探索很有启发性，是作为诗人的哈代留给后世的一笔丰厚的精神遗产。

从上面的论述中可以看出，哈代伟大而独特的生活观、细腻真挚的情感以及质朴的语言风格使他成为英国文学史上非常重要的诗人，他的诗歌对 20 世纪中、下叶的英国诗歌产生了巨大的影响。

加拿大英语文学发生与发展研究

——《加拿大英语文学发生与发展研究》成果简介

兰州大学冯建文教授主持完成的国家社会科学基金项目《加拿大英语文学发生与发展研究》（批准号为04BWW010），最终成果为同名专著。课题组成员有：冯建文、赵慧珍、毛刚、王小平。

加拿大英语文学虽然历史不长，从殖民地时代至今 200 多年，但进步很快，尤其在 20 世纪有长足的发展。到 20 世纪后半叶，已蔚为大观，成为英、美文学之后的一支劲旅。

1. 加拿大英语文学是典型的在国际多元文化语境中发生发展的文学，有非常独特的发生发展轨迹

加拿大英语文学属于非本土发生的文学。非本土文学发生有两个先决条件，一是本土文学缺失，二是外来完备文化介入。加拿大在欧洲人进入之前一直是土著人原始部落的环境，文学是口头传说，没有发生由文字承载的书写文学。欧洲人进入加拿大时已是欧洲文明发展完备之时，完备的外来文明在文学缺失的环境中发生了新的非本土文学。

本土的自然环境和人文环境主导非本土文学发生的内容，称为环境发生学；介入文化主导非本土文学发生的形式和风格，使之在介入文化的预设结构中运行，具有介入文化的本质特征，称为传承发生学。环境发生学和承传发生学分工合作，共同推进非本土文学从低级阶段向高级阶段发展。

环境发生学和传承发生学是两个基本概念，非本土文学的发生与发展是环境和传承两大因素结合、互动的结果。环境主导文学发生的内容，传承主导文学发生的形式，二者完备的结合就是文学的成型。文学的发展也是环境和传承的互动，环境主导新发生的文学类型或流派的内容，传承主导新发生的文学类型或流派的发展和成熟。萌芽期环境因素更重要，以移民为主体的人文环境形成以前，环境发生学因素不具备或不完备，文学一直处于萌芽状态，表现为记叙性文字。移民环境形成后，才发生了早期的移民拓荒文学。环境发生学因素具备后，文学传承成为关键因素，传承因素的完备与否影响着文学的发展方向和质量。加拿大文学对英、美文学的传承在浪漫主义和现实主义阶段都存在一定的时间差，在现代主义阶段时传承时间差基本上消失，达到了和英、美现代文学的同步发展。

　　欧洲人在加拿大的活动大致按探险、传教、商贸、移民依次发生，但并不是所有这些活动都具有同等重要的文学发生学意义。探险、传教、商贸等都是客体介入活动，完事走人，只有移民才是反客为主的介入活动，要落脚生根，不一定立即产生主体意识，却具有主体性。正是这种外来的主体性活动从根本上改变了原有的本土人文环境，产生了新的人文环境。也正是有了新的人文环境，才奠定了非本土文学发生学的完整基础。

　　本土环境在非本土文学发生发展中主导文学写什么，但不主导文学怎么写，主导非本土文学怎么写的是介入文化的传统标准，在文学上就是宗主国文学传统中盛行于当时的主流形式与风格。这就是非本土文学传承发生学的概念。既是传承，必有一个发达、成熟、完备的已有传统。对加拿大来说，这个传统就是欧洲文明，对加拿大英语文学来说，已有传统就是英国文学。但已有传统并不是把英国文学搬到加拿大去，它只为新环境中的文学提供一种预设的形式结构，新环境中的文学在这种预设结构下不必经历类似于本土文学起源那样的口头发生阶段，而是直接进入文字阶段，形式和风格靠近预设结构介入时的流行模式。非本土文学传承发生不必按预设结构从头开始，可衔接结构传入时的相应阶段，这正是非本土文学传承发生学的优势所在。

　　环境发生学与传承发生学是非本土文学不可互缺的两个发生学基本要素，并贯穿于非本土文学发展史的各个阶段。环境发生学主导非本土文学发展本土特性，传承发生学主导非本土文学与主流传统的一致性，预设了非本土文学最终和主流文学同步发展的可能性。主流传统的重大变化一般是由本土起源的文学发生，再影响非本土发生的同类文学，如浪漫派诗歌、现实主义文学，都在英国文学中发生，影响到美国文学和加拿大文学。但非本土文学经过持续繁荣转化为本土文学后，就会和主流文学一样，产生影响主流传统的文学运动，如现代文学运动就在欧洲、英国和美国同时兴起。加拿大英语文学是受英、美现代文学的影响走向持续繁荣的，正在变为一种本土文学，也就是说进入了强势文学行列，但尚不足以产生影响主流传统的文学运动。

2. 加拿大英语文学发展史分为发生期、成型期、发展期、繁荣期四个阶段，各阶段和国家的发展相一致

发生期又分为萌芽期和自发期。萌芽期从 1534 年到 1763 年，历史划分为新法兰西时期。这一时期主要的人文活动是地理发现、传教、商贸等客体介入活动，产生的文学是探险日志、传教士报告等记录性文字。这些记录性文学有两个特点，一是对加拿大的自然环境做了如实描述，二是以欧洲文明标准向主流文明报告加拿大的情况。这两个特点一直延续到以移民文学为主体的自发期。所记录的加拿大情况，尤其是自然环境，具有两面性，既有雄伟壮丽、令人愉快的一面，又有蛮荒险恶、令人恐惧的一面。这种两面性贯穿于加拿大英语文学的各个发展阶段和各个方面，成为加拿大英语文学独特的主题特征。自发期从 1764 年到 1867 年联邦建立，历史划分为英属北美殖民地时期。这一时期英国向加拿大大量移民，主体介入活动占据主流，传承发生学正式启动。文学内容由环境发生学主导，反映移民拓荒生活为主体。移民拓荒文学的代表性作家是凯瑟琳·帕尔·特雷尔和苏珊娜·穆迪两姐妹，姐姐乐观，妹妹感伤，代表着加拿大文学自然主题两面性的新发展。

成型期从 1868 年至 20 世纪初，一般称为联邦初建时期。国家的成型主导文学的成型，环境发生学的重点有了根本性的变化。建国是标志性的历史大事件，产生了相应的标志性文学——联邦诗人。联邦诗人有政治诗和自然诗，尤其是自然诗具有主体展示性，向世界展示一种国家特色。传承发生学在这一时期以浪漫派诗歌影响为主体，并受美国超验主义影响。联邦诗人有四大家，即罗伯茨、兰普曼、卡曼、斯科特，他们各有所长，各有文学发生学和发展史上的贡献。其他联邦诗人也各有特色，其中包括两位杰出的女诗人伊丽莎白·瓦伦希·克劳福德和波琳·约翰逊。波琳·约翰逊是印第安公主，又用英语写诗，开创了加拿大英语文学中土著文学的先河。

发展期从 20 世纪初到 20 世纪 50 年代末，又可分为两个阶段：20 世纪初至 20 年代末为自主发展期，30 年代初至 50 年代末为自觉发展期。国家的发展主导文学进入发展阶段，国家的自主意识主导文学的自主发展性。进入发展期的文学已基本完成环境发生学和传承发生学的主体过程，环境与传承的重点都转向了发展史。自主性显示在对传承结构的自主选择性上，结果就不是成型期比较统一的传承选择性，而是多样选择性。草原小说、都市小说、区域小说、小镇小说、现代诗歌、本土戏剧都在这一时期兴起，对一个流派来说是发生，对文学整体来说是发展。英语文学的发展预设结构主导发展期的加拿大英语文学总体从浪漫主义向现实主义过渡，所以自主发展期也是一个过渡期。但过渡期的文学成就并不逊于其他时期，尤其在多样性上过渡期最为突出。普拉特的史诗、利科克的幽默小说、蒙哥马利的安妮系列等加拿大文学的代表性大家和名作都产生在这一时期。

诗歌从 20 年代率先进入自觉发展期，其标志是蒙特利尔诗歌运动。经过蒙特利尔诗歌运动，加拿大英语诗歌与英、美现代诗歌接轨，形成了自觉发展期的文学主体——蒙特利尔诗派和现代诗人群体。小说稍晚于诗歌进入自觉发展期，标志也是与现代性接轨。所以现代性是自觉发展期的主要特征，加拿大英语文学及时与现代性接轨，正是文学自觉的必然结果，为后来的持续繁荣奠定了坚实基础。

繁荣期从 20 世纪 60 年代开始，持续至今，故称持续繁荣期。繁荣期以 60 年代玛格丽特·劳伦斯、艾丽丝·蒙罗、玛格丽特·

阿特伍德三大小说家崛起为标志，以阿特伍德不断的创新与超越为最高代表。繁荣期不再显示发生学和发展史的基本特点，更多显示的是一种成熟文学的自主性、发达性、创新性。这时加拿大英语文学更像一种本土文学，不再随英、美文学的潮流而动，初步形成了自身传统和运动规律。劳伦斯的玛纳瓦卡系列小说加强了加拿大文学自身的传统感，阿特伍德的小说集中地显示了加拿大文学的创新性。

本书涉及的最新资料为 2006 年，论述的作家、诗人近 200 位，涉及的作品近千，对加拿大文学发展各时期的主要作家和作品有比较详细的介绍和中肯、公允的分析与评价，对加拿大当代文学尤为关注。本书在自主创新的文学发生学和发展史理论框架下，借鉴传统的编年文学史方式，通过作家作品的研究展示加拿大文学发生发展的轨迹，翔实、客观、准确、系统、全面，是一部了解加拿大英语文学发展全貌的可靠参考书。

卡夫卡研究

——《跨文化视野中的卡夫卡研究》
成果简介

　　青岛大学曾艳兵教授主持的国家社会科学
基金项目《跨文化视野中的卡夫卡研究》（批准
号为 04BWW019），最终成果为专著《卡夫卡研
究》。

　　弗朗茨·卡夫卡是西方现代派文学的宗师和探险者，被誉为欧洲文坛的"怪才"。卡夫卡研究已成为西方的一门"显学"。中国的卡夫卡研究已经有了相当的基础和积累，有些研究成果已经在国际上产生了一定的反响和影响。但是，迄今为止中国尚无专门研究卡夫卡的学术专著问世。中国的卡夫卡研究与国际上，乃至与邻国日本对卡夫卡的研究和重视不能相提并论，与中国广大读者对卡夫卡的喜爱和借鉴也很不相符。另外，在卡夫卡研究领域，还有一个角度中西方学者显然关注不够，尤其是中国学者，则几乎忽略了这一独特而又极有意义的视角，即卡夫卡与中国文化的关系。卡夫卡特别钟情于中国文化，他说自己就是一个中国人。卡夫卡的一生大致经历了想象中国、阅读中国、描绘中国和创作中国这一过程，这在西方作家中虽然不能说是绝无仅有的，至少可以说是非常独特的，难能可贵的。同时，卡夫卡又是中国读者非常熟悉、敬重的作家，并且，他对中国现当代作家的生活和创作还产生过巨大影响，被许多中国作家视为"知音"。因此，从这一角度加强和深化中国的卡夫卡研究，改变这一领域的研究现状不仅具有深远的文化历史意义，而且也成了中国学术界当务之急的事情。

　　该成果便是在这一思想的指导下构思完成的。它对卡夫卡的创作思想和艺术特征进行了全面的综合分析和深入的研究，对卡夫卡的某些重要作品，如《美国》、《城堡》、《诉讼》、《变形记》、《判决》、《饥饿艺术家》等也进行了专门的重点分析，对某些常常被评论界忽视的作品，如《一次战斗纪实》、《中国长城建造时》、《往事一页》、《城徽》、《塞壬的沉默》、《一道圣旨》等也做了独到的阐释和分析。更为重要的是，该成果对卡夫卡研究中的某些重点、难点、疑点问题，如卡夫卡创作中的语言问题、卡夫卡创作中现代性与后现代性问题、卡夫卡与犹太文化以及卡夫卡与中国文化的关系等，也都进行了追根溯源的考察和鞭辟入里的分析研究，并在此基础上提出了自己多年思考后的见解。该成果对与卡夫卡关系密切的几位思想家、作家，如基尔凯郭尔、弗洛伊德、陀思妥耶夫斯基、尼采等，也进行了专门的比较分析。

该成果首先从卡夫卡的"归属问题"论述卡夫卡的思想创作特征，将卡夫卡的基本特征概括为"被卡住了"，并从寓言的角度论述卡夫卡小说的基本特征。卡夫卡的独一无二的生活方式决定了他的创作，他的创作完成了他自己；他的"无所归属"的品格使他超越了文学流派的局限性和民族的狭隘性而成为世界性作家。卡夫卡作品的"被卡住"特征主要归因于卡夫卡所处时代的"被卡住"，他的思想的"被卡住"，以及他的个人生活的"被卡住"。该成果全面深刻地论述了卡夫卡创作中的语言问题，对卡夫卡与犹太文化的关系也进行了深入剖析和探索。卡夫卡是一个地地道道的犹太人，生活在主要说捷克语的布拉格，但却用德语写作。在这一背景下生活的卡夫卡，必然要在语言问题上做出自己的抉择，必定会形成自己独特的语言观，而这一切又必然会影响和制约着他的创作思想和创作风格。卡夫卡在其作品中只字不提"犹太"这个词，但他的作品却与犹太文化有着千丝万缕的联系。卡夫卡是脚踏着犹太文化这片丰沃、而又包含着毒液的土壤长大的，他对犹太文化有着深入的思考和精辟、独到的论述，而所有这些都在他的小说中得到了或隐或显的表现。

卡夫卡的《美国》并不像某些学者所说的，是一部"最近似传统的现实主义的作品"。该成果对以往国内研究较少的《美国》进行了专门研究，纠正了以往学者多认为这是一部现实主义作品的误解，还以"卡夫卡式的"现代主义典型作品的本来面目。该成果从"法门内外"这一角度来论述《诉讼》，立论新颖，论证合理充分，使这部原本难懂的作品变得比较容易阅读和理解了。《城堡》的"对抗与消解"特征不仅标志着现代派文学的高峰，而且也隐隐约约地响起了后现代的喧哗。该成果从后现代主义角度重新论述《城堡》，指出了这部作品多重的对抗与消解特征，这是非常新颖独到的。卡夫卡与《变形记》中的主人公格里高尔有着诸多相同或相近的生活体验和经历，卡夫卡的小说是在解说他自己的亲身经历。卡夫卡描写格里高尔变形与自己有关变形的体验和想象是分不开的。卡夫卡童年时代就喜欢上了被他命名为"突然消失"、"轻松死去"的艺术，并在 1908 年创作的《乡村婚事》中就尝试着描写了变形；变形是卡夫卡逃避工作与创作、家庭义务和个人理想的矛盾冲突的工具和策略；卡夫卡在与菲丽斯的恋爱及与犹太演员略韦的友谊中也体验到了变成甲虫后的孤独和恐惧。《判决》开创了卡夫卡小说独特的艺术风格，确立了卡夫卡小说创作的基本叙述特征。小说的多重含义与小说复杂多变的叙述手法是分不开的。小说的意义正是通过其复杂多变的叙述手法来展开并加以实现的，小说的叙述手法也是小说意义的一部分。小说中的种种悖论式的思想总是通过悖论式的叙述方式表现出来。该成果从跨文化视野这一角度来论述卡夫卡的短篇小说《一次战斗纪实》、《中国长城建造时》、《往事一页》等，这在国内尚属首次。

　　基尔凯郭尔无疑影响过卡夫卡的思想和创作。他们十分相似，但又有本质的区别。他们都是孤独的，但孤独的原因、孤独的目的，乃至孤独的方式并不相同。恐惧是基尔凯郭尔一生挥之不去、摆脱不了的概念，卡夫卡的创作无疑可以看作是对基尔凯郭尔"恐惧"概念的形象描述。基尔凯郭尔祈祷，因为他信仰；卡夫卡写作，所以他祈祷。尼采在卡夫卡的思想和创作中留下了深刻的印痕，以至于不很好地理解卡夫卡与尼采的关系，就不可能真正地认识卡夫卡。卡夫卡虽然是一位弱者，但在他身上又常常透露出强者的气息和精神，在他的作品中也随处可见超人的影子；尼采是一位强者，但他病弱的身体承受不了强力的重压，终于在精神分裂中不治而终。尼采是一位爱好用格言或寓言写作的哲学家，这对卡夫卡的创作也有着直接而又深远的影响。卡夫卡是一个具有独创性的作家，他在推崇和接受尼采的过程中并没有失去自己的原创思想和个人品格。卡夫卡的思想和创作明显地受到过陀思妥耶夫斯基的影响，卡夫卡声称自己和陀思妥耶夫斯基有某种血亲关系。陀思妥耶夫斯基无疑是卡夫卡的先行者，但卡夫卡跟随这位先行者，却走出了完全只属于自己的路。卡夫卡虽然熟悉并阅读过弗洛伊德的著作，他的思想和创作无疑也受到过弗洛伊德的影响，但是，卡夫卡并不完全认同弗洛伊德的精神分析理论，尤其是在信仰和宗教问题上，卡夫卡更是坚决地抵制弗洛伊德的理论。

该成果还论述了卡夫卡与中国传统文化的关系，论述了卡夫卡对中国新时期文学的启示和影响。卡夫卡非常向往和钟情于中国文化，他的思想和创作显然受到过中国文化的影响，他以他的不朽作品精心构筑了一座德语的"万里长城"。这座新的"长城"使中国读者既感到非常熟悉，又感到非常陌生、震惊。中国读者终于从卡夫卡那里获得了他们早已忘却、但却非常渴望重新获得的东西。该成果还从比较文化的角度对钱钟书《围城》与卡夫卡《城堡》进行了专门的比较研究。钱钟书的《围城》与卡夫卡的《城堡》在主旨立意上有着惊人的相似，而它们之间的差异又体现了两位作家迥然相异的生活方式、人格特征，以及东西方文化与思维方式的不同。

中罗文学关系史研究

——《中罗文学关系史》成果简介

北京外国语大学丁超教授主持完成的国家社会科学基金项目《中罗文学关系史》（批准号为 04FWW002），最终成果为专著《中罗文学关系史探》。

这一研究成果以辩证唯物主义和历史唯物主义为指导，通过原典实证的方法，首次对中罗两个民族之间相互认知、两种文学互相接受的历程进行了双向梳理和现代阐释，以新的视角揭示了中罗文学关系丰富多彩的全貌。该成果分为上、下两编，共十一章，时间跨度自古代（主要从 17 世纪下半叶）至 2006 年。

上编　中国文学在罗马尼亚

该成果首先对罗马尼亚先民接触东方民族和中国文化的历史追本穷源，通过发掘相关史料，勾勒出罗人对东方的想象和认知轮廓。对古代华夏民族与东欧民族的两次大规模正面接触，即北匈奴西迁和蒙古铁骑西征，也从中罗关系史的角度进行了考述。17 世纪作为罗古代史书编纂的鼎盛时期，在摩尔多瓦和瓦拉几亚两个公国都涌现出了一批杰出的编年史家，在《摩尔多瓦公国史记》等著作中开始出现有关中国的文字，18 世纪的宇宙志类书中也有多种关于中国的介绍，它们是罗人早期了解中国舆地的主要来源。

中罗文学关系的发轫与 17 世纪下半叶尼古拉·斯帕塔鲁·米列斯库使华密切相关。这位中俄早期关系史上有影响的人物，因其摩尔多瓦民族出身，也被罗马尼亚尊奉为对华关系先驱。米氏著有《西伯利亚纪行》、《出使中国奏疏》和《中国漫记》等，除史料价值外，兼有很高的文学性，对罗后世作家延续撰写中国游记文学有重要影响。

19 世纪，伴随民族文化教育的发展，罗人对东方文化的了解增多。多位著名文学家都对中国文化产生兴趣，如马约雷斯库 1880 年译《今古奇观》片段，波戈尔 1882 年转译中国诗歌，阿列克山德里创作"中国诗"，斯拉维支对孔子儒家学说积极摄取并将其中的道德伦理观融入了自身的创作。

20 世纪上半期，罗中政治关系开始具有一定实质性内容，汉学研究呈现雏形。有旅行家来华，罗国内有学者开始对中国进行比较系统的研究，伯伊里亚努的《中华文明简编》和内格鲁的《中国文明与思想举要》等，是比较突出的成果。还有多位现代学术大师和作家，以敏锐的目光发现了中国文化这一重要学术领域，通过文学创作或以纯学术而非功利的精神进行探索，以独特方式介绍、欣赏和解读中国。他们的著述和作品视野开阔、富有创意和启迪，体现了那个时代作家和学者的可贵努力。

1949 年以后，罗中文化交流在良好的政治关系影响下，也开始了一个崭新时期。50 年代，罗对中国文学的译介非常重视，通过俄文和其他语言，翻译出版了一批中国文学作品，形成了一次不小的高潮。其中大部分为现代文学，特别是那些反映中国人民抗日战争、解放战争和解放区土改的小说，也有一些古代文学作品。这一时期政治家、作家和记者的中国纪行，真实生动，与前人主要借助西方文献，近似"盲人摸象"地研究中国相比，有了本质上的跃升。

20 世纪 60 年代中期以后，罗汉学家队伍逐渐成熟，开始直接译介中国文学。70 年代～80 年代中期，对中国文学和文化的接受更是达到了前所未有的程度。在翻译出版的作品中，既有《诗经选》、《红楼梦》、《金瓶梅》、《水浒传》、《儒林外史》、《今古奇观》等古典文学名著，也有《家》、《四世同堂》、《艾青诗选》、《中国现当代诗选》等现当代文学精品。中国文学名著的罗文版印数可观，畅销一时，受到读者和评论界青睐。文学翻译与中国研究并驾齐驱，相辅相成。涌现出了罗明夫妇、鲁博安夫妇、杨玲、江冬妮等一批汉学家，为传播中华文化作出了不可磨灭的贡献。这一时期，许多作家和文化人士来华访问，成就了不少有关中国的游记散文佳作，为读者打开了一扇扇中国知识之窗。

1989 年后，罗马尼亚社会环境和文化的组织、形态、机制、运作等发生巨变。中国文学和文化的翻译、研究和出版活动，开始超越先前那种服务于意识形态、受制于官方意志的一元局面，价值取向多元化和翻译活动个人化特征突出。90 年代前期，中国文学作品在罗的翻译出版一度走低，但很快有所好转。随着两国关系新的发展，有关中国的访问见闻或游记竞相问世，对中国改革开放给予热情赞誉。此间，罗作家联合会与中国作协之间也恢复了交往，作家互访，撰写出版文化随笔。在纯文学翻译方面，更加注重作品的审美价值，翻译题材和品种呈现多样化，中罗翻译家开展合作，不断推新。中国文化典籍颇受重视，《论语》、《道德经》、《易经》等都有多种译本问世。欧美华人作家的畅销作品也开始进入出版界的视线，还有罗中双重文化语境的小说问世。但追求新奇和商业利益的糟粕出版物也为数不少，涉及社会主义国家领导人的私生活、西藏问题、风水占卜、艳情小说，形形色色，不一而足。汉学研究开始趋向西方汉学界，原有的传统和特色正在受到挑战。

下编　罗马尼亚文学在中国

　　这部分以探寻历史上东欧民族传教士、旅行家最初踏访中国的踪迹为切入，着力发掘古代和近现代对包括罗马尼亚在内的东欧民族的各种文献记述，如利马窦的《坤舆万国全图》、艾儒略的《职方外记》、魏源的《海国图志》中有关东欧国家的介绍，以及清末吴宗濂、郭家骥译《罗马尼亚国志》等。

　　关于 20 世纪前期我国文学界接受东欧"弱小民族文学"的情况，按萌发、上升和趋缓三期进行了系统考察，对当时的社会文化背景和取得的成就都做了概括性的述评。同时确定了罗文学传入中国的时间上限和有关内容。诸如 20 年代初沈雁冰兄弟和《小说月报》对罗文学的介绍，诗人朱湘在 1924 年翻译出版《路曼尼亚民歌一斑》，贺文林、杨彦劬译罗马尼亚小说等事例，都是迄今为止在中罗文化关系或中国现代翻译文学史著作中没有提及过的。以此对学界某些论著中关于鲁迅先生最先译介了罗马尼亚文学（1935）的提法，做了有说服力的修正。

　　新中国之初的对外文化交流一直体现着国家意识形态，罗马尼亚等东欧人民民主国家的文学普遍受到重视。在"文化大革命"前的17年里，中国译介出版罗文学作品单行本多达50余部，形成了第一次高潮，它与罗马尼亚引进中国文学同样蔚为大观。《世界文学》杂志也刊登了不少作品，成为当时国人了解罗文学的重要渠道。当然，其中有成功之作，也有应时之作，败笔之作，这在政治统领一切的年代无法避免。"文化大革命"期间，在特殊的国际环境下，中罗之间政治盟友关系得到加强，因而罗文艺团体、电影等能够继续进入中国，但纯文学的译介和出版却因中国国内极"左"思想的桎梏和出版业的萧条而彻底跌入谷底。

　　"文化大革命"结束后，在国家改革开放、文学回归传统、出版事业兴旺、翻译力量成熟的新时期，罗马尼亚文学被大量译介到中国。由于罗文学创作先于中国摆脱了教条僵化的模式，有许多作品注重反省历史，摒弃政治狂热，追求民主法制，以批判精神反映社会现实，弘扬人道主义，其内涵比较适合当时中国社会"解放思想"的需要，在创作手法上也新颖独到，因而受到欢迎。长篇小说《傲骨》、《时刻》、《骗人的早晨》、《什特凡大公》等，《考什布克诗选》和《爱明内斯库诗选》，话剧《公正舆论》，电影《奇普里安·波隆贝斯库》、《沸腾的生活》等，都是那个年代在中国产生巨大反响的优秀作品。1979年以后，中国作家开始访罗，楚图南、周而复、王蒙、刘心武、丁宁等，都写下了生动感人的作品，成为一段特殊友谊和历史的写照。

　　1990～2006年，中罗文学和文化交流开始摆脱以往意识形态的影响，在经过短暂的停顿之后，两国作家之间的互访交流得到恢复，中国学者对罗文学的研究不断深化。但受读者消费市场的制约，以及老一代翻译家的淡出，罗文学的译介和出版逐渐式微，进入新世纪以后情况略有好转。

　　本成果对中罗文学关系的发展分期而治，对有关作家与作品、译家与译品、版本与流传、翻译与出版媒介、作家文人之间的交往和互动，以及其他形式的文学和文化交流等都做了认真调查和客观评析。力求揭示文学在沟通两个民族精神世界过程中所起的重要作用，同时回应和纠正学界在对中罗文学与文化关系认识与评价方面某些已成定势的偏误。本成果在中外文学交流史研究方面，具有显著的拓荒意义，对于中国与欧洲小国文学和文化关系研究，亦可资借鉴。

左翼文学——法国现实主义文学的主流

——《法国现当代左翼文学》成果简介

湘潭大学吴岳添教授主持完成的国家社会科学基金项目《法国现当代左翼文学》（批准号为 04BWW016），最终成果为同名专著。

　　法国的现实主义文学源远流长，从中世纪诗人吕特伯夫和维庸的抒情诗，17世纪莫里哀的喜剧和拉封丹的寓言，到18世纪启蒙思想家的哲理小说，都程度不同地反映了法国各个时期的社会现实。以巴尔扎克为代表的法国批判现实主义文学，是法国现实主义文学成熟的标志，也使法国文学达到了前所未有的高峰。从19世纪下半叶到21世纪初，法国的现实主义文学始终在不断地演变和发展，其中最重要的组成部分，就是曾经极为繁荣、堪称现实主义文学主流的左翼文学。该成果就是一部以法国左翼文学为研究对象的专著。

　　法国的左翼文学由来已久。从巴黎公社诗人鲍狄埃到第一位杰出的马克思主义批评家拉法格，从抵抗运动中的爱国主义诗人阿拉贡和艾吕雅到战后的西方马克思主义批评家，都足以证明法国现当代左翼文学在文学史上占有举足轻重的地位。然而在左翼力量十分强大、进步文学极为繁荣的法国，却从未有过"左翼文学"的名称，几乎没有任何研究者或批评家予以关注。造成这种奇特现象的原因，首先是由于苏联和法共文化政策的变化、作家们与法共和苏联的复杂关系，使得左翼文学的轮廓显得模糊不清；其次是左翼文学的研究在法国不受重视，就连法共也无人问津。正因为如此，以马克思主义的文艺思想为指导来研究法国的左翼文学，就更是我们义不容辞的迫切任务。

　　该成果分为三编八章，全面论述了法国左翼文学从起源到现在的发展过程。

　　第一编《左翼文学的历史背景》包括两章。第一章《左翼文学的先驱作家》首先介绍了法国早期的民主主义作家，例如人民诗人贝朗瑞、人道主义作家雨果、空想社会主义小说家乔治·桑、最早关注无产者生活状况的作家欧仁·苏、第一个描写工人罢工的左拉，论述了他们的进步作品在文学史上的重要影响。然后重点介绍了巴黎公社作家，其中有《国际歌》的作者鲍狄埃、被称为"红色姑娘"的诗人路易丝·米歇尔、第一位左翼作家瓦莱斯等，最后专门介绍了法国第一位马克思主义批评家拉法格。第二章《法共诞生前后的左翼文学》介绍了从第一次世界大战前后到20 年代的法国进步作家，主要有在 1921 年加入法共并获得诺贝尔文学奖的法朗士，获得 1915 年诺贝尔文学奖的人道主义斗士罗曼·罗兰，以反战小说《火线》著称的巴比塞，以及曾一度倾向革命的超现实主义作家。

第二编《左翼文学的鼎盛时期》也包括两章。第三章《红色的 30 年代》介绍了欣欣向荣的左翼文学，其中法共作家瓦扬-古久里曾到中国上海出席远东反战会议，写出了关于中国的报道。早期的超现实主义者阿拉贡在 30 年代倾向苏联，成为法共最重要的社会主义现实主义作家。尼赞由于反对"苏德互不侵犯条约"而遭到批判，不久在前线牺牲。此外还有战争期间在莫斯科广播电台工作的布洛克等。党外的进步作家主要有描写中国革命的马尔罗、以身殉职的飞行员圣埃克絮佩里、以反战小说《蒂博一家》获得 1937 年诺贝尔文学奖的马丁·杜加尔。本章着重分析了党外的文学流派，例如专门描写大众生活的民众主义文学，以及由普拉伊创立的无产阶级文学小组，最后介绍了左翼报刊的概况。第四章《抵抗运动文学》介绍了在德军占领时期的地下斗争中涌现的进步作家，其中有以阿拉贡、艾吕雅为代表的法共诗人，有韦科尔、特里奥雷、凯塞尔、杜阿梅尔和莫里亚克等以抵抗运动为题材的小说家。存在主义作家萨特、波伏瓦和加缪也写出了激励人们坚持斗争的优秀作品。更为珍贵的是"集中营文学"，它们出自在集中营里死去的或者侥幸生还的作家之手。

第三编《当代左翼文学的演变》包括四章。第五章介绍了法国战后的进步作家，例如成为法共领导人之一的阿拉贡，获得斯大林文学奖金的小说家斯蒂，以及曾加入法共的杜拉斯和访问过中国的剧作家罗布莱斯等。第六章《文艺理论》介绍了勒菲弗尔、加洛蒂、阿尔都塞萨特和戈尔德曼等西方马克思主义批评家。第七章《非洲法语文学》介绍了在阿尔及利亚的民族解放战争中涌现的进步作家和作品，以及曾任塞内加尔总统的桑戈尔等非洲进步作家。第八章《世纪之交的左翼文学》介绍了法国当代反战小说的盛况，并且结合当前世界形势的发展，展望了法国左翼文学令人乐观的前景。

该成果在论述上述内容的过程中，依据丰富翔实的资料，就有关的理论和实际问题提出了自己的见解。首先是如何界定左翼文学的问题。左翼文学应该是为无产阶级和劳动人民服务的进步文学，但如果把对穷人表示同情和怜悯的文学都视为左翼文学，左翼文学的范围就会变得漫无边际。为此本书提出了有别于一般进步文学的左翼文学定义：左翼文学是指马克思主义产生以来，特别是在俄国十月革命胜利之后，在各国无产阶级的斗争中，特别是在共产党领导的反法西斯斗争的影响下，在世界范围内发展和繁荣起来的进步文学。根据这个定义，本书顺理成章地把《共产党宣言》问世的 1848 年作为左翼文学的起点。

其次是如何看待无产阶级文学的问题。无产阶级文学萌芽于 19 世纪 30 年代，是随着工人阶级的产生而形成和发展的文学思潮。在两次世界大战之间涌现的许多反对侵略战争、反对殖民主义和种族主义、描写劳动人民的英勇斗争的进步文学作品，大多被归入无产阶级文学。但是由于无产阶级文学与无产阶级革命和社会主义思潮密切相关，随着政治形势的发展而处于不断的变化之中，因此追求纯粹的无产阶级文学就成了一个不切实际的目标。凡是自我标榜为无产阶级文学的组织，例如 1925 年成立的"拉普"（俄国无产阶级作家联合会），以无产阶级革命自居的超现实主义小组，在发展过程中必然会不断地产生分裂和矛盾。由此可见，用左翼文学来概括世界范围内的进步文学潮流，无疑要比无产阶级文学更为全面和准确，因为从无产阶级文学到社会主义文学，从资产阶级的进步文学到共产党领导的文学，都可以包括在左翼文学的范畴之内。

再次，法国左翼文学与法共和苏联必然有着密切的关系，但实际情况非常复杂。法共早期的领导人对苏联的文艺政策并不亦步亦趋，并不热衷于创立无产阶级文学。在 30 年代，以多列士为总书记的法共追随苏联的政策，对党外的民众主义文学和无产阶级作家小组进行猛烈批判，把不同意党的政策的党员作家开除出党，因而不可能形成兼容并蓄和影响深远的左翼文学潮流。从《苏德互不侵犯条约》、匈牙利事件到苏联入侵捷克，法国的左翼知识分子分三批先后脱离了苏联和法共。由此可见法国的左翼文学虽然与法共密切相关，却不能仅仅限定为法共领导的文学。左翼文学的范畴要广泛得多，除了法共作家之外，还包括左翼集团作家，以及与马克思主义有关的各种批评流派。

最后，也是最重要的一点，就是要看到左翼文学的发展和繁荣，归根结底是证明了马克思主义不朽的生命力。传统的马克思主义批评在 19 世纪末的法国就已经存在，十月革命胜利之后更是得到了长足的发展，但是法国最早的《马克思选集》到 1936 年才由弗雷维尔编辑出版，说明法共对马克思主义的研究相当薄弱。马克思主义的巨大影响，主要是通过法共领导的反法西斯斗争体现出来的。第二次世界大战以后，各种独立于法共的马克思主义流派得到了充分的发展，它们被统称为西方马克思主义。法国是西方马克思主义的一个中心，而 1968 年的"五月风暴"更是导致了西方马克思主义的空前繁荣。其中主要的代表作家有勒菲伏尔、萨特、戈尔德曼、阿尔都塞和加洛蒂等。他们都曾经加入或者接近过法共，因此他们的理论都与马克思主义有着千丝万缕的联系。

综上所述，该成果的宗旨在于全面和客观地介绍和评价法国现当代的左翼文学，力求以马克思主义的历史唯物主义观点来看待历史，把苏联从建国到解体看成一个总的历史过程，关于它在各个阶段对法共和法国作家的影响，则充分考虑到当时形势的复杂性，对具体的作家作品进行具体的分析，从而得出客观公正的结论。对于例如法共开除不赞成苏德和平条约的尼赞，萨特当年对加缪过火的批判，以及关于纪德等作家对苏联的批评等有争议的问题，都本着尊重历史事实的态度，根据可靠的资料来说明真相。

佛教戒律与中国社会研究

——《佛教戒律与中国古代道德法律的
相互影响》成果简介

上海师范大学严耀中教授主持完成的国家
社会科学基金项目《佛教戒律与中国古代道德
法律的相互影响》（批准号为 03BZJ003），最终
成果为专著《佛教戒律与中国社会》。课题组成
员有：姚潇鸫。

　　道德与法律是连接社会的两大纽带，它们反映着社会结构的基本模式。众所周知，中华的法律和道德理论自有其独特的系统。另一方面，佛教戒律又是中国历史上唯一被中国社会所认可的成系统的外来行为准则。由于佛教戒律又具备了道德与法的双重特征，所以自 2000 年前佛教传入中土后，在中国社会里与文化中与之对应的道德和法亦互相影响，不断融合。本课题研究之目的就是充分探讨这种相互影响的广度与深度，并揭示它们彼此融合的过程，因此本课题的最后研究成果是一部佛教戒律与中国社会的关系史。

　　本成果认为，宗教规范是为实现宗教信仰服务的，所以宗教约束中行为准则的指向实质上也是整个宗教形态的走向。因此研究中国佛教戒律的种种发展演变，对我们了解中国佛教的实际面貌，了解佛教在中国社会中的实际作用，可以说至关重要。戒律是在广义上成为宗教道德的表现形式，因为戒律的设置主观上针对人性中缺陷而来，是对自我的克制和对追求完美境界的鞭策，这样就为宗教道德的展开奠定了基础。戒律与社会关系的主要部分，是宗教的规范约束和世俗的规范约束之间的相互交叉与影响。而这些规范约束都是建筑在对善恶的认定上，此又涉及社会与宗教的价值取向。由于世俗的价值取向及规范约束主要体现在法律和道德上，因此戒律和社会的主体关系就能简略地说成是戒律和世俗道德与法律之间的关系。

　　本课题的探索表明，道德兼容实际上是不同文化共处与融合的一个关键点。宗教的规范与约束是宗教道德力表现的一种重要形式，它不仅仅是凝结教团本身的纽带，也是与别的宗教教团和社会群体的分界线，因此从某种程度上说，宗教的规范愈是严厉细致，其与别的宗教教团及社会群体的界限与壁垒也就更为分明。如果把本宗教的行为准则凌驾于其他行为准则之上，就必然会导致排他性的唯我独是。这亦是一切原教旨主义兼备道德至上与意识不宽容的双重特征的原因所在。就佛教而言，因为大乘佛教的"法我皆空"和"权用即方便"等教义，所以佛教容易和其他文化所取得谅解和妥协。这也使佛教在相当程度上能接受中国社会的传统价值标准，并将其渗透到自己的戒律中去，产生了中国化的僧制。

因为是宗教约束向社会标准靠拢，那么对宗教而言，世俗化就是其必然趋向。这种趋向表现在佛教上层就是向儒家的意识形态靠拢，在下层则是与老百姓的生活习俗接近，最后就如大慧宗杲所说："世间法即佛法，佛法即世间法。"佛教在中国入世的结果，对戒律本身带来重大影响。戒律，尤其是小乘诸律，原本是为了抑欲，因为只有克制欲望方能诸恶莫做，进而消除无明之萌动，返归本觉而入涅槃，即达到所谓之出世，所以持戒即为"六度"之一。然而世间作为现象世界，是由无数差别构成的，而有差别就有欲望，欲望是有情物中由差别引起的势能转为动能的过程。因此作为世间法存在的条件，无法彻底消解欲望，只能对欲望管理引导，使之诸善奉行，所以要有结合实际的制度。另一方面，大乘以心为戒体的戒说流行，使欲望起心即灭，于是只要能在心头下工夫解决欲望问题，达到无念无相，戒律就形同虚设。此外的行为只要循着平常心，顺水推舟地遵守世俗制度的管理与引导，如此在中国就称之为遵奉"僧制"。僧制从狭义上是在官方的参与下由僧方制订的并由僧人管理僧众的制度。从广义上说是佛教接受中国社会各种因素制约后所产生的准则与规范，具有宗教约束与世俗规范交叉的双重性质，如道宣把儒家尊师的观念收入其《教诫新学比丘行护律义》里。僧制与戒律虽同时作为僧众的约束，但戒律的实施象征着走向出世，而僧制是佛教面向社会时所采取的一种实际措施。

僧制作为佛教的世间法是对附着于僧侣的欲望章而规之，由于戒律传入的滞后和印中社会文化上的差异，以及儒家在意识上的影响和官府在行政上的干预，汉人僧众的行为规范主要遵循的是僧制而非戒律。于是戒律在中国佛教里很大程度上具有的是符号上的意义。对戒律作为符号意义的坚持，是在于保持佛教的社会道德作用：接受戒律就是给僧侣贴上身份与道德标签，表明其在社会道德上应该发挥特殊的作用。为什么在大乘佛教流行的中国，佛教徒出家的标志是受小乘的具足戒而非大乘的菩萨戒呢？因为戒律所包含的禁止的条款愈多愈严，它的道德象征意义就愈大，这正是小乘戒律显著于简要的大乘戒之处。尽管对中国僧人来说由于种种原因，小乘的比丘二百五十戒比丘尼三百四十八戒中有很多是根本做不到的，但仍旧坚持将此作为僧侣身份的标志，就是它比大乘戒有着更充分的符号意义。这种符号意义上的需要也使得戒坛和戒仪在中国佛教中变得更为复杂与重要，并竟然成了官府用以控制佛教僧众的一个关节。

僧制的运行主要是通过中国特有的僧官制度，其基础则是僧籍的实行。僧侣通过僧籍得到免役和创办寺院经济等优惠，作为交换，是受世俗法律的全面管辖，它包括度牒、设坛、赐额、赐紫等专门制度和刑律中的特殊规定，以及常律的延伸应用等。这大致可由 16 个字来概括，即"身份限定，王法至上，刑事从严，民事从俗"。由于教徒行为准则的特色也就是宗教的特色，因此上述寺院僧侣方方面面所受的官方约束就构成了中国官方佛教或正统佛教的基本特征之一。不仅如此，由于唐宋以降僧尼行为规范的诠释权也被士大夫们所越俎代庖，他们还受到儒家道德的全面约束。佛教是经历了"三武一宗"灭法等事件后才接受这些原则的，这使它在中国社会成了一种稳定因素，也是两宋以降的 1000 多年时间里，不复再有"灭法"之类事件发生的一个重要原因。

有作用就有反作用，佛教对中国传统的道德与法律也有着重大影响。当佛教成为人们社会生活的一部分，当然也体现它存在于道德和习俗中。佛教在道德上的最大作用在于能对道德自觉性的增强提供动力，即通过因果报应和六道轮回说相结合，"陈福以劝善，示祸以戒恶"，来影响社会道德和风俗。风俗上如普遍用忏法等释仪来替代儒礼操办丧事，礼忏是由戒律发展出来的一种仪轨，丧葬本属礼制的重要实施场合，两者竟这样地结合了。佛教不杀生之戒，对民风影响也至大，并历久成俗，视作天理。佛教对司法实践的影响，从正面说，报应轮回之说对刑罚的滥酷起某种阻约的作用，给封建刑罚抹上一些道义人情的色彩。从负面说，它又往往成为破坏律令执行的心理依托。这分三种类型，其一是在法律与佛教冲突时，信佛者的信仰就成为反对法律的动力，即通过对佛教的虔诚信奉来摆脱世俗法权的约束，实质是通过效果比，将佛教戒律置于世俗法律之上。这主要是利用自南北朝至唐初流传的大量所谓应验故事来表露的。其二是执法者抱着"公事无非佛事，公门即是佛门"的态度，往往以救生为阴德，不肯杀戮，一意从宽，歪曲执法。其三是犯罪者企图以佛事功德来赎免罪责。此外，把佛家禁止杀生的戒条搬移到法律，以及律令中的佛教语词"号取寺名，诏用佛语"等，也是佛家约束精神在世俗司法中的一种存在。

　　在认知很多具体问题的基础上，本课题还做了些理论探讨。如关于"无为与有为"。因为这不仅是佛教对现象界的一组基本概念，也包含着对戒律精神的理解，从此还牵涉到佛教在中国社会中的生存问题。一方面，戒律本身是一种有为，并为了达到其崇高目的本身也要因地制宜，不断修正。事实证明，包括政治方面在内的各种有为，不管是佛教整体还是一些僧尼个人都是需要的和不可避免的。另一方面，佛教信仰的目标在于通过消除欲望来脱离苦海，是与无差别境界之同一。也就是说，其正果的修成，却在于无为。这样，有为和无为在佛教身上达成了一种奇妙的对立统一。这种对立统一也表现在戒律的制定与执行上，以及对这对矛盾的阐释上，由此也推动了戒律学的不断发展。

　　佛教戒律与中国传统文化的互相影响是全面而持久的。在本成果的 31 章内容里还探讨了许多问题，如汉译诸律及其特点、世俗化民间化中的戒律、佛教社团与社会的互动作用、居士戒律学、寺院经济和戒律、八关斋戒与中古时代的门阀、戒律的玄化和道化、僧兵与戒律，以及宗教异端和社会异端关系等。

　　本成果涉及宗教学、哲学、史学、法学、文学、伦理学、民俗学等多学科的交叉与结合，所引资料从佛藏、正史，到各种文集、地方志、寺志、宝卷、敦煌吐鲁番文书、黑水城文献、墓志碑刻、历代小说笔记等，乃至当今中外学者的相关论著，不下数千种，史料翔实，符合规范。它拓展了佛教社会史的研究领域，对于佛教戒律与中国古代道德法律的互相影响这一向来比较薄弱的研究方向，具有填补空白的作用，并可为一些关于宗教文化的现实问题提供较具启发性的借鉴。

12 世纪前新疆开发史研究

——《新疆古代经济开发史》成果简介

　　新疆社会科学院殷晴研究员主持完成的国家社会科学基金项目《新疆古代经济开发史》（批准号为 05FZS004），最终成果为专著《丝绸之路和西域经济——12 世纪前新疆开发史》。

一　研究的目的、方法和意义

近年丝绸之路和西域历史研究，在国内外都受到学术界的关注，成果累累，不断有新著问世。但涉及经济方面的内容，成果却寥若晨星。本课题为填补这一空白，从专题研究入手，经修改、充实，完成了这部约 50 万字的系统性较强的专著。这项成果在研究过程中，注意新问题和新资料，特别关注文物考古的新发现，以文献资料和考古实物相结合的方法，力求真实地反映历史原貌，再现西域广大地区经济发展的轨迹，如近年甘肃悬泉汉简的发现，新疆吐鲁番于阗文书的出土，山普拉、察吾呼、营盘与洋海墓地的新发现，以及中、法学者合作整理刊布的库车文书等，都在书稿中做了充分引用和阐发，为充实研究成果内容提供了新材料，并使之澄清、突破目前仍在流行的一些陈旧观点，使论述内容具有一定的开创性。在当今开发大西北之际，本课题富有学术旨趣和现实意义，为新疆的开发建设，提供历史的借鉴。

二　研究成果的内容、结构和基本观点

该成果以丝绸之路畅通改变分散的封闭的绿洲环境为切入点，探讨新疆经济发展的历史轨迹，首要的着眼点，把论述社会生产力的发展作为贯彻始终的线索，扭转过去研究中忽略生产力发展的偏向，围绕这一关键问题，不仅对农业、畜牧业、手工业、商贸与货币流通诸方面做了全面系统的论述，而且以全新的视角，论述政治与经济、经济发展与生态环境等方面的相互关系，以及天山南北与中原地区、西方诸国的经贸往来。把历史上新疆的开发建设，放在丝路经济和自然与社会的统一体中加以考察。在古代天山以北的大草原上，众多的游牧民族曾策马驰骋匈奴、鲜卑、突厥、吐谷浑，个个要争夺对丝路的控制权，不仅在本民族内部进行奴役和压迫，而且以霸主的身份对塔里木盆地的农业民族施

行剥削和榨取，这样，群雄纷争，造成了新疆古代社会的不稳定性，频繁的战乱给社会生产带来极大的破坏，在汉唐盛世强大的中央王朝统辖下，能出现相对安定的局面，商品经济也空前活跃，但一旦中原战乱，中央政府无暇西顾时，天山南北马上又会遭遇到战乱的惨祸。历史的经验值得注意，只有统一、安定才是新疆经济社会发展的保证。同样，生态环境的演变也是如此，社会战乱往往是造成生态破坏的严峻时刻，大量屯田撂荒，缺乏有效灌溉，造成土地沙漠化，也就是在一场惨重的战祸之后。魏晋南北朝时期，经过长期战乱，塔里木盆地南缘，一些绿洲城国被沙漠吞噬的严酷事实，就是明证。

三 研究成果的特色与学术价值

第一，在论述西域农业时，对曾有力推动了生产发展的屯田，给予了翔实的叙述。叙述的情节是经过仔细考证的，澄清了目前流行的不切实际的一些说法。如在屯垦规模和人数上，经过多方核实，提出新的核算方法和数据；汉唐时期西域农业生产的发展水平，究竟如何，由于各地条件不同，显然有很大差异，根据文献和考古资料，书中尽可能地做了些定量分析，供读者参考。

第二，对具有优势的传统产业——牧业，列于重要的地位进行论述。按新疆的自然条件，汉代牧业处于首位，当时牧业人口为农业人口的 1.81 倍。在天山以北的广阔草原上，无疑以畜牧业为主，即使在天山以南的塔里木盆地，也是农牧结合。唐代开始在天山以北的平原地带，通过屯田大力发展垦殖，直到清代大规模发展屯垦后，种植业越来越取得重要地位。牧业在下降的趋势中退居次要，甚至在一些地方渐处于农耕的附属地位。近年新疆畜牧业总量虽有增长，但在大农业的总产值中，比重仍然较低，如何重振牧业雄风，值得人们联系实际加以思考。

第三，丝绸之路的开拓和畅通，是西域经济发展的前提，作为中西交通大动脉的古丝道，主要干线的具体走向、经历何地、不同时段怎样变化，经过分析比较，文中如实地做了介绍。特别着重地对于通过高山大漠的南北支线进行了探讨，从而使人们了解汉唐时期西域交通网络的形成，对中西经济文化交流所起的重大作用。古代新疆地处丝路中段，为多种文化的汇聚之地。在物质文化的发展上，有其独特的亮点，如铜铁等金属品及其冶炼技术的传播，蚕种的西传，纺织技术的交流，植棉、酿造技艺的推广等，在本书中都做了独到的介绍，形成耀眼的历史画面。

第四，新疆地处中西交通要冲，在活跃于欧亚大陆的丝绸贸易中，各绿洲城镇处于何种地位？起了怎样的作用？是个很值得探讨的问题。汉代南道于阗诸地曾作为中转市场，经济获得显著发展。唐代作为交通网络中心的西州市场处于丝路贸易中心，商品经济发展水平非常之高，居于全国各城镇的前列。其农业、手工业特别是纺织业，从 6 世纪以来，蓬勃发展，处于天山以南首位。对这座闻名遐迩的绿洲城镇，发展的历史轨迹和背景，在本书中曾着重介绍，并加分析研究。

第五，中国是养蚕植桑最早的国家，养蚕技术何时传入新疆，从而又进一步向西方传播，这是科技史上的大事。过去众说纷纭，特别是国外一些著名学者，曾做过不正确的却非常流行的论断。作者通过新发现的出土文书、文物的分析，得出了蚕种西传的时间要提前数百年的论断，有关观点在《民族研究》发表后，曾引起国内学术界的普遍关注。

第六，过去一般认为，丝路南道在唐代以后，由于生态环境恶化，已非常冷落甚至不通。其实并非如此。如 10 世纪以后喀喇汗王朝统治于阗时期，通过南道的贸易，特别是玉石贸易非常活跃，西域与中原交往频繁，打破了过去不切实际的观点。

第七，把生态环境的变迁引入经济史的研究，这是本书具有显见的独到之处。通过论述，人们可以看到，近现代新疆生态环境的恶化，并非一朝一夕所致。而如何避免人为的破坏，已为刻不容缓的当务之急。

第八，对于具有地方特色和优势的园圃业，过去一直被人忽视，而缺乏研究。对此，书稿中做了详细介绍。而晋唐时期，在西域曾有重要地位的寺院经济，通过研究，著者也做了如实的陈述，给予应有的评价。

从简牍资料看秦汉基层社会

——《简牍与秦汉社会》成果简介

　　湖南大学于振波教授主持的国家社会科学基金项目《简牍与秦汉社会》（批准号为03BZS012），最终成果为同名专著。

研究秦汉史的最大困难，是史料的匮乏；而且有限的传世文献，也主要记载帝王将相的活动。近年来，出土了大量简牍，包括众多珍贵的法律资料、地方行政文书、私人契约以及先令、遣策、日书等，这些资料反映了秦汉基层社会的诸多方面，这里择要介绍如下。

一 田制与赋税

秦汉名田制与先秦井田制之间存在着因革损益的关系，不论是井田制还是名田制，都是根据一定的身份等级占有田宅。周爵以世卿世禄为原则，秦爵以食有劳而禄有功为原则，与此相应，井田制下的禄田可以为同一家族世代享用，因而相对稳定，名田制下的田宅，由于爵位的降等继承而有较大的流动性。名田制尽管没有公田与私田的划分，但劳役地租仍然以"庶子"及"人貉"的形式残存了相当长的时间，直到汉代才被雇佣劳动和租佃制所取代。

名田制是以军功爵制为基础，在地广人稀的条件下制定的，随着爵制的轻滥，人口的增加，名田制开始面临自身无法克服的矛盾——"合法"的土地兼并。当名田制的田宅标准越来越脱离现实，又不能根据客观实际而改变时，占田过限的违法土地兼并就不可避免了。元、成时期，随着徙陵制度的终止和对占田过限的失控，名田制最终遭到破坏。尽管如此，国家在经营"公田"的过程中，仍在某种程度上参考了名田制的原则；"名田"、"限田"的思想在士大夫的头脑中仍然根深蒂固，并对魏晋以后的占田制与均田制等产生了深远影响。

汉代的户赋与刍稾税都是对秦制的继承。户赋是诸多赋税中的一个单独税目，而非一户内各项赋税的总称。"卿爵"在免纳田租、刍稾税的同时，却要缴纳户赋。户赋按户征收，刍稾税按田亩面积征收，均以征收饲草为主，主要供应本县之需，与口钱、算赋、田租等在性质上截然不同。

二　职业、身份与阶层

秦汉时期的社会结构，与其他朝代相比，有共性，也有其特殊性。全体社会成员，根据官秩与爵位，有不同等级；根据职业，有"四民"之分；根据经济地位，有贫富之别；此外，还有主奴、良贱等，不一而足。经济地位固然是造成阶级差别的重要因素，然而，同样经济地位的人，由于职业的不同，以及官序或爵位的差别，其身份、地位未必相同；法律、政策等政治因素，往往导致不同职业或身份的人之经济、社会地位发生沉浮。

关于汉代基层小吏的地位及其生活状况，成果中以西北边塞防御组织中的燧长和候长为例加以说明。在爵位方面，候长与燧长一样，均未超出民爵范围；从经济状况上看，二者都出自"中家"甚至贫民，候长生活略宽裕；就职权而言，他们都属于"役吏"性质，只是与燧长相比，候长"吏"的性质稍强一些。

秦汉时期的某些职业是世袭的。尽管这些职业的从业者也属于编户齐民，但其户籍却不同于普通民籍，其赋税、徭役以及职业传习等方面往往也有一些特别规定。例如，工匠与农民同属于编户齐民，民间工匠与普通农民一样，要定期服役，交纳赋税，在仕宦为吏方面受到一定限制，但经营活动相对自由；官营作坊中的工匠，分为不同的技术等级，有年生产定额，有俸禄收入，其家庭成员可享受复除的待遇，但个人自由经营的活动受到限制。不论是民间工匠，还是官营作坊中的工匠，都可根据其经济或政治地位，分为不同等级。

秦汉时期的邮人也是一种专门职业，而不是定期服徭役。邮人基本上是世袭的，一旦有人成为邮人，其本人将免服徭役，其户籍也随之发生变化，而有别于普通的民籍。

汉代根据家产申报与评估，将一部分人划为"赀家"。赀家的政治地位不高，他们要与普通平民一样，缴纳赋税、服徭役。由于赀家在经济上比较富裕，官府把一部分人划为赀家，主要是为了让他们承担更多的经济负担。富裕之家如果没有官、爵，往往享受不到什么特权。

后世关于"闾左"的歧见多由曹魏时期孟康的注释所引起。实则"闾左"并不表示居住方位，与"复除"也没有必然联系。"闾左"是编户齐民中的一员，是"黔首"中的贫民，主要靠佣作和佃田为生，他们被罚充戍边的唯一"罪过"就是贫穷。进入汉代以后，贫民已不再是法律所歧视和打击的目标，反而成为官府所扶助的对象，这一方面与统治思想的转变有关，另一方面，也与土地制度本身有着千丝万缕的联系。

香港中文大学文物馆藏《奴婢廪食粟出入簿》属于行政文书而非私人账簿，简牍中所提到的各家奴婢，其廪食标准与秦律中的刑徒、居延汉简中的戍卒家属大体相同。向奴婢提供廪食与官府直接组织官奴婢从事农业生产密不可分。负责管理和发放廪食的人也负责把公田的收获物缴纳到指定的粮仓，估计他们同时也是官奴婢最直接的监管者——有迹象表明，这些人本身也是官奴婢。与对编户齐民一样，汉代对官奴婢的管理，也是以户为单位。

根据东汉结束不久的走马楼吴简所反映的情况，当时普通编户齐民所拥有的私奴婢数量很小，因此私奴婢无法取代普通农民在农业生产中的主导地位。估计汉代私奴婢的情况当与此相似。鉴于官营农业在汉代农业中并不占主要地位，而且汉代官营农业也不完全采用奴婢耕作的方式，因此，不应把奴婢在汉代农业生产领域的作用做过高的估计。

三　基层社会与地方行政

秦汉时期的基层社会远比我们想象的复杂。不仅亭与乡里性质不同，而且民户、农田、道路、仓库乃至官营手工作场等，可能都分别属于不同的行政系统，对这些系统进行统一管理和调度的最低一级官府，应该是县廷；有些部门如"都官"等，甚至要由二千石官员（郡太守、王国相、中央诸卿）直接管理。

根据尹湾汉简，在西汉末年东海郡有正式编制的吏员中，少吏占绝对多数。两汉时期，在官僚队伍的各级长吏中，儒生所占的比例不断增加，并逐渐取得优势地位，而文吏则最终在官府属吏（即少吏）中站稳脚跟，以其实际才干在行政体制中发挥其应有的作用，他们仍然在官僚队伍中占绝大多数，缺乏儒学素养也仍然是这一群体的主要特征。

汉代对基层官吏的考核，一年中往往要进行若干次，级别越低，被考核的次数越多。汉代评定政绩的方法，或评分、或定等、或"功劳案"，都存在一种"量化"的趋向，使负责不同事务的官吏之间的政绩具有可比性。

秦汉时期，在京师和地方设置了很多"都官"。由于文献记载过于简略，论者往往将这些机构与行政机关混为一谈。事实上，都官在行政级别上与县同级，但主要负责管理手工业或其他事务，与民政无关。

秦汉时期的邮，设置在交通要道，只负责传递制书、急书等重要官府文书。邮人由邮所在乡的长官（乡啬夫）从当地平民中选用，并报请县令或县尉批准。张家山汉简中每一邮的邮人数量、邮与邮之间的距离等，都有具体规定，应当是对秦制的继承。

四　法律与社会

秦律中"公室告"和"家罪"的有关规定，源自法家之君权高于父权、国家利益高于家族利益的政治理念，明显带有限制父权的意图，是法家伦理观念和法律思想的体现，并不符合先秦儒家的家国观与忠孝观。

学术界一般认为，循吏代表儒家的"礼教"，而酷吏则代表法家的"法治";前者重视教化,后者强调严格执法。事实恰恰相反,循吏在注重发展地方经济、关心百姓疾苦和积极传播儒家文化的同时,还以身作则遵守法律,公平执法,教化与富民等举措只是他们推行"法治"的辅助手段;而酷吏大多属于按君主旨意行事的鹰犬,所作所为多超乎法律之外,与"法治"精神背道而驰。

汉代刑徒砖与简牍中有"无任"与"五任"两个名词,是当时的法律术语,表示一种邻里担保制度,与是否有专业技能无关,而且并不只针对刑徒。张家山汉简中关于"爵后"的认定,悬泉置汉简中"符"的领取等,都需要这样的担保,而提供担保的人必须是没有劣迹的良民。

悬泉置壁书《四时月令五十条》是迄今所发现的最早最系统的关注人类生产生活与自然环境关系的法律文书,它的发现,表明《月令》对秦汉法律有着深刻的影响。

本课题属于基础研究,其价值主要体现在学术方面,作者以实事求是、力戒空疏为宗旨,努力尝试诸如二重证据法、统计学、古文书学等多种研究方法,在前人成果的基础上,充分利用第一手资料,力求推陈出新,说自己的话。这些研究成果对于促进考古资料与历史研究更好地结合,更加真切地了解秦汉基层社会,推动秦汉史研究的深入开展,都是非常有意义的。

黄河中下游地区水利史研究

——《黄河中下游水利史研究》成果简介

　　河南省社会科学院程有为研究员主持的国家社会科学基金项目《黄河中下游水利史研究》（批准号为99BZS016），最终成果为专著《黄河中下游地区水利史》。课题组成员有：王星光、苏新留、林观海、王梅枝、邵红洁。

　　黄河是中华民族的母亲河，她孕育了华夏农耕文明，在中华民族的形成和发展史上具有举足轻重的地位。如今，黄河作为中国唯一穿越干旱、半干旱地区的大河，以仅占全国2.2%的天然径流量，滋养着全国12%的人口，浇灌着全国15%的土地，又为人们提供丰富的电力。但是黄河又是一条"善淤、善决、善徙"的河流，频繁发生的洪水一直是中华民族的心腹之患。数千年来，先民们不断治理黄河，兴利除害；近半个世纪以来，中国各级政府和人民努力消除黄河水患，开发黄河水利，成就空前。到了20世纪末，黄河流域水资源缺乏、水质污染严重、下游河道断流等问题凸现出来，亟待解决。因此，深入开展对黄河水利史的研究，认真总结历史经验，加深对黄河特性和规律的认识，以便坚持科学发展观，对黄河进行综合治理和有效开发具有一定的意义。

　　20世纪以来，人们用现代科学知识研究黄河，成果丰硕。特别值得一提的是1957年面世的岑仲勉先生的名著《黄河变迁史》。它是关于黄河历史研究的奠基之作，对数千年来黄河的历史演变，特别是元代以前的黄河变迁，进行了详细的考述，对前代治河方法的评价颇为公允，具有重要的学术价值。但是该书对于黄河水利，例如灌溉、航运等则很少涉及；又采取"详古略今"的原则，对元代以后的黄河记述不够充分。2001年面世的由鲁枢元、陈先德主编的《黄河史》，是一部黄河史方面的新作，内容广泛，涉及"自然与人文，精神与科技，经济与生活，生态与心态，历史与地理"等许多方面，引用了不少新资料，提出了不少新观点。但是该书是一部黄河文化方面的书籍，其体例有别于严格意义的黄河历史著作。关于黄河水利方面的通史类专著，目前只有黄河水利委员会组织编写并于1982年出版的《黄河水利史述要》。这是一部关于黄河水利的简史，内容较为全面系统，上起先秦，下迄民国，涉及黄河河道变迁与河患、治河理论、工程、技术、农田水利与航运等许多方面。但是该书过于简略，对民国时期黄河水利的阐述相对薄弱，对新中国成立后黄河水利事业的伟大成就则完全没有涉及。该成果是一部记述黄河水利历史的新作。

水利工作者一般将黄河分为上、中、下游三段。上游地区由于自然条件的限制，人口稀少，经济欠发达，文化也相对落后；中下游地区人口稠密，经济发达，文化先进，长期是中国政治经济文化的中心所在。黄河流域的灾害多发生在下游地区，但是造成灾害的原因却在中上游的黄土高原地区，特别是位于中游的黄土高原东部的多沙粗沙区。总之，黄河的主要问题集中在中下游地区。基于上述原因，该成果以黄河中下游地区为研究对象，而不涉及上游地区。所谓黄河中下游，即以今山西、陕西、河南、山东省为主，有些时期也涉及黄河改道所及的河北、安徽、江苏部分地区。该成果记述的时间上限是原始社会末期，下限是 20 世纪末，分为上古三代、春秋战国、秦汉、魏晋南北朝、隋唐五代、宋金元、明、清、民国、社会主义建设时期（1949～1977）、改革开放新时期十一章，前有绪论，后有回顾总结。该成果涉及黄河河道变迁，水患及其防治，灌溉、航运、水电、供水工程，水土保持，黄河治理开发规划、水利科技等许多方面，内容相当丰富。

该成果在吸收前人研究成果和课题组成员深入研究的基础上，提出了一些新观点、新认识。①暴雨和泥沙是黄河水患的形成的主要原因，暴雨直接导致洪水，泥沙淤积抬高河床，导致决溢和改道。泥沙的来源是黄土高原的水土流失。因此黄河水患多发生在下游，其原因则在中上游的黄土高原。②有史以来，自然和人为因素的交互作用，导致黄土高原的水土流失愈演愈烈。时间越往后，人类活动对水土流失的影响就越大。水土流失的主要条件是暴雨和植被状况。人类对于黄土高原地区的过量乃至掠夺性的开发，不适当的经济生产方式，破坏了这一地区的植被，加剧了水土流失。③随着人口的增加，需求的增多，生产力的发展，人类对自然资源开发的深度和广度更大，这一方面导致资源的紧缺，另一方面也导致生态环境的破坏。包括大型水利工程在内的工程建设，也会引起部分地区生态环境的改变或恶化。④土壤和淡水是人类赖以生存的不可缺少的资源。黄土高原的水土流失也是一种资源流失，导致这一地区的贫穷。水土流失转移到下游，成为洪水和泥沙，仍然是一种可利用的资源，应尽可能避其害，取其利。淡水在黄河流域是一种紧缺资源，必须切实注意节约。⑤有史以来人们对待洪水，经历了"避洪"、"限洪"、"防洪"、"调洪"和"用洪"的演变过程；人们对黄河的治理，先后采用了"堵"、"疏"、"分"、"合"、"束"等多种方略。历史经验表明，由于黄河的复杂性，单一的方法不能解决问题，必须采取"水土保持"和工程建设等多方面措施，实行综合治理。⑥到了20世纪末，黄河已不堪重负，处于病态。除了洪水威胁依然存在外，水资源供需矛盾十分突出，缺水断流严重；干支流水质严重污染；黄土高原地区水土保持任重道远，生态环境恶化的状况尚未得到有效控制。水利工作必须以科学发展观为指导，实现从工程水利向资源水利的转变，树立"保持河流健康生命"的新理念，治理、开发和保护并重，实现人和自然的和谐相处。

该成果并非单纯从水患水利方面研究水利问题，而是把水利纳入人类与大自然的关系中去考察，从人口、资源、环境、经济、社会这一新视野，研究水旱等自然灾害的发生，水患的治理，水利的开发，把洪水和泥沙作为一种重要的资源看待，着力探讨人与自然的关系是否和谐，生态环境是否平衡良好，从而在水利理论方面形成了一些不同于前人的新认识。该成果坚持"厚今薄古"的原则，时代越往后，内容越详细。以前的水利史著作，大多只写到中华人民共和国成立前，该成果不仅填补了黄河水利史新中国成立后这段空白，而且把20世纪的一百年特别是中华人民共和国成立后的50年，作为研究和记述的重点，着力阐述人民治黄的成就，并认真总结其经验教训。该成果注意吸收20世纪末一些新的重要的研究成果和最新的考古学成果，例如中国科学院院士刘东生等关于中国黄土的研究成果，特别是其"新风成说"；著名历史地理学家史念海等关于黄土高原生态环境的变迁和人类对环境变化所起作用方面的研究成果，邹逸麟教授关于黄淮海平原生态环境变迁的研究成果；水利史专家姚汉源等关于黄河水利史的研究成果。该成果采用了新近发现的内黄三杨庄西汉黄河灾害遗址，延津宋代黄河古渡口遗址等考古成果，资料更为丰富，理论更加坚实。该成果注重生态学和环境史的研究，对数千年来黄河中下游地区生态环境的演变做了较为系统的考察，分析了生态环境发生改变的原因，探讨人类活动对生态环境变化的影响，生态环境恶化与水旱灾害的关系。

该成果分时期阐述了自然因素、人类活动对黄河中下游地区的生态环境变化所起的作用，分析了黄河水患的成因及水利开发、水资源利用的得失，可以增强人们的生态意识和资源意识，加深人们对保持人与自然的和谐关系及资源永续利用的认识，以坚持科学的发展观。该成果对数千年来特别是 20 世纪以来人们对黄河水患的防治、水利的开发进行了较为系统全面的总结，阐述了其成功经验和失败教训，可以为 21 世纪黄河的治理开发提供历史借鉴，也会对黄河中下游地区经济社会的发展有所裨益。

嘉庆以来汉学传统的衍变与
传承研究

——《晚清学术传统与现代学术的建立
——以汉学为中心的研究》成果简介

　　中国社会科学院罗检秋研究员主持完成的
国家社会科学基金项目《晚清学术传统与现代
学术的建立——以汉学为中心的研究》（批准号
为 04BZS036），最终成果为专著《嘉庆以来汉
学传统的衍变与传承》。

　　清末民初政治鼎革，而学术上一脉相承。清代学术对现代学术的建立发挥了巨大作用，涉及的范围也比较广泛。清代学术流派众多，而对后世影响最大的学术主流是汉学，故该成果以汉学为中心来考察晚清学术传统。通过研究众多汉学人物的专门著述及笔记、书信、诗文等，较为全面地论述了常州学派、维新派今文家、清末正统汉学家、国粹派古文家等汉学群体的学术主张、治学特色及成就，不仅对以往颇受重视的刘逢禄、龚自珍、魏源、章太炎、刘师培等人进行了新的评析，而且研究了目前涉及不多的汉学家，如陈寿祺、刘宝楠、陈澧、邹伯奇、王闿运、孙诒让、王先谦、叶德辉、苏舆等人。该成果考察了汉学与宋学由对峙转向调和融合的变化，揭示了晚清汉学的经世致用趋向，也分析了汉学与西学的融合会通及清末学术多元化格局。

　　在研究汉学知识系统的基础上，该成果系统地梳理、总结了晚清汉学传统的具体内容及其衍变，认为其基本内涵是：①由乾嘉学者弘扬的以求真为基础的实证学风。清代汉学注重考据研究，倡导"实事求是"，形成浓厚的实证学风。晚清一些学者讲求经世致用，而"实事求是"仍为基本理念。在近代风雨如晦的政治环境中，许多学者坚守学术阵地，考证古代的经、史、诸子，阐发和总结传统学术文化。他们虽然关怀现实，甚至不免受政治冲击而偏离求真的轨道，但基于"实事求是"的实证学风一直受到推崇，传衍不绝。②不悖求真而又注重经世致用的价值取向。学术本身具有求真与致用的二重性，历代不乏统一求真与致用的学术范例，但割裂二者的现象也不少见。经世致用本是儒学传统，士人治学多少蕴含现实关怀。当社会危机和政权更替之时，这种色彩更为明显。乾嘉汉学家的主流取向是求真而非致用，故学术研究多与国计民生无关。嘉道以降，汉学家逐渐走出考据学的藩篱，究心经世之学，发扬了儒家的经世传统。一些宋学家更是"以经世之学济义理之穷"，推动了经世思潮的高涨。于是，以求真为基础而又兼容经世致用，成为晚清学者的基本取向。③以调和汉宋、融合中西为标志的调适精神。乾隆年间，汉、宋对峙渐成格局。嘉道时期，随着汉学积弊渐显，调和汉、宋的潜流涌现出来。一些汉学家批评门户之见，认为汉、宋各有所长，不可偏废；或者模糊二者畛域，认为汉儒也讲义理，宋儒也讲训诂名物。至清末，汉学家寻求义理的倾向愈益明显，汉、宋调和成为近代学术主流。与此同时，乾嘉汉学家兼治天文历算之学，一定程度上汲取西学。晚清汉学家汲取西学的范围则超越了天文算学，扩大到学术诸多领域和层面。王国维"学无中西"的主张不只是个人卓识，实际上反映一代学术趋向。近代学术冲突尤其是包含思想对立的学术纷争时有发生，但其主流不是自固壁垒，而是调和融合。清末民初，一些人在学术争论中不免有偏激之词，事实上却未离开调适的轨道。④以清末学术多元化为标志的民主性传统。晚清一些学术支流出现了复兴，经学相对衰落之时，本来埋没无闻或遭受压制的学术流派重现生机。至清末，独尊儒学的传统思维受到冲击，非儒学派的思想和社会价值得到彰显，一些汉学家开始把学术兴趣从经学转移到史学、诸子学及佛学研究。清学格局由经学一枝独秀发展到多元并存。同时，清末逐渐形成学术平民化潮流。一些学者的研究领域也由上层转向下层，青睐民众的历史、白话文及通俗文学，后者成为清季民初学术民主性的重要载体。这种趋势反映了学术思想的深刻变化，进一步解构了原有的学术体系，与清末民主思潮本质上是一致的。

该成果以汉学为脉络，对晚清学术传统进行了深入系统的研究，也考察了民国初年的学术流派，论述了考据学和实证学风在民初新旧学者中的广泛影响，彰显了清代学术与现代学术的深刻关联。书稿以翔实的材料为基础，对学术界存在争议或没有定论的许多问题阐述了己见。其中新见解主要有：①"汉学"一词并非学术界一般认为的始于惠栋或臧琳的著述，而是至迟在南宋时期已经常见，清代汉学家只是增强了唯汉是好的倾向。清代汉学的概念也经历了变化，清末民初许多学者所谓汉学，实际上既包括乾嘉古文经学，又涵盖今文经学。清代汉学成为传统实证学术发展的一个高峰，产生了巨大影响。18世纪以来，海内外一些学者借用汉学一词，以其指称有关中国研究的学问，而两者的内涵和外延均有较大差异。②嘉道年间今文经学的兴起很大程度上缘于学术发展的内在逻辑，而不是庄存与的仕宦经历或政治背景所能完全解释的。学术本身既需要实证的考据，又不能缺乏义理。当考据研究在乾隆年间盛炽之时，其积弊也逐渐显现。在学术反思和调整中，一些学者试图从宋学或今文经学寻求义理资源，今文经学乃应运而兴，且在晚清的经世思潮和社会变局中发展起来。③晚清汉学传统是在汉、宋学家的相互影响中更新、演进的。宋学家采纳了汉学方法和主题，汉学家也接续于宋学论题，广泛地汲取其思想资源。清代汉学也受西学的滋润，一些汉学传人从科技知识、人文学说以及考据学方法等方面援引西学西理。故晚清汉学传统不是封闭性的学术系统，而具有融合诸种学术资源的开放性。④清末古文家，尤其是思想较保守的正统汉学家，虽然对晚清的汉宋调融和经世致用学风不无微词，但他们事实上也认同这一潮流。他们不仅兼采宋学，而且更广泛地寻求义理资源，不同程度地体现了经世致用学风。清末的学派分歧多是思想对立，而其学术取向和风格并非泾渭分明。⑤清末学术结构呈现出多元化趋势，无论是经学，或是新史学、佛学、诸子学，都不是唯一的学术中心，而是多元并立。这与清末士人重视民间文化的倾向及民主潮流相得益彰。⑥民国初年的现代学术流派，思想虽然不同，但多传承晚清汉学的实证学风和学术精神。从清末的国学，到民国初年新派学者的国故学，名词虽异，而汉学的实证学风和考据学方法贯穿其中，成为建立现代学术的重要基础。现代学术也发扬了清末学术多元化的趋向，弘扬了晚清汉学的求真、存疑和平等精神。

　　该成果对晚清学术传统进行了深入系统的分析和总结，对于重新认识清代学术尤其是晚清学术的面貌，深入地理解传统学术的精神内涵，具有较高的学术价值。这项研究也有助于全面地认识现代学术的内容及其渊源。大而言之，学术史的研究虽应重视知识系统，而更应重视总结、阐发其精神特质。传统文化的批判和继承，也应着重于发掘、弘扬具有现代意义的精神内涵。

太庙祭祀文化研究

——《太庙祭祀文化研究》成果简介

清华大学彭林教授主持完成的国家社会科学基金项目《太庙祭祀文化研究》（批准号为00BZS004），最终成果为同名专著。

《左传·成公十三年》有一句被史家频频引用的名言："国之大事，在祀与戎。"在古代传统宗法社会中，祭祀是除战争之外最为重要的文化现象，它不但表现在运用的普遍性上——从天子至于庶人都要致祭，而且系统地表现在社会制度的各个层面上。宗庙祭祀制度内涵极为丰富，包括祭法、祭义、庙数、昭穆、禘祫、时享等理论层面的问题，以及宫室、乐悬、服饰、器用等属于名物度数方面的问题。帝王的宗庙祭祀既有与贵族祭祀的共性，也有其特殊性。这种特殊性，一方面表现在它在祭祀规格上享有最高的等级；另一方面它要同时享祭两个庙：私亲庙和太庙，前者是帝王的家庙，后者则是国庙，是国祚的象征。太庙祭祀是一国之内祖先祭祀的最高形式，具有垂范天下的作用，其文化意义最为重大。

该成果共分七章。第一章讨论宗庙制度，包括宗庙名义、庙数之制、世室、宗庙祧迁、昭穆制度五节。这一章旨在从经文记载和对经义的诠释出发，正本清源，将太庙祭祀的核心问题一一厘清。举凡后代产生的分歧与争论，其根源都出在对经文的不同理解上。

第二章讨论历代庙制，包括秦汉庙制、三国两晋南北朝庙制、宋代庙制、辽金元庙制、金代庙制等。本章的重点体现在两个方面，一是关注儒家宗庙祭祀理论的连续性，二是关注不同时代出现的断裂，尤其是与原始经典相违背的新制度、新理论。通过两者的对照，凸现太庙制度在国家生活中的实际状况。

第三章讨论帝王的私亲庙，包括汉代私亲庙、三国两晋南北朝私亲庙、濮议与宋代私亲庙、明代大礼议四节。所谓私亲庙，是指在大宗无后的情况下，以小宗支子入承大统之后，为本生父母所立的庙。私亲庙与太庙并行，既考虑到了骨肉至亲的情分，同时也维护了大宗的独尊地位。本章着重分析了秦汉以后，随着皇权的扩大，私亲庙的地位被升抬的几个重大事件，着重指出事件背后的经学意义。

第四章讨论宗庙时享与荐新之祭，包括时享的含义与类别、虞夏商时享、周代时享、寝庙荐新四节。所谓时享，是在四季分别举行的祭祀，意在追念逝去的先祖。具体的致祭方式是敬献当令的粮食和果蔬等。本章从文献角度分析了宗庙时享和荐新的起源、理论意义和历代的损益。

第五章讨论宗庙禘祫，包括经传中的禘祫、汉代禘祫、三国两晋南北朝禘祫、唐禘祫、宋禘祫、金元明禘祫六节。禘祫是宗庙的大祭，但它的性质和致祭的形式究竟如何，从东汉时代就有争议。本章从研究经文中的禘祫入手，综述并分析了历代禘祫制度的得失。

第六章讨论尸主祝。宗庙祭祀都要立尸，以代表鬼神接受享祭。主是神主，原本与尸并行，汉代以后废除立尸之礼，主便成为祭祀中唯一的受享的象征物。祝是祭祀的主祭者。三者都是太庙祭祀中的重要角色，故本章分三节，分别探讨尸、主、祝的功用和文化内涵。

第七章讨论庙享乐舞，包括周代庙享之乐、周代庙享之舞、汉唐庙享乐舞、宋代庙享乐舞、金元明庙享乐舞五节。在宗庙祭祀中，乐舞与斋戒之后的精诚洁净的心态相适应，作用极为独特。本章着重总结和分析历代庙享乐舞的传承和变迁的文化内涵。

该成果重点讨论的主要问题如下。

（1）关于宗庙的功能。约略而言，宗庙之兴，在于人怀诚敬；宗庙之用，在于使人尊敬。血脉承自祖先，而有存有亡，生死殊路，不免追怀感思。此心既发，仁心便生，于是有牺牲，有荐熟，有钟鼓，有周旋，莫非仁心流露，诚敬外显。于是因鬼神而知畏惧，因尊人而敬位。人同此心，家可得和，国可得安。

（2）关于太庙的庙数。郑玄、王肃之间的对立影响深远。郑玄主四庙之说，太庙始祖之外，有四亲庙，文王、武王则因功德立庙，称为世室，世世不毁，于是成四庙之说；王肃则以为文王、武王不在七庙之数，而应归入永不祧迁的世室，始祖之外，三昭三穆，而不限于私亲庙，于是成七庙之说。争论之起，固然在于资料阙如，而且经传之间多有抵牾之处，但更大的差别则在于世易时移。汉代以下，帝王特起，既无远祖可尊，又需血统长远高贵来加强皇权，就使郑、王二说各得理据，争扰不休。但在后世，王肃之说似乎更为盛行，两晋而下往往立六庙，唐、宋虽先立四亲庙，但一旦易世，便扩而为六世，甚至以九庙为常制，虽胡人建中立极，亦不免此。虽与帝王性情有关，亦可见太庙所蕴涵意味的加重。

（3）关于太庙的始祖问题。西晋自武帝时立六世七庙，虚太祖东向之位，以待亲近祧迁，宣帝方可得正。其后诸朝多有此事，而以宋代为最。其中原因在于后世太庙始祖往往是开国之君，其立庙之时，尊属尽在，虽有功勋，不可居于父祖之上，故折中而虚位，以待亲尽。但在后世往往由于其他原因，使折中变成定制。如宋代始祖之争从神宗熙宁年间直到宁宗绍熙五年始得解决，始祖之位历二百年之久才得以恢复，就因为掺杂了政治等因素，如高宗以前皆为太宗后裔，太祖、太宗既为兄弟则有昭穆尊卑问题，以及王安石变法等多方面的影响。

（4）类似的问题还有原庙以及由原庙发展出来的唐代兴圣宫、宋代景灵宫，虽然表现形式各异，但都可以感受到太庙—皇权—儒家—社会这样一个严密结合的链条。虽然有扭曲，有变形，但其主线却能够得以延展。如果与禘祫、时享、荐新乃至祭祀所用乐舞、立尸立主这些内容相结合，可以看到太庙祭祀更丰富的内涵，同时对古代中国社会也可以有更深入的理解。

（5）秦汉以后，随着政治上的大一统，君权的高标独举，社会组织包括宗法制度也都产生了很大的变化。但儒家的学说并未消除，其整合社会的努力也从未停止。相反，经过改造的儒学、经学在保证经典解释的连贯性和权威性的同时，一并将新生事物纳入其视野，即便是至高无上的君权也概莫能外。如宋代的濮议、明代的大礼议，核心都是讲皇帝在入承大统之后该如何祭祀自己的亲生父母，属于同一个经学问题，但在当时引起的争论之激烈，简直不亚于一场影响巨大的战争。出人意料的是，这两个相同的议题，得到的结果却是大相径庭。其中原因究竟何在？其结果对宋、明两代的政治和学术又有何影响？为何不同时代的不同帝王面对同一个经学问题，其立场与结果会是如此的相悖？该成果对此都做了深入探讨。

战国秦汉漆器群研究

——《战国秦汉漆器群研究》成果简介

湖北省文物考古研究所陈振裕研究员主持完成的国家社会科学基金项目《战国秦汉漆器群研究》（批准号为93BKG006），最终成果为同名专著。

　　中国的漆器工艺历史悠久，但自新石器时代至商周时期的近5000年期间，发展缓慢。战国时期出现了第一次突飞猛进的大发展，秦汉时期是中国漆器发展史上的繁荣期，在各方面都有新的发展，并逐渐取代了青铜器。汉代以后由于瓷器的发展，漆器逐渐衰落。因此，选择中国漆器发展史上发展繁荣时期的漆器群进行分析，具有典型性和代表性。

　　战国秦汉时期，是中国历史上由奴隶制社会进入封建社会的初期。由于社会的大变革，人们的意识形态也随着发生了重要的变化，在埋葬习俗方面的主要表现是随葬成套青铜礼器的葬俗日衰，而随葬漆器的风气日盛；随着人们审美观点的变化，漆器之器皿造型与纹饰纹样也与此前有明显不同。这个时期社会大变革和铁工具的普遍使用，使各种手工业迅速地发展，漆器手工业也呈不断发展态势。

　　目前发现的战国秦汉时期的漆器非常多，绝大多数出于墓葬，也有少量出于遗址。由于是关于漆器群的研究，该成果对于遗址所出的漆器一律不收录，而只收录每座墓中的漆器群。这个时期各个地区的不同类型的墓葬，漆器群的保存情况并不尽相同，有些墓的漆器保存完好，漆器群清楚；有些墓的漆器保存不好，或已残缺，或仅余朽痕，漆器群的基本情况已不清楚。漆器群保存完好或基本完好的全部收录，作为分析研究的主要依据；漆器群保存不好的也收录，作为参考。

　　为了详尽地研究战国秦汉漆器群的发展变化情况，该成果以时代为序，分为战国时期、秦汉和西汉时期。战国时期，各地区的文化差别较大，将漆器发现较多的楚国与秦国分别各设一章进行论述，而将其他地区统归于一章论述。秦代和西汉时期，是中国实行中央集权封建的初期，基本上是大一统的特点，而各地区的文化特点剧减。所以将秦代和西汉时期各设一章论述，而不再以地区另设章节。最后一章是全书的漆器群研究之总结，试图探讨各个时期漆器群的变化情况，以及所反映的社会历史文化、漆器工艺发展水平及其发展的轨迹。考虑到目前已基本建立了战国秦汉时期墓的年代分期序列，分类研究的成果颇丰，该成果没有采用对每座墓的分类与年代进行具体分析，而是对各个时期墓葬的分类与年代分期进行概述的研究方法。有些墓的年代经仔细分析墓中的全部随葬器物后，认为编写者所确定的年代有误，也略做了调整。这个时期发现的漆器非常多，如采用文字叙述的方法，必然会非常繁琐重复，因而采取列表的方法，可使人一目了然。在对各类墓的漆器群进行分析方面，该成果主要从同一时期（即在战国、秦和西汉时期下面的年代分期）各类墓的漆器群之差别与不同时期同类墓漆器群之差异等两个方面进行了研究，对不同时期、不同类型墓葬出土的漆器群，从漆器的制作工艺、器皿造型和装饰等方面进行了分析。

该成果是中国第一本对战国时期漆器群进行全面、系统研究的专著。郭宝均先生在《商周铜器群综合研究》一书中指出："一组经过科学发掘，有详细观察记录的器群，不但出土地点的历史沿革可考，即现在的地理形势，地质结构，地层堆叠，墓葬形制，人骨兽骨的置放，器物的排列，相互的距离，叠压的关系，铜器、陶器、石器、骨器、珠玉等相互的配用，铭刻、纹饰的特点，都可以相互的补充证明；甚至一点灰烬，一粒炭屑，也可作为证明时代、论证文化的依据。所以一群原群未散、有详确记录的科学发掘品，即一字不铭，它的本身已含有丰富的科学价值为学术界所珍视。"不言而喻，各个时期的各个类型墓葬所出土的漆器群，其出土地点准确，它与墓中的共存物的清楚，时代与墓主身份都较明确，其学术价值也远在某件或几件漆器珍品之上。

中国古代族刑研究

——《始于兵而终于礼——中国古代族刑研究》成果简介

　　青海师范大学魏道明教授承担的国家社会科学基金项目《始于兵而终于礼——中国古代族刑研究》（批准号为 05FZS001），最终成果为同名专著。

一　研究的目的和意义

中国古代盛行亲属株连制度，一人有罪，往往牵累其亲属共同受刑。尽管族刑非中国古代所独有，但中国可能是有史以来的各个国家中，族刑制度实施的范围最广、时间最长、程度最严厉、对这一工具依赖性最强的国家。研究族刑制度，有助于我们了解、把握古代法律的本质特征，揭示古代社会家族主义的文化传统和家族本位的社会结构，从而丰富历史认识。

族刑在古代社会的普遍性，使之成为法制史和社会史研究领域中的重要课题。然而，令人遗憾的是，学界对这一课题的研究始终未能深入，至今尚无一部关于古代族刑制度方面的专著，有关族刑的定义、原则、发展线索、株连范围等基本问题，也多悬而未决。有鉴于此，笔者在批判、总结前人研究的基础上，通过查阅广泛丰富的古代典籍，撰成《始于兵而终于礼——中国古代族刑研究》一书，对古代族刑制度进行了较为系统、全面的论述，期望与学界同仁共同努力，进一步深化族刑制度的研究。

二　研究成果的主要内容和重要观点

本成果共分为四章。

第一章：族刑总论，着重进行词语梳理和论述有关族刑的一些基本问题。

第一，讨论了族刑的定义问题。针对学界族刑定义不统一的状况，作者在解析不同定义的缺陷后认为，"刑"当刑事责任讲，"族"与"亲属"一词意义相当，族刑就是亲属团体共同刑事责任制。

第二，总结了族刑适用中的一般原则。主要有：首告免缘坐；正犯遇恩减罪或行刑前身死、缘坐人刑罚减等；女性、奴婢、僧道犯罪止坐其身，不株连亲属；女为夫家坐罪；老幼、妇女、废（笃）疾者可减免缘坐责任。并结合案例考察了司法实践中以上原则的执行、贯彻情况。

第三，讨论了族刑在古代兴盛的原因及族刑的功能与作用。认为家族主义的文化传统和家族本位的社会结构是族刑在古代长盛不衰的根本原因，与之相应，族刑最重要的功能便是维护这一文化传统和社会结构。

第四，分析了族刑与容隐制度、与一家共犯罪止坐尊长制度之间的矛盾冲突关系，并考察了亲属相犯案件中族刑的适用情况。指出，由于古代法律没有确立亲属相犯不适用族刑的原则，于是产生了受害人反而为犯罪人缘坐的司法漏洞。

第五，概要说明了族刑与流刑的区别及二者之间复杂的关联性。认为，族刑与流刑有着株连亲属的共同基因，因而可以相互转化。流刑与族刑的发展，呈现出此消彼长的关系，流刑实际上是族刑的替代刑。

第二章：族刑的起源与发展，叙述了族刑的产生及演变过程。

法史学界一般认为上古无族刑、族刑起源于春秋战国时代。但研究认为，族刑逻辑起点是家族本位或血缘本位，而上古时代是典型的血缘本位时代，血缘组织既是政治单位、军事单位、经济单位，又是法律单位，产生族刑的条件远比后世优越，故族刑的源头应该从中国法律的起源过程中去寻找。通过对先秦古籍中"刑以威四夷"、"刑始于兵"等记载的认真分析和考察，研究认为发源于战争的刑具有天生的集团性和血缘性，专为异族而设，刑就是战败的血缘团体集体受罚。由此而言，最初的刑都是族刑，所以说"族刑始于兵"。

周代伊始，一国之内各族混居，加之人们往往以氏为姓，原来清晰可辨的同族、异族关系逐渐难以辨认；而且，政治、军事斗争不仅发生在异族之间，也发生在同族之间，如国君和公族之间的政治斗争，故刑也适用于同族。这表明族刑完成了由维护种族利益向维护国家利益的转变。春秋、战国时各国制定的成文法中，都有族刑制度。秦汉之际，族刑的适用达到了高峰，几乎凡罪皆适用，族刑的形式也分为"夷三族"、"收、夷三族"、"收孥妻、子"等几个层次，可以称之为泛族刑时代。

吕后及汉文帝执政时，族刑制度发生了重大变革，文帝废除了收孥法，也即一般性的犯罪不再罪及亲属，重罪方适用族刑。魏晋南北朝时期，与法律儒家化的运动相适应，族刑所惩治的多为严重违反儒家伦理的重大犯罪行为（谋反、大逆、不道）。虽然盗窃一类的轻罪有时也株连亲属，但就发展趋势而言，族刑的适用范围还是朝着制裁重大犯罪的方向发展。隋唐律中，明确规定要罪及亲属的罪种计有"谋反"、"谋大逆"、"谋叛"、"告贼消息"、"谋杀一家人非死罪三人及支解人"、"造畜蛊毒"，皆属于不忠不义的重大犯罪，至此，族刑完成了儒家化也即"终于礼"的过程。宋元明清律典中的族刑制度几乎照搬了《唐律》的规定，只是在适用罪种和株连范围上有一些细微的调整。

第三章：族刑的株连范围，着重讨论族刑株连范围方面的变化。

族刑的株连范围是一个相当复杂的问题。自古以来，人们多习惯用"三族"、"五族"这样相对含混的概念来概括族刑的株连范围，而法典中族刑的株连范围却一般明确到父母、兄弟、妻子等具体亲属人员。研究认为，考察古代族刑的株连范围，固然应以法典的规定为准，但"三族"之类的概括，尽管有不精确的一面，也有其合理、正确的一面，一定意义上说，三族是法典确定族刑株连范围的基础。所以，本章的考察，兼顾了习惯称法和法典规定两个方面。

最初的族刑，因是种族斗争的工具，失败的种族都在刑的范围，故缺乏明确的株连范围。其后，族刑的刑及范围多为群（同）居亲属，因群居以三代为常，故其范围也可以说是同宗三代。所谓三族不过是同宗三代的变称而已，其范围大体上可用"田"字形来表示：以正犯为中心，上为父母，下为子女，左为兄弟，右为姊妹，组成一个"十"字形；在"十"字形的上左加伯叔父母，上右加姑，下左加侄及配偶，下右加侄女，恰好组成一个"田"字形。春秋战国及秦汉时期，株连范围一般限定在"田"字形之内，只是对一般性犯罪的株连减省为"十"字形。魏晋至唐宋，族刑的株连范围虽时有变化，但大体上说，是在"田"字形的基础上向两端发展，轻罪仅株连妻子，重罪则延及祖孙，扩大为"申"字形，习惯上称为五族，但本宗已出嫁的女性不在属于缘坐之列。明清律的株连范围略同于唐宋，唯扩大了对重罪的株连范围，对谋反大逆的株连，在"申"字形的基础上又加上了同居者，但因两者通常是重合的，故一般情形下的株连范围实际上仍为"申"字形。而株连范围无论是"十"字形、"田"字形还是"申"字形，皆离不开三族这一基础，故三族可作为中国古代族刑株连范围的常数。

当然，三族、五族之类的名称，只是对族刑株连范围的概括用语，与法典中具体的株连范围不能完全吻合。同时，古代法典中，适用族刑的罪种较多，各罪种之株连范围有很大的差异，三族、五族之类的名称，既难以完全涵盖各种复杂的株连情况，也不能体现株连范围上的区别。所以，对法典中所规定的具体惩罚范围，本章也进行了详述。并特别注意到了法典株连中隐藏的"二次株连"问题，对此进行了分析和探讨。

第四章：族刑的替代刑——流刑，说明了流刑的性质及如何替代族刑成为主要的株连方式。

在中国古代的法律中，正犯亲属所承担的连带责任，按其性质，可以分为两类：一类为刑罚责任，如被判死、流、宫、没（收）之类，他们因与正犯同遭刑罚，故可称为族刑。另一类为非刑罚责任，适用于被判流、配、充军等罪犯的亲属，他们虽不是法律意义上的犯人，也没有被判处刑罚，但按法律规定必须随正犯同流。严格地说，流刑中的正犯亲属，虽也承担连带责任，但所承担的只是非刑罚责任，不能称为族刑。然而，流刑与族刑都有株连亲属的共同基因，不仅可以相互转化，而且流刑存在着族刑化的倾向。在司法实践中，流刑事实上是作为族刑的替代刑来适用的。

流刑的历史虽然悠久，但在族刑兴盛的春秋战国至西汉初年，流刑并没有多少市场；流刑成为常见的处罚措施，是在汉文帝对族刑的改革以后。文帝改制，结束了泛族刑时代，开启了减少族刑罪种的大门，此后历代虽然有不少法外用刑、罪及正犯亲属的事例，但各朝法律中，明确规定应追究正犯亲属刑罚责任的罪种，都不算多。

然而，中国古代以家族为本位，追究正犯亲属的连带责任已成社会的共识和传统，法律中族刑罪种的减少，使得儒家"一荣俱荣，一损俱损"的家族伦理观念难以在法律中充分体现；但若增加族刑罪种，又有用刑滥酷的嫌疑，同样不符合儒家"慎刑"的思想。而流刑恰恰满足了儒家的这一矛盾需求：流刑犯亲属必须与正犯同流，符合"一荣俱荣，一损俱损"的要求；而这种处罚又非刑罚意义上的处罚，又不违背"慎刑"的要求。

于是，西汉中叶以后，流刑的地位迅速上升，成为常用的刑罚，到南北朝时，正式成为法定五刑之一。其后，流刑又发展为刺配、充军、发遣等，适用范围也不断扩大。北宋神宗时，刺配条款已达200余条；到南宋孝宗时，更是发展到了570余条；明代万历十三年刊布的《真犯死罪充军为民例》中，充军条款也高达263条，几乎到了凡罪皆适用的地步。至此，中国古代的法律完成了由前期重刑罚责任式株连到后期强调非刑罚责任式株连的转变。

纵观古代族刑与流刑发展变化的过程，本研究发现，二者发展呈现出明显的此消彼长关系：在族刑一类的刑罚式株连兴盛的时候，流刑一类的非刑罚式株连总是退居其次；而每当刑罚式株连有所减弱时，非刑罚式的株连一定会迅速发展。这不仅体现了古代法律重株连的本质特征，也证明流刑就是族刑的替代刑。

总之，重视家族成员的连带责任，是中国古代法律的本质特点，只是前、后期在表现形式上有所不同，前朝的连带责任以刑罚责任（族刑）为主，后期则以非刑罚责任（流刑）为主。

三 研究成果的特色与学术价值

在前人研究的基础上，尽力推陈出新，既是本书的写作宗旨与目的，也是作者始终不渝的努力方向。贯穿本成果的基本观点，如族刑"始于兵而终于礼"、株连范围从笼统的族（同居亲属）到三族的变化、古代社会前朝的连带责任以刑罚责任为主而后期则以非刑罚责任为主等，均系作者之创见。

对于族刑与流刑的区别及关联、族刑与流刑在发展过程中表现出来的此消彼长的现象、二者之间的互相转化、流刑的族刑化倾向等前人未曾论述过的问题，本研究也有专论。其他诸如适用族刑的一般原则，族刑与容隐制度、与罪止坐尊长制度之间的矛盾冲突关系，亲属相犯案件中族刑的适用情况等，也系本研究首次进行论述。

族刑制度是中国法制史研究领域内的重要课题，学者虽时有论及，但研究多局限于个别问题，未能形成系统研究。本成果对中国古代族刑制度进行了较为全面、深入的研究。涉及族刑的定义、适用原则、功能与作用、与其他法律制度之间的矛盾冲突关系、产生及发展演变、株连范围的变化、与流刑的区别及关联等各方面的问题。

同时，族刑制度也是中国法制史研究领域中的疑难课题。由于复杂的历史原因和史料记载的不足，学界关于族刑的定义、原则、发展线索、株连范围等基本问题的研究，始终未能深入。本成果通过对族刑基本问题及相关问题的概述，试图为族刑制度的深入研究搭建一个初步的平台。

18世纪末至20世纪初英国对土耳其海峡政策的演变

——《英国对土耳其海峡政策的演变》成果简介

首都师范大学赵军秀主持的国家社会科学基金项目《英国对土耳其海峡政策的演变》（批准号为03BSS011），最终成果为专著《英国对土耳其海峡政策的演变（18世纪末至20世纪初）》。

一

　　该成果以英国中近东战略为线索，集中论述和分析了英国对土耳其海峡政策的源起和演变。18世纪末，俄国向南扩张并发动两次俄土战争，揭开了列强在中近东地区争夺的序幕，"东方问题"随之产生。出于维持"欧洲均势"、维持地中海地区战略平衡的需要，也出于确保英国通向东方之路的畅通及英印帝国边界安全的考虑，英国历经几代政治家，从小威廉·皮特、乔治·坎宁到亨利·帕麦斯顿（18世纪末到19世纪30、40年代），传统的中近东政策逐渐形成。这一政策有两个最显著的特征：第一，英国竭力主张维持奥斯曼帝国的独立与领土完整，以此遏制欧洲其他大国特别是俄国在中近东地区的扩张；第二，英国坚持土耳其拥有对黑海海峡的主权，宣称"当土耳其处于和平时期，海峡对外国战舰关闭"，限制俄国战舰随意出入地中海，破坏地中海地区的现状。在帕麦斯顿担任外交大臣期间，英国利用中近东的动荡形势和土埃战争的有利时机，于1841年与法、俄、普、奥四国签订了《伦敦海峡公约》，公约集中体现了英国在中近东地区的利益要求，公约所确立的原则，在1856年《巴黎条约》、1871年《伦敦条约》、1878年《柏林条约》中多次加以肯定和重申，成为数十年英国对土耳其海峡政策的主旨。

　　然而，19世纪70年代以后，由于欧洲资本主义国家政治经济发展的不平衡，德国统一后迅速崛起并成为世界强国，国际关系及大国间的力量对比发生了显著变化。在新形势下，英国中近东战略受到了严重的挑战，完全坚持传统政策已不可能，也不再符合英帝国的整体利益。从1875～1878年近东危机到1923年《洛桑条约》，英国政策发生了有意义的变化，其演变趋势大体如下。

　　第一，1875～1878年近东危机期间，英国意识到奥斯曼帝国内巴尔干半岛诸国的独立已是大势所趋，若继续固守传统政策将限制自己在中近东地区的行动，因此逐渐从坚持土耳其独立和领土完整的立场后退，开始将海峡问题与整个东方问题特别是与巴尔干问题区别开来，英国全力维护自己在海峡和亚洲土耳其的利益，并通过 1878 年的《柏林条约》基本实现了自己的愿望。这一时期，英国对土耳其海峡政策的演变初见端倪，英俄在近东和海峡地区的对峙加剧。近东危机后，英俄在中亚的矛盾进一步激化，1885 年在阿富汗边界发生了"平狄危机"，两国濒临战争边缘。为阻止俄国势力通过中亚地区向印度边界的推进，英国试图使自己的战舰获得进入黑海打击俄国的权利，当这一愿望遭到欧洲诸国的联合反对时，英国陷入极度的外交孤立，为摆脱孤立，英国于 1887 年 2 月和 12 月两次与奥匈、意大利签订了《地中海协定》，并使土耳其成为地中海联盟的一员。英国在欧洲采取有限合作政策对抗俄国，保卫自己在地中海和海峡地区的利益。但英国只想享受同盟的优惠，却不愿承担同盟责任的策略，使地中海协定从一开始就十分脆弱。随着 19 世纪 90 年代法俄同盟的建立、1894～1896 年亚美尼亚危机的发生以及地中海协定续签谈判的失败，使英国的政策未能完全奏效。英俄在海峡和近东地区的矛盾依然十分尖锐。

第二，20 世纪初德国迅速增长的海上实力，逐渐威胁到英国的海上霸权，英德对抗加剧。在新形势下英国政府开始考虑调整英国与法、俄的关系，在与俄国就解决中亚争端的商谈过程中，英国首次提出以土耳其海峡为交易，促使俄国在中亚问题上让步，并于 1907 年 8 月与俄国签订了协约。但该协约的条文实际并未涉及海峡，英国只送给俄国一张日后按俄国意愿修改传统的海峡规则、解决海峡问题的空头支票。没有在海峡问题上的默契，即便有了英俄协约，英俄关系仍然是紧张和有裂痕的。第一次世界大战前，俄国从未放弃过向波斯和中亚的进一步扩张，英印边界始终处于不安宁状态。海峡和中亚问题共同构成大战前英俄关系中的"良性肿瘤"。第一次世界大战爆发，英国最终参加协约国一方作战，为使俄国能够全力以赴在东线作战，减轻西线及海上的压力，英国才与法国联手，于 1915 年 3 ~ 4 月与俄国签订《君士坦丁堡—波斯协定》（海峡协定），应诺战争结束后，俄国可根据自己的意愿安排海峡和君士坦丁堡的命运。但海峡协定并不是英法对俄国单方面的让步，英国不仅得到了波斯中立区以及把埃及变为保护国，还使俄国接受了英法对奥斯曼帝国亚洲领土的其他补偿要求。《海峡协定》揭开了列强全面分割亚洲土耳其领土的序幕，战时一系列秘密协定随之出笼。海峡协定的签订，虽然使英俄长期以来的对立和矛盾在战时特定条件下得到一定程度的缓和，却不能成为解决海峡问题的最终归宿。随着战局的发展和变化，中近东战场出现僵持局面，英国政府开始考虑利用阿拉伯人反抗土耳其，以建立新的阿拉伯王国取代土耳其帝国，继续充当自己在这一地区利益的维护者。但英国试图在中近东地区实行双轨外交、将战时盟友法国及阿拉伯两方面都纳入自己战略安排的意图，在动荡变化的形势下，不仅不切实际和无法实施，而且为战后"东方问题"的解决留下诸多后患。

第三，随着十月革命的发生和俄国退出战争、第一次世界大战结束及土耳其战败投降，协约国内部争夺日趋加剧。英国为了维持战争后期在中近东地区取得的优势地位和加强对土耳其的控制，既需要与法、意合作，共同逼迫土耳其接受被瓜分的现实以及遏制和破坏土耳其与苏俄可能的结盟；又必须防范法、意，特别是阻止法国势力在这一地区的扩张。由于战后国际局势的复杂多变，协约国与土耳其关于和平条约的签订一拖再拖，成为战后最难产的和约。1920 年 8 月，在英国主导和操纵下，炮制了对土耳其极为苛刻的《色佛尔条约》，并迫使土耳其苏丹政府承认和接受。但法、意认为该条约没有满足他们自己的利益，采取了不合作的态度；同时，以凯末尔为首的土耳其民族主义组织奋起反抗，坚决抵制条约。《色佛尔条约》的夭折是不可避免的。在不断调整对土耳其政策的过程中，英国政府逐渐意识并最终承认，英国不可能随心所欲地独自安排和操纵战后土耳其的命运，而英国最为关注的土耳其海峡问题必须与整个"东方问题"一并解决。从 1920 年秋冬至 1923 年夏，英国政府从现实考虑，被迫从坚持《色佛尔条约》的强硬立场后退。在两年多的时间里，英国与其盟友法、意之间历经了反复协商、明争暗斗、讨价还价和多次陷入僵局的谈判，由于充分意识到苏俄势力在这一地区的重新崛起，为争取外交主动，英国才最终放弃对土耳其所采取的激进政策，再次与法、意携手，并通过召开洛桑会议，完成了持续三年之久悬而未决的土耳其和平条约。《洛桑条约》和《关于海峡制度公约》的签订，标志着奥斯曼土耳其帝国的终结。随着独立的土耳其新国家的建立，近代史上存在一个多世纪之久的"东方问题"也随之结束。

二

　　作者选择"英国对土耳其海峡政策的演变"为研究课题，主要基于以下几方面的考虑。

　　其一，英国的海峡政策是"东方问题"的重要组成部分，而"东方问题"是近代国际关系史上跨世纪的热点问题。在"东方问题"形成和发展过程中，存在几方面矛盾：一是欧洲列强出于各自的利益考虑，围绕着如何对待日趋衰落的奥斯曼帝国所产生的矛盾和斗争（肢解它、瓜分其遗产还是维持其现状）；二是奥斯曼帝国为反对列强干涉与欧洲大国之间的矛盾；三是帝国内部少数民族为摆脱土耳其统治和压迫，争取民族独立，与苏丹政府的矛盾。这三方面矛盾和斗争交织在一起，使"东方问题"涉及范围广，持续时间长，错综复杂，深刻影响着18世纪末～20世纪初的大国关系和欧洲外交，甚至成为第一次世界大战爆发的直接原因。国内外学者对"东方问题"的研究，比较集中在18世纪末两次俄土战争、19世纪20年代的希腊独立运动、19世纪30～40年代的两次土埃战争、1853～1856年的克里米亚战争以及1875～1878年近东危机等几个时段，且研究多从俄国对奥斯曼帝国政策的角度，主要涉及的是俄国向奥斯曼帝国的欧洲领土——黑海两海峡、君士坦丁堡及巴尔干半岛的扩张以及由此产生的国际纷争。笔者虽然将时间范围设定在18世纪末～20世纪初，但18世纪末仅作为背景，简略回顾和概述了这一时期随着"东方问题"的产生，英国对中近东地区的关注以及英国对土耳其海峡传统政策的源起和形成。研究和探讨的重点放在1875年近东危机至1923年洛桑会议召开和《洛桑条约》签订，并以英国海峡政策的演变及演变原因为独特的研究视角。目前尚未见到国内学者对这一时段这一问题的整体性研究，国外学者虽有一些研究，但偏于概括，深入分析方面不够。笔者在借鉴国外学者研究的基础上，阅读了大量相关的外交文件、档案资料、书信集和回忆录等原始资料，并注重采用《英国外交事务机密文件》等颇具权威的资料，使研究建立在较为坚实的基础上，力求做到内容翔实，观点明确，论据充分可信。

其二，英国的海峡政策，在英国近代对外政策中占有显著的地位。从英帝国形成和发展的历程看，"欧洲均势"政策和"帝国防御"政策是两个互为关联、不可分割的重要问题。一部英国近代外交史，可以看做是英西、英荷、英法、英俄和英德争霸史，英国总是联合欧洲大陆的次强，遏制首强，通过维持"欧洲均势"，夺取和巩固海上霸权，并对其海外帝国进行防御。笔者力图通过对英国海峡政策的整体性研究（同时涉及英国的埃及政策、苏伊士运河政策和中亚政策），深入具体地揭示英国中近东战略与其"欧洲均势"政策、"帝国防御"政策以及外交总战略之间的内在关系。

其三，从国际关系史的角度看，英国的海峡政策不是孤立的。18世纪末～20世纪初，任何一个强国想在欧洲取得支配地位，都必然要竭尽全力去控制欧洲的侧翼中近东，因此，英国海峡政策的形成和演变，集中反映了欧洲列强在中近东地区的争夺与勾结，体现了欧洲各国力量对比的变化，验证了大国外交的两个主要特征："均势原则"和"补偿原则"。正是列强维持中近东"均势"的需要，才使行将衰亡的奥斯曼帝国又苟延残喘地生存了100余年，也正是在不能完全维持奥斯曼帝国独立和领土完整的情况下，列强又纷纷追逐补偿。英国的海峡政策不仅从属于英国对外政策的总战略，而且与列强在这一地区的角逐及纷繁的国际问题交织在一起。英国的海峡政策涉及近代史上欧洲的主要列强，它也从一个侧面深刻反映和揭示了这一时期欧洲形势的特点及大国关系的本质和走向。

其四，当代中近东地区，包括巴尔干和海湾地区许多纷繁的国际争端乃至激烈的冲突（民族问题、宗教问题等）都直接或间接起源于19、20世纪列强在这一地区的角逐。列强的勾结是暂时的，争夺是永远的，列强的争夺与勾结是中近东地区动荡不安的历史根源。笔者通过分析和阐释18世纪末～20世纪初英国与俄、法、德、奥等国在中近东地区的相互争夺与勾结、共司瓜分奥斯曼帝国的实质，也想在一定程度上说明和阐释当代重大国际问题的历史与现状。

巴尔干古代史研究

——《古代巴尔干地区国家、民族、宗教问题研究》成果简介

南开大学陈志强教授主持的国家社会科学基金项目《古代巴尔干地区国家、民族、宗教问题研究》（批准号为 02BSS004），最终成果为专著《巴尔干古代史》。课题组成员有：沈坚、哈全安、叶民、徐家玲、张绪山、郑玮。

　　近一个世纪以来，巴尔干半岛爆发了多次战争，甚至成为第二次世界战争的导火索地区，几度引起全世界的高度关注。这个地区何以成为国际"热点"，何以在近现代国际政治格局中成为最不稳定的地区之一？这些问题的答案必须到巴尔干半岛的历史中去寻找。但是，长期以来，有关巴尔干半岛的书籍大多涉及其近现代史，涉及该地区古代史的书籍极为少见。而缺乏对巴尔干地区古代中世纪历史的了解，就无法深刻理解该地区的现实问题。

　　该成果着力于探讨巴尔干半岛古代历史的发展，全面论述该地区主要民族的形成与发展、主要宗教信仰的传播、主要民族文化的出现和成熟，特别是该地区古代中世纪政治格局的变动。其涉及以下部分：巴尔干半岛的自然和人文生存环境、古代希腊罗马的文明遗产、拜占廷帝国统治初期哥特人和匈奴人对半岛的入侵、早期斯拉夫人和阿瓦尔人的迁徙、第一个斯拉夫人国家保加利亚王国的兴起和衰落、俄罗斯人与匈牙利人入主巴尔干半岛企图的失败、其他斯拉夫人民族国家的形成、拉丁十字军骑士对巴尔干半岛一体化发展的破坏、奥斯曼土耳其帝国对巴尔干半岛的征服。

　　该成果不是一般性地罗列历史事件，而是根据巴尔干半岛历史发展的阶段性，以不同民族在不同时期成为巴尔干半岛发展主角为描述重点，突出论述各个时期历史发展的主要线索，并突出每个阶段的重要特征。巴尔干半岛的问题是复杂的，其原因在于半岛的历史是复杂的。该成果力求尽可能再现这样一个复杂的历史过程及其多方面的因素。

　　人类最初进入巴尔干半岛的时间可以上溯到 20 万年以前，而后早期人类沿陆路逐渐南下到半岛南部的伯罗奔尼撒地区，从此，揭开了人类开发巴尔干半岛的历史。古代希腊人首先在半岛南部及其附近海域建立了城邦国家，天才的古希腊人在其绚丽多彩的生活中创造了杰出的精神文明，并使这个文明能千古不朽，成为世界的文化遗产，这一光辉文化遗产成为巴尔干半岛后来发展的良好开端。罗马时代，巴尔干半岛发生了根本性的变革。巴尔干半岛被罗马军队以暴力强制纳入罗马行省体制，尽管罗马人对半岛各个地区进行的征服残暴程度不同，半岛各个地区屈服于罗马统治有先后之分，且半岛被分划为不同的行省，但是整个巴尔干半岛第一次被整合在一个统一帝国的强权下。古希腊时代半岛北部和西部地区人迹罕至的现象得到了改变。与古希腊时代外部世界物质资源大量涌入半岛南部地区的情况截然相反的是，罗马征服使巴尔干半岛成为罗马人统治剥削的对象，资源外流，地区生存环境进一步恶化。同时，巴尔干半岛政治经济和宗教文化中心区北移，从半岛南部、爱琴海和东地中海迁移到半岛中、北部，罗马征服彻底改变了半岛的政治版图。阿提卡、伯罗奔尼撒、马其顿等巴尔干地区原有的中心区都丧失了原有的地位，半岛作为罗马统治的殖民地和附属部分，按照罗马行政当局的行省规划重新布局。从意大利半岛向东，自伊庇鲁斯经马其顿和色雷斯直到博斯普鲁斯海峡一线成为最重要的中心区，因为这条路线是罗马进军西亚各"东方"行省的咽喉要地。随着拉丁人政治统治地位的确立，古希腊时代的宗教和文化也退居到次要地位。

拜占廷帝国统治时期继承了古典文明遗产，沿袭古罗马帝国的政治传统，并将基督教作为国教。这个以君士坦丁堡为中心，以巴尔干半岛色雷斯地区和小亚细亚地区为腹地的帝国将黑海—博斯普鲁斯海峡—马尔马拉海—爱琴海—东地中海一线作为帝国的轴心地区，在长达1100余年的时间里，被动地应付着从北方入侵的游牧民族。这些民族包括哥特人、匈奴人、斯拉夫人、罗斯人、保加尔人、哈扎人、马扎尔人、蒙古人等。随着拜占廷帝国实力的变动，其中一些民族被驱逐出巴尔干半岛，而另一些民族则从此定居在巴尔干半岛，不仅改变了半岛的民族成分，而且逐步发展形成了保加利亚人、塞尔维亚人、克罗地亚人、罗马尼亚人、阿尔巴尼亚人等民族国家。这些民族国家虽然形成和崛起的时间有早晚，与拜占廷人的关系亲疏不等，有的甚至在其实力强盛之际与拜占廷人争夺巴尔干半岛霸权，但是纵观历史，拜占廷帝国仍然比较稳定地长期控制半岛地区的主导权。拜占廷帝国的政治模式、宗教信仰、文化价值、生产技术和生活理念成为这些民族国家仿效学习的榜样，拜占廷帝国首都君士坦丁堡的政治、经济、宗教、文化中心地位始终未发生动摇。拜占廷文化不仅改变了这些民族国家的文明化进程，而且塑造了一个东正教世界。然而，尽管拜占廷帝国试图将这些外来民族纳入拜占廷文明体系内，进而将他们强制变成帝国的臣民，但是，由于拜占廷帝国实力的持续衰落，这一计划难以真正实现。特别是 13 世纪初的西欧大规模殖民运动彻底粉碎了拜占廷人统一半岛的理想，西欧十字军骑士对拜占廷帝国首都君士坦丁堡的征服和在拜占廷帝国疆域内推行西欧封建制度，完全终止了拜占廷帝国整合巴尔干半岛的事业。15 世纪奥斯曼土耳其人对巴尔干半岛的军事征服，取代了拜占廷帝国主宰半岛的霸主地位，从而揭开了半岛历史新的篇章。

　　拜占廷帝国统治时期只是巴尔干半岛文明史的一个阶段。从半岛开发之初直到今天的数万年间，拜占廷人对巴尔干半岛的经营只有千余年。然而，正是在这个时期，巴尔干半岛被纳入由拜占廷人开创的东欧东正教世界，也是在拜占廷帝国统治下，巴尔干半岛形成了多民族的政治格局。巴尔干半岛这个山水秀美、海岛多姿的历史大舞台，在拜占廷帝国时期上演了无数动人心魄的戏剧，拜占廷人、保加利亚人、塞尔维亚人、土耳其人先后扮演过舞台的主角。拜占廷人力图统一巴尔干半岛的种种努力都化为历史的泡影，直到人类社会迈入近代的门槛，巴尔干半岛如同整个欧洲一样，成为诸多实力相当的民族比肩而立的"大拼盘"，成为世界上最缺乏地区一体化内在动力和政治、经济、宗教、文化等多种因素最复杂化的地区。古代巴尔干半岛留下的不仅是包括半岛最南部的希腊人，控制博士普鲁斯和达达尼尔两海峡的土耳其人，占据多瑙河南部地区的保加利亚人，占据多瑙河以北的罗马尼亚人和摩尔达维亚人，占据潘诺尼亚平原的匈牙利人，半岛西部的阿尔巴尼亚人、马其顿人、南斯拉夫人、塞尔维亚人、克罗地亚人和斯洛文尼亚人等大小民族在内的政治格局，而且遗留下大量无法解开的树族、宗教、文化"死结"。拜占廷人不自觉的巴尔干"一体化"计划遭到多种外来力量的破坏，而奥斯曼土耳其帝国后来继续强制进行的巴尔干"一体化"则因宗教文化差异过于悬殊而失败。在巴尔干半岛狭小的空间里聚集着许多利益各异的民族，他们对半岛地区有限的物质资源展开了多种形式的长期争夺，在近代国际关系体系建立之前的古代中世纪，武力是决定民族地位的唯一方式，任何软弱和失败都意味着灭族之灾，因此民族意识通过各种渠道和方式不断得到强化。

　　在一个自然环境与人文生存空间多样性极为突出的地区，社会生活和民族多样性成为该地区内在的特点，与此相关，政治分裂则是其必然的外在表现形式。而统一则是一种外来的强制性力量，是与该地区本质特征不相符合的"人为"意愿。在古代，多瑙河以南和希腊以北的巴尔干半岛长期处于未开发状态，少量山地民族活动在靠近平原的山坡地带。直到罗马人征服巴尔干山脉南部地区后，才迫使生活在当地最北部的达吉亚人北移到山区。拜占廷帝国时期是巴尔干半岛整合开发的时代，这个帝国作为推进半岛统一的力量，依靠政治军事暴力和宗教文化融两种手段强行实现其统一半岛及其周边地区的事业。拜占廷帝国所做的第一次统一半岛的努力最终以失败结束，随之而来的是奥斯曼土耳其人进行的另一种统一进程。土耳其人的征服战争是近代意义上的统一行动，它虽然发生在15世纪，但是在攻城战中使用的当时世界上最大的火炮则标志征服战争属于近代历史的范畴，它最终还是失败了。显然，巴尔干半岛缺乏统一的内在动力，也缺少作为统一发展的内部联系。该成果认为现代巴尔干半岛分裂的原因植根于半岛古代历史之中。今天的巴尔干半岛内部联系仍然极为脆弱，仍然缺乏"一体化"的内在动力，现实的共同利益仍然不能消融历史留下的隔膜，也无法填平历史造成的巨大鸿沟。因此，巴尔干半岛一体化的未来只能依赖外来力量，只能在欧洲一体化中完成。在可以预见的未来，巴尔干半岛仍将继续保持其多样性的特点，其内部复杂的矛盾仍将无法克服，巴尔干半岛仍然是个随时可能点燃的火药桶。

当代日韩关系研究
（1945~1965）

——《当代日韩关系研究（1945~1965)》成果简介

　　黑龙江大学安成日教授主持完成的国家社会科学基金项目《当代日韩关系研究（1945 ~ 1965)》（批准号为05FSS001），最终成果为同名专著。

有关当代日韩关系的研究，由于历史的原因及现实条件限制，目前在国内尚处于半空白状态。该项研究利用日、韩、美新近公布的大量第一手资料，以二战后日韩两国为解决悬案、建立邦交而进行的七次会谈为基本线索，用实证的历史研究方法，对二战结束到日韩邦交正常化为止的 20 年日韩关系进行了系统的研究和勾画。

二战后期，为确定盟国团结对敌作战问题和战后安排问题，主要反法西斯盟国首脑多次召开重要国际会议，签署了一系列国际文件。在这些文件中，与会各国作为战后的重要国际性安排，明确了战后使朝鲜半岛恢复独立国家地位的盟国的原则立场。二战后期，在接受日本投降的过程中，美苏以北纬 38°线为临时分界线，对朝鲜半岛进行了分区占领。这对日后朝鲜半岛政治地图的形成产生了重大影响。

二战后期，围绕战后处理问题和建立何种国际政治、经济、军事秩序等问题，反法西斯盟国内部的各种矛盾开始激化，特别是美苏之间的矛盾和冲突不断加剧，逐渐演变成了两国乃至东西方两大集团之间的"冷战"。"冷战"给朝鲜半岛带来的直接后果就是朝鲜半岛的分裂。在朝鲜半岛南北分别成立了以美国为首的西方阵营支持的大韩民国和以苏联为首的社会主义阵营支持的朝鲜民主主义人民共和国。

该成果探讨的就是二战后东西"冷战"格局下的西方阵营内部的日韩之间的双边关系。在"冷战"体制下，日韩双边关系受"东西冷战"格局变化的影响和朝鲜半岛南北关系变化的影响，同时又受美韩关系和美日关系变化的影响与制约。从"冷战"格局的角度看日韩关系具有西方阵营内部国家之间的双边关系的特点。另外，从地缘政治学的角度来看，日韩关系具有东亚地区的邻国关系的特征；从经济关系的角度来看，日韩关系具有发达国家和发展中国家的关系的特征；从历史关系的角度来看，日韩关系又具有殖民国家和被殖民国家之间关系的特征。这些特点构成了当代日韩关系的复杂性和特殊性。

朝鲜半岛脱离日本的殖民统治以后，日本与朝鲜半岛之间存在着"韩国对日索赔问题"；在朝日本人的遣返和日本及日本人财产的处理问题；在日朝鲜人的遣返问题；滞留日本的朝鲜人的法律地位和待遇问题；日韩船舶归属问题；日韩渔业纷争与"李承晚［和平］线"问题；日韩财产请求权问题；领土（独岛［竹岛］）归属问题；日韩邦交正常化问题；通商问题等诸多外交课题。这些问题，有的在美军占领期间通过韩国美军军政厅与盟国日本占领当局（SCAP/GHQ）之间的交涉部分或暂时获得解决，但是多数问题拖到了媾和。可是，在"冷战"形势下，美国一手操办的所谓"对日多数媾和"，不仅把中、苏等主要对日作战国家排斥在对日媾和之外，而且也把同属西方阵营的韩国也排斥在了对日媾和之外。致使上述日韩之间很多问题未能在媾和条约中获得解决或没有完全获得解决。这就为以后的日韩关系留下了尚待解决的诸多悬案问题。

缔结旧金山《对日和平条约》恢复国家的独立以后，得到美国大力支持的日本，已掌握了对韩外交（包括同亚洲各国战争善后外交）的主动权。签订《对日和平条约》以后，从强化美国东亚反共战略和完善"自由阵营"的东北亚防务体系的角度出发，美国积极斡旋和促使日韩两国举行会谈，解决两国之间的各项悬案问题，建立邦交，以便把日韩这两个东亚"自由阵营国家"紧密地连接起来。在美国的积极斡旋和撮合下，从 1951 年 10 月 20 日到 1965 年 6 月 22 日签订正式条约为止，日韩前后共举行了七次正式会谈。

目前，在国外的日韩关系研究中出现了较为明显的两种倾向。其一，日本、韩国的一些学者把第二次世界大战后日韩两国之间出现 20 年不正常关系的原因归咎于两国在过去"日本对朝鲜的殖民统治"的认识和感情上的对立。研究以为，日韩在"日本对朝鲜殖民统治"的认识和感情上的对立是自始至终存在的。1965 年

6 月 22 日签署的"日韩条约"亦未能解决日韩双方在这一问题上的对立。"日韩条约"实际上是搁置认识问题和感情上的对立的基础上签署的。可见认识问题和感情问题并非是两国实现邦交正常化的根本障碍。

其二，日韩两国的一些学者，把 20 世纪 60 年代以后日韩关系出现转机，并于 1965 年 6 月 22 日日韩两国签署条约实现邦交正常化的原因归功于美国的积极斡旋。但研究认为，二战后处于美军占领下的日本及在美国的一手扶植下刚成立不久的大韩民国政府，比任何一个时期都强烈地受到来自美国的影响。但即便是在这样一个时期，在美国的斡旋下进行的第一次日韩会谈也未能取得成功。此后，美国亦不时地斡旋日韩会谈，但直到会谈达成妥协，双方还是用去了 14 年的光阴。看来 1965 年 6 月日韩会谈取得成功的功劳亦不能简单地归功于美国的斡旋。

研究以为，二战以后历时十几年的日韩会谈迟迟未能达成妥协的根本原因在于，围绕财产请求权问题、渔业及"李承晚［和平］线"问题等日韩两国的国家利益发生了根本对立。另外，20世纪 60 年代中期，日韩两国能够实现邦交正常化的根本原因也并不在于美国的斡旋，而是在于日韩两国国家利益的日趋接近。随着国际形势及日韩两国国内形势的变化，两国现实的经济利益和安全保障上的相互利益日趋接近是日韩求同存异，实现邦交正常化的根本原因所在。在叙述日韩关系的上述发生、发展变化的过程中，探讨了影响当代日韩关系发展的根本原因。

二战结束到 20 世纪 50 年代中期，由于美国大包大揽日韩两国的安全，所以日韩在安全保障方面的相互利益并不显得特别突出，相比之下日韩之间现实的政治、经济上的利害关系更显突出。日韩之间的现实的利害关系以及朝鲜半岛的局势主导着这时期日韩关系的走向。这一时期，由于日韩在财产请求权问题、渔业及"李承晚［和平］线"问题上的相互利益严重对立，加上朝鲜半岛局势动荡（朝鲜战争［1950年6月25日～1951年7月28日］）等原因，日韩会谈未能取得进展，未能实现日韩关系正常化。

从20世纪50年代中期以后，美国迫于本国的经济、军事负担的压力，逐渐调整其过去在日韩防务问题上的大包大揽的政策，不仅逐渐削减了对日韩的援助，还要求经济实力大大增强的日本，分担原先美国在东亚地区承担过的部分责任与义务。这使日韩之间潜在的远东安全保障问题上的共同利益开始凸显出来。而20世纪60年代已步入高速增长阶段的日本，对原料、商品、资本市场的需求不断增强。在地理位置上邻近、文化上接近、经济上存在很大互补性的韩国便成了日本资本注目的对象。而各方面都处于极端落后状态的韩国，为了生存和发展也不得不思变、进取。这时期韩国制订"经济开发计划"，积极引进外资和技术。在这种情况下韩国自然也把寻求资本和技术的目光再一次投向了近邻日本。这样，日韩在经济上的相互需求也在与日俱增。而20世纪60年代实力增强的日本也已具备了能够部分满足韩国方面提出的财产请求权要求，提供对韩渔业合作的能力。这时期，深受国际海洋法生效压力的日本，也迫切感到了尽快缔结日韩之间"渔业协定"，使渔业权问题以对日方有利的形式获得解决的必要性。于是日韩在签订"渔业协定"解决"渔业及'李承晚［和平］线'问题"上的看法也日趋接近。这是20世纪60年代中期日韩会谈能够达成协议、实现邦交正常化的根本原因所在。

通过对当代日韩关系发生、发展、变化历程的全面考察，可以进一步把握二战后日本外交特别是日本对亚洲外交的特色和本质，可以进一步提高我们对日韩两国外交的认识。通过对当代日韩关系的考察和分析，我们可以进一步认清日韩两国对外政策的决策过程及影响日韩两国对外政策决策过程的诸因素。上述探讨也可以为中国制定确实可行的对日、对韩政策及东亚政策提供有价值的参考。

赫梯条约研究

——《赫梯条约研究》成果简介

　　北京大学李政教授承担的国家社会科学基金项目《赫梯条约研究》（批准号为 05FSS003），最终成果为同名专著。

赫梯条约是公元前约 1500 至公元前约 1200 年间小亚细亚半岛强国赫梯国王与古代近东地区其他诸如埃及法老等大小国家统治者和赫梯国王的封侯们之间签订的条约。《赫梯条约研究》项目对赫梯条约进行了比较全面系统的研究。从介绍赫梯人条约的名称和赫梯条约的学术研究，赫梯条约文献的断代和赫梯条约的历史以及翻译赫梯条约文献入手，深入分析和探讨了赫梯条约的类型、它们的基本结构和历时变化、赫梯条约的史学和法的思想价值、赫梯条约与赫梯国王的对外关系和对外政策以及赫梯封侯条约与赫梯国王的封侯政治等问题。《赫梯条约研究》涉及赫梯学研究诸如语言、文字、历史以及文化等多方面的研究成果，因此，它不只是赫梯条约本身的一项研究，也是关于赫梯人历史文化的一个研究。

一　研究的目的和意义

赫梯学在中国的建立还处在起步阶段，赫梯条约的研究也只能说是略有论及。该项目负责人多年来一直在潜心研究赫梯条约文献，对下列一些问题有一定的深入研究，如对赫梯条约类型和结构的比较研究、类型与结构的差异和变化及其原因、附属国条约与赫梯国王的附属国政策、封侯条约与赫梯国王的封侯政策、封侯条约和基祖瓦特那条约类型的归属和赫梯条约中的人证问题等。这些方面的研究也正是国外赫梯学界少有或者不足的地方。此外，条约文献的翻译在中国是一项空白领域，对它的全面研究可以说更是一项空白。因此，资助该课题的研究对于推动赫梯学在中国的研究有着实实在在的意义，对于表明中国赫梯学研究在国际上也拥有一定的声音，特别是对于促进我们尽快参与到与国外学者的学术对话上意义重大。另一方面，赫梯条约的立项研究不仅仅是对赫梯条约和赫梯学的研究，由于条约文献自身的特点，因此，这项研究对于认识青铜时代中晚期整个近东世界的历史和该地区国与国之间的外交和政策，乃至各国之间的文化交流都有着重要的意义。它对于加强中国东方学、世界上古史、古代地区国际关系和对外政策的研究以及旧约思想等学术领域的研究和建设也有着积极的推动作用。

二　研究成果的主要内容和主要观点

本研究项目主要由八个部分组成。它们是赫梯条约概论、赫梯条约文献的断代和历史、赫梯条约的类型、赫梯条约的基本结构和其历时变化、赫梯条约的史学和法的思想价值分析、赫梯条约与赫梯国王对外关系和政策研究、封侯条约与赫梯国王的封侯政治，以及赫梯条约文献译文。

赫梯条约概论部分对赫梯条约的名称和文本进行了解释，全面回顾和考察了赫梯语成功释读和赫梯学建立以来赫梯条约的学术研究状况，指出了赫梯条约研究目前存在的不足，明确了要解决的问题和研究的重点。

第二部分运用赫梯历史的研究成果，并借助于国际赫梯学界赫梯学研究的最新成果，即赫梯古文字和赫梯语言历时变化特点的研究，对每一篇赫梯语条约文献进行断代研究，划分出赫梯古王国和中王国以及赫梯新王国时期的条约文献，指出现存各篇条约文本成文的大体时期。根据对赫梯人的其他种类文献的释读和研究以及赫梯历史的研究成果，提出和整理了一些很可能在赫梯历史上存在、但是至今尚未发现的条约文献。在对赫梯条约文献纵向和横向比较研究的基础上，分析和研究了赫梯条约的发展和演变史，并附上了赫梯条约文献一览表。

本项目根据赫梯条约的内容和形式，签约双方的政治、军事和历史地位以及他们的身份和与赫梯国王的关系等方面，对赫梯条约进行了类型划分，认为赫梯条约可以区分出三大类型，即平等条约、附属国条约（又称不平等条约）和封侯条约。从内容上和形式上对不同类型的条约进行了分别和综合的比较研究。对赫梯历史上的基祖瓦特那条约的平等性和封侯条约的存在做了特别的分析和论证。

赫梯条约有着一个基本的结构，由若干部分组成，即前言、历史背景回顾、条约正文的各项规定、神证与人证、诅咒词和祝福词。本项目按照赫梯条约各部分排列的基本顺序，运用史料对各个部分加以论述，对各部分的内容和形式做了详细的分析和概括。对诅咒词和祝福词的构成和表达形式进行了探讨。详细分析了赫梯条约结构的历时变化，指出赫梯条约结构并不是一成不变的，这一结构的基本顺序在一些附属国条约中被打破了，神证和诅咒词在某些赫梯条约文献的后半部分被大大地前移，紧紧出现在那些条约地前言或历史背景回顾部分之后，诸如祝福词等内容并不是出现在所有的附属国条约，诅咒词的运用和诅咒的程度在不同的条约中也是有差别的。条约的前言和正文反映出来的赫梯国王对待签约对象的称谓也是错综复杂。本项目还深入研究了这些变化产生的原因，指出这个历史现象很可能与赫梯国王所面临的复杂多变的客观历史背景和他们的对外政策密切相关。

赫梯条约是重要的外交文献。一些赫梯学家认为他们也是历史文献。不管怎样，赫梯条约文献中存在着的大量的历史史实是不容置疑的。它们突出地反映在赫梯条约文献中的历史背景回顾部分。本研究还深入探究了条约文献中其他部分蕴涵着的历史史实和一切可以挖掘的有关赫梯人历史文化的内容。除了分析条约的史学价值，赫梯条约中法的思想价值分析也是本项目关注的一个问题。一些西方学者甚至认为赫梯条约可以看做是法律文献，他们属于条约法的范畴。本研究在赫梯条约文献中进一步挖掘了其中的法制思想，肯定了赫梯条约具有的法的思想价值，其中，本研究认为，第三者作证和人证的思想在赫梯条约中表现得非常突出。

本项目根据赫梯平等条约和赫梯附属国条约的内容和形式，同时结合具体的历史背景，深入分析了赫梯国王的强国对外政策和他们的附属国政策，分析并提出赫梯国王对待强国的政策虽然其主流是平等和平的一面，但是，这一平等政策需要进行具体分析。对待有些强国，赫梯国王的这一政策不过是一个权宜之计和暂时妥协，或者说是不得不的友好。同时，本研究认识到，赫梯国王对待强国所采取的对外政策并不是自始至终简单的友好划一，所以，这一平等强国政策也有着发展和变化的一面。赫梯国王的附属国政策更是复杂多变，除了远交近攻，也有远攻近交，有时，也并不拘泥如此，因此表现出赫梯国王的附属国政策具有灵活多变的特点。

目前，国际赫梯学界尚无人对赫梯封侯条约进行系统和全面的研究。本项目对赫梯封侯条约的概念和这一类条约进行了界定，指出了它们与平等条约和附属国条约的共性和差别。分析了封侯条约的起源和发展、赫梯国王与封侯间的关系和封侯条约与封侯政治的关系，提出封侯条约在公元前二千纪的古代近东世界很可能独树一帜，这是赫梯国家自身发展和周边复杂多变的客观形式所决定的，这一类条约的诞生延伸了赫梯国王政治统治的内涵，它成为赫梯国王政治统治的一个特点。

这一课题的研究建立在对赫梯条约释读、理解和全面深入分析的基础上。因此，正确解读和理解是本著作的重要基石。所以，本研究多次释读了绝大部分赫梯条约文献，同时，有必要对这些条约文献进行汉译，并作为本项目研究的一个重要组成部分。当然，这也旨在为读者全面了解赫梯条约和加强对他们的研究提供一个直接阅读赫梯条约文献的可能性。

此外，该成果在最后提供了一份比较翔实的参考书目和主题词索引，以及选择了若干保存较好的赫梯条约的图片。

主要观点和创新之处：研究认为，赫梯条约的术语不是不可以反思，"takšul"不能认为是赫梯条约的一个术语，赫梯条约的主题思想是认识赫梯条约术语的基础。

赫梯条约完全可以划分出第三种类型，即封侯条约。第一次提出赫梯封侯条约和封侯政治这个概念。赫梯国王的封侯条约在公元前两千纪的古代近东世界可谓是独树一帜，赫梯国王所建立起来的封侯政治体系与条约的结合开创了赫梯国王政治统治的一个时代。封侯政治是赫梯国王政治统治的一个特点。本项目还研究了封侯条约与赫梯国王的封侯和封侯政治的建立和发展，赫梯国王与封侯之间的关系以及封侯和封侯政治的作用等问题。这部分的研究具有原创性，它对人类早期文明史其他地区封侯政治的研究具有一定的参考价值。

关于一些赫梯条约的类型划分，本研究与国外学者不同的观点还有封侯条约不能看做是附属国条约；基祖瓦特那条约应属于平等条约。

在附属国统治者与条约前言部分的关系和祝福词的形式等方面，本研究也提出一些不同与国外学者的观点，如祝福词的界定问题，提出赫梯人的祝福词主要有两种表达形式。本研究认为，祝福词并未见于所有的附属国条约。此外，本研究进一步分析了个别附属国条约前言部分内容的变化问题。

其他创新点是附属国条约与封侯条约的比较研究。本研究还提出了赫梯附属国条约结构变化的原因在于赫梯国王对待不同附属国所采取的倾斜政策这一观点。赫梯条约结构的变化并不完全是随意的，有其主观的一面，这是赫梯国王针对不同签约人而做出的一个调整。

本研究认为，赫梯条约文献是研究赫梯国王对外政策的重要文献，不同类型和同一类型的赫梯条约都体现出赫梯国王所采取的对外政策具有多样和灵活复杂多变的特点。

赫梯条约中人证的问题和失落的赫梯条约的研究也是国外学者很少涉及或者未曾涉及的部分，本研究对此给予关注和深入的研究。

此外，从国际赫梯学研究的视野来看，至今，也还未曾有一部研究项目将所有的赫梯条约集于一体进行翻译和研究，特别是，本研究能够重视那些残缺比较严重的条约文本，并尽可能地把他们纳入到各个环节的研究之中，这对于今后加强赫梯条约的全面研究无疑是有益的。

本研究认为并提出，赫梯条约这种文献形式和赫梯条约种类多样化在赫梯王国的使用和产生是对条约这种文献形式的一个发展和贡献，从公元前二千纪和一千纪时期的整个地中海世界来看，在某种意义上赫梯人是否可以被看做是条约文献形式的承继者和发展者呢？

总之，该成果不单是关于条约文献的研究，也是对于赫梯历史和赫梯国王对外政策的研究，它还涉及古代近东地区国与国之间的关系和古代条约史以及乃至古代外交史等领域的研究。

三　研究成果的学术价值和应用价值

赫梯学是世界上古史学科领域内 20 世纪初以来新兴的一个学科分支，它对于古代西亚历史文化和古代地中海世界乃至希腊古典文化的研究都有着重要的意义。赫梯语的破译和印欧 - 赫梯人的证实被认为是 20 世纪人类的一大发现，并因此受到西方学者们的普遍重视。同样，作为赫梯学研究的一个重要组成部分，赫梯条约的研究不单对于赫梯人的条约，它对于赫梯人的语言、文字以及历史文化的研究，对于赫梯国王的对外关系，尤其是古代近东地区国与国之间外交关系和政策的研究也有着重要的学术价值。对于古代条约史以及古代外交史等领域的研究有着不可忽视的应用价值。同样，赫梯条约研究中的封侯问题为古代世界其他地区封侯政治的研究提供了重要的学术参考价值；它的研究对于古代世界其他地区条约的研究也有着不可忽视的学术价值，特别是对于美索不达米亚人的条约和古希腊条约的研究有着不可多得的参考价值；赫梯条约中的誓约思想对于认识《旧约全书》中神人之间约定的思想也有着一定的参考价值。

中世纪英国财政研究

——《中世纪英国财政研究》成果简介

　　首都师范大学施诚教授承担的国家社会科
学基金项目《中世纪英国财政研究》（批准号为
04FSS002），最终成果为同名专著。

本项目主要研究中世纪英国封建财政和税收史，具体包括以下几个方面的内容。

第一，论述中世纪英国财政机构——财政署、宫室和锦衣库——的起源、发展、功能，它们之间的关系以及它们与其他行政机构的关系。大致说来，财政署主要负责公共财政收支，宫室负责王廷的收支，而锦衣库负责战争收支。宫室和锦衣库的收入主要依靠财政署的支拨。但是与其他行政事务一样，中世纪英国的国家公共财政与国王的私人财政区分不明显，所以三个财政机构的职能经常重叠。

第二，评述中世纪英国国王享有的一系列财政特权，包括每年征收分布在全国各地的郡包租、征收特别协助金、继承金、监护权和婚姻决定权带来的收入、王室森林区收益、王室采买权、征调军役和军事强买权等。"诺曼征服"后，威廉一世把许多土地分封给教俗贵族，但是也保留了大约全国 1/5 的土地作为自己的领地，称为"王领"（Royal Demesne 或 Crown Lands）。王领分布于全国各郡，由郡守负责出租、征收租税并上缴财政署等管理工作，由于郡守每年上缴的租税被固定了，所以它被称为"郡包租"。根据封君封臣制度，当国王的长子被授予骑士封号、国王的长女出嫁、国王被俘而需要交纳赎金时，国王有权向直接封臣（总佃户）征收特别协助金，数量一般按照封建习惯或协商确定。当总佃户的后裔继承封地时，他们需要向国王交纳继承金，一般为伯爵领 100 英镑，骑士领为 100 先令（5 英镑）。如果总佃户去世时他的继承人未成年，那么其封地由国王监护，除了维持被监护人的生活外，土地收入全部归国王。如果总佃户的遗孀需要改嫁，那么必须向国王交纳一定数量的款项才能获得国王的批准。中世纪英国国王为了行猎而建立了王室森林区，实行严苛的《森林法》，通过森林法庭的司法、出售垦荒权等，国王每年可以从中获得一定收入。中世纪英国国王享有在全国任何市场以低于市场的价格优先购买王室生活品的权利，这就是王室采买权，从 13 世纪后期起，国王把这种权利延伸为庞大的军队提供后勤供应，王室采买权就演变为军事强买权。军役也是国王强加给臣民的一大财政负担。在封君封臣制度下，每个直接或间接从国王那里占有土地的封建主，每年每个骑士领有义务为国王服役 40 天，但是随着战争时间的延长、战争规模的扩大和骑士军役的难以落实，国王利用盎格鲁—撒克逊时期的民军制度，用法令规定全体 16～60 岁身体健康的男性臣民都有义务为国王服役。当民军和骑士都不足进行战争时，国王承诺为服役士兵提供工资，但是装备由当地负责。中世纪后期，军事强买和军役成为国王强加在臣民身上的沉重负担。虽然税收在国王财政收入中所占的比例越来越大，而且有些封建财政特权受到限制，但是它们在中世纪未被废除，成为历代国王的一个稳定财源。

第三，分析英国封建税收理论和税收结构的演变。在封君封臣制度的影响下，国王被要求"靠自己过活"，即国王必须像其他封建主一样，以其全国最高封君的身份所获得的收入维持王室生活、国家日常行政开支，其中主要是王领土地收入，只有在特别紧急的情况（战争）下，国王才能以一国之君主的权力向臣民征税。在物价上涨和战争开支不断扩大的压力下，国王以"共同利益"和"共同需要"为由，不断突破封君封臣制的束缚，寻找新的财源，从而导致税收结构和国王财政收入构成的变化，以土地为基础的封建税收让位于以财产和收入为基础的近代税收转变，盾牌钱、丹麦金和卡鲁卡奇等以土地为基础的税收由于封土制的实行而难以征收，于是国王转向动产和收入税。由于中世纪英国拥有畅销欧洲大陆的优质羊毛，所以从 13 世纪后期起，历代国王都征收关税。从此，关税和动产收入税成为国王的两大财政支柱。税收理论和实践的变化反映了中世纪英国宪政的进程。议会的形成和发展与国王的税收紧密相关，为了扩大税收基础，国王不得不召集地方代表——郡骑士和城市市民参加议会，他们与会的主要目的就是批准国王征收动产收入税。到14世纪中期，议会下院基本上控制了批税权。

第四，除了关税和财政特权收入外，动产收入税不能连年征收，为了与法国、威尔士、苏格兰作战，国王经常依靠向犹太人、意大利银行和国内的贵族、商人举债，以筹措战费，借款成为中世纪英国历代国王弥补收入不足的一种重要财政手段。

第五，教会是英国的首富，历代国王都觊觎它的财富，但是从理论上说，只有得到教皇的批准，国王才能向教士征税。所以国王与教会的财政关系牵涉到与罗马教皇（或教廷）和英国教士之间的复杂关系。13世纪后期，随着罗马教皇权威的下降，国王爱德华一世开始直接向英国教士征税。为了抵制国王对教会财富的掠夺，坎特伯雷和约克两大主教区的教士们分别组成教士大会，批准或拒绝国王对教士的征税要求。

第六，分析历代国王的财政收支平衡问题。根据现有材料，附录了历代国王每年的财政收入，分析国王财政收入的构成，说明国王财政收入中封建财政特权收入比重的下降，税收比重的增加。战争是历代国王财政开支的大宗，其次是王廷的开支，包括王室生活和行政开支。中世纪英国国王没有严格的财政收支预算，绝大多数国王是"糊口财政"（hand-to-mouth），死后遗留大笔债务。

自从19世纪后期以来，宪政史一直是中世纪英国历史研究中的热点和重点问题，史家辈出，著述汗牛充栋。宪政史研究的重点之一就是议会取得批税权，从而限制王权。所以几乎所有宪政史著作都涉及税收与财政问题，但是由于本研究的目的是论述近代英国立宪君主制的形成，所以税收与财政史只是宪政史研究的注脚。20世纪，国外有些学者开始把中世纪英国税收与财政史当作一个独立的对象给予研究，出现了不少论著，个别学者不辞辛劳编辑了一些珍贵的税收和财政史料，为其他人的研究奠定了基础。

国内学者对中世纪英国税收与财政的研究很少，虽然个别学者从中西比较的角度涉猎过这个问题，但是没有进行过系统的研究。

由于受封君封臣制度的影响，中世纪英国的税收理论与原则、税收结构和国王的财政收入等方面都具有独特性，因此研究这个问题具有实际意义和理论意义。目前中国正在深化税收制度的改革，借鉴和吸收西方发达国家的税收理论和经验是必不可少的，而这些西方税收理论多起源于中世纪西欧国家，尤其是独具特色的英国税收制度。所以本项目虽然是一项基础研究，但是也对现实具有一定的借鉴意义。中国学术界对欧美各国近现代的税收与财政进行了一些研究，并取得了一定的成果，但是如果没有对中世纪欧洲国家税收与财政的研究做基础，那么就难以理解西方国家现代税收与财政制度的源泉和演变过程。本项目期望能够起到抛砖引玉的作用，引起国内史学界尤其是西方经济史学界对中世纪西欧国家财政史研究，为中国的税收制度改革作出理论贡献。

财经信用与经济伦理的
价值同构与规范互补

——《我国财经信用体系建设中的伦理
机制研究》成果简介

　　南京审计学院郭建新教授主持的国家社会科学基金项目《我国财经信用体系建设中的伦理机制研究》（批准号为04BZX053），最终成果为专著《财经信用与经济伦理的价值同构与规范互补》。课题组主要成员有：李玉琴、任德新、龚剑玲、朱明秀、许莉、许文蓓。

　　财经信用从本质上说是经济关系与伦理关系的一种价值同构和规范互补。现代信用危机作为一种经济关系及其价值与伦理关系及其价值的失衡，主要在于市场经济本身存在着一种在场的趋利性，人的观念及其行为会产生某种偏执性的利益冲动，它不仅使人际交往的规范形式趋于经济化，同时也把这种关系中所体现的价值强迫性地衍生到其他的社会领域。并且，由于经济系统在当今对社会结构、制度安排以及价值观念的型塑性极强，这不仅强化了人在一定社会中的趋利性，同时也弱化了其他社会系统对其实施有效地干预。道德是财经信用不可或缺的价值依据与规范建构要素。然而，经济领域的制度化设计与安排往往偏重经济规则本身及其经济法权的单维度支撑，以至于在理性最大化的行为假设条件及其相应的法制规则强化中使信用关系由于缺乏道德关系的协调和道德价值精神的支撑而愈发走向单纯的趋利化路径。这在固化和内化经济行为方式及其价值同时正在淡化和祛除其伦理关系及其价值。可是在事实上，由于单纯的经济规则的前提性假设及其制度规划并不能全面有效地覆盖经济生活领域，况且缺乏基于自由意志且协调权利义务关系的社会伦理道德的植入，经济本身将会失却制度责任的承诺，导致权责利的关系失衡。这种失衡从本质上讲是一种经济伦理关系的不协调。现代信用危机的症结就在于此。

　　站在经济信用的立场，现代财经信用需要经济关系与道德关系相互博弈形成一种历史性的均衡。信用作为一种市场经济的交易规则，是经济律与道德律在规范意义上的一种关系同构。两者各自植入自身的价值以支撑和维系信用的良性运作。由此，信用是一种经济伦理实体。完整的信用机制必须包括信用制度体系、信用价值体系与信用信息体系三个方面。信用机制的这三个方面都与伦理关系的价值同构和规范互补相关。在信用制度体系方面，道德是信用制度规范体系的构成要素，不仅信用制度当中体现着某种道德精神，同时道德也通过正式或非正式的制度规范在节约交易成本提升制度效率方面起着重要的作用。在信用价值体系方面，信用交易所体现的原则需要道德价值的支撑。不同的时代有不同的信用价值原则，它调整着信用关系中权责利三者的协调与统一。现代信用价值原则主要表现为诚信原则、平等互利原则与公正原则。在信用信息体系方面，道德能够针对交易过程中在不完全信息的条件下，通过规避一定程度的道德风险而减小相应的利益损失。由此，财经信用是一种经济伦理式的信用。社会伦理在财经信用中所体现的伦理质量及其道德含量决定着一个财经信用体系的完备程度与稳定情况。财经信用体系中应该全方位地融入伦理机制，通过制度规范建设与文化环境建设把信用伦理价值衍生到各种类型的信用活动中去，从而减少信用体系的失信风险。这就具体涉及财经领域中的各种信用活动与经济伦理的关系。

1. 金融信用伦理

金融的本质是货币与信用的融合体，信用是金融契约履行的基础。金融契约的履行不仅依靠信用制度的保障，同时也要依靠以诚信为原则的道德价值及其规范来维系。随着金融工具和金融产品的创新，信用已成为现代金融业的核心。作为信用在金融领域内的延伸，金融信用同样具备信用的经济和伦理双重属性，它既是金融领域内资金借贷关系的表现，又是金融领域中市场主体相互之间信守承诺的伦理原则。金融市场上一切的金融关系本质上都可以归结为一种债权债务关系，信守契约、遵守交易规则被视为是合乎金融伦理原则的要求的。当前，中国金融信用领域内的失信现象较为严重，其中尤以银行业和证券业为最。对此，需要从以下六个方面进行规划建设，即优化社会道德环境、奠定坚实的产权基础、约束政府的越职行为、健全信用管理体制、完善法律法规体系和构筑行业职业规范体系。

2. 会计信用伦理

会计活动是一种会计信息共享活动，它强调的是把会计信息成果传递和传播给所有与会计信息相关的关系人。会计对各关系人需求在伦理上的合理性和正当性的认识是寻求各种会计活动的伦理理念和原则的依据之一。会计活动的伦理特性是基于会计信息如何适应使用者合理需求为前提，探究会计信息所谓的"应然"状态。以此推导出作为会计体系基础的具有评判和指导会计计量和信息传递等会计行为功能的会计内部运行职业道德规范。会计活动的伦理特性包含如下三个原则：和谐原则、诚信原则、独立性原则。当前，会计信息失真是会计信用领域中的主要问题。针对这一现象，需要从以下几个方面着手：建设企业诚信文化、塑造诚信形象、完善法规建设、加大违规成本、强化审计的约束和监管功能、完善公司治理结构、改革会计人员管理体制、完善会计职业道德规范体系等。

3. 财税信用伦理

　　财税伦理的发展和完善就在于财税风险的有效削减，即依存于财税等一应制度系统的发展和完善。降低财政风险，应以发展和完善适应于市场经济的公共财政体制为要旨，因为公共财政的伦理维度既表现为在市场配置的私人品性质的领域内维护市场经济的效率和机会均等的规则公平，又表现为在公共品性质部分的生产提供中展现高效率、协调分配结果的社会公平。切实构建、不断发展和完善体现伦理和谐性的财政体制及其相关制度系统，并以其高效执行的约束力和规制力来提高政府与社会公众的道德能力、特别是其实现程度，是减少当前转轨期财政风险的必要途径和重要环节。公共财政系统的制度建设主要应包含以下四方面：首先是预算管理体制及其外围实体财政运行制度的完善；其次是财政支出和财政收入绩效评估制度的健全；再次是财政运行监督制度的优化；最后是财政运行信息的通畅。

4. 审计信用伦理

　　从经济伦理的立场来看，所有审计行为，不论其类型和对象发生多少变化，最终审计的都是信用。在这个意义上，审计实际上是对被审计主体信用的审计，是为了查实被审计单位表象信用与实质信用之间的差异，并理清其根源，呈报给委托主体。审计伦理的基本原则、基本范畴和行为准则、职业道德，都是以信用为出发点又是以信用为归宿的，各项原则及其具体表现与要求无不是信用在各个不同方面、不同层面的体现。审计伦理遵循着这样三个原则，即独立、公正、诚信。审计风险是当前审计信用领域中所存在的主要问题。审计风险是指在审计业务或审计活动过程中将会发生的一种可能性的利益损失。规避审计风险，加强审计信用伦理建设，需要从以下几个方面着手：构建审计行业文化、加强审计行业监管、提高审计从业人员的道德素质、建立和完善审计行业的职业道德规范体系。

5. 企业信用伦理

企业信用是以企业为主体与各种利益相关者所产生的以实物和资本的借贷与融通为主要特征的经济关系。企业不但体现着信用作为一种经济关系的实体性载体，同时，它也是作为一种伦理关系的实体性载体，这种经济伦理关系使企业信用成为一种在本质上是经济伦理关系的实体。它既是一种基于权利和义务对等性承诺的契约伦理要求，同时也是一种基于自律性的主体德性的体现。道德在企业信用方面的实现主要体现在以信誉为核心的资本形态的道德，以共享理念与价值为核心的文化形态的道德，以规范建设为核心的制度形态的道德以及以主体德性为核心的道德四个方面。因此，道德在企业信用领域内主要发挥着作为企业人格的整体性的经济伦理式激励；作为企业与各种利益相关者之间信用关系的协调；作为制度道德与规范对行为人的约束和导向三个方面的作用。

6. 广告信用伦理

信用是现代广告伦理的核心。广告遵循以诚为本、真实可信的道德原则，不仅是市场经济道德的内在要求，也是整个广告运作过程的成功基石与广告业健康发展的根本保证。广告诚信符合公众的利益，它有利于稳定市场经营秩序，提升企业的良好形象，以及增强自身的媒介权威性。当前，广告失信现象较为严重，主要表现为以虚假性广告、遮蔽式广告、夸大性广告为特征的广告内容失信和以广告主、广告经营者、广告发布者为特征的广告主体失信。对此，需要建立伦理相关的广告信用管理体系，主要表现为：完善广告法律体系、健全广告的监管机制、加强社会舆论监督、培养广告人的道德修养和道德意识、提升经营者道德选择的自觉性。

远东天主教史研究

——《16~17 世纪远东天主教史研究》
成果简介

　　浙江大学戚印平教授主持完成的国家社会科学基金项目《16~17世纪远东天主教史研究》（批准号为 04BZJ009），最终成果为专著《远东天主教史研究初编》。

该成果涉猎了许多以前不太为人所关注的"边缘问题",如圣多马传说的文本分析、沙勿略与中国的关系、耶稣会士的商业活动、武力征服中国的计划、耶稣会内部的通信制度以及远东地区的主教任命问题等,试图从远东甚至更为广阔的视角来解读历史人物与事件。

该成果采用上述研究方式主要基于以下认识。

其一,16~17世纪的宗教传播以及由此产生的文化冲突,并非一国一地的个别现象。从不同修会的天主教传教士便跟随帝国的商船与军舰,前往世界各地传播"福音"开始,文化冲突已成为全球范围内普遍存在并相互关联的共同问题。

与此相比,发生在亚洲尤其是远东地区的宗教与文化冲突,具有更为鲜明的区域特色,相同或相似的社会形态(封建统治)、文化传统(佛教与儒学)以及建立在这一基础上的价值观念与行为习惯,不仅迫使传教士们面临相同或相似的问题与挑战,而且亦必然促使他们相互参照、借鉴或者直接利用这些宝贵的经验教训。加之耶稣会本身的组织形态与内部机制,相同或相似的文化经验很容易推导出具有普遍意义的认知模式,进而发展为相同或相似的传教策略,并最终积淀为彼此共有的文化传统。例如,沙勿略(Xavier, Santa Francisco),虽然这位"东方传教圣徒"从未进入中国内地,但他可以从印度、马六甲、日本等地的传教实践中获得对于中国文化的认识,利用汉字的特殊地位,在境外编撰出第一部中文教理说明书;而他因地制宜的策略调整和探索精神,不仅为此后范礼安(Valignano, Alessandro)的"文化适应政策"(Accommodatio)奠定了基础,而且还在利玛窦(Matthoeus Ricci)等人"合儒、补儒"的传教方针中发扬光大。

另一方面,区域文化自身的有机结构也必然导致冲突之间的有机联系。例如,由于传统观念和表述习惯而爆发于中国的"礼仪之争",不仅在文化属性与表现形式上与此前日本的"大日如来误译事件"和稍后印度的"马拉巴礼仪之争"如出一辙，而且事件本身亦存在着显而易见的相互作用。事实上，不仅备受争议的"天主"译名首先使用于日本的教会学校，而且率先发难、积极挑起论战，也是那些因长年传教日本而对儒家文化有深刻理解的日本耶稣会士。

其二，历史上从来就没有纯粹的文化与宗教，也从来没有纯粹的文化交流与宗教传播。正如有人将葡萄牙国王的海外政策概括成"为了胡椒与灵魂的拯救"那样，西方列强在全球范围内的势力扩张包括世俗利益和精神征服的双重内容。事实上，在大航海时代广泛使用的"征服"（Conquista）一词，本身就具有殖民统治、宗教传播以及发展海外贸易等众多含意。

由于上述特定的时代属性，不仅前往亚洲以及世界各地的帝国军队与商人们一直与传教士相互支持、密切合作，那些传播"福音"的修道士亦通常兼有多种使命，或因此拥有不同的身份。对于这一点，传教士本人是十分清楚的。正如1584年6月25日首任中国耶稣会地区长上卡布拉尔（Francisco Cabral）神父在写给国王的信中所说的那样："我向陛下递交这份报告（武力征服中国的计划）是出于两个动机：第一，作为基督徒与修道士，我负有侍奉于神，拯救灵魂的重大责任；第二，作为陛下的臣子与耶稣会的一员，我有服务陛下的义务。"

基于相同的义务，沙勿略在抵达日本后写出的第一批信件中，指明建立商馆的合适地点，并同时提供了可获得丰厚利润回报的货物清单。而年轻的弗洛伊斯（Frois, Luis）修士亦在听说中国与倭寇发生激烈战斗的消息后，立即敏感地意识到蕴藏于战争背后的巨大商机，"因为中国人不能载着他们的商品前往日本，这对葡萄牙人在日本的交易是极为有利的"。

当然，耶稣会士关注并积极投身于"不务正业"的商业活动，还缘于其自身的多种需求。首先，由于封建王权的强大压力，始终处于弱势地位的传教士只能将海外贸易的世俗利益作为策略性的工具，用以交换传教许可的政治筹码；其次，由于经费需求与固定收入之间的巨大差距，他们"不得不使用我主基督赐给五块面包和二条鱼的相同方法"，以商品交易的利益来满足衣食住行等最基本的生存需要。正因为如此，耶稣会士可以先斩后奏，与澳门商人们签订有关生丝贸易的协定，斤斤计较于朝三暮四的生丝配额，并在澳门等地区派驻专营此类事务的管区代表，在修院中设立臭名远扬的"交易所"，每年赚取数万两白银的纯利。

其三，区域性的文化冲突及其矛盾演变并非孤立而封闭的自主体系，而是受到多种外部因素的影响，与之共同构成不断变化的历史过程。

在诸多外部因素中，罗马教廷与各国王室之间的复杂关系对于耶稣会的传教活动具有直接而深远的影响。根据教宗亚历山大六世（Alexander Ⅵ）在 1493 年 5 月 3 日划定的势力范围，葡、西两国分别在这一"教皇子午线"（Demarcacion）的两端拥有被称为"保教权"的特殊权益。他们不仅有权推荐主教人选，而且所有的传教士亦必须以国王的名义，于里斯本或马德里出发，前往远东或世界各地传教。然而，脆弱的政治同盟很快因利益之争而破裂。许多人认为，1622 年成立的传信部意味着教宗试图夺回传教事业的控制权，从而引发更为复杂而深刻的矛盾冲突。

必须留意的是，王权与教权的矛盾在远东地区延伸并发展成为"传教权"的特殊形式。与葡萄牙结成利益共同体的耶稣会一直谋求独占日本和中国的传教特权，而受控于西班牙方济各会、多明我会以及奥古斯丁会士，则千方百计地渗透挤占前者的传统领地。当葡、西两国在 1580 年合并之后，双方的矛盾冲突不但没有消除，反而趋向高潮，并最终导致日本幕府采取禁教与锁国的极端措施。

如果进一步拓展视野，可以很容易发现对传教事业产生深刻影响的许多世俗事件。例如 1575 年葡萄牙人入居澳门地区后，这个远东港口不仅标志着葡萄牙海外帝国最终确立、世界贸易体系的大致形成，而且意味着远东耶稣会士获得了一个稳定的根据地，他们能够通过定期航船制度，于商业活动中获得经费来源。因此，当澳日贸易断绝之后，不仅澳门从繁荣走向衰败，耶稣会在远东的传教事业亦无可挽回地趋于没落。

关于对传教事业产生重要影响的不同因素，还可以举出许多，如 1588 年，"无敌舰队"（Inuincible Armada）远征英国时的全军覆灭，16 世纪末新教徒国家荷兰与英国的强势进入等。错综复杂的事物关联及其相互作用，在不同的情境中呈现出万花筒一般的各种变化，令人眼花缭乱。事实上，各种因素的交叉互动就如同一个复杂的能量场，相互作用，且难分彼此。我们现在耳熟能详的全球化、一体化，其历史进程的真正起点就在于此。说得再形象一些，正是从那时开始，亚马逊森林中蝴蝶翅膀的颤动已经可以在太平洋彼岸引起震荡和回响。

因此，相对封闭而单一的传统研究模式不足以获得对于历史的完整认识与理解。考察中国教会史或中国传教史，绝不能自囿于国境线以内的有限范畴，而应当置于远东、亚洲乃至整个世界的大背景下加以考察并相互印证；唯有如此，才能更为深刻、准确地把握中国教会史和传教史的自身特点与本质所在。

中国少数民族新闻传播
通史研究

——《少数民族语文的新闻事业研究》
成果简介

　　中央民族大学白润生教授主持的国家社会科学基金项目《少数民族语文的新闻事业研究》（批准号为 01BXW003），最终成果为专著《中国少数民族新闻传播通史》。课题组成员有：崔相哲、张鸿慰、阿斯买·尼牙孜、周德仓、张巨龄、忒莫勒、益西加措、张小平、李群育。

中国少数民族新闻传播事业兴起于 20 世纪初叶。进入 90 年代后中国少数民族新闻传播事业空前繁荣,形成较为系统、多语(文)种、多层次、多渠道的各具特色的新闻传播体系,成为中国新闻传播事业中不可或缺的组成部分。该成果全景式地记录了中国少数民族新闻传播事业(报刊、广播、电视、网络、新闻教育与研究、队伍建设)的兴起、发展和繁荣,全面系统地挖掘和阐发了其中所蕴含的新闻传播规律。

该成果除绪论外分四编 12 章。绪论论述了中国少数民族历史新闻传播学的内涵与外延、研究的历史与现状、内容与分期、研究方法等,鲜明地指出:中国历史新闻传播学是中华民族共同创造的,没有 55 个少数民族的新闻事业的新闻传播就不可能是一部完整的、科学的、系统而全面的史学著作。

第一编"蹒跚学步"(从远古~20 世纪 20 年代),共三章。

该编首先总结了从先秦到唐代中国原始状态报纸产生前兄弟民族新闻传播的形态、传播方式及其特点。在这里最具特色的是关于"少数民族之特殊信息传播方式"的研究。其次总结少数民族文字报刊诞生前后,少数民族同胞的报刊活动及其新闻思想,论述了中国古代少数民族报业的特点。最后阐明了中国少数民族文字报刊产生的历史背景、原因及其特点。

1905 年冬,《婴报》的创办标志着中国少数民族新闻事业的诞生。但对《婴报》的历史地位,学术界有过争鸣。《通史》对每一质疑进行了辩证。在未有定论的情况下,作者认为"只能承认学术界比较一致的观点,也就是说《婴报》仍然是我国最早的少数民族文字报刊"。

少数民族文字报刊兴起的主要原因是少数民族尤其是蒙、藏、维等与中原文化交流日益频繁;民族地区印刷术的改进与发展,为少数民族文字报刊的诞生和兴起奠定了物质基础;最为重要的是政治历史背景和时代发展的需要。

第二编"峥嵘岁月"（20世纪20年代～40年代末），由两章组成。

该编主要讲述"三一"运动的朝鲜文报刊、30年代的俄文报刊和著名回族、水族报刊，以及少数民族文字期刊的兴起，并重点考察了少数民族女报人及其办报活动，勾勒了少数民族翻译出版事业的历史沿革。中国共产党成立后，马克思主义的传播和中国共产党民族平等与民族团结政策的深入宣传，使民族报刊更具有现代报刊的内容和形式，有力宣传了党在各个历史时期的总任务和总政策。

而后着重阐述抗日战争和解放战争时期中国朝鲜族、蒙古族、俄罗斯族以及新疆地区、西康地区现代新闻事业的发展，突出介绍了民族地区最早的少数民族文字画报、现代时事政治性期刊和这一时期著名的马克思主义民族期刊。与第一编一样，这里也介绍了民族地区较为著名的汉文报刊。

这一时期是中国少数民族新闻传播的初步发展阶段。其特征是：少数民族新闻传播事业的单一性开始打破。作为党和人民耳目与喉舌的党报党刊及统一战线的报刊在民族地区的迅速发展是历史性的转变，也是这一时期民族报刊的显著特点。外国人在海内外创办的中国少数民族文字报刊历史较短，绝大多数具有鲜明的政治倾向性。少数民族新闻工作者从外国人的办报活动中汲取和借鉴了办好报刊的经验，尤其是在采编业务方面有了明显改进，民族报业获得了长足发展。

这一时期，中国少数民族新闻工作者队伍初步形成。从第一编到第二编结束，在近半个世纪的时间里，涌现了许多杰出的民族新闻工作者，并出现了一批少数民族女新闻工作者，少数民族的办报活动持续不断。但是，这一时期中国少数民族新闻传播事业的发展仍很不平衡。

第三编"火红年代"（20世纪40年代末～70年代中叶），由两章组成。

　　这个时期中国少数民族新闻传播事业进入了深入发展和特殊发展时期。深入发展时期是指 20 世纪五六十年代，中国少数民族报刊形成了多层次、多文种的党报体系，少数民族文字专业报、对象性报刊开始兴办。这个阶段少数民族新闻事业彻底打破单一性，尤其是 60 年代，随着中国民族文字报刊蓬勃发展，中央和民族地区以民族语文为传播工具的广播事业已初具规模，而民族地区的电视事业也在这个阶段诞生。中央人民广播电台于 1950 年开办少数民族语言广播节目。内蒙古、新疆、广西、西藏及吉林延边等民族地区人民广播电台与少数民族语言的广播陆续创立。少数民族语言的广播在少数民族同胞聚居的民族地区形成了网络和体系。

　　这一阶段民族地区各级各类报社全面贯彻执行中央新闻工作方针，加强队伍建设，造就一批德才兼备的编辑、记者和报社的管理干部。在这一编里对知名的采编人员做了重点介绍，使读者深切感受到少数民族新闻工作者对发展社会主义少数民族新闻传播事业作出的杰出贡献。

　　把这个时候称之为深入发展阶段，最为重要的原因是少数民族文字报刊的发展更显示出自己的特色。比如报与刊明显区分；在中国已有文字的少数民族中，绝大多数兴办了自己的报纸，积累了经验，形成了传统，办出了风格和特色。又如，版式的变化，经历了"民文与汉文合璧"式、"译报"式、"民文与汉文合刊"式以及至今仍为其主要办报方式的"一社多报"现象。20 世纪五六十年代许多报社重视运用图片新闻，通过图片弥补文字宣传之不足，美化版面，提高可读性。在新闻采写方面，以不同的新闻语言、心理状态、民族性格、思想情感、风俗习惯、衣饰服装，以及不同的表达方式，采写具有时代特点、民族特色、地方风格的作品，提高报道质量，通俗而形象地宣传党的路线、方针、政策，使民族地区的党报贴近少数民族读者。

特殊发展阶段，是指"文化大革命"时期，少数民族新闻传播事业在夹缝中忍辱负重，曲折前进。由于民族区域自治、民族团结政策的强大生命力，即使在党的新闻工作传统遭到严重破坏的十年浩劫中，少数民族文字报纸也有新的发展。这一时期以"少数民族新闻工作者的反思"作为总结。

新中国成立后，中国社会主义少数民族新闻传播事业，在党的民族区域自治和民族团结政策的光辉照耀下蓬勃发展，即便是在"文化大革命"期间，不仅有新的发展，而且品种繁多，显示了强大的生命力。

第四编"满园春色"（20世纪70年代中叶～20世纪末），由五章构成。

首先，新时期全国少数民族报业获得了快速发展，打破了党委机关报一枝独秀的单一格局，完整的报刊体系逐步建立起来。彝族、苗族、侗族、布依族、纳西族等，都是有史以来第一次出版自己民族文字的报纸，充分反映了中国民族文化事业的进步。形成了以党报为核心的多层次、多地区、多种文字的民族报刊体系。虽然少数民族报刊进入了有史以来最为辉煌的时期，但是由于少数民族地区长期相对封闭和经济发展水平的滞后，少数民族报业与内地报业相比都有较大差距。因此又以《少数民族报业发展之路》为题，对其"问题与窘境"做了专门的分析研究，指明"重塑与发展"的出路。

其次，该编讲述了少数民族广播、电视体系的形成和网络的兴起与发展。20世纪80年代实施的"四级办广播、四级办电视、四级混合覆盖"措施，使中国少数民族广播电视事业有了飞速发展，逐渐形成了多语种、多层次、多渠道较为系统和特色鲜明的新闻传播体系。通过对省、市、自治区一级地盟县旗民族地区广播电台、电视台和少数民族语言广电节目的介绍，以无可辩驳的事实，显示了这个体系的真实存在。但是作者在着重指出少数民族广播电视事业发展中存在的问题之后，具体指明了当前少数民族广电事业的发展之路。

少数民族新闻网站是新兴的媒体，过去很少有人研究。该成果列专节界定民族新闻网站的内涵和外延，阐述其发展体系、基本状况以及目前民族新闻网站亟待解决的问题和应对策略。

最后，该编除对少数民族新闻教育的兴起与发展做了概况介绍外，还重点介绍了民族地区、民族院校的办学宗旨、办学模式、教学内容和方法以及在21世纪教育改革中取得的成就。少数民族新闻研究由两部分内容组成。一是重点介绍20年来的研究成果和为其作出较大贡献的学者。二是介绍该领域中争论的几个问题和各方观点及本书作者的倾向性意见。少数民族新闻教育与研究是以上三编未曾涉及的学术问题，也是学界少有研究的两个领域。最后论述少数民族新闻工作队伍建设。在这里，对少数民族新闻工作者的基本素质从新的视角进行了论述，介绍改革开放后涌现的少数民族新闻界人物，并设有专节对著名的少数民族新闻工作者进行专题研究。

百年中国现代化与报刊话语嬗演

——《现代化历史进程与百年中国传播》成果简介

　　湖南师范大学田中阳教授主持完成的国家社会科学基金项目《现代化历史进程与百年中国传播》（批准号为03BXW010），最终成果为专著《现代化与百年中国报刊话语嬗演——对现代化历史进程与百年中国传播的一种解读》。课题组成员有：蔡骐、肖燕雄、王文利。

　　该成果旨在 20 世纪百年时间跨度上研究中国传播发展的规律。而 20 世纪的中国社会经历了从封建末世的近代到改革开放的社会主义市场经济发展新时期的历史过程。这个过程是中国由一个以农为本的传统的封建社会走向以工商经济为主导的现代的民主社会的历史过程。在这样的时空背景上来研究现代化历史进程与传播发展的互动互应关系，对于了解传播发展对中国现代化历史进程的关键性作用，对于认识中国传播现代化的自新过程及中国现代化与传播发展互动互应关系的某些规律，无疑具有重要的价值意义。该成果在中国走向现代化的历史过程中，在这种背景上发生的文化冲突和文化嬗变中去展开研究，而贯串 20 世纪中国历史的文化运行的主线是传统和现代、中和西的文化冲突及融合和由此引起的中国文化的嬗变。20 世纪中国传播一方面需进行现代化革新，一方面需进行本土化吸纳，现代化和本土化是中国文化向现代运演提升的两轮两翼，也是中国传播向现代运演提升的两轮两翼。因此研究 20 世纪中国现代化历史进程与传播发展的互动互应关系，也是研究中国传播本土化的问题。而且只有与现代化对应起来研究，对中国传播的本土化研究才有坐标，有深度，有制高点，才可能进行一种具有现代意义的也同时真正具有民族意义和本土特色的传播研究。

　　然而，"现代化历史进程与百年中国传播"的研究，必须有一个适度的切入点，要不会大而不当，要不则不能"窥见全豹"。该成果通过"对百年中国现代化与报刊话语嬗演"的研究，来揭示"现代化历史进程与百年中国传播"的某些规律，达到课题设定的研究目标。

　　全书分五章。第一章"总论"，对"话语理论"、"中国文化特质与中国话语"、"中国现代化与中国话语"、"中国现代化与百年报刊话语嬗演"等问题作综合性的分析论述，为后面诸章设定逻辑前提，铸定理论基础，开辟论说主线。后面四章选择"民主"、"科学"、"民族"和报刊自身四个支撑点构成四条基本的线索，它们从不同的侧面出发，经过"百年"的跋涉，共同完成对"百年中国现代化与报刊话语嬗演关系"的论证。民主、科学是现代化的精髓，是深刻影响 20 世纪中国历史命运的两位"先生"；民族独立、民族主义和爱国主义精神的高涨，是半殖民地的中国走向现代化的基本前提，也是获得独立解放后的中华民族的立身之本，它本身就构成中国现代化的重要侧面，它是中国现代化的题中必有之义；报刊自身规约是对报刊自身生命运行轨迹和生存规律的话语表述，它也是该项成果研究的不可或缺的部分，对报刊的话语规约，既来自国家、民族、社会、文化、政党、阶级、团体等，也来自报刊"自我"。四个支撑点的确定，奠定了该项成果的逻辑基点和基本架构，思路也由此清晰。从而，在如此复杂的历史现象中去择定一条论说主线，揭示"百年中国现代化与报刊话语嬗演关系"，并由此对现代化历史进程与百年中国传播进行一种解读，有了一个有机的、合乎历史文化主流面貌的、具有较深刻的历史文化本质的言说体系。

在研究的方式方法上，该项成果有两个比较突出的特点。首先，是把中国的传播放置在百年中国历史文化环境中来研究，甚至放置在中国几千年的历史文化背景下和 20 世纪世界发展大趋势的背景下来研究，探析它的历史本质和文化底蕴。该成果以"历史决定着话语，话语演绎着历史"作为总纲，概括着其基本的学术追求和学术特色。"现代化"与"话语"是其两个主要视角，它们的交叉互动，构成其研究视阈。现代化，简单地说来，就是由传统向现代演进的过程。中国的传统太久远，积淀太深厚，中国近代以来经历的现代化实践所依凭的内外环境太艰难，这就使中国的现代化事业注定千曲百折，注定步履维艰。中国的现代化在一种十分被动的历史境况中发轫，与英、法、德、美等先行启动现代化的国家相比，已经落后很远，因而，总是处于"被动挨打"的状况中。这一方面是帝国主义列强对中国的侵略掠夺所致，另一方面也是根深蒂固的封建主义农业文明形成的强大的皇权和顽固的农本思想与现代化文明的不相容所致。中国的现代化正是在双重困境的夹击下艰难前行的。由这个视角分析、研究百年报刊话语言说"历史"、又被"历史"言说的嬗演过程，能较深刻地显现20世纪中国报刊发展历史的本质内涵和时代品性。话语则是一种具体的历史文化环境中的语言，是一种具有支配意愿的、显示权力意志的语言。巴赫金、福柯等人对话语权的阐释，也是该项成果研究破解历史的重要的理论利器。新闻是一种话语，也是一种权力，传播是一种话语关系，也是一种权力关系。由此角度来看20世纪的报刊话语与历史文化环境之间的关系，就见出它的深度和错综复杂性。在20世纪中国现代化历史进程的主航道上，它劈波斩浪，兴风作浪，成为这主航道重要的汇流。从话语视角去解读百年中国的报刊，那些尘封的铅字就都变成了无数飞扬的"喉舌"的声音，形成无数话语的争相表达，成了"喉舌"争夺的阵地，那些尘封的铅字实际上曾是过去历史舞台各种"喉舌"声音的活化石。20世纪中国历史舞台五光十色的声音就是它们发出来的，没有声音的历史舞台是不可能存在的，有如此多的"喉舌"发声的20世纪中国历史舞台，正是由"传统"向"现代"演进的中国社会的典型表征。这种将"现代化"与"话语"交叉观照、互为凭依的研究方式，既成为该成果宏观整体的研究方式，也鲜明地体现在一些微观细部的分析表述上。比如第二章有这样的分析："1978年5月11日的《光明日报》发表特约评论员文章——《实践是检验真理的唯一标准》，既是科学进步带来人们思想解放、社会进步的伟大成果，又是人们思想解放、社会进步带来的科学进步的伟大成果。这篇文章从根本上摧毁了'两个凡是'的话语根基，将中国人民从现代迷信的话语罗网中唤醒过来，为有中国特色的社会主义现代化建设时代的到来奠定话语基点，从而建立新的主流权威的话语体系，为十一届三中全会的话语建设提供了根本的也是基本的理论保障。"其逻辑力度是显而易见的。

其次，追求多学科的整合性研究，也是该项成果突出的特点。这一点在逻辑关系上是承前一点来的。因为把传播放置在一种特定的历史文化背景下研究，就必然形成多学科的综合视角，就必然形成跨学科的整合性研究。这其实正是学科边缘性极为突出的传播学的"个性"与"风格"。现代化的视角本身就是一种综合性视角。它是文化、社会发展、历史等视角的交叉整合。现代化既是中华民族的出路所在、希望所在，也是中华民族重新崛起的艰难所在，坎坷所在；既体现中华伟大的民族精神，同时又体现她与时不适、亟待实行现代转换的文化基因。因而，在这样的"背景"上研究"传播"这一社会的"神经系统"与社会主体前行的互动互应的规律，切中的应当是中国传播的最为本质性的问题。既是研究传播的本土化，也是研究中国社会在现代化历史进程中传统与现代、中和西碰撞而融合的文化自新的过程和规律。"话语"视角也是一个多学科的综合性视角，话语是一种社会的、历史的、文化的、"对话"的语言，它不是索绪尔在一种共时性的静态情境中进行研究的所谓"结构主义语言学"。对"话语"的理解和把握涉及历史学、文化学、政治学、心理学、符号学等学科的内容，无论是运用现代化的视角，还是话语的理论视角，其实都是在探讨中国传播、中国新闻和中国报刊的历史及文化本质，探讨它和历史、文化互动互应的关系，探讨它生植于斯的这块历史、文化土壤的质地和艰难变迁，探讨这块历史、文化土壤的质地和艰难变迁赋予中国传播、中国新闻和中国报刊特有的个性、风格和质地及其艰难的蜕变，等等。信息论、控制论和系统论也是该项成果研究的基本的方法论。该成果的整体构架、总论和各章的联系，各章节之间的联系，都特别强调在一种高视野中的联系性，研究不只是专注于传播活动的某个具体环节，而要考虑它们和历史、文化之间互为因果的关系。百年是一个大的系统，现代化又是一个大的系统，报刊话语也是一个大的系统，而百年中现代化与话语之间的嬗演关系，又构成一个极富时代变革性、直抵历史和文化本质、与中华民族生存和发展紧密相连的极其错综复杂的大系统。系统的观点和眼光，赋予了该项成果的学术创新性和深刻度，整个课题都是在"三论"的观照下立起来的。

近现代中西法概念理论的比较研究

——《近现代中西法概念理论比较研究》成果简介

　　中山大学刘星教授主持完成的国家社会科学基金项目《近现代中西法概念理论比较研究》（批准号为02BFX003），最终成果为专著《一种历史实践——近现代中西法概念理论比较研究》。课题组成员有：马作武、李斯特、林晓燕。

该成果运用知识谱系学、历史社会学、知识社会学的方法，通过包含内在历史线索的个案，在微观细节上对近现代中西法概念理论展开比较分析；将近现代中西法概念理论和近现代中西社会实践语境联系起来，同时将近现代中西法概念理论和近现代中西"某些交往"联系起来，展开比较分析，进而概括法概念理论的一种历史逻辑。

一 法概念的"使用"和法概念的"含义"

以往法概念理论的学术研究，主要集中于法概念的含义本身，没有关注法概念的"使用"问题。该成果认为：其一，"使用"的历史实践，影响着概念"含义"的历史变迁；其二，"使用"的历史实践，是连接概念"含义"演化和外部社会演化的一个重要纽带，从而也是理解后两者演化的相互关系的一个重要途径。

该成果细致分析了近代初期中国原有的某些法概念含义和西方早期的某些法概念含义，是怎样通过具体的中西交往的社会政治实践、具体的语言修辞策略，影响了汉文"法律"概念含义的一个演化路向。对此，该成果的结论是：首先，对中西法概念的"使用"以及由此而来的"含义"变迁来说，具体微观的社会政治实践和个人活动，具有特别的重要意义，甚至有时具有关键性的制约作用；其次，以法律概念的"使用"作为研究途径，通过微观社会政治实践和个人活动的考察，可以发觉，在某些情况下，近代中西能够呈现彼此接近甚至相同的法概念的"含义"理解，这意味着，在研究近代中西之间的法概念理论——甚至其他一些法学理论、法律现象的相互关系时，需要谨慎地运用"中西二元对立"的模型；再次，相对近现代后期以及今天理解的、职业性的"法律"概念来说，近代的法律职业背景，并不一定使"法律"概念含义走向"法律职业"，与此对应，非法律职业背景，并不一定使"法律"概念含义走向"非法律职业"，这一结论对于理解近代"法律/社会"的关系是颇有启发意义的。

二　法概念理论与其他学科理论的关系

经由近代而来的中国"法律"概念含义和非法律职业背景，有着更为紧密的联系。但是，这一问题的理解，只有在法概念理论和其他学科理论的相互关系的扩展分析中，才能得以深化。

该成果认为，无论在中国，还是在西方，法概念理论在近现代都不是"自我独立"的，其和其他学科的知识是相互纠缠的。而"相互纠缠"意味着：近现代的法概念理论具有广泛的人文社会科学话语的背景；近现代的法概念理论，是在和其他学科知识话语的"合作"中得以推进的。在更为广泛的学科知识背景中理解法概念理论的生成、含义、推演，无论在过去，还是在今天，都是必要的。

三　法学家、法律家的社会角色与法概念理论的生产

对法概念理论和其他学科知识理论的相互关系的理解，在侧面追问着对法概念理论生产者的社会角色的理解。因此，该成果联系近现代其他民族国家的"人物"，细致分析了法学家、法律家的"身份"对法概念理论生产的意义。

该成果认为，在近现代，因为社会分工并未充分地职业化，法学家与法律家的角色身份在法概念理论生产者身上时常是合而为一的。这种角色的合一，一方面，非常"现实"地将法概念理论和法律实践联系起来；另一方面，意味着法概念理论的生产和具体部门法的知识产生了重要的关联，从而使法概念理论的生产在具有其他学科知识的延伸的同时，在法律知识内部深度地扩展，进而，使法概念理论本身又具有了坚实的"法律"基础。同时，这在"法律专业"意义上，表明了法概念话语和微观社会实践的相互关系。此外，也正是在这一层面上，我们也许需要再次从

"中西类似"的角度,而非"中西二元对立"的角度,去理解中西法概念理论的对比。

四　"法律行动者"的视角

法学家与法律家的角色的合而为一,又在提示着一个"法律行动者"的视角。

在近现代,具体的法律实践和民族国家的宏观政治、军事、经济、文化有着复杂辩证的关系。一方面,具体的法律实践有时深受后者的影响;另一方面,具体的法律实践有时具有自我变迁的路线,换言之,具体的法律实践有时是在民族国家的宏观政治、军事、经济、文化的边旁自我演化的。在一定意义上,"自我演化"的情形也许是更为广泛的。而在这种情形中,社会主体总是会以"如何采取具体法律行动"的意识看待问题,也即关心具体的法律实践问题,并不一定从宏观的政治、军事、经济、文化的角度出发看待问题。这在中国和西方都是可以看到的。于是,"法律行动者"的视角是真实存在的。该成果的结论是:"法律行动者"的视角,既是深入理解中西法概念理论相似性的又一途径,也是深刻理解关于法学、法律的法学历史比较研究和关于法学、法律的其他学科的历史比较研究在学科知识意义上相互区别的一个关键。

五　法概念的"世界流通"

从近现代开始,民族国家的交往必然带来法学、法律的相互交往,以及法学、法律上的相互认知。于是,法概念理论与其他学科理论的相互关系,以及法概念理论与法律实践的相互关系,包括"法律行动者"的视角与具体法律实践的相互关系,就需要在"世界化"的法学交往中加以理解。从比较研究的角度来说,"交往"、"世界化"的概念,包含着"世界流通"的含义。

在进行微观的中西法概念理论、法概念话语实践的比较研究的时候，要特别注意将其置于"世界流通"的概念之中。与法律、法学相关的传教士活动、留学运动、翻译活动，以及与法学、法律相关的外文文本的阅读行动等，都是法概念话语世界流通的重要途径。该成果认为：第一，不断流通的概念，使中西法概念理论的关系呈现了"你中有我、我中有你"的辩证关系。于是，中西法概念理论的关系，不是一个单纯的"西方如何影响中国"、"中国如何回应西方"的单向关系，而是一个如何相互博弈、如何通过具体微观话语实践相互对垒的关系；第二，世界流通中的中西法概念理论的相互输入，不是一个单纯的"法学移植"问题，因为，一种理论流通到"他者本土"中的过程，实质上是"他者本土"内部各种利益斗争、思想斗争的一种有关"法律、法学"问题的外在表现。从深层方面来看，这些结论意味着，对近现代中西法概念理论的比较考察需要一个"界面折叠"的"中西多元融合"的分析框架，而不是"界面单一"的"中西二元对立"的分析框架。

六　中西法概念理论比较的"中国视角"、"中国立场"

"世界流通"的概念，并不意味着我们总是需要将自己置于"世界化、全球化"的分析理解中，尽管在某些研究阶段需要这点。"世界流通"的概念，为我们提供了一个深入理解中国问题的前期话语准备。

在"世界流通"的理解基础上，更为重要的是，需要凸显一个比较研究上的"中国视角"、"中国立场"。该成果认为，近现代以来，尽管中国是一个不断融入世界过程的中国，然而，在中国本土始终存在着特殊的国情。从这一特殊的国情出发，比较分析中西法概念理论，具有非常重要的历史意义和现实意义。

该成果特别比较分析了中国近现代早期"左"翼革命法学的

法概念理论和美国早期实用主义法学的法概念理论，认为，两种法概念理论存在"彼此走向对方"的内在逻辑。因为，第一，中国早期"左"翼革命法学的法概念理论是强调法的"阶级性"和"革命性"的，但是，在中国当时国情之中，为了实现法的"阶级性"、"革命性"的主张，必须考虑"如何解决中国法律实际问题"的思路，于是，这就蕴涵了"具体问题具体分析"的思想逻辑；第二，美国早期实用主义法学的法概念理论是强调法的"预测说"、"工具性"的，但是，在美国当时的历史条件下，为了贯穿实用主义的演绎推论，必须考虑"社会需要"的问题，而"社会需要"具体化的理论结果之一就是"社会福利"的概念，于是，在"社会需要"当然主要是"社会福利"思想之中，也就可以见出美国早期实用主义法学的法概念理论的"左"翼思想逻辑；第三，两种法概念理论可以呈现"互补"的关系；第四，两种法概念理论在具有差异的同时，更为重要的是具有诸如"激进"、"能动"等方面的类似性，而这一类似性和当时各自法学学术背景、社会政治背景，尤其是个人复杂坎坷的主体经历有着重要关联。

七 法概念理论和"法学权威"

中西法概念理论的比较研究不仅需要"世界流通"的概念、"中国问题"的视角立场，而且需要和其他法学现象联系起来。"法学权威"，作为其他法学现象的例子，就是一个新的视点。中西法概念理论的流通与影响，在一个重要方面是通过"法学权威"来实现的，因此，考察近现代的中西"法学权威"是必要的。该成果的结论是：比较中西法概念理论，甚至更广泛的中西法学、法律，需要从其他侧面的现象不断加以推进，而"法学权威"则是路径之一。

情感的社会学理论探视与现实研究

——《情感的社会学理论探视与现实研究》成果简介

　　广东商学院郭景萍教授主持完成的国家社会科学基金项目《情感的社会学理论探视与现实研究》（批准号为 05BSH027），最终成果为专著《情感社会学：理论·历史·现实》。

本课题研究目标有两个：理论目标和实践目标。理论目标可以分为情感社会学理论的历史追溯和情感社会学理论的创新研究两个方面，两者的结合才能完成对情感社会学体系的理论构筑。前人已经给我们提供了丰富的情感社会学研究成果，我们需要认真承接这些成果，并创造性地将它们熔铸于我们的理论框架之中；更重要的是，我们需要创造出新的理论成果来充实情感社会学理论体系。本研究实践的主要目标在于：一方面通过实证调查的结果检验和说明有关重要的情感社会学理论；另一方面运用调查的材料来解释某种情感社会现象、情感社会关系以及某种情感产生的原因和机制，并提出改善的建议或对策。

本课题重点内容在于：一是阐述情感社会学的基本理论，析出情感社会学理论发展的主要线索；二是情感社会学的实证研究，通过调查了解中国情感生活的现状和情感社会问题，探讨协调社会发展的个人情商力尤其是社会情商力。

研究提出了以下主要观点：第一，社会学视情感为一种"主观社会现实"，因此与哲学和心理学研究情感有着不同的视野和研究方法。第二，情感秩序是社会秩序的基础，情感是社会行动的直接动力，因此情感回答着社会何以是可能的、为什么是可能的这一社会学的中心问题。第三，情感是一种对待人或事物的价值倾向，它们处于人类存在的核心。情感虽然是人的自我感受，但情感是在社会互动关系中被体验到的，情感的培养是一个社会化与制度化的过程。第四，情感具有正功能和负功能，因此对情感必须进行合理的社会调控，以维持社会的和谐；构建社会的情商力与个人的情商力是情感社会学的重要研究课题。

在研究方法方面：以理论探视为主，并辅以经验实证分析。"探视"包括两方面：首先是"探讨"，即在以往研究成果的基础上，对情感社会学的概念、内容、研究范式进行阐释，初步构建一个情感社会学的理论体系。其次是"检视"，即对原有零散的社会学情感理论进行梳理反思，建立情感社会学的谱系学，这具体从两个角度来阐述，一个是纵的角度，一个是横的角度。纵的角度描述情感社会学理论的发展过程，横的角度则分述社会学家们的特色思想。本著作还力图结合社会现实，通过实证调查，以活的情感实践经验来充实情感社会学的理论框架。

总体上看，本课题从理论、历史和现实三个方面的结合上系统研究情感社会学，这是一项难度较大的工程。情感社会学的研究在中国还是刚刚起步。具体来说，该项研究在以下一些方面具有特色。

1. 在情感社会学的理论体系建构方面

首先对情感概念做出了社会学规范性的界定。本研究把情感界定为"主观社会现实"，确定了社会学研究情感的理论范式和实证视角。我们抓住"社会何以是可能的"、"社会为什么是可能的"、"社会是如何存在的"等社会学的核心问题来阐述情感在社会中的地位和功能，有力地论证了情感是社会结构的重要范畴。通过对人类情感发展的社会历史过程的考察，不仅区分了不同社会发展形态的情感特征，而且探讨了情感可能终结的问题。本研究在详细地分析影响情感的社会化、制度化等社会机制的同时，还着重强调了情感的社会互动机制。在分析社会对情感的决定作用时，奉行的是一种"社会的有限决定论"的观点，注意克服把个人与社会对立起来的二元论倾向。

2. 情感社会学理论的历史研究方面

第一，追溯情感社会学理论的历史发展过程，从纵的角度可分成三个大的阶段：第二次世界大战以前的形成阶段、第二次世界大战以后至70年代的发展阶段和70年代以来的成熟阶段。内容包括：每个阶段的情感社会学的代表人物、主要观点、历史联系及其研究意义，并从总体上对每个阶段的情感社会学发展特征做了概括。第二，揭示情感社会学家的十大研究视点：①孔德：

社会秩序视野中的情感研究；②涂尔干：整合社会的集体感情研究；③帕雷托：非逻辑行动中的情感研究；④西美尔：文化视野中的情感研究；⑤舍勒：道德建构中的情感研究；⑥库利：符号互动论视野中的情感研究；⑦罗斯：社会控制论视野中的情感研究；⑧曼海姆：社会重建时代的情感研究；⑨埃利亚斯：文明发展进程中的情感研究；⑩吉登斯：民主视野中的情感研究。第三，展示情感社会学发展史中两个引人注目的亮点：情感控制的社会学研究和社会学浪漫主义的思想。

3. 情感社会学的实证研究方面

把理论研究中作为抽象概念的"情感"，转化为一个变量概念——"情感状况"。从调查的时代特征来看，我们主要了解的是广东人情感的当代状况，即情感现状。情感状况作为变量，具体描述的是"情感的主观社会现实状况"，由此包含着两个基本的范畴或取值，一个是情感的主观性状况，一个是情感的现实性状况。我们把概念"情感状况的主观社会现实性"操作化为四个基本维度：情感价值观、情感行动取向、情感社会关系、情感社会行动。前两者是测量情感状况主观性的维度，后两者是测量情感状况现实性的维度。每一个维度下面，又分解为更为具体的指标。可看出，这些操作后的指标实际上就是我们在问卷中所提问的内容，即我们验证假设所需要的资料。在我们设计的调查问卷中，共有60个问题，第1～7题是调查对象的基本情况，构成本课题中的基本自变量；第8～32题主要测量的是情感价值观和情感行动取向；第33～60题主要测量的是情感的社会关系和社会行动。采取由一般到特殊、由主观到客观的顺序，从四个方面对中国居民情感状况进行了实证研究，即情感价值观实证研究、社会情感关系实证研究、婚姻家庭情感实证研究、工作情感关系实证研究。在对调查材料描述分析的基础上，针对调查结果提出情感问题的解决措施及其调控对策。本实证研究就比较注意从社会学的视角去透视一些实存的、具有重要实践意义的社会情感现象，诸如爱国主义情感、对自然的感情、社会正义感、社会同情感、社会信任感、社会嫉妒感等，增强了社会调查的现实性和鲜活性，也拓展了社会情感实践领域的研究路径。

本课题的研究具有一定的创新：力图全面、综合地考察古典的和现代的情感社会学理论，并且着重研究现代社会中的情感现象和情感问题，在此基础上，尝试建立情感社会学理论的基本框架，在某种意义上描述了情感社会学理论所应具有的基本形态。本研究提出了情感社会学一些新的主题并尝试做了探讨，比如：情感控制的社会学研究初探；社会学浪漫主义的探视；社会学研究情商的新视角；情感是如何制度化的？集体行动遵循什么样的情感逻辑？社会的合理性与社会的合情性问题；情感的生活方式与消费文化意义问题；情感的社会风险及其调控问题；情感的私人运用和公共运用问题，等等。这些探讨尽管还不成熟，但拓宽和深化了情感社会学领域的研究思路，无论对于情感理论的研究还是对于中国本土化的情感研究，都具有一定借鉴作用。

本课题研究具有重要的理论意义和现实意义：其一，对社会学的情感研究做系统梳理，不仅有助于我们对社会学理论握有一个新的脉络，而且为我们研究当代社会现实提供了一个新的理论视角；其二，情感社会学研究能够对人的情感作用于社会结构和变迁的机制提出一种合理的解释模型；其三，情感社会学关注在现代条件下人的情感模式和情感生活质量，提出社会及个人合理调控情感的机制（即社会情商力和个人情商力），对维护社会的协调和发展具有积极的功能。

情感社会学的研究给我们提出了一系列重要问题：例如，为什么文明的进步会使情感的控制变得必要与合理化？个人情感是如何被制度化为社会情感的？情感的社会化的内容应该包括哪些？怎样预防情感"失范"尤其是集体性的突发情绪？社会怎样合理地生产或组织非理性的情感？理性的社会控制和个人对自身情感的驾驭怎样获得协调和平衡？在现代社会理性主义盛行的情况下，情感在维护社会秩序方面是何以可能的？情感的神圣性和积极意义在现代或后现代已被逐渐销蚀，是否正面临着"终结"？关键的问题在于，情感终结后的情感将何去何从？随着历史的发展，人的情感应当越来越进步，越来越文明。而这种发展又"何以可能"？这既是我们研究情感历史发展所要面对的未来趋势问题，也是我们进行情感的现代建设所迫切要解决的现实问题。这些问题的提出和研究为政府、企业以及社会公共安全机构制定有关情感管理的政策、法规和设定情感的"预警"和"宣泄"系统提供依据，具有重要的应用价值。

汉语体貌研究的类型学视野

——《汉语体貌系统的类型比较研究》
成果简介

　　北京语言大学陈前瑞副教授主持完成的国家社会科学基金项目《汉语体貌系统的类型比较研究》（批准号为03CYY003），最终成果为专著《汉语体貌研究的类型学视野》。

汉语具有丰富的体貌表现形式，仅就现代汉语普通话及其基础方言北京话而言，既有最典型的体貌标记"着、了、过"，又有不那么典型的"来着、在、呢"等，还有非典型的类似于补语的"起来、下去"，"完、好"以及动词重叠等。汉语体貌范畴的标记相对于其他的语法或语义范畴而言，语法化程度较高，系统性较强，具有重要的研究价值。该成果旨在把汉语丰富多样的体貌表现形式纳入到类型学的视野之中，通过对一系列汉语体貌现象的共时描写与历时考察，建立起一个具有层级性的汉语体貌系统，从而尽可能准确地反映汉语体貌的共时分布和历时发展脉络，把握汉语体貌系统的共性与个性。

一　汉语四层级的体貌系统

传统的体貌研究主要研究各种体貌标记，在各种体貌标记之间建立诸如进行体、完成体之类的内部对立，如 Comrie（1997）、戴耀晶（1997）。自 Smith（1991）将 Vendler（1957）的情状分类引入体貌系统并命名为情状体之后，学术界注意到动词的语义分类和体貌标记的对立不仅具有相互制约性，而且在共时和历时上都具有一定的连续性。基于形式语义学和语言类型的一系列研究成果，该成果认为，汉语的体貌系统是一个由情状体、阶段体、边缘视点体、核心视点体组成的四层级系统。

情状体是对事件抽象的时间结构的表现和分类。抽象的时间结构是指事件的纯命题意义所具有的时间语义特征。时间语义特征主要指动态性、持续性、终结性。情状体主要理论基础为 Vendler（1957）、Smith（1991）、Olsen（1997）。目前情状体的论述主要是吸收现有的研究成果，特别是 Olsen（1997）的研究。基本的情状体或情状类型分为四类：状态（State）、活动（Activity）、结束（Accomplishment）、达成（Achievement）。与一般看法不同，该成果的情状体首先是谓词的语义分类，然后才是谓词与其论元成分的语义分类。小句的情状是由谓词及相关成分组合而成的。例如，"打球"具有［＋动态］、［＋持续］的特征，是活动情状；"打一场球"更具有［＋终结］的特征，是结束情状。

阶段体是对情状的具体阶段的表现，或者说表现的是情状的整体与部分的关系。具体的阶段包括起始、持续、暂停、结束、结果、短时、反复等。不同的语言对情状具体阶段的表现形式会有所不同。汉语对情状多个阶段采取了专门的语法手段来表示：用虚化的趋向成分"起来"和"下来、下去"分别表示起始体、延续体，用补语性成分"完、好、过"与"到、得、着"等分别表示完结体、结果体，用动词重叠与"说来说去"之类的复叠结构分别表示短时体和反复体。汉语的阶段体可以分为两个小类：基本阶段体和涉量阶段体。前者包括起始体、延续体、完结体、结果体，它们涵盖情状的基本阶段。后者包括短时体和反复体，它们都跟动作持续的量有关，也涉及动作的整体与部分的关系。汉语的阶段体具有严整的内部结构，其形式和意义也自成系统。该成果重点考察了短时体、反复体以及完结体、结果体。

边缘视点体包括完成体与进行体。完成体表现的是发生在参照时间以前并对参照时间具有相关性的事件。汉语完成体比较典型的标记包括："过"、句尾"了"、"来着"，复合趋向补语中位于句尾的"来"、双"了"句、动词前非结句的"一"等也具有完成体的部分意义与功能。具有多种完成体标记是汉语重要的类型特征。该成果的主体部分着重研究多个完成体标记的现时相关性及其发展过程，既丰富了现有的完成体标记的描写研究，也深化了现时相关性的理论研究。进行体表现的是相对于参照时间动作在持续。汉语的进行体标记有"正、正在、在、呢"，它们之间的内部差异反映了聚焦度的不同。"正"和"正在"是高聚焦的标记，表示情状多在趋近于参照点的时间发生。"在"是低聚焦的标记，表示的情状可以在特定的参照时间发生但不必然发生。

核心视点体包括完整体与未完整体。Dahl（2000）把完整体与未完整体的对立看做一种超级的语法语素类型，它在不同的语言里可以运用不同的形式来表达这种对立。在汉语的研究成果中，完整体与未完整体的语义是"实现"与"持续"的对立。词尾"了"不限于"完成或结束"的含义，而是宽泛的"实现"的意义。词尾"着"不仅可以表示动作的持续，而且还能表示状态的持续。

汉语体貌系统在阶段体、边缘视点体和核心视点体这三个层次上的内部对立都十分严整，虽然标记使用的强制性不高，但其系统性明显超过英语和俄语。就渗透性而言，汉语的体标记不仅可以用于大多数动词（含状态情状和达成情状），而且能用于多数形容词，甚至还可以用于具有时间推移性的名词，如"大姑娘了，要注意整洁！"因此，从当代语言类型学的观点来看，汉语不是严格意义的体突出语言，而是体貌突出的语言。相对于时制与情态范畴而言，汉语体貌标记在语法化、强制性、系统性、渗透性等方面都比较突出。

二　汉语体貌标记的语法化与主观化

Bybee，Perkins & Pagliuca（1994）提出了体貌标记语法化的基本阶段与路径，如动态动词经过完结体发展为完成体及完整体，静态动词经过结果体发展为完成体与完整体，进行体与未完整体一般经由静态动词发展而来。汉语普通话中的词尾"了、过"大致符合动态动词语法化的一般路径，但是"着"在近代汉语与方言中不仅可以表示持续与进行，而且还可以表示完成，体现出语法化的双路径。该成果将表持续的"着"定性为结果体，初步解释了结果体语法化的双路径：结果体表示动作完成带来的状态的持续，因此与动作完成与状态持续保持双向联系，这是其形成语法化双路径的关键。

汉语句尾"了"由完成体发展出表示即将发生的功能,如开车之前说"开车了",这是世界语言语法化路径中比较少见的一种。研究发现,句尾"了"表将来时间用法的发展,主要是由"了"的现时相关性所促动并经历了两个阶段,其间表示将来时间的副词由可隐可显逐渐发展为无须出现。动词前"一"也具有两种体貌用法,如"一吃就饱"与"吃了一散";更有意思的是,汉语的"一"作为完成体语法化的词汇源头,是体貌类型学中比较特殊的样本。研究发现,"一"语法化过程经历了上古、中古、近代和现代四个阶段。在上古和中古时期,"一"从一次动量的用法发展出非结句的紧促完成体的用法,如"一鸣惊人"。在近代和现代时期,"一"结句的紧促完整体的用法得以形成和发展。在这一过程中,前景事件的表达需要是"一"的完整体用法语法化的重要动因,再次证明了话语功能在体貌标记语法化中的重要作用。

"来着"是北京话的重要特色之一,也是时体研究的谜团。该成果详细描述"来着"现时相关性及其语法化过程,发现在"来着"的语法化过程中,除了常规的语用意义的语义化之外,如"来着"表示"想不起来"用法成为独立的义项;还存在着语义的语用化,如"来着"、"近过去"的时间语义用法进入其"想不起来"的用法,表示"刚刚还记得,这会儿想不起来"。语义的结构投射在语用意义中,而且该过程要早于语用意义的语义化,并有可能是语用意义进一步语义化的先导。

与语法化相伴随的是体貌标记的主观化及其共时用法的主观性差异。研究发现,"来着"由表过去时间到不表过去时间,在指称过去时间方面,"来着"越来越突出最近的过去,这体现了语义发展的主观化过程。汉语内部视点体标记"着、正在、正、在、呢"从左到右构成了聚焦度由高到低的序列。聚焦度由高到低的不同,也反映了说话人在呈现客观情状时所表现的主观性的不同。

聚焦度高的标记强调事件在特定时刻的客观状况，其话语的主观性低；聚焦度低的标记淡化事件在特定时刻的客观状况，其话语的主观性高。在历时发展过程中体标记的聚焦度会逐步弱化，聚焦度弱化的过程也就是主观化的过程。

该成果把汉语四层级的体貌系统上升为具有一定普遍意义的体貌理论模式之一，并对汉语的一系列体貌现象从语言类型学的视野进行了共时与历时研究、语法化和主观化研究，从而为相关领域中的体貌问题研究提供了比较全面的理论框架和更加丰富的观察视角。

计算语言学方法研究

——《计算语言学方法研究》成果简介

　　教育部语言文字应用研究所冯志伟教授主持完成的国家社会科学基金项目《计算语言学方法研究》（批准号为03BYY019），最终成果为同名专著。课题组成员有：杨泉、胡凤国、张和友。

计算语言学（computational linguistics）是用计算机研究和处理自然语言的一门新兴边缘学科，涉及语言学、计算机科学、数学、心理学等部门。在计算语言学的发展过程中，提出了很多方法，这些方法，在理论上有一定的深度，在实践上有实用价值，值得引起我们语言学研究者的重视。但是，国内计算语言学界对于这些方法的研究基本上是支离破碎的，缺乏系统的总结，更缺乏理论上的分析。本课题在全面调查国内外计算语言学各种方法的基础上，对这些方法进行了系统的描述，并在理论上进行了深入的分析和概括，总结出规律性的具有方法论意义的认识。其主要内容分为七个部分。

一　计算语言学的学科定位和主要方法

这一部分首先从计算机处理自然语言的过程、计算语言学的范围以及计算语言学的历史三个角度来考察计算语言学的学科定位问题。从计算机处理自然语言的过程来考察它的学科定位，是从纵的角度来讨论；从计算语言学的范围来考察它的学科定位，是从横的角度来讨论。通过这种纵横交错的考察，我们对于计算语言学的学科定位就可以在共时的平面上得到比较清晰的认识。然后，我们再从计算语言学的历史来考察，也就是从发展的角度来讨论，这样，我们对于计算语言学的学科定位就可以在历时的平面上得到比较清晰的认识。

对于计算语言学方法的研究，可以从方法论的角度来论述，也可以从语音、词汇、形态、句法、语义、语用研究中使用的方法来论述。

从方法论的角度，计算语言学方法可以分为基于规则的方法（rule-based approach）和基于统计的方法（statistics-based approach）两个方面。基于规则的方法是理性主义的方法，基于统计的方法是经验主义的方法。这两种方法实际上并不是完全对立的，它们各有利弊，而且目前这两种方法有合流的倾向，它们正在相互结合起来，取长补短，相得益彰。本项目如果把基于规则的方法和基于统计的方法分割开来研究，很多问题将会纠缠不清，不便于论述。因此，本项目不采取这样的论述方式。

本项目采取按照语言学学科分类的方式，从语音、词汇、形态、句法、语义、语用研究中使用的计算语言学方法来加以论述。分别讨论语音的自动处理方法、词汇的自动处理方法、形态的自动处理方法、句法的自动分析方法、语义的自动处理方法、语用的自动处理方法。

在论述时，首先对于各个领域内计算语言学方法的发展历史进行简要的回顾，然后，再对各种具体的方法进行论述和分析。这样，计算语言学方法的研究便有了一个可靠的历史背景，我们对于各种方法的来龙去脉也就更加清楚了。

二　语音的自动处理方法

文本—语音转换（Text-to-Speech，简称 TTS）的核心任务是以文本中词的序列作为输入，产生声学波形作为输出。自动语音识别（Automatic Speech Recognition，简称 ASR）的核心任务是以语音的声学波形作为输入，产生单词串作为输出。

这一部分详细讨论了语音自动处理的主要方法：贝叶斯公式（Bayes formala）、噪声信道模型（Noisy Channel Model）、N 元语法（N-gram Grammar）、隐马尔可夫模型（Hidden Markov Model，简称 HMM）等。这些方法成为了计算语言学中各种统计方法的基础。

三　词汇的自动处理方法

语言中的词汇具有高度系统化的结构，正是这种结构决定了单词的意义和用法。这种结构包括单词本身固有的与上下文无关的语义特征以在文本中单词与单词之间语义关系特征。前者是单词的静态语义特征，后者是单词与单词之间的动态语义特征。

对于单词的静态语义特征，这一部分从知识本体（ontology）的高度出发，分析了美国普林斯顿大学研制的词网（WordNet），指出了其优点和不足之处，并介绍了中国学者提出的 Ontol-MT 通用知识本体系统，说明了 Ontol-MT 在机器翻译和歧义消解中的应用。

对于单词与单词之间的动态语义特征，这一部分介绍了美国语言学家 Fillmore 研制的框架网络（FrameNet）。框架网络的中心思想是词的意义的描述必须与语义框架相联系。框架是信仰、实践、制度、想象等概念结构和模式的图解表征，它为一定言语社团中意义的互动提供了基础。

由于多义词是任何语言中都普遍存在的现象，而多义词中诸多的词义分布又很不容易找到一般的规律，多义词的自动排歧涉及上下文因素、语义因素、语境因素，还涉及甚至日常生活中的常识，而这些因素的处理，恰恰是计算机最感棘手的问题。所以，词义排歧（Word Sense Disambiguation，简称 WSD）是计算语言学中的一个特别困难的问题。这一部分分析了英语中的词汇歧义现象，介绍了几种重要的词义排歧方法。

四　形态的自动处理方法

不论是分析型语言、屈折型语言还是黏着型语言，都有形态自动分析的问题。形态分析主要采用有限状态自动机和有限状态转移网络来进行。这一部分详细地介绍了有限状态自动机和有限状态转移网络的基本原理，通过大量实例来具体地说明自动形态分析的方法。

汉语书面文本是连续的汉字串，单词与单词之间没有空白，因此，汉语形态分析的主要任务就是自动切词和自动词性标注。

这一部分还分析了汉语书面文本中确定切词单位的某些形式因素，为自动切词提供了比较可行的方法论基础。

五 句法的自动分析方法

句法自动分析在计算语言学中叫做剖析（parsing）。所谓剖析，就是取一个输入并产生出表示这个输入结构的过程。所谓句法剖析（syntactic parsing），就是计算机识别一个输入句子并且给这个句子指派一个句法结构（例如树形图、线图）的过程。

这一部分分别讨论了目前在计算语言学中广泛使用的基于转移网络的自动句法分析方法、基于上下文无关语法的自动句法分析方法、基于特征结构的自动句法分析方法、基于依存语法的自动句法分析方法。

六 语义的自动处理方法

语言的意义可以使用形式化的方法来捕捉，这种形式化方法叫做"意义表示"（meaning representation）。之所以需要这样的意义表示，其原因在于：不论是没有加工过的语言输入，还是用自动句法分析方法推导出来的结构，都不能形式化地表示出语言的意义。因此，这样的"意义表示"能够在从语言输入到与语言输入意义有关的各式各样的具体任务所需要的非语言知识之间架起一座桥梁。我们取语言的输入来构造意义表示，这样的意义表示要使用那些与表示日常生活中的常识性的世界知识同样的材料来构成。产生这样的意义表示并且把它们指派给语言输入的过程叫做"语义分析"（semantic analysis）。

这一部分分别讨论了语言意义的四种表示方法：一阶谓词演算（First Order Predicate Calculus，简称 FOPC）表示法，语义网络（semantic network）表示法，概念依存图（Conceptual Dependency diagram）表示法，基于框架的表示法（Frame-based Representation）。这些意义表示方法都可以把语言输入同外界世界和我们关于外界世界的知识联系起来。

这一部分还讨论了句法驱动的语义自动分析方法、绗构语义学、优选语义学、孟塔鸠语法以及意义文本理论。

七　语用的自动处理方法

语用学是对语言与使用环境之间关系的研究。使用环境包括像人和物这样的本体，因此语用学涉及如何将语言用于指示（以及回指）人和物的研究。使用环境也包括话语的上下文，因此语用学也涉及话语结构的形成以及会话时听话人如何理解谈话对象的研究。

语用的自动分析才刚刚开始，国外已经取得初步的成果，国内的研究还做得不多。这一部分主要讨论所指判定和文本连贯的自动分析方法。

本课题的目的在于总结国内外的计算语言学方法，使之系统化、理论化、具体化。由于方法的研究是自然语言处理系统（诸如机器翻译、语料库、信息检索、信息抽取、文本分类等）开发的关键问题，因此，本课题的研究成果，对于各种类型的自然语言处理实用系统的开发，在方法上具有普遍的指导意义，对于解决中国当前在自然语言信息处理中的理论和现实问题，具有重要的推动作用。

隋唐五代碑志楷书构形系统研究

——《隋唐五代楷书整理与研究》成果简介

　　北京师范大学齐元涛副教授主持完成的国家社会科学基金项目《隋唐五代楷书整理与研究》（批准号为01CYY003），最终成果为专著《隋唐五代碑志楷书构形系统研究》。

目前，对现代楷书汉字已经有了比较多的研究，但对历史楷书的研究还相对较为薄弱，这种状况也影响到对今文字研究的深入展开。首先，本研究通过对代表字样的系统整理和分析，描写出处于成熟期的隋唐五代楷书的共时书写状况和构形状况。其次，通过与其他历史阶段汉字的构形比较，分析本时期的构形特点，确立该期楷书在整个汉字发展史中的地位；揭示隋唐五代楷书对前代的继承和对后代的影响，总结楷变的规律和汉字构形发展的轨迹。再次，结合与隋唐五代楷书有关的各项文化背景，对当时汉字在发展和使用中的一些现象做出解释。

这项成果秉承"字形整理在先，现象把握居次，规律总结在后"的原则，重视理论而不发空论。成果的主要内容和观点如下。

一　对隋唐五代碑志楷书字形的整理

成果选取隋唐五代时期有代表性的碑志拓本 120 个，从中收集到 8600 多个不重复字样，把它们归纳为 3893 个字头，最后将测查结果以字表的形式直观呈现出来。

在字形整理过程中，一项很重要的工作是：在众多的异写字样中确立一个代表形体作为一组异写字的主形，以显示全字层面的系统状况。

主形如何确立？以前的研究不多。该成果认为，历史字形的主形选择，首先应考虑字形的社会流通程度，它显示的是某一历史时期人们对某一字形地位的认可度，社会流通程度高的字形代表了一个时期社会用字的主流，能更准确地反映该时期的文字面貌。其次是字形的系统性，"社会流通程度"是针对被考察对象个体在社会流通中的使用频率来说的，"系统性"则超越了个体字样的界限，将确立主形的参照对象扩大到了整个构形系统。再次，在社会流通程度、系统性差不多的情况下，再使用一些辅助原则，如字形的理据、区别度以及各个字形在当时字书中的地位等。

二 对隋唐五代碑志楷书构形的分析

该成果以汉字构形理论为指导，对字形进行构形分析，标注各项构形属性，形成了《隋唐五代碑志楷书基础构件表》和《隋唐五代碑志楷书构形分析总表》。

构形分析需要对汉字的构件功能做出判断，以前对"标示功能"的论述不够充分，本研究在这方面做了深入探讨。

标示功能是指构件在构字中起指示、分化作用。承担这些功能的构件分别称作指示构件和分化构件。指示构件，指标示某一位置或标示某一形象的构件。如"刃"中的"丶"标示刀刃之所在，"本"中的"一"标示树根之所在。分化构件，指在造字时标志分化义的构件，如"太"中的"丶"标志和"大"的区别，"百"中的"一"标志和"白"的区别。分化构件的分化方式很多，包括增笔、减笔、变笔、反转等。用分化构件所造的字的构形模式都是标义合成或标音合成。如：

增笔：太＝大＋丶（标义合成）；

减笔：乒＝兵－丶（标音合成）；

变笔：刁＝刀＋（变笔）（标音合成）；

反转：叵＝可＋（反转）（标义合成）。

变笔和反转是原有形体的改变，没有构件的增减，可以视为零形态的标示构件。

分化构件与记号构件、无分化作用的笔画增加都是不同的。

三 对"隋唐五代碑志楷书的构形系统"的阐释

在构形分析的基础上，成果对各种构形属性做了量化统计。数据显示，隋唐五代碑志楷书的构形系统状况是：以 503 个基础构件为构形元素，以表义功能和示音功能为主要构形功能，以义音合成为主导构形模式，以左右结构为主导组合模式，以层次生成为主导生成方式，以 1 层和 2 层为主导构形层次而生成具有多维联系的 3893 个汉字。

与以《说文》小篆为主的古文字做比较，可以清楚地看到隋唐五代碑志楷书的基础构件数量增多，而构件功能、构形模式、组合模式、构形层次都向主导类型集中，使强势更为突出。如果基础构件的增多可以称为构形系统的繁化，那么其他构形属性向强势结构的转变就可以视为简化。汉字是一个系统，它的构成是各构形属性共同作用的结果，它的发展就是各构形属性的能量传递和能量转换过程。各构形属性的相互作用，表现为一个要素的改变带来所有属性的链条式改变——相谐共变。

隋唐五代构形系统的改变，是由书写的发展引发的。字形书写方式的改变和字体的发展在两方面影响着构形的改变：一方面，趋直、反逆的书写规律导致构件的象物性丧失，使构件功能更集中为表义、示音，使构形模式更集中为义音模式；而构件的黏合、重组，则使组合模式减少、构形层次减少，这是汉字在书写简化的同时，带来的构形简化。另一方面，书写的趋直、反逆也造成构件变异，使构件数量增多、构件功能丧失，虽然这些变化不是主流，但它们都使构形的系统性受损。换句话说，与小篆相比，隋唐五代构形系统严密性的降低是追求书写快捷的今文字必须付出的相应代价。

四　对隋唐五代楷书构形现象和构形规律的研究

在系统整理、分析和量化统计的基础上，成果对该时期的汉字现象做了深入探讨。举例如下。

1. 隋唐碑志楷书形体混同与别异的实现

隋唐五代时期碑志楷书基本实现了全字之间的相互区别，发生混同的字样只占全部字样的 4‰。但是，基础构件的混同率却达到30%多。为什么会有那么多的基础构件混同？全字别异又是怎么实现的？

基础构件形体混同的大量发生和以下三方面原因有关。首先，形体混同和形体简化的要求有关。其次，形体混同和形体系统化的要求直接相关。再次，今文字的阶段特点为楷书中基础构件混同的大幅度增加提供了条件。

字形别异的实现首先是在系统内部完成的，系统自况是实现字际区别的主要力量。对于那一小部分同形字的别异，只能用语境做事后的消极弥补，并在适当时候通过专家规范做积极引导。

2. 隋唐五代碑志楷书与汉字规范

隋唐时期的文字规范工作成效显著，但也是经验与教训并存。

颜元孙是唐代开明的文字规范专家，他承认文字的合理发展，主张根据文字的发展制定适宜的正字规范，他的《干禄字书》对规范当时的社会用字起到了非常明显的作用。但颜元孙的变通思想是有限的，他对当时一些通行度很高的文字不立为正字，原因就是这些字不合乎《说文》字形。事实证明，他在这些字上所采取的遵从《说文》而不尊重社会通行现实的做法是失败的，这从反面说明汉字规范必须尊重文字的社会通行状况。

在唐代的文字规范中，还有一个典型案例——武周新字。武则天共造了18个新字，但它们很快就销声匿迹了。武周新字并不算多，推行力度不可谓不大，但推行效果并不好，其主要原因是武周新字的书写状况和构形状况不符合当时的汉字系统。

从武周新字和颜元孙的成败得失我们知道：规范必须顺应社会通行，必须合乎汉字系统。

本成果的学术价值和社会价值表现在如下方面。

本研究对隋唐五代楷书的整理和分析、对构形现象的挖掘和发展规律的总结，都会为汉字史的描写提供重要资料。目前国内外尚无人对隋唐五代的楷书做过系统整理，此项研究具有填补空白的性质。隋唐时期俗字多，待考证字形多，成果提供的基础构件表和经过认同的字形表对于运用系统比较法考证字形有重要意义。

　　隋唐五代楷书是现代楷书的直接源头，碑志楷书的研究存在重要的现实意义。从字形结构来说，碑志由于使用场合庄重、载体坚固，碑志文字就具有高度的稳定性和传承性，将碑志文字研究清楚，对理解现代汉字的来源有重要价值。从书写样式来说，唐代尚法，唐代正统文字字形，尤其是著名书法家笔下的字形是后代印刷字形的来源，对碑志文字书写、构形状况的深入了解，必然会促进对现代汉字字形的研究。

现代汉语的历时发展演变研究

——《现代汉语的历时发展演变研究》
成果简介

　　辽宁师范大学习晏斌教授主持完成的国家社会科学基金项目《现代汉语的历时发展演变研究》（批准号为05BYY004），最终成果为同名专著。

该成果对现代汉语的各个构成要素等在近百年时间内的发展变化进行了全面的考察和分析,对其发展变化的原因做了较为充分的阐释,对其中的规律也做了总结和归纳。

该成果的内容主要包括以下几个方面。

一 语音

主要涉及以下方面的内容:现代汉语语音系统的变化、某些具体字音的变化、现代汉语语音标准的变化,包括从"老国音"到"新国音",到汉语拼音方案的发展过程及主要事实,以及汉语一些主要方言的语音变化等。在本部分中,首次把语音的发展变化分为两个方面,即语音系统和具体的读音。另外,还从另外一个角度把语音的发展变化分为"已经完成的变化"和"正在进行的变化"这两种,并且认为前者主要是自上而下的变化,而后者则是自下而上的变化。此外,对各种现象的造成原因、变化过程以及相关的规律等也都做了有益的探讨。

二 词汇

词汇历来被认为与社会生活联系最为密切,受社会的影响也最大,因而历时的发展演变也是最明显、最突出的。具体包括词形的发展变化、词义的发展变化、造词法和构词法的发展变化、词的使用范围及其变化等。对于从另外标准分出来的某些类的词,也给予了充分的关注,比如集中讨论了外来词的发展变化问题。这部分内容的特色是:第一,把研究的触角伸向了一些以前很少引人关注的内容,比如利用大量的统计数据对比分析了词在现代汉语不同阶段中音节数量的变化,第一次从历时的角度讨论了语素问题,第一次系统地讨论了词形问题等;第二,对一些传统的认识和知识做了进一步的发展和完善,比如对于不同的词形,分为同素颠倒词、异形同义词、异形外来词和广义异形词四类,对于简缩词语，全面分析了其与原型词语在语义及使用上的对应与不对应的各种关系，对外来词，较为全面地讨论了其对汉语言文字的影响等；第三，抓住了某些从未被研究者提及的问题，并进行了较为全面的讨论，比如提出了当代汉语词汇的"返祖现象"，即一些不合理的新同义词大量产生的现象，就是一个比较突出的例子。

三　语法

语法方面的发展演变虽然不如词汇那么突出，但是绝对比一般人们所想象的和描述过的要大得多、复杂得多。具体包括各类词及其用法的发展与变化（包括名词、动词、形容词、数量词、代词、副词、介词、助词、连词及某些后缀等）、词组的发展与变化（包括最具特征的"动宾＋宾"词组、动词性固定词组、"比N还N"词组等）、句子的发展与变化（包括"把"字句、"被"字句、双宾语句等）。本部分在对考察范围内各种现象的发展变化做了全面细致的描写和叙述，表现出以下两个特点：第一，较多地借鉴和运用了当今汉语语法学界非常流行的，并被实践证明用之于汉语语法研究有相当的解释力的一些新的语法理论和方法，比如语法现象的功能分析和认知解释，语法化的观点和方法等，由传统的语法化延伸，提出了当代汉语的语法化问题，并做了较为详尽的论证；第二，比较全面地贯彻了"立足现代汉语，贯通古今中外"这一原则，主要表现为对一些新的语法现象以及旧有形式的某些发展变化考镜源流，分别从古代（近代）汉语、外语（包括英、日、俄等语言）以及方言等方面对它们的来源做出了较为合理的阐述。

四　修辞

在以往的修辞研究中，修辞史是没有独立的学科地位的，而这无疑制约了相关研究的开展和深入。近年来，随着"汉语修辞史"的正式提出，相关研究开展的略有起色。该成果把现代汉语修辞现象发展变化研究纳入"现代汉语史"中，作为其下属的一个"专史"，即"现代汉语修辞史"，从而比较容易在大的背景下较为宏观地把握各种发展变化现象，并对其做出合理的解释。本部分的研究从"词"和"句"这两个层面展开，具体内容主要包括各种常见的修辞造词法、已有辞格的发展变化、新辞格的产生等。

贯穿以上四方面研究的，还有两项比较固定的内容，而这也是这项研究比较有特色的部分。第一，对各种语言现象发展变化的分阶段考察。基于对现代汉语发展过程所做的阶段划分，对于讨论到的几乎每一种现象，都分别描述了其各方面的具体表现以及相互间的联系和区别，由此就使得"历时研究"的历时性有了充分的体现。第二，对进一步发展变化的预测。随着语言研究的发展和不断深入，语言预测作为一个新的分支学科，或者是作为一项新的研究内容，已经提了出来。在研究中，该成果构筑了"历史的总结与回顾—现实的描写和考究—将来的预测和展望"这样一个完整的研究链和表述模式，从而加强了整个研究的层次感和纵深感。

最后，该成果形成了以下几点明确的认识和观点。

第一，现代汉语从确立之初到今天，已经并且正在产生巨大的、多方面的变化。

第二，现代汉语的发展变化呈相当明显的阶段性，各阶段都有其多方面的特点。

第三，研究现代汉语的发展变化，必须结合、有时甚至是倚重对社会和文化因素的考察与分析。

第四，研究现代汉语的发展变化，不能仅局限于现代汉语本身，而是要"立足现代汉语，贯通古今中外"。

湘西苗语、土家语与汉语接触研究

——《湘西鄂西杂居区少数民族语言受汉语影响研究》成果简介

　　吉首大学杨再彪教授主持的国家社会科学基金项目《湘西鄂西杂居区少数民族语言受汉语影响研究》（批准号为02BYY037），最终成果为专著《湘西苗语、土家语受汉语影响论——语言接触个案》。课题组成员有：刘锋、龙兴武、龙杰、龙生庭、龙银佑、余金枝、罗红源、高翔。

　　这一研究成果把分布于湘西、鄂西地区的湘西苗语和土家语作为研究对象，全方位、多角度研究这两种少数民族语言与汉语接触、受汉语影响的种种表现特征，由四大部分构成，第一部分是"湘西苗语受汉语的影响"，第二部分是"土家语受汉语的影响"，第三部分是"与本课题相关的一些理论性总结"，第四部分是"附录（材料）"。主要内容和观点如下。

一　从民族接触史看湘西苗语、土家语与汉语的接触史

　　研究依据史料，从民族产生的源头开始，梳理至今数千年间这两种少数民族语言与汉语的接触史。并设专节介绍历代汉学在湘西苗族和土家族地区的传播和影响。

　　从苗汉的接触史来看，最早大约在公元前30～21世纪，分布于长江中下游到淮河流域一带的三苗集团（主体应是苗瑶族先民）就与中原的夏朝有非常密切的接触和往来。之后商周时期的荆蛮部落集团，春秋战国时期的楚国，秦朝设置的武陵郡，汉朝设置的武陵蛮，以及后来历代设置的武陵蛮、武溪蛮范围中，都有大量的苗瑶族先民，苗汉之间的接触也一直不间断，经济文化的往来越往后越频繁。今湘西苗族这一支（说湘西苗语方言）仍然居住在武陵武溪这一地区，从整个苗族分布来看，她们处于与汉族接触的最前沿，语言也处于接触的最前沿。观察历史得到两点结论：一是苗族的语言之所以很好地保存了下来，最关键的一点是历史上她们始终保持独立的发展主体和较大范围的聚居地；二是苗语受到汉语的深刻影响，尤其是处于中国中西部过渡区的湘西苗语。

　　土家族与汉族的接触也很悠久。土家先民很早就居住在湘鄂川黔交界一带，这一带古代属于巴国的地盘。巴国是一个弱小的诸侯国，早在公元前316年秦惠王灭巴国，巴人即完全处于秦的统治。在秦的强权统治之下，土家族主体很早就被汉化。自秦以

来再经历代的汉化，现今只有部分退居武陵山区，聚居在湘西北一带交通最闭塞的山寨中的土家族，才得以保存本民族语言。由于历史上土家族民族主体弱化，因此缺乏语言生存的环境，导致今天土家语变成一种非常濒危的语言，这是土家族的历史所决定的。

二 语言本体受汉语影响的描写

分别从语音、词汇、语法三个方面来描写。

湘西苗语和土家语受汉语影响的主要特征表现在：①语音系统趋同汉语。具体来看，主要是"音位系统的变化"和"音位本身的演变"。湘西苗语固有声母和声调比汉语多，韵母比汉语少，受汉语影响的结果是，多者变少，少者变多，向汉语趋同。这就是"音位系统的变化"。再看语音的具体演变，方式多种多样。例如湘西苗语有复辅音声母，汉语没有，受影响后，湘西苗语的复辅音声母部分开始单辅音化。单辅音化的过程是丢失复辅音中的次要成分——流音，保留主要成分，这就是一种"音位本身的演变"。土家语不一样。土家语的音位系统与汉语比较接近，受汉语影响的主要表现是，音位系统局部进行"调整"，使其更趋同周边汉语方言。具体表现有"音位系统形成地域共性特征"、"韵母增加鼻尾韵和撮口韵"、"新增声调"。例如"音位系统形成地域共性特征"这一条。土家语北部方言本来没有浊声母，只有南部方言有浊声母，但属于北部方言的湖南保靖县和古丈县交界这一小块地区，反而与南部方言相同，有浊塞音和浊塞擦音声母，这就打破了方言内部的共性特征，产生跨方言的地域共性特征。其原因就是保靖县和古丈县交界这一地区的汉语方言有此类浊声母，土家语受汉语强烈影响所致。而土家语北部方言无浊塞音和浊塞擦音声母的地区，其周边的汉语方言同样也无浊塞音和浊塞擦音声母。②词汇变化主要体现为借词。在湘西苗语里，明显的近现

代汉语借词在各个土语中占 16.5% ~ 56.02% 不等（据调查词汇表
2442 个词汇统计）。土家语里明显的近现代汉语借词在各方言中
占 38.42% ~ 54.95% 不等（据调查词汇表 2644 个词汇统计）。
借词导致湘西苗语和土家语表达语体分层，导致借词与民族语
词并存并用，导致民族语固有词汇系统发生变化，等等。③语
法受汉语影响主要表现是，构词手段趋同汉语或者借用汉语。

三　理论分析和理论总结

1. 运用传统音韵学的语音系联来给借词分层

这是近年来新起的方法。语音系联运用到借词研究，具体操
作已经不是传统的做法，目前在借词研究上也无操作定式。本研
究认为，借方与被借方的历史音系有一定的对应，以历史音系明
确的一方为出发点，通过一批同声或同韵字对音，不仅可以直接
判断是不是借词，也可以直接判定借词层。据此该项研究尝试了
以汉语"来"、"日"、"见"三母字考察湘西苗语中这三个声母的
借词及分层，反过来也尝试按照湘西苗语的声调（因苗语的声调
系统已经清楚），以是否合湘西苗语各土语间的声调对应规律来判
断汉语借词层。这样的研究方法还未见有人做过，可以说是传统
方法运用的创新。

2. 概述"词义泛化"，补充新的形式

"词义泛化"完全可以看作概括语言接触中词义演变的一个
理论，见于国内学者戴庆厦先生所提。戴先生针对土家语词义泛
化，指出"所谓词义的'泛化'，是指不同的概念或相近的概念
使用相同的词表达，不太重视概念细小的差异。如仙仁土家语
$sa^{33}sa^{35}$ 既表示'稀'又表示'薄'，□e^{33} 既表示'有'又表示
'富'"。（戴庆厦主编《中国濒危语言个案研究》，民族出版社，
2004，第 70 页）为了表达方便，本研究将词义泛化概括为"$X =
Y_1 + Y_2 + \cdots\cdots$"型（即设形式为 X，词义为 Y，$Y_1$ 表示词义 1，

Y_2 表示词义 2，依此类推）。同时项目负责人在调查另一种更为濒危的湘西苗语土语——蹬上苗语时发现，还有 "$Y = X_1 + X_2 + \cdots\cdots$" 型，即一个词义用几个形式表达，这 "几个形式" 是该土语废弃了的曾经是相关或相近的几个历史词的词形，这属于另一种形式的 "泛化"。这是本研究对国内学者提出相关理论的一种丰富。需要说明的是，词义泛化这一现象绝对不同于以往所说的 "多义词"、"同形词"、"异形词（一义多形）" 等现象，它是一种语言的词汇系统在衰退过程中、在固有词汇中发生的一种变化（或者调整）。

3. 提出了语言接触的两种新的特殊类型

洋泾浜语和混合语是语言接触的两种特殊类型已经得到语言学界的公认。本研究分析湘西苗语和土家语的表达语体材料，结合国内一些少数民族语言（如壮语）的研究成果，提出了除洋泾浜语和混合语之外，还有浸润型和并合型两个特殊类型。

现代湘西苗语和土家语，交际中的表达语体已严重受汉语影响，或多或少 "夹杂" 汉语，已经形成 "半苗半汉" 或 "半土半汉" 的奇观。我们把这种 "半苗半汉"、"半土半汉" 的语体按 "夹杂" 汉语的程度区分为浸润型和并合型两种，并给出浸润型 "夹杂" 汉语成分比例为 20% ~ 50%，并合型 "夹杂" 汉语成分比例为 50% ~ 95% 的参数，并举实例材料加以分析，然后概括这两种类型的特征。研究认为，这两种类型之所以长期被人们忽视，主要原因一是使用少数民族语言交际的群众才有深刻的感受，非母语人不容易从外部感受到；二是语言界长期对语体的关注和研究不够。

此外，该成果还从 "并存并用"、"词汇扩散" 等理论角度，对湘西苗语和土家语受汉语影响作了全方位的分析。

形式语言学研究：
理论、方法与课题

——《形式语言学研究：理论、方法与课题》成果简介

　　天津师范大学宁春岩教授主持完成的国家社会科学基金项目《形式语言学研究：理论、方法与课题》（批准号为02BYY001），最终成果为三部专著：《形式语言学理论研究》、《音系学基础理论研究》、《句法理论研究》。课题组成员有：李兵、伍雅清。

一　《形式语言学理论研究》

该成果针对国内语言学界的特定学术背景，用较通俗的专业语言，从国外近 50 多年浩瀚如海的相关研究中归纳总结出了形式语言学在理论基础、理论对象、理论性质和理论方法等方面的特征，并从这些方面和传统的描写主义语言学及功能语言学做了比较。该书的主要理论建树包括：①提出了创建"语言学批评"的理论框架；②澄清了关于形式语言学理论的一些不妥当的看法；③强调了"元语言"在语言研究中的重要作用并阐发了"工具主义"的知识观在语言研究中的运用；④论证了句法时序性（tem-porality）是人类语言的一个重要属性；论证了 LF 的不存在；分析了现有句法元语言系统终端符号的不确定性；指出了最简方案的理论困惑；提出了"相互包含集合原则"和"连续合并原则"等；并依据这两个原则发挥了"内变异语言进化说"对人类语言进化和儿童语言获得等理论问题提出的新的思路。

该成果的主要理论贡献是：①为认识形式语言学提供了一个具有语言学批评理论意义的认识工具。书中尝试提出的语言学批评理论的构想和建构内容，对于从总体上鉴别和把握当今国际语言学界繁杂多样的语言学理论和流派的各自特征具有指导意义。②肯定和倡导了"工具主义"、"元语言"、"元理论"在一般科学研究的作用，尤其在语言研究中的作用。鉴于在中国语言研究和语言学理论的建树中不大讲究元语言在语言研究中特殊地位是造成中国语言研究和语言学理论发展和国外同行的主要差距的一个重要原因，了解和认识以形式语言学为主要代表的元语言研究及其使用对推动中国语言学和世界语言学当今现状接轨，本书可能有不可替代的作用。③本书着重讨论了语言学研究中的带有根本性的理论问题（理论对象、理论性质、理论方法和理论基础），这对中肯地认识中国的语言学研究现状，把我们的语言学研究纳入到国际语言学发展的轨道可能产生一定的影响。④本书较详细地剖析了形式语言学研究中关于语言"三自治"的语言观和"心智主义"的反行为主义的认识论基础，希望能引起国内语言学界尤其是青年学者的理论兴趣，进而参与这些关系到语言学理论发展根本性问题的国际性讨论，促进中国语言学理论研究的发展。⑤本书较详细地触动了句法结构中如何界定终端节点符号（如 N、V、P、A、Adv 等）这个在语言学界一直含混不清和问题，希望能够通过我们今后语言学研究的努力，找到可行的解决方法。⑥本书指出了最简方案中存在的理论性困惑，尤其是没有形态词法的汉语这类语言对最简方案句法技术上的挑战，希望能在我们今后的研究努力中得到彻底的解决。⑦本书就语言进化问题、语言获得问题和句法演算问题等提出了作者本人的看法，希望能引起国内语言学界的讨论。⑧本书还就语言学同其他相关学科的关系，为促进基于语言学的新兴学科形成提供了一些值得思索的问题。

二　《音系学基础理论研究》

该成果清新地概述了形式语言学中重要分支——音系学的产生、发展及音系学的基本原理和研究方法，并着重勾画了当代"优选论"的理论原则和研究课题；归纳分析了 Chomsky 经典音系学理论的主要问题，分析了词汇音系学中的构词和音系过程的交互作用，论述了自主音段音系学的基本假设和原理、优选论产生的理论背景和音系本体论的转变、优选论的基本原理、优选论的基本假设、优选论的分析框架以及理论评估方式等。

该成果的主要理论贡献是：①从新阐发了 SPE 模型、自然生成音系理论、词汇音系学、自主音段音系学以及以制约条件为基础的优选论等生成音系学发展史中的最重要的基础假设。②结合近年来世界音系学界的研究成果分析了音系符号和音系规则的形式特点、音系规则运算的顺序与方式、形式演算的语音学基础、音系表达的抽象程度及其控制方法，词库的结构、音系过程和构词过程的交互作用、词汇音系规则和后词汇规则的属性、词汇音系模块和语法其他子系统的结构关系、非线性音系表达及其结构限制原则、优选论的基础假设、制约条件的属性、优选论的近期发展，包括有限和谐序列推导、层面 OT、对应论、共感论、比较标记论和制约条件组合论等。③本研究注重筛选具有较大研究价值的课题，注重各种假设之间的理论相关性。④此项研究的基本观点是，形式主义音系学基础理论具有重大科学价值：从认知科学的角度看，一方面音系和句法具有某些相同的属性，另一方面音系具有以语音和功能为基础的特殊属性；语言同其他符号系统的本质区别在于前者有音系，后者无音系。⑤从语言研究的角度看，本课题筛选出来的具体研究题目对汉语（包括方言）和中国少数民族语言的研究具有重要参考价值。

三　《句法理论研究》

该成果从中国句法研究的现实学术背景出发，讨论了句法研究中的认识论、方法论、研究对象、理论表述特征、普遍语法、语言事实和理论关系等句法研究中带有全程性意义的问题，清晰地概括归纳了 X－标杆理论和移动 α 句法操作等句法研究中的最基本的技术问题，并较详尽地研究分析了最简方案理论的动因和最简方案的句法技术手段。该书以充分翔实的文献为背景讨论了领有名词提升移位、空语类、汉语动词复制现象中双宾语结构、动词复制、名词短语结构、英汉语量词辖域歧义、汉语驴句、特殊疑问句的逻辑式移动、多项 WH－句、汉语特殊疑问词的非疑问用法、"都"的量化、被字句及极端敏感性及允准条件等当前国际句法界研究的热门课题，并提出了作者本人的理论解答。

该成果对形式语言学句法理论研究的主要贡献包括；①从方法论上来说，句法理论研究从来就和研究者对语言的认识论和方法论休戚相关。本专著从语言研究的对象、认识论、方法论、语言研究对象的理想化问题，中外语言研究方法的比较和批评、语言事实和理论之间的张力问题、句法理论的表征和理论目标等方面进行了全面而有洞察力的分析，目的在于进一步澄清有关形式语言学中的许多基本问题。②从句法理论来看，本专著重点分析了句法理论中的一些重要理论以及和这些理论相关的技术手段，如 X'-理论，移动 α 理论，以及最简方案理论等，重点突出了这些理论产生的理论动因，理论嬗变的根据。③从课题部分来看，本书主要介绍和分析了当代句法理论中的一些重要研究课题，包括"领有名词提升移位"研究、动词复制研究、wh-问句研究、空语类研究、量化现象研究、极性敏感研究等。本部分不仅综述了各相关研究的重要文献，而且还在已有研究的基础上提出了自己的观点和思路，是一部比较全面分析和介绍各句法研究领域中的重要专题研究专著。

　　以三部专著的主要特点和期待学术价值是：①以中国语言学现实学术背景为出发点，用较通俗的专业语言概述了形式语言学理论、音系学理论和句法理论的基本内容、方法和课题；可望为中国语言学研究者和学生搭建认识和掌握形式语言学研究的工具及直接参与国际形式语言学学界讨论的桥梁。②具体地讨论了形式语言学的一些重要理论问题、音系学中的一些重要理论问题和技术问题及句法研究中的理论问题和技术问题，阐发了作者们的观点和结论，希望能引起国内外形式语言学同行的兴趣和争论，以推动形式语言学研究具体的、深入的发展，期待着能从作者的讨论中凝练出更有意义的课题。③该课题项目的三本专著，可作为语言学系研究生了解形式语言学理论、音系学理论和句法理论的参考书或教材，同时期望为相关学科研究者提供一个了解形式语言学或生物语言学的认识平台，从中形成具有跨学科、新学科意义的创新理念和研究课题。

语言世界图景的文化阐释：理论与方法

——《语言世界图景的文化阐释》成果简介

中国人民解放军外国语学院彭文钊副教授主持完成的国家社会科学基金项目《语言世界图景的文化阐释》（批准号为 04CYY013），最终成果为同名专著。

一　语言世界图景的理论建构

语言世界图景概念脱胎于世界图景理论。世界图景，简单地说就是人类对世界认识的总和："世界图景是关于现实的直觉表象系统。""世界图景中包含了世界的总体形象。"语言世界图景是世界图景在语言中的语言化、符号化、语义化表达，它是历史形成的、某一语言社团对外部世界素朴的概念认识的总和。语言世界图景理论认为，每一种语言都是感知与认识世界的一种方式，通过语言，现实世界得以概念化表达，从而形成该民族世界认知的统一的概念系统。由于各种语言之间共性与个性的相互关系，所形成的语言世界图景既有普适性，又有民族性，可以进行文化阐释性的对比研究。本研究将世界图景放在概念世界图景与语言世界图景两大层面上加以考察。概念世界图景是人大脑中世界形象的完整呈现，语言世界图景是世界图景在语言中的局部表达，二者之间是一个投射与映现的通讯过程：图像作为概念世界图景的基本单位承载着人对世界认知的形象化和模式化表现，以形象、表象、概念、观念、图式、定型等思维表现形式存在于人的大脑当中。它们作为一个整体实体化（投射）在语言之中，以语言符号单位为载体和基本单位成为意义表达（映现）的对象。这样，投射与映现作为可逆的认知与理解过程就在现实世界—思维—语言之间架起了一座表现与表达的桥梁。从符号学角度看，概念世界图景基本单位实体化—语言化为语言符号单位，相应形成语言世界图景基本单位的形式与质料构成（能指），"图像"作为概念世界图景的基质（质料）构成与其形式表现一道实体化为语言世界图景的内容（所指）构成。语言世界图景由此成为世界形象（形象、表象、概念、图式等是它的基本单位）在语言中的符号化、范畴化和语义化表达。

研究认为，构成语言世界图景的基本单位与存在于语言系统和连贯言语中的语言单位系统是一致的。后者构成了语言世界图景结构体系的表达平面（形式面），而各级语言单位自身及其与其他语言单位的作用是形成语言世界图景的必要手段。各级语言单位在组合轴和聚合轴上有序排列，形成体系，成为语言世界图景的符号形式。在内容平面上，我们把在各级语言单位语法形式及语义结构中表达的概念世界图景的知识整体称为知识系统。这是因为，个别语言单位表现的知识内容绝不是个体的、割裂的和离散的存在，它们是整个系统中的一部分，在反映现实的深浅、准确程度上有所差别并分出层次，一并归入场性分工序列。基于对语言世界图景基本单位构成及其总体内容分布的理解和分析，我们把语言世界图景的结构组织放在表达和内容两个平面上进行分析。

研究表明，无论语言世界图景形式平面还是内容平面的分析，都必须从分析语言单位语法形式与语义内容入手，以使潜在的认知模式和知识构成成为现实的意义构成。由此，我们就把语言世界图景知识系统研究纳入了语言学研究的轨道，使其在语义学论域内找到了自己的位置。这样，传统的认识论二元对立模式——存在与意识——在这里被一组新的二元对立所取代——语言与现实。语言世界图景制约着人对现实世界的认识与理解，也就是说，人对自身及其所处的外部世界的认识更多的要依赖对语言作为认知中介的描写与解释。在研究实践中，这一二元对立通常表现为文本与现实的对立。文本概念的引入突出强调了人作为认识主体在文本分析中的主观能动性。文本在这里不仅仅是一个死的历史的记录载体与片断，由于人的认识活动的卷入，凝结在文本中以形象、表象、概念、观念、图式等形式得到表达的人的概念经过理解与阐释过程慢慢变得清晰可见，理解者与文本因此形成一种平等的对话关系，一个开放的意义空间就此产生。

研究认为，语言世界图景研究是作为语言文化阐释学的语言文化学的重要组成部分。它从语言符号（语言文化单位作为文本）出发，将民族文化心理、思维方式、审美观、世界观整合在语言世界图景框架内，用对话阐释的方法揭示和解释表象、概念、观念在语言符号中的凝结与析出，从而完善了我们对意指单位语义结构的认识，将语义分析引向民族文化心理层面，让知识返回意义，则意义成为一种创造性的生成。互文—对话的思想令文本分析过程变成一个动态循环。作者、文本、读者之间的对话使文本阐释充满无限创造的可能。保证阐释过程有效性的是文本本身以及对话阐释的开放空间。

二 语言世界图景本体论、认识论和方法论三位一体的文化阐释

整体来看，该成果是对语言世界图景本体论、认识论、方法论三位一体的文化阐释的统一体，主要表现在如下方面。

1. 以意义为核心的本体论

语义问题是语言世界图景研究的首要问题之一，本课题首先建立了一个符合语言世界图景研究实际的语义结构模型——意指单位的语义结构完形。语义结构完形是对人、语言、文化、世界之间错综复杂关系的综合表达。它将语义研究引向民族精神、民族意识领域，是概念世界图景在语言中的投射与表达，对它的描写与阐释是人对世界认知的反向理解过程。语义结构完形是一个由深层与表层语义结构构成的多层级系统，对语义按其不同性质进行了类型化划分，对形象指涉与文化指涉含意的分析让我们对语义结构的理解更加完整。

2. 以人本中心主义为核心的非理性主义认识论

世界图景思想是人对世界认知成果的抽象化、理论化、系统化表达。它反映了人在认知世界过程中所持的立场与方法，由此形成性质各异的世界图景类型。语言世界图景相对概念世界图景

存在，坚持人本中心论的非理性主义的认识论原则，成为一个民族对世界素朴认识的概念化、言语化、符号化、语义化表达。对语言世界图景知识系统的描写与阐释可以深刻揭示一民族精神性的本质特征，从而建立语言世界图景研究的总体框架。

3. 以对话阐释思想为核心的方法论

语言世界图景知识研究最终要落实到对意指单位的文本分析上。文本是知识的载体，对话的中介。研究表明，每一个文本都是互文本，文本性即对话性。意指单位作为文本只有在对话阐释中才能获得真正的理解，因此，理解也是对话。本课题给出了对文本进行对话阐释的一般模型，在此基础上，将文化函数论引入文本分析，实现了文本理解的阐释学循环。为了实现语言世界图景知识系统的有序描写，本研究将离散的意指单位按照不同主题分层逐级纳入语言文化场中。语言文化场场性分工过程就是对语言世界图景认知过程的复制与再现，是对语言世界图景进行可操作性描写与阐释的有力武器。语言世界图景研究不可能做到面面俱到。关键词研究方法可以有效保证个别与一般、局部与整体之间的联系，在互文—对话框架下由点而线、由线而面、由面而体，这样既可以做到深入细致，又保证了系统研究的总体性和一般性。

三　语言世界图景研究的理论和实践价值

该成果的理论价值在于：第一，实践了理论范式由知识描写到意义阐释的转变，开辟由知识返回意义的研究方向。本课题旨在探讨言语产品的意义生成及阐释过程，它更关注文本深层意义的对话理解问题。我们认为，一民族意指单位的语义内核是深植于该民族心理深处并体现在语义结构中的民族个性特征。第二，建立的是一个新的语言深层指涉意义（语言世界图景知识系统）的文化释义的理论体系，这一理论体系与阐释方法建立在一个新的语义结构完形基础之上。研究者通过对语言这一文化符号系统进行某种阐释可以窥见蕴涵于其中的该民族的民族文化心理、思维方式及审美观、价值观、世界观的一般（或总体）趋向性，它们构成了意指单位深层语义结构的核心，也是深层文化者涉含意生成与理解的内在文化—心理理据。第三，为语言世界图景研究提供了一套新的深层语义结构的理解与阐释的一般模式与普适方法，从而为进一步的深入研究提供方法支持。

　　该成果的实践价值在于：第一，它的研究成果可直接应用于外语教学，因为不了解一民族的民族个性特征，便不足以对它的言语产品获得真正意义上的理解，也就无法把握该文本的精神文化内涵；第二，它可以为跨文化对比研究提供理论基础及实践方法，从而有利于比较文化学研究及跨文化的语言对比研究，在这方面已经有相关成果出现；第三，它还可以用于单一语言—文化的实践分析，对一民族精神文化的描写与解释有着方法论方面的指引作用。

当代西方多元文化主义思想中的族群与国家关系理论研究

——《当代西方多元文化主义政治思潮
——国外政治学学科发展新特点》成果简介

　　天津师范大学常士闇教授主持完成的国家社会科学基金项目《当代西方多元文化主义政治思潮——国外政治学学科发展新特点》（批准号为 03BZZ010），最终成果为《当代西方多元文化主义政治思想研究：民族与国家关系视阈》。课题组成员有：佟德志、庞金友、刘训练、柴宝勇、李丽红、刘婵琪、祁晋文。

多元文化主义是 20 世纪 70 年代初由加拿大发起并在西方得到广泛响应的一种保护少数民族文化的政策，此后，西方学者进一步在此基础上形成了系统的文化与政治理论。

什么是多元文化主义，当代西方有的从国际政治的角度解释，认为世界上的不同文化都具有存在的价值，各民族和国家的文化都是平等的；有的从后现代主义的角度解释，认为文化已经碎片化，不同的文化价值都具有存在的价值，不同的价值群体应该是平等的、共存的；不过严格意义上的多元文化主义主要强调在西方宪政框架内不同民族文化的保护和共存。因此，族群与国家的关系构成了这种多元文化主义研究的交点。

多元文化主义是随着全球化的浪潮发展起来的，随着西方内部原住民族和后来民族之间关系交往加深，随着资本主义和现代化发展对少数民族文化及其生存基础威胁的加剧，以及随着外来移民群体越来越多地加入到西方社会而带来的对西方传统的一元价值观和传统的同化主义政的矛盾加深，多元文化主义越来越成为继西方自由主义、保守主义和社群主义之后出现的新的政治思潮。这一思潮产生了诸多的思想家，如加拿大多元文化主义思想家金里卡、泰勒，美国的多元文化主义者玛丽·杨，英国的帕瑞克等，也产生了不同的多元文化主义政治思想流派，其中自由主义的多元文化主义、保守主义的多元文化主义、激进的多元文化主义构成了当代多元文化主义的重要思想流派。

多元文化主义有不同的思想流派与学说主张，但总体上看，多元文化主义围绕族群与国家关系提出一系列自己的政治主张。

首先，多元文化主义把维护族群的集体权利作为政治主张的基础。在他们看来，所谓的集体一是国家以少数民族权利的名义，对不同少数民族文化采取特别的措施，给予他们以"特殊地位"，以"保护文化共同体免受不必要的解体"。另一方面，依照"集体权利"的许多定义，只有当一种措施明确规定了某一社群自身可以行使确定的某些权力时，才可以把它视为一项集体权利。

多元文化主义反对自由主义个人本位政治观。多元文化主义代表人物玛丽·杨认为，自由主义的平等公民观是一种同化论理想。它将社会成员当成同质性社会成员，以相同的标准、原则和规定对待每一个人。自由主义的公民观只看到了个人和国家这两极。实际上，公民和国家之间还存在着一个中间地带，它是由各种不同的群体，其中包括种族、民族、性别、年龄、宗教、文化等构成的特殊团体。个人是通过他所归属的群体，特别是族群而和国家发生关系的。因此，在社会中，个人首先面对的是族群而不是国家。因此，国家应该首先承认的是族群的地位，维护他们的权利。从这种立场出发，多元文化主义者提出了差异公民的概念，也就是主张自由主义政府不但基于个人立场保障每一个公民平等权利，而且为了承认和包容少数族群和团体的特殊认同和需求，赋予这些族群和文化以少数人权利。

其次，多元文化主义强调了族群认同的重要地位。多元文化主义代表人物格雷泽指出，作为一定的少数人族群的集体身份首先来源于具有共同的生物基础，并在此基础上形成了一个族群的性质或特征，产生了对语言、文化、经济利益上的认同，以及"共同的身份"。作为族群中的成员通过这种身份，不仅分享着来自族群的共同的观点与情感，而且通过对族群文化与价值的接受，获得了解释世界、改造世界的方法。在这里，一定族群所形成的文化结构构成了成员对生活意义的理解，也构成了成员思想价值的局限。以此为基础，族群成员在长期的族群文化影响中，形成了对族群身份的认同。在这一过程中，成员与自己所属的族群相同一，有效了保证了族群的团结；同时这种认同又构成了一种所谓"拒斥的认同"，以它作为一种"集体的抵抗力量以对抗无法承受的压迫"。当着民族群体受到来自社会与政府的不公正对待时，这种集体的认同"起到了动员个体在一般的社会情景中活动的作用"，帮助设定了我们的需求、欲望以及实现它们的途径，形成了突出表现在自我表现认同的强烈的情感依附。

再次，多元文化主义主张加强族群教育。由于多元文化主义主张集体身份和认同，并试图以此获得国家政治生活的起码尊重与承认。为了有效地维护这种认同，族群政治的维护者主张加强民族教育。具体而言，就是要通过民族教育，使儿童从小就接受民族的文化价值，民族所需要的人性以及对人生意义的理解。在民族的教育中，民族的语言、民族的优秀文学作品和民族的历史将是最好的教材。他通过学校的教育潜移默化地深入到儿童的内心世界，使之逐渐成为民族成员精神世界的一个重要部分。族群政治维护者也主张开办民族语言学校，"在公共场所使用自己的语言，拥有合适的媒体渠道，希望能够在他们协力建立的社会课程与叙事中得到认识与肯定"。他们反对单语制，要求建立双语或多语制，从制度上和法律上为少数族群的语言权利运用上提供一个合法空间，使少数族群的语言权利和多数群体的语言权利平起平坐。

最后，多元文化主义提出了比例代表制思想。当代自由主义者曾把一人一票作为民主政治的一个重要原则，在民主政治生活采取少数服从多数的主张。对此，族群政治的维护者金利卡认为，近代民主政治通过人们的政治竞争，获得多数决定而形成最终决策，然而，这样一种机制并不能实现民主政治的合法性。因为，它所产生的结果只能是赢者说话算数，少数人或少数民族被排除在制度之外。族群权利的维护者赞成采取团体代表的方法。具体而言就是通过提供公共资助、保障政治团体中的代表地位，赋予其在涉及一个组织的利益上投票的权利。也即是通过给予那些处于边缘和被压迫地位的组织提供制度措施，使其获得更多的政治参与机会，帮助那些在政治上处于不利地位或处于被压迫地位的组织或集团都能参与到政治事务中来，以实现政治上的整合。

　　多元文化主义以族群权利为基础，围绕族群与国家关系提出的政治主张具有重要的理论与实践价值。在实践上，多元文化主义促进了西方国家由以同化主义为导向的民族文化政策向承认并保护多元文化为导向的政策的转变；促进了公民制度的变革和民主政治的发展；它也在一定程度上缓和了民族冲突，促进了社会与文化的和睦发展。从理论上看，多元文化主义促进了协商民主理论的产生，丰富了公民权利理论，促进了对国家的重新认识，彰显了族际政治与跨民族政治研究的重要性，暴露了西方自由与民主思想的局限。它所提出的一系列新的概念与理论，如认同、承认的政治、族群权利等在当代政治学中占有重要的地位。大大开阔了政治学研究的领域。

　　但多元文化主义本身也存在着某种局限，多元文化主义是建立在多差异权利追求基础上的。在这种理论中，对"分"与"多元"的强调，所采取的先"分"而后"合"的社会整合思路，以及依靠政治多元和形式上的平等整合不同族群的制度性措施，都极易导致族群的封闭和排外，对社会与政治整合带来不利的影响。

　　由于多元文化主义具有上述的局限，决定了多元文化主义并非像某些学者提出的，具有"超越时间和空间的价值"。在当代中国民族政治的建设上，既要承认不同民族与文化存在的差异性，同时要坚持以社会主义价值体系的引导；在处理民族文化与国家认同上不仅要尊重差异，保护少数民族的权利，包容多样性，而且要把不同民族之间的相互联系、彼此依赖、互助共赢等实质性问题作为政治整合的重要内容，也就是在多民族国家中，不仅要发展不同民族之间形式上的交互关系，而且也要发展不同民族之间实质上的相互依存关系，这是实现文化多元政治一体的关键。

面向知识经济的政府管理
创新研究

——《面向知识经济的政府行为模式
创新研究》成果简介

中共湖北省委党校李又才教授主持完成的
国家社会科学基金项目《面向知识经济的政府
行为模式创新研究》（批准号为 99CZZ004），最
终成果为专著《面向知识经济的政府管理创新》。

　　21 世纪，知识经济的发展是必然的。知识经济是以人才和知识为资源的智力经济，拥有了人才和知识就掌握了知识经济时代的主动权。一个国家拥有了人才和知识，也就掌握了发展的主动权。因此，知识经济的到来，是对传统以自然资源、生产资料为核心而划分实力的现状的一种冲击，它将重新调整各个国家和地区在世界上的实力结构和国际地位，为此各国政府必将积极应对。

　　该成果主要内容和观点如下。

一　经济形态的发展，不仅决定和影响了社会一般管理的体制和方式，而且决定和影响了政府管理的体制和方式

　　以自给自足为主要特征的自然经济形态，政府管理以专制、王权与教权结合为主要特征；在以商品交易和分工合作为主要特征的市场经济形态，政府管理具有民主化、法制化、科层制和高效化等特点；而知识经济形态下的政府管理则具有融合性、科技性、智能性、网络化、人性化等特点。显然，不同经济社会时代政府管理特点存在显著差异。

二　面向知识经济时代的政府，应树立新的理念

　　包括以人为本理念、顾客理念；公共理念、服务理念；平等理念、公平理念、公正理念；民主理念、法治理念；诚实理念、信用理念；责任理念、有限理念；公开透明理念、参与理念；成本理念、效率理念、质量理念、绩效理念；竞争理念、共赢理念；全球治理理念、开放理念；智能理念、创新理念。这些理念反映了面向知识经济时代政府管理应具备三个层面的理念：一是政府管理最基本的理念；二是政府管理在市场体制下的理念；三是政府管理在知识经济时代的理念。

三　面向知识经济时代政府，要搞好公共管理，必须首先区别公共管理与私域管理

二者的主要区别在于公共管理在产权上具有非排他性，在经营上具有非竞争性，在服务上具有非营利性，在目的上具有公共性。同时，在公共管理中具有非强制性、可选择性、非营利性、有偿性等特点的可以划归为社会公共管理；具有强制性、不可选择性和无偿服务等特点的可以划归为政府公共管理。这些为政府公共服务的分析提供了基础。根据公共服务的不同特点，政府提供的公共服务应该有所不同，分类服务，即服务全面法治化、服务有限市场化、服务部分社会化、强制服务无偿化。

四　面向知识经济时代的政府管理组织的设计应遵循以下原则，即以科层制为组织基本结构原则、以网络型为组织框架结构原则、以电子化为组织运行载体原则、以数字化为组织运行方式原则

因此，政府管理组织设计的实施应该是：政府组织主体实现电子化与数字化，政府组织职责实现明细化与信息化，政府组织结构实现扁平化与网络化，政府组织运行实现程序化与规范化，政府组织人事实现弹性化与人性化等。

五　面向知识经济的政府行为模式必须超越科层制政府行为模式

科层制政府行为模式的主要特点是：分工合作与条块结合行为模式，层级分明与命令服从行为模式，向上集权与对上负责行为模式，非人格化与法治泛化行为模式，自成体系与相对封闭行为模式等。而面向知识经济的政府行为模式应具有以下特点：数

字化与信息化、电子化与网络化、公开化与透明化、科学化与民
主化、快捷化与直接化、程序化与个性化等。这些特点直接影响
了政府管理模式的变化，如领导模式、决策模式、执行模式、沟
通模式、服务模式、监督模式、办公模式以及政府与社会互动模
式等。

六 面向知识经济时代政府管理的支撑点是人才、科技和城市，人才是关键，科技是支撑，城市是基础

该成果对人才资源开发的新理念、新原则、新体制、新机制
以及开发目标进行了探讨。提出了人才资源开发的理念，包括人
才资源是第一资源理念，有用的人就是人才和人人都可成才的大
人才理念，以人才为本理念；指出人才资源开发必须遵循人才开
发规律，不仅人才有成长规律、人才有开发规律，而且不同类型
的人才有不同的开发规律，如对党政领导人才，要在提高理论素
养、培养战略思维、树立世界眼光和加强党性修养上下工夫，全
面提高领导水平和执政能力，在选拔和管理上，重在群众认可；
对国家机关和党群单位的公职人才，要培养他们的政治鉴别力和
抵制腐朽思想侵蚀的能力、市场经济适应能力、依法行政能力、
行政管理能力、调查研究能力、学习能力和创新能力等，在选拔
和管理上，重在执法公正的服务水平；对企业经营管理人才，要
通过建立市场化、外向型培养机制，着力提高他们驾驭市场、参
与竞争尤其是国际竞争的能力，在选拔和管理上，重在市场和出
资人认可；对专业技术人才，要着重提高他们的科研、学术水平，
从中培养一大批具有领先水平的专家、学者和学科带头人，在选
拔和管理上，重在社会和业内认可；对技能劳动者人才，要通过
技能培训，市场竞争，优胜劣汰，重点强化他们的岗位责任意识，
提高他们的技能操作水平，在选拔和管理上，重在提高熟练性精
细性劳动技能水平。

七　知识经济的发展需要以科技作依托、人才作后盾，而大中城市能优先满足这两个条件，因此知识经济是以城市优先发展并依托城市形成点状分布，最终以点带面而发展和推进

中国知识经济的发展，要以已经或正在形成的区域中心大城市为中心、以所在城市形成的经济圈为辐射面，推动知识经济的发展。为此，面向知识经济时代的中心大政府，要发挥中心大城市主导区域优势，提升城市政府调控功能；发挥中心大城市发展领先优势，提升城市政府引导功能；发挥中心大城市信息中心优势，提升城市政府指挥功能；发挥中心大城市基础设施优势，提升城市政府服务功能；发挥中心大城市人才荟萃优势，提升城市政府创新功能；发挥中心大城市融合城乡优势，提升城市政府整合功能；发挥中心大城市先进代表优势，提升城市政府发展功能。

中国城市社区发展与制度创新研究

——《中国城市社区发展与制度创新》成果简介

　　中共内蒙古自治区委党校乌云娜讲师主持完成的国家社会科学基金项目《中国城市社区发展与制度创新》（批准号为03CZZ005），最终成果为同名研究报告。课题组成员有：张文萍、黎丽、徐永平。

围绕全面建设小康社会的奋斗目标，结合各地实际，加快建立健全与市场经济和现代化社会相适应的城市社区管理体制，是新形势下推进社区建设的重要突破口。随着社会结构、社会组织、社会群体的分化和社会价值观的变迁，城市社区日益成为各种社会群体的集聚区、各种利益关系的交织处、各种社会组织的落脚点、各种社会资源的承载体，由此给城市社区发展带来了发展和制度创新压力。

创新社区管理体制，是贯彻"执政为民"理念、促进社会和谐、推动城市发展的重要途径，是新形势下推进社区建设和社区发展的重要突破口。该成果在总结国内社区建设经验和介绍国外社区发展做法的基础上，进行比较研究；并对城市社区自然发展过程中出现的老街坊社区、单位社区和现代社区进行对比，对目前中国城市社区建设的现状、亟待解决的问题及产生的原因进行分析，提出社区管理体制改革的"双强模式"，即通过政府自上而下的改革，理顺城市管理体制，强力推动管理重心下移；通过推进以块为主的改革，理顺左右关系，着力强化社区自治功能。并以此为基本理念，探讨了城市社区发展的制度创新问题。

一　政府管理体制创新

转换政府角色——是创新社区管理体制的关键。一是要进一步转变政府职能：做到"让位、归位、到位"。转变政府职能是在宏观意义上实现社区建设管理体制和运行机制创新的关键环节，也是建立新型社区体制和机制的重要前提。换言之，政府职能的转变和社区体制的建立是相辅相成的联动过程，没有政府权限的恰当定位，没有政府功能的不断优化，没有政府机构的有效运作，社区体制的建立便不能企望。社区建设的发展以政府职能转变为前提和保障，二者相互依存，互为依托。二是政府角色的定位：随着基层民主政治的建设和社会的充分发育，中国社区建设的行政化特征必将日趋淡化，自治化和社会化特征将日益明显。因而，如何从社区的本质和内涵出发，合理界定政府在社区中的角色与作用，将是中国社区改革和发展中需要长期研究的一个现实性问题。政府应把握目标的既定性与过程的渐进性，找准角色定位，切实贯彻好中央"有所为，有所不为"的要求，转变政府的职能，避免在社区建设中陷入"社区是个筐，一切往里装"的误区。三是明确政府的主要职责：宏观规划，信息、政策引导，行政协调，财力支撑。政府要成为社区建设的发动者、社区建设的组织者与协调者、社区的培育者、社区发展的宏观指导者。

二　社区组织体制创新

构建新型组织体系——是创新社区管理体制的重点。从结构和功能上对城市社区组织管理体制进行调整，构建新型的组织体制，应从"纵向"和"横向"两个维度着力。现阶段中国城市社区运行中存在的问题归根结底是纵向联结、横向分割的组织结构与社区主体多元化、需求多样化和功能综合化之间的矛盾，而僵硬的行政单一化运行机制又是引发和激化这种矛盾的主要原因。这种机制不仅使社区运行经常受到行政条块冲突的掣肘，而且极大地抑制了社区内源动力的产生。因此要理顺组织关系，使社区运行动力从单一化转向多元化、从外源式转向内源式。只有这样，才能逐步形成各种组织纵横联结、不同主体分工合作和多元互动的社区运行格局。包括：如何通过从纵向上突破"街道"行政区的限制，理顺街道行政区与社区、行政管理事务与社会管理事务的关系；如何发挥社区组织要素的社会性功能；如何在城市组织管理体制上实现中国城市社区与政府"共治"模式；如何进一步整合行政力量，理顺社区管理体制，寻找出社区发展的突破口，建立新型的城市基层管理体制和社会政治稳定机制，切实做到体制创新。

三 社区运行机制创新

构建新型运行机制——是创新社区管理体制的核心。社区运行机制创新的核心应该是按照经济和社会发展新形势的要求，结合各城市社区建设的实践，推进政府与社区关系的创新，建立新型的政府与社区关系；推进社区自身运行机制的创新，尤其是居民参与机制的创新；使居民适应由"单位人"向"社会人"的转变，积极参与社区建设，推动社区的发展；理顺社区机构与物业组织以及其他社会中介组织的关系，完善社区自治的法律制度，加强政府与社区机构以及居民与社区机构的协调，形成一种新型的协调机制。

特别值得注意的是，目前城市社区出现了一些完全不同于传统居委会和单位管理方式的因素。物业管理公司、业主大会、业主委员会以及社区内的一些自发的团体（如运动、休闲等）都是新生的事物，有着不同的运作逻辑和方式。由于分散的众多业主之间缺乏有效的组织和协调机制，从而引发出一系列业主和开发商/物业公司之间的矛盾，表现形式多种多样。要妥善解决好业主和开发商、物业公司之间的矛盾，乃至业主和政府部门（如规划部门、街道办事处、公安部门等）之间的矛盾。

四 社区管理模式创新

构建新型管理模式——是创新社区管理体制的基础。加强与改善中国的城市社区管理，其根本出路就在于深化城市改革，逐步摆脱历史遗留问题的羁绊，最终建立新型城市社区管理模式。鉴于中国经济转轨、社会转型这一特殊背景下城市社区建设的特殊性，以及中国历史文化传统对当今社区建设的文化心理层面的深刻影响，要以国际视野从理论和实践的结合上重新审视关于中国城市社区建设的总体思路和目标模式，建立规范合理的社区组织管理构架，创新社区管理模式。但绝不照搬照抄外国的社区理论，也不囿于现成论点，而是以一种新的眼光和思考，大胆创新中国城市社区建设理论，核心是推进"政府—服务型"模式向"自治—服务型"模式转变，由政府主导型转向政府与社会的"共治"模式。

五 社区党建工作机制创新

构建新型党建工作机制——是创新社区管理体制的导航。坚持中国共产党的领导是中国社区建设有别于西方国家社区发展最显著的标志之一。在和谐社区建设实践中，我们坚持发挥党组织的领导核心作用，加强党对社区建设的领导，并不意味着党对社区具体事务的干预，而是要为社区建设导航，使之不偏离社会主义发展的大方向。加强党对社区的领导，最重要的是搞好社区党建工作。也就是由缺少党的领导核心的社区向加强党的基层组织建设的社区转变，推进社区党建工作机制的创新。即实现资源共享、优势互补、共驻共建、共同发展的区域性党建工作联动机制；实现由单一的行政命令式向双向的互动式转变，完善社区党建工作的领导协调机制；建立以服务居民为立足点，以志愿者活动为主要形式，充分体现先锋模范作用的社区党员教育管理机制。

以上五种城市社区发展的制度创新，具有一定的实际应用价值。主要体现在：一是从理论和实践的结合上揭示了政府—社区—居民的互动关系，为社区发展提供了理论参考。二是对中国社区建设及西方社区建设成功经验进行系统科学的总结的基础上，找出了规律性的一面——中国城市社区建设的目标模式选择，为今后社区发展提供了新的视角。三是通过深入地调查研究，找出了社区建设创新中存在的深层次问题和障碍因素，为进一步推进社区建设创新提供了切实可行的思路和对策。

当代西方新政治经济学兴起的主题与意义研究

——《当代西方"新政治经济学"研究》成果简介

厦门大学黄新华副教授主持完成的国家社会科学基金项目《当代西方"新政治经济学"研究》（批准号为04CJL015），最终成果为同名专著。课题组成员有：丁长发、罗思东、林东还、丁熠。

政治经济学是西方社会科学中最古老的学科之一。近代西方社会科学学科的分化特别是政治学和经济学的分离导致了传统政治经济学的衰落。20 世纪 60 年代以来，西方社会科学发展的整体化趋势，促使政治经济学复兴，出现了政治学与经济学整合研究的"新政治经济学"。新政治经济学的兴起引起了国内外学者的广泛重视和研究，但是迄今为止，缺乏关于新政治经济学的系统性著作，更缺乏运用马克思主义政治经济学的基本原理，对新政治经济学进行批判性研究的著作。因此，本课题以马克思主义为指导，对西方新政治经济学的兴起、流派、主题、理论贡献和局限进行分析，力图描述出当代西方新政治经济学的全貌。

一 当代西方新政治经济学的兴起

在西方，"政治经济学"一词出现于 17 世纪初，至今已经被人们使用了近 400 年。作为一门学科，政治经济学形成于 18 世纪 70 年代，其标志是亚当·斯密《国民财富的性质和原因的研究》一书的发表。但是自 19 世纪末开始到 20 世纪五六十年代，随着政治学与经济学相继成为独立学科，政治经济学这一母体学科便逐渐衰落，"政治经济学"一词也逐渐被"经济学"一词所取代。20 世纪六七十年代，政治经济学在西方学术界复兴，诞生了一门政治学与经济学的交叉学科——新政治经济学。新政治经济学反对把政治学与经济学隔绝，强调政治过程中的经济行为和经济过程中的政治行为。认为个人在政治领域和经济过程中均以寻求利益最大化为目的，两者的区别仅在于政治的机制和市场所带来的机会和附带的约束的不同，"正是在适用同一种行为原则的意义上，而不是在具有因果联系上，政治学与经济学统一了"。但是，复兴后的（新）政治经济学的"含义已经与传统用法大不相同了"。新政治经济学既不同于经济学，又不同于政治学，而是这两门学科的有机融合。

二　当代西方新政治经济学的流派与主题

目前，新政治经济学正处于发展过程中，其体系结构尚未成型，西方学者对其研究对象、范围、主题的界定也不一致。综合西方学者的看法，可以将新政治经济学的研究范围做如下的描述。

1. 公共选择理论

公共选择理论认为，人类社会由两个市场组成，一个是经济市场，一个是政治市场。在经济市场和政治市场上活动的是同一个人，没有理由认为同一个人在经济市场上的行为动机和在政治市场上的行为动机会有不同。基于此，公共选择理论阐明了公共选择的规则、公共选择主体，并对"个体公民作出集体决策以达到个人目的的手段和场所"的国家进行了系统的研究，这种研究解释了政府失灵的内在根源，揭示了制度（决策）规则的重要性。但是公共选择理论对于马克思主义国家理论的批评是错误的，是用超阶级的观点来看待国家的本质。

2. 发展的政治经济学

发展的政治经济学强调，探讨经济发展必须采用政治经济学的方法，因为经济发展涉及政治、社会、制度、文化、历史、法律、宗教等各个方面，也受到这些因素的制约。由此，发展的政治经济学提出了新发展观、新增长理论、国家经济类型学、政府能力理论和发展决策的政治经济学，并探讨制度和社会资本的重要性，提出了收入再分配与增长并重的发展政策，建构一套体系完整的对外开放理论。发展的政治经济学对于我们更好地理解发展过程以及选择发展的方式与手段，具有现实的参考价值和借鉴意义。

3. 政治的经济学

政治的经济学"这个术语包括对一系列政治学和经济学共同

关注的问题的分析","政治的经济学的重点在于试图解释总体的经济政策决策中政治和经济力量的相互作用"。运用经济学模型，政治的经济学对决策机制、承诺与信誉、收入再分配、公共物品、经济增长、开放经济、转轨经济、政府规模等问题，进行了富有创新的研究。它所论及的主题包括：①决策机制与政治选举；②政策可信性与政策变革；③再分配与公共物品供给；④内生增长与开放经济；⑤经济改革与转轨的政治经济约束；⑥政府规模与国家数目。政治的经济学由此阐明了经济政策制定过程的政治约束。马克思主义政治经济学认为"政治是经济的集中体现"，"经济基础决定上层建筑"。政治的经济学研究所得出的一系列理论观点提示我们，在改革和转轨政策的选择上，应当考虑政策选择背后的政治约束。

4. 新制度主义经济学

正统经济理论分析了制度构成，新制度主义经济学探究了制度在经济体系运行中的地位和作用，分析了国家的起源、性质与目的，国家和制度变迁的关系，并对产权结构与经济增长，意识形态及其在经济发展中的作用进行了解释。新制度经济学关于国家的分析，显然受到了马克思主义的影响。虽然新制度主义经济学使用了和马克思主义不完全一致的语言，但是它也认为，维护统治阶级的利益并使其收益最大化是国家的目的，为实现这一目的，国家必须行使相应的职能，界定和实施产权，缓和阶级冲突。

5. 法律经济学

法律经济学的历史渊源可以追溯到古典政治经济学，亚当·斯密就已经"把法律学和经济学结合起来"。法律经济学的研究成果主要体现在：财产法的经济分析；合同法的经济分析；侵权法的经济分析；刑法的经济分析；反垄断法的经济分析；诉讼法的经济分析。随着中国经济市场化改革的深入，法律的变迁是一个重要的制度变迁研究领域。在这个领域里，法律经济学的研究成果，为我们体察和审视中国的法律制度的变革与演进，提供了富有启发性的理论结构。

6. 规制政治经济学

规制政治经济学的理论内容包括三部分：经济性规制、社会性规制和反垄断规制。20 世纪 80 年代以来，随着博弈论、信息经济学和机制设计理论的引入，新规制经济学应运而生。新规制经济学核心是放松规制理论和激励规制理论。新规制经济学的出现，使得政府规制的理论和实践发生了根本性的变革。随着社会主义市场经济体制的建立，改革和完善中国的经济性规制、社会性规制和反垄断规制，就显得十分必要，可以借鉴新规制经济学的理论和方法，在放松规制的基础上，引进激励性规制方法。

7. 国际政治经济学

国际政治经济包括经济民族主义、经济国际主义和经济结构主义三个理论流派。国际政治经济学强调，国际经济关系就是国际政治关系，国际经济与国际政治相互作用。由此出发，国家政治经济学探究了国家与市场、权力与财富、贸易与金融、国际援助与政治交易、全球化与相互依存等问题。马克思主义政治经济学虽然未在国际政治经济学方面留下系统的论著，但是在这一领域留下了宝贵的理论财富：①资本主义是一个完整的世界体系；②资本主义政治经济之间相互作用和相互影响；③世界资本主义的发展为新的生产方式的建立开辟了道路。国际政治经济学尤其是经济结构主义的理论体系，明显地受到马克思主义的影响并以马克思主义为基础展开。

三　当代西方新政治经济学的意义

当代西方新政治经济学的"兴起并兴盛是经济学和政治学相互关联、互动发展的产物，不仅体现了经济学研究范围和领域从经济福利扩展到经济权利，还体现了经济学研究主题从资源配置到权利配置的转变"。新政治经济学的"新"主要体现在三个方面：一是用经济学的分析工具把政治过程纳入了分析对象；二是通过分析决策背后的政治约束，新政治经济学打开了经济政策形成的"黑箱"；三是通过整合政治学和经济学的研究，政治学和经济学的研究对象都被纳入到新政治经济学的研究中来。新政治经济学的出现，使人们开始从另一个全新的角度理解政治—经济过程。因此，无论是从研究方法还是从理论建树上看，新政治经济学都具有重要的意义。

当代西方新政治经济学兴起，也为中国政治经济学的发展提供了有益的启示。一是马克思主义政治经济学大有可为。站在新的历史高度上，应加强对马克思主义基本理论的研究，在坚持的基础上发展创新，创建有中国特色的社会主义政治经济学。二是为了反映国外政治经济学理论研究的成果和动态，探讨世界经济和中国经济发展的历史和现状，推动国内外政治经济学之间的交流和合作，必须进一步充实和完善中国政治经济学的研究内容。三是中国政治经济学"在充分利用简单分析工具的前提下，还应该掌握诸如集合论、矩阵代数、微积分、微分方程、差分方程和博弈论等更为复杂的数学工具，并用于研究现实政治经济问题，这样才能使中国的政治经济学理论研究具有国际兼容性、国际比较性和国际竞争力"。但是，不论如何建构中国的政治经济学体系及其研究方法，坚持马克思主义不动摇都是基本的准则。如此，中国的"新政治经济学不仅是可能的"，而且中国的学者"可能对此作出独特的和原创性的贡献。"

民国时期经济政策的沿袭与变异研究

——《民国时期经济政策的沿袭与变异》成果简介

中国社会科学院徐建生研究员主持完成的国家社会科学基金项目《民国时期经济政策的沿袭与变异》（批准号为 02BJL042），最终成果为专著《民国时期经济政策的沿袭与变异》。

一　项目研究的目的和意义

中国近代经济政策的研究较为薄弱，该项目研究直接涉及如下一些问题。

中国作为一个"后发"国家，在近代已经丧失了像欧美先发国家那样独立地、顺其自然地实现资本主义工业化，也就是完成早期现代化的可能性。历史的经验证明，在类似情况下要达到同样的目的，国家政策对经济的干预和主导、引导作用就显得异常重要。反观经济史，近代中国为什么没有发展起来，资本主义经过大半个世纪的历程其工业化程度还是很低？早期现代化进程为什么一再受挫、一再丧失机遇？为什么民族资本主义会走到山穷水尽的地步？是什么原因使资本主义不能救中国于贫弱？这些问题无疑还没有现成的答案，还在促人不断思索。它们又都与政府实行的经济政策密切相关。近代资产阶级有哪些政策需求？当时究竟需要什么样的政策？历届政府又制定和实施了哪些政策？政策代表政府在社会经济生活中起了什么作用，也就是说政府在早期现代化中应当和实际扮演了什么样的角色？它成在哪里、败在何处？对这些问题从理论和实际上进行认真的学术探讨十分必要，并且具有价值和意义，也还有着很大的发现和创新的余地。

国家应否干预经济及如何干预，多年以来始终是经济学界存在争议的重大课题。经济政策则是近代至今国家干预经济的主要手段。在经济史学科而言，经济政策作为探究经济现象和过程及其成因的一个视角，有着不可替代的意义。政策研究对探究近代经济的历史实际和演化规律，产生了特有的作用，成为本成果的学术价值所在。随着国家对经济政策的日益重视和讲求，本项目所进行的近代经济政策史研究，尤其是对中国经济政策传统的探讨，无疑具有其独特的借鉴价值和现实意义。

二 研究成果的主要内容和重要观点

1912 年 1 月 1 日，中国历史进入了"中华民国"时期。相应的，政府的经济政策也因这一近代国家政权的建立，而有了新的开端，具备了典型的意义。民国建立是经济政策的巨大转机，带动了民初的实业热潮，表现在演讲、撰文和办刊宣传，组织各种实业团体以及创办各种企业三个方面。南京临时政府出台和实施了一系列有利于振兴实业、发展经济的政策措施。它们在民国初立之时与实业热潮相激荡，造就了有利于资本主义新经济的社会环境。辛亥革命功不可没，应有此义。由于资产阶级革命力量始终独立存在，及"中华民国"这一形式依然保留等原因，它们对于此后民国历届政府制订经济政策，无疑具有一定的铺垫作用和示范效应。既构成了其后北京政府经济政策的部分背景，从整体上讲，也可视之为民国时期经济政策的先行部分。

袁世凯窃取民国政权，开始了民国北京政府时期。至 1928 年的东北"易帜"，象征着南京政府在形式上统一了中国，这是一次改朝换代式的政权交替，它标志"中华民国"史进入了一个新的阶段，即从民国 17 年（1928）到民国 26 年（1937）的南京政府时期。本项目成果就是从经济政策各个有关方面，对两个政府进行对照、比较研究，从而探讨民国时期经济政策的状况和实质性内容。

本项目成果从北京、南京政府经济政策的政治背景，机构设置与政策"精英"方面，以及与经济政策有关的思想基础与舆论倾向等方面，进行了比较和分析。指出在北南两个政府间，存在一种既替代又延续的关系。既有政权的更替，较为突出则在于人员方面；而 20 几年间舆论与思想的变化，在北南两个政府间存在一个向中央集权、国家至上倾斜的连续过程。

为揭示北南两个政府的政策内容与导向，该成果中引入"规范性文件"这一现代法学概念，以此统称与经济政策密切相关的文件形式；其中不仅有经国家立法而公布的法律条文，还有层次较低的条例、规则、章程等，即通常所称的政策法规，又有经党政途径做出的决议案、计划、纲要，另行发布的命令、指示、公告等。它反映的是经济政策较为正式、规定、显在和表面的内容，体现其显性的部分的实质。

　　本项目成果对北京、南京政府的经济法规及其他文件所包含的政策内容与导向，做了细致的比较分析。涉及北京政府对清末法规的沿袭、增益和不足，南京政府对以前法规的援用，也具体描述了两个政府间经济法规的沿革、修改和增益；通过对南京政府经济法体系的形成与经济法制进程的分析，指出其基本上代表了旧中国资本主义性质的经济法规的较高水平，也反映了一定程度上经济法制的历史进步。民国北南两个政府规范性文件所含政策内容如表 1 所示。

表 1　北京、南京政府规范性文件政策内容对照表

北京政府	南京政府
鼓励倡导兴办公司，扶植保护幼稚的民族工商矿企业	规范公司制度、工厂组织，严格注册登记；有条件地鼓励民营工商矿业；国营工业政策的确立
确立保息、专利、示范与奖励制度	继续实行奖励制度；实行权宜过渡的专利制度，确立商标法；改进试验示范、商品检验制度，扶助救济工商业
鼓励垦荒，规划水利，奖励植棉、制糖、牧羊、造林等农副业生产	颁行土地、地租法规，奖励农产，筹办水利，规范农林渔牧等业；开发西北
提倡国货，裁厘减税，鼓励出口	倡导国货，裁厘免税，改革内外税制，鼓励对外贸易
统一权度，改革币制，提倡新式金融业	统一度量衡，币制改革，规范引导金融业
开放门户，引进外资，吸引侨资	利用外资以实现实业计划，限制外人在华设厂
改组商会，规范经济社团	整顿和改组民间职业团体，将其纳入"民众运动"的党治规范；改组上海总商会

　　研究认为，经济政策从设计到确定目标，直至实现为社会经济运行的趋势和主流，应着重分析民国北京、南京政府的权力和财力两大政策手段及其实现目标的条件和努力。就权力而言，南京政府自 1931 年起基本上拥有了施政于全国范围的权力，也为它施行经济政策及其他变革提供了较为集中、强大和稳定的权力手段。这是南京政府与北京政府相比较，在经济政策上一个明显的不同点。就财力而言，南京政府承担了遗留的债务，而且不自觉地成为北京政府的继承者，成了财政困难的继承者。本项目还比较分析了在两个政府间延续进行的关税自主与华洋平等的竞争条件、税制改革与简化、减轻税负、币制改革与规范金融环境等举措，分析了其内外债与资金流向情况。指出它们的这种债务财政或者称赤字财政，无疑对经济政策产生了制约和扭曲作用。势必导致其经济政策从制定到实施中的经济行为，都浸染隐性、深层和习惯性的"财政本位"特征，从而暴露出其与规范性文件所表现的政策导向，从而有助于揭示经济政策的全貌。

　　研究认为，除规范性文件反映政策的显性层面外，政府经济行为则反映了政策的隐性层面。北京政府时期典型的政府经济行为有官产、官业的处置，收归国有、官有的经济暴政，此类经济行为的失败造成了民族资本的困境；南京政府时期典型的政府经济行为有对私人资本的清理、救济与统制，接收前政府官营业，制造国家资本，实行经济统制、计划经济与国民经济建设运动，此类经济行为的得逞造成了私人资本的牺牲。

　　研究提出，民国时期正在进行并在很大程度上实现了经济政策的"近代转型"。近代转型，即经济政策从古代封建王朝的君主专制、人治为主以维护和调整封建经济秩序的形式，转向近代民族国家进行法制建设，并本着发展资本主义的宗旨以法、依法干预社会经济的形式。

　　追寻和判定经济政策近代转型的脚步的踪迹，不能离开经济政策作为政治和经济的连接点和结合点的属性。从对政策转型概念的含义上看，政治上的近代民族国家建设和经济上的资本主义发展，是政策作为二者连接点而实现转型的要素和条件。其所获进展直接反映着政策转型脚步的趋向和归属；政策作为政治与经济二者的结合点，其转型又产生了自身具体的衡量标准。法制化水平和实现法治的程度，就是政策实现转型的指标，也是判定转型脚步行程的尺度。

总的来说，民国时期经济政策具备了发展近代实业的导向。一方面扶植和鼓励民间自由的资本主义的发展，为之创造有利的宏观经济环境和社会条件；另一方面，官办垄断和国家资本主义的思路一直影响着乃至支配了政策的趋向。经济政策导向中的这一矛盾始终存在，但从北京政府到南京政府，矛盾双方的强弱发生了变异。由政府基本上无力继续经办而鼓励商办实业，转变为以私人资本为辅而大力扩张国家资本。就有政府状态而言，南京政府为私人资本经办实业提供了较好的条件，但其经济政策中以国有为目标、节制私人资本的强势取向断断不可忽视。虽然究竟发展什么样的资本主义的矛盾尚未产生最后的结果，但当统制经济、计划经济等政府干预经济的模式提出时，它对政策转型已经构成长远的影响。这说明，民国时期经济政策的近代转型，其趋向和归属是带有近代国家性质的国家政权，采取法治及其他非常途径实现国家垄断资本主义，而不是实现所谓"混合经济"。所以说，1912～1937年间经济政策的发育和近代转型，具有集中和典型的意义，已经走到了旧中国所能达到的限度；即使如此，由于社会性质及政治经济条件的局限，其脚步仍可谓行之不远，蹒跚于走向正轨的半途。

民国北京、南京政府间经济政策之中，存在各种矛盾。第一是导向与实质的矛盾。对于私人资本主义的态度是矛盾的关键，民国经济政策的实质是对民营实业进行控制甚至收占剥夺。因此，这一矛盾表现为扶植奖励与控制聚敛的矛盾。促使该矛盾激化的主要原因，是财政的艰窘和政治军事的反动，次要的原因则为社会资金的匮乏与财税制度约束的乏力。第二是政策权变与目标的矛盾。不论民国政府对长远目标怎样表述，是振兴实业以收回利权或是发展经济以增强国力，它们都为权变与目标的矛盾所困，陷于短期行为之中。权宜之计的产生也受到非经济因素的影响，民国政府并未将经济建设视为中心任务。北京政府没有实现政策目标的使命感和主客观条件，南京政府忙于政治斗争和军事剿抚。第三是政策需求与发育的矛盾。近代实业需要国家政权通过完备的法律法规给予强有力的倡导和扶助，需要积极主动、全面细致的"保育"和规范，以弥补先天不足和早年失调，获得成长和壮大。但是，政策发育、实行法治的状况依然落后于来自社会经济的需求。特别是在基础产业（农业经济）和土地制度方面。第四是政策使命与实效的矛盾。民国经济政策肩负为资本主义创造宽松自由而有利的投资及运作环境，公平正规的竞争机制和发展机会，持续稳定的生息条件，以期经济发达社会进步，引导中国完成早期现代化（或称工业化），走上资本主义兴盛道路的预期使命。民国政策在一定程度上体现了预期并产生了实效。在北南两个政府时期分别出现了所谓的，一次大战期间的资本主义"黄金时代"和二次大战前的发展"高峰"，与政策的正面效应有关。然而，经济政策中控制聚敛的隐性层面在两个政府期间不同方式的极端化，更是产生了与预期使命背道而驰的巨大负效应。从矛盾分析中既能看到民国经济政策的积极特征与进步导向，也可认识其被动性、短期行为、缺乏连续性及实效等特点，进而昭示其财政本位、非经济导向的实质。

　　研究提出"官商资本"的概念，并力图揭示政策中的一些关系：政策之于国家资本、私人资本、官商资本及外国资本。即政策所代表和承载的不同集团的利益，它们在政策造成的经济秩序和利益格局中的得失。该成果认为民国时期官商资本出现了膨胀和集中，已经在社会经济和政治中独立显现其特殊性，足以与国家资本、私人资本共同构成本国资本的三大形态。从经济政策的角度来说，官商资本的特殊性表现在，其所有者作为"自然人"，既是政策的制定者即主体，又是政策的承受者即受体。总的看，民国政策一直未中断扩张国家（官办）资本的倾向，对私人（商办）资本由宽容、严格限定到抑制和剥夺，而政府的国家垄断政策在当时社会条件下，只能是国家政权与以国为家等封建习性（及近代社会所沾染的西风习性）相嫁接，纵容并为以私人资本面目出现的官商资本提供便利。除了资源委员会和中纺公司等少数单纯的国家资本机构外，官商资本凭借在政策中左右逢源，在权力"寻租"、官商结合、化公为私的过程中，在工矿贸易领域逐渐形成大官僚大资产阶级一体的垄断利益格局，造成社会经济的病变和毒瘤；从北京政府到南京政府，都表示要在妥定条文、不损主权的前提下利用外资，试图建立独立自主国家的政策与外资间公平正当的关系。所不同的是北京政府视外资为有所助益的途径，而南京政府将外资作为解决国家资本主义资金来源的捷径和通途，更加倚赖和幻想。南京政府的政策对列强的商品倾销到资本侵略的防范，具有形式但实效不足。

综观经济政策在民国北京、南京政府间的沿袭和变异，可见中国近代经济政策传统的谬种流传。这些消极传统和劣根性，向上继承并流传下去。主要有两个谬种：其一是财政本位的非经济导向，其二是控制垄断的行为模式。二者有紧密的联系。民国两个政府对财政本位政策传统的继承，颠倒了充裕财政与发展经济之间的本末关系，决定了经济政策的实质。这是旧中国的典型和较高水平的经济政策，留给民国后期经济政策的最重要的内在遗传。1937年以后抗战至战后的事实将证明，财政本位政策传统的谬种流传将后患无穷。在经济领域实行控制和垄断，是政策的财政本位实质的要求和延伸。对财源加以控制的目的是聚敛，控制的极致便是全面的垄断。在控制垄断传统的驱使下，北京政府对官产官业采取了不同的处置，进而实行收归国有官有。控制是从重大行业开始的，但并不限于这个范围；控制的益处直接表现为以这些利权抵借外债；控制的结果是官收民业、夺民利，官商矛盾激化。这些行为表现的不是国家的独立自主，更谈不上经济建设，反而是对国计民生的损害，事实上也是败绩累累。北京政府后期，控制垄断的传统还恶性变异为大小军阀的割据和抢掠。控制垄断传统使南京政府的经济政策，阻断了私人资本主义向上的趋势，从根本上损坏了社会经济的自由、公正的条件，使其不得稳定和应有的进步，从中还滋生出官商资本的毒瘤。以后的事实也会证明，控制垄断政策传统的谬种流传将为害不止。

　　如果以资本主义经济占国民经济的比重来作为量化的标准，那么即使是在 1936 年前后的“高峰”时期，中国的早期经济现代化程度还是极其有限的。代表旧中国较高水平的民国经济政策，不容对与国民经济农业基础盛衰攸关的土地制度及农村生产关系有丝毫的触动。1930 年代广大农村成为落后的传统经济的堡垒，农村经济残破衰败，国内市场萎缩，严重制约了早期经济现代化的进程，经济政策对此难辞其咎。如果说新政权的一再建立是早期现代化进程的机遇，那么它一再受挫、一再丧失了除旧布新的机遇。由于政策的原因，中国的私人资本主义行将走到山穷水尽的地步，国家资本主义的理论从西方来到中国，在实践中不可避免地发生着变异；部分地由于政策的缘故，资本主义未能救中国于贫弱。政策的主体曾经试图建立独立自主的国家，但其努力并未从根本上改变中外关系；政府对控制和聚敛的传统抱残守缺，反而是一定程度上帝国主义在中国“代行”垄断和掠夺。而今现代化命题犹在，发展仍是一大时代主题，旧中国经济政策的成败得失值得关注。

区域空间经济关联模式研究

——《区域空间经济关联模式分析理论与实证研究》成果简介

南昌大学陈斐教授主持完成的国家社会科学基金项目《区域空间经济关联模式分析理论与实证研究》（批准号04CJL019），最终成果为同名研究报告。课题组成员有：毛建华、郭朝晖、雷军、康松。

区域经济空间关联研究是地理学界关注的焦点之一，也是现代区域经济学研究的主要方向之一。本研究以非均质区域经济发展空间关联分析为主线，基于空间统计分析、空间计量经济学、区域经济学等相关理论与方法以及 GIS 技术，将空间相关分析与区域空间经济过程模式分析结合在一起，从空间角度考察潜在的区域经济发展总体空间关联的性质以及各区域单元之间潜在的局部空间经济关联模式；同时开展有关区域经济空间特征的确证性空间数据分析。

一 主要内容与观点

1. 主要内容

本成果主要包括三个部分：第一部分对适用于城市与区域分析的空间统计理论与方法进行了系统、深入的研究；第二部分就空间统计分析与 GIS 的集成理论与可行的集成方式进行了分析，并建立了一个区域经济分析与决策系统雏形；第三部分对非均质区域空间经济关联模式进行实证分析，并对空间回归模型及其实践应用进行了初步研究。

第一，较系统地论述了适用于城市与区域分析的空间统计分析方法，并就有关理论进行了深入分析。空间自相关全局度量和检验、空间相关局部模式的识别与检验是空间数据分析的两个重要方面，主要包括定义空间目标邻近关系及建立空间权重矩阵、空间自相关度量与检验、空间自相关估计的应用、局部空间相关度量的理论与方法、局部相关度量指标的结合分析、局部空间统计的实际应用等。

第二，采用了两种不同的方法来评价局部空间统计的显著性：一是基于随机零假设；二是基于随机试验方法。对于前者，通常基于一个 *Bonferroni* 限制标准计算显著性水平；对于后者，采用条件随机或排列方法计算伪显著性水平。在计算伪显著性水平时，作者对蒙特卡罗多序列模拟与完全随机无重复试验结果进行了比较，认为蒙特卡罗多序列模拟在计算上更为可行。

第三，结合区域经济分析研究，集成了空间统计分析与 GIS，初步实现区域经济分析的空间化。一是选用 ArcView GIS 作为开发环境，利用 Avenue 开发了交互式空间统计分析模块，在 GIS 环境中实现了空间统计分析与 GIS 的集成；二是以 MSSQL 7 作为后台数据库、利用 ArcObjects 为基础平台进行二次开发，采用 VB 可视化编程语言，在 DBMS 环境中开发了一个区域经济统计分析 GIS 系统，实现经济数据与图形数据之间的关联，有效探索区域经济发展的空间联系，初步实现了区域经济分析的空间化。

第四，探讨了空间经济分析的基本内涵，并以县市行政区为基本空间对象单元，系统分析了新疆、江西两省区不同时段潜在的区域总体及局部空间经济关联模式及其动态变化。包括全局自相关模式分析、核心区与邻近县市之间潜在的空间经济关联局部模式分析、多阶段综合分析等。同时以新疆为例，对空间相关局部不平稳性分析做了相关论述。研究表明，不管哪个时段，新疆、江西两省区各县市 GDP 年平均增速之间均存在显著的正的空间自相关。不同时段的县级水平局部 Moran 和局部 Geary 统计与显著性检验反映了新疆、江西两省区内部存在不同的局部空间经济关联模式。结合各自的分区情形，表现为核心县市与邻近县之间的空间经济关联模式不同。

对新疆的空间相关局部不平稳性分析表明，新疆空间经济关联局部模式与全局模式的方向大致一致，不管对哪个时段而言，对全局模式具有显著影响的观测单元所呈现出的局部空间相关模式与全局空间模式的方向几乎相同。然而，不同时段对全局统计具有显著影响的观测单元完全不同，反映了新疆区域经济发展过程的局部不平稳性。但就具体的局部模式而言，存在两种主要情形：低发展水平县市的集聚、高发展水平县市的集聚。

　　第五，对区域经济分析的空间计量经济方法及其实践应用进行了初步研究。主要讨论了适用于横截面数据的空间线性模型通用形式，分析了两种特定模型（空间滞后模型和空间误差模型）的回归参数和空间参数的 ML 估计与优化、空间相关检验，并示范性地说明了如何建立不同空间相关情形下空间回归模型的经验公式。对两种特定模型而言，分别采用分半搜索法、最速下降法执行非线性优化迭代过程，估计使对数似然最大化的空间参数 ρ 或 λ；并且基于标准回归分析程序的中间结果，利用 Visual Basic 开发了一些特定的估计例程。

2. 基本观点

　　（1）对大多数城市—区域性面域数据空间分析而言，需要引入一些合适的空间统计分析方法。将古典统计方法应用于与地理位置相关的数据时，通常不能获取这些数据的空间依赖性，会引起各种问题。在本研究中，空间统计是狭义上的定义，是指适合处理地理区域或地带的离散化数据的统计方法，而不是所有分析空间数据的统计方法。在这种情况下，空间统计分析的核心是认识与地理位置相关的数据间的空间依赖、空间关联或空间自相关。

　　（2）对于大多数区域研究而言，相对独立的经济区构成了分析的重要基础。通常需要深入考虑研究区的基础地理背景、区域结构差异和层次等级关系，根据一定的规则对大的经济区分区。在区域空间经济关联分析中，可以将县市级行政区看作为空间统计分析的基本空间对象单元，将各行政中心所在地作为各县市的经济质心，从而将各县市之间的邻近关系转化为各经济质心之间的邻近关系。

　　（3）空间统计分析与 GIS 技术的结合，初步实现了区域经济分析的空间化。空间统计分析与 GIS 集成可以采用两种比较可行的集成方式：一是在一个 GIS 环境中开发空间统计分析模块，二是在一个 DBMS 环境中集成空间统计分析与 GIS。不管采用哪种方式，目前开发的空间统计模块仅能提供有限的空间统计分析功能。

（4）空间经济相关模式分析主要包括全局模式分析和局部模式分析两大内容。全局空间自相关模式分析的完成需要计算出全局 MC 系数与 GR 比率及其显著性检验值。通过计算县级水平的局部 Moran 和局部 Geary 统计，结合区域空间经济过程模式分析，可以分析、识别经济区内潜在的局部空间经济关联模式及其动态变化，以揭示和分析不同区域的局部经济增长与发展情况。此外，可以根据 two-sigma 规则和 1.5 倍（3.0 倍）IQR 规则或借助局部 Moran 系数散点图来确定空间显著观测或对全局指标具有显著影响的观测。从某种意义上而言，可以使用具有显著影响的区域单元来衡量全局模式稳定性，揭示整个空间过程中可能存在的局部不稳定性，以更好地提出区域经济发展空间调控的相应对策。

（5）横截面数据空间线性回归模型构成了空间计量经济学中组织各种模拟方法的框架。通过对通用模型参数的不同限制，可以导出特定的模型，从而以不同的方式合并空间相关。空间影响的存在对回归系数的估计和检验产生显著的影响，不能将具有滞后因变量的模型或系列残差相关的模型的 OLS 估计特性直接移植到空间情形。主要可以采用最大似然估计方法估计空间滞后模型和空间误差模型；可以根据模型的 ML 估计的渐进方差矩阵导出 Wald 检验或渐进的 t—检验或基于似然比等检验来分析拟合模型的合理性，并诊断回归模型中的空间相关性更可能是源于实质性的相关，还是源于误差自相关。

（6）建立与拟合不同空间相关情形下空间回归模型的经验分析公式还需要做大量的工作。包括原始数据的进一步收集、完善，拟合模型形式的研究、空间模型自回归模拟分析、ML 估计的优化与检验、非线性优化迭代程序设计等，以获得对所研究的空间模式的本质理解。

二　成果的学术价值与社会价值

本研究代表区域经济分析研究一个新的方向，具有重要的理论意义和经济地理定量研究学术价值。首先，它将空间关联模式分析与区域空间经济发展研究结合在一起，为分析、识别经济区内潜在的总体及局部空间经济关联模式及其动态变化提供一种指导方法；其次，探讨空间影响数据分析和空间模型处理的有关理论与专业化方法，为评价空间因素对区域经济发展的影响提供技术方法，为空间关联模拟研究提供理论支撑；第三，建立了空间相关检验与空间自回归分析的实验模型，将为非均质区域经济发展空间调控提供重要的实证分析基础和策略支持。

本研究理论联系实际，对潜在的空间经济关联模式、空间计量经济实践应用的分析尝试与探索，将有利于把握区域经济发展空间过程，协助解决区域经济发展中存在的空间差异问题，从而为区域经济发展空间决策、空间差异调控与区域经济协调发展政策的制订和实施提供重要科学依据，为评价空间因素对区域经济发展所起的作用提供了更高级的方法，同时也为江西、新疆两省区实现区域经济协调发展、缩小区域经济发展空间差异提供有力的实证分析基础。

中国的农业自然灾害及防范体系建设研究

——《中国农业自然灾害的风险管理与防范体系研究》成果简介

　　四川大学王国敏教授主持完成的国家社会科学基金项目《中国农业自然灾害的风险管理与防范体系研究》（批准号 03BJY041），最终成果为同名专著。课题组成员有：郑晔、李建华、周庆元、岳缠、张媛。

一 中国自然灾害的基本状况

中国是世界上自然灾害最严重的国家之一，灾害种类多、发生频率高、分布地域广、造成损失大。据统计，中国旱灾占 57%，水灾占 30%，风雹灾占 8%，霜冻灾占 5%。新中国成立以来，平均每 3.0~3.5 年出现一次严重的自然灾害。2006 年的夏季，洪涝、干旱袭击中国大部分地区。福建等沿海地区先后遭受 7 次较大规模洪涝、台风灾害的袭击；西南的重庆市大部分地区和四川省东部地区持续高温少雨，局部地区遭受了 50 年一遇的特大干旱；河北、内蒙古、吉林、黑龙江、陕西、甘肃、宁夏等省区也发生了严重的灾情，这是自 2001 年以来自然灾害最严重的一年。2007 年夏，洪涝灾害又一次无情的袭击了四川、重庆、云南、贵州、湖南、河南等 24 个省市。洪涝灾害来势之凶猛，使许多城市和农村变成了一片沼泽，重庆市遭遇了 115 年以来最严重的一次暴雨灾害的袭击，主城区交通几乎瘫痪，多个县城进水受淹，水利、电力、交通、通信等基础设施毁坏严重。自然灾害的频繁发生已经成为制约中国经济发展和社会安定的重要因素，严重影响了中国的可持续发展。

自然灾害的频繁发生给中国造成了巨大的经济损失。资料分析表明，20 世纪 60~90 年代，自然灾害对粮食的减产幅度多年平均为 5%，棉花减产达 20%~30%，油料减产达 15% 左右。按全国平均水平计算，20 世纪 50 年代的单位成灾面积损失值为 2190 元/公顷，60 年代为 3255 元/公顷，70 年代为 5880 元/公顷，80 年代为 12120 元/公顷，40 年翻了两番多。新中国成立 50 多年来，各种自然灾害导致粮食生产 10 次波动（其中有 6 次超常波动）。而且，自然灾害造成的直接经济损失呈逐年上升趋势：20 世纪 50 年代为 480 亿元，60 年代为 570 亿元，70 年代为 590 亿元，80 年代为 690 亿元；按 1990 年可比价格计算，90 年代以后，年均已经超过 1000 亿元。进入 21 世纪后，自然灾害造成的直接经济损失明显加重，2001 年因灾造成的直接经济损失为 1942.2 亿元；2002年为 1637.2 亿元；2003 年为 1884.2 亿元；2004 年为 1602.3 亿元；2005 年为 2042.1 亿元；2006 年截至 8 月份为 1600 亿元，6年平均达到 1784.67 亿元，2005 年的直接经济损失达到了进入新世纪以来的最高值。新中国成立 50 多年来，各种自然灾害导致的直接经济损失总计约 25000 亿元左右。

自然灾害也是农村贫困的重要根源。据有关学者研究表明：水旱灾害对农业生产的破坏平均每提高 10%，农村贫困发生率会增加 2%~3%。另据国家统计局农村社会经济调查总队调查的结果表明：在中国农村绝对贫困人口中有 71.2% 是当年返贫人口。在当年返贫农户中，有 55% 的农户当年遭遇了自然灾害，其中有 16.5% 的农户当年遭受了减产 5 成以上的自然灾害，42% 的农户连续 2 年遭受了自然灾害。这不仅给农民、农村、农业带来巨大的损失，而且使国家财政背上沉重的负担，也给整个国民经济的快速、健康发展蒙上了一层阴影。

二 建立农业自然灾害防范体系的对策建议

1. 进一步完善农业自然灾害的预警机制

自然灾害的预警机制，就是将预测、预报和防治结合在一起的自然灾害防范系统。自然灾害并不是不可预防的，各级政府应当建立自然灾害的预警机制，通过雷达监测技术、卫星云图接受处理系统、计算机远程传输网络、公共信息网络系统等先进技术对自然灾害进行早期预报，提早防范，以起到预防风险、缓解风险、应付风险和降低自然灾害危害的作用。

2. 科学合理规划不同区域生态环境建设的重点

农业自然灾害的防御，在根本上要从农村生态环境建设入手，只有生态环境得到有效改善，自然灾害才能得到有效遏制。中国农村地域广阔，各地生态环境差异较大，必须根据不同区域生态环境的特点，科学合理规划不同区域生态环境建设的重点。第一，长江上游、黄河中上游地区应作为长江、黄河水源涵养基地，让长江、黄河上游森林"休养生息"。严禁乱砍滥伐，防止水土流失、土壤沙化。坚持实施天然林资源保护工程和退耕还林还草工程，强化保护力度，铸造中国经济可持续发展的绿色屏障和环境支持系统。第二，北方草原区建设的重点有三个：一是草原和荒漠地带不适宜发动大规模造林运动，只能以种草还草为主。应加大对天然草场的保护力度，改良现有林草植被，改良草场（种）。二是控制畜群数量，合理利用天然草场资源，实行以草定畜、围栏封育、划区轮牧。三是搞好人工草场特别是冬春草场建设，加强人工种草，飞播牧草，培育新品种，建立人工饲草基地。以保持草原区生态环境的协调发展。第三，西北干旱区重点发展集水节水型生态农业。实行"量水而行"的原则，改善节水灌溉技术，推广渠道防渗、管道输水、喷灌、微灌等技术，强化水资源合理调配，提高水资源利用率。增强水土保持的社会化管理，对各主要流域水资源进行统一规划和管理，建立水土流失预防监督体系和监测网络，以防止水土进一步流失。第四，青藏高原区应以保护现有自然生态系统为主，禁止不合理开发，对具有特殊生态价值的草地类型实行划区保护，实现自然生态系统的良性循环。第五，西南喀斯特地区生态环境十分脆弱，应进一步坚持封山育林、人工造林改善生态环境，同时，要加强小流域治理，防治水土流失，提高抵御滑坡、泥石流等自然灾害的能力。

3. 建立和完善农业自然灾害财政救助体系

根据国际经验，在工业化中后期阶段，政府财政救助资金至少应占 GDP 的 1.5%。中国从 1986 年以来，国家大幅度增加了财政救助资金，但所占比重仍然偏低，1986 年为 0.41%，这以后不仅没有增加，其比重还呈下降趋势，1996 年降至 0.16%，1999 年有所回升，但仍未达到 1986 年的水平，仅为 0.31%。2004 年中国 GDP 达到 136515 亿元，而财政救助资金仅为 122 亿元，仅占 GDP 的比重为 0.089%。中国目前已经进入到工业化中期阶段，是工业反哺农业、财政反哺农民、城市反哺农村的发展时期，建议政府应进一步调整国民收入分配格局，加大对生态环境脆弱地区农村的投入，在 5 年内财政救助资金占 GDP 的比重可提高到 1.0%，5~10 年内可提高到 1.5%，使国家财政救助资金增长与经济发展相匹配。政府财政的救助资金主要用于生态环境脆弱地区农村农田水利建设、公共设施建设、生态环境建设，以提高农业抗御自然灾害的能力。

4. 建立和完善农业保险制度

农业保险制度是市场经济国家为了降低和分散农业自然风险而建立的一种特殊经济补偿制度。中国农业救灾应从单一的依靠政府财政救助的"一线式"模式，向"网状式"保障模式的转变。课题组认为：①建立以政府补贴为主的政策性农业保险制度。国家应尽快制定"农作物保险法"，对关系到国计民生的大宗农作物实行强制性保险，政府对强制性保险的农作物应实行低费率和高补贴的政策，这是市场经济国家所采取的通用做法。②建立农业自然灾害的合作保险制度。合作保险是农民以互助共济为原则，在自愿的基础上将防险与保险相结合而组织起来的民间性的农业合作基金组织。其资金来源可以由地方政府支持一部分、"以工补农"费用中挤出一部分、农户出一部分构成合作保险基金。③建立政府和社会共同联办的农作物保险集团。农作物保险集团是以政府控股为主体，社会参股的形式建立起来的股份有限公司。公司按照三级（出资者、董事会、经理制）控制的群体结构运行，对一些农作物实行商业性保险，以转移风险。

5. 建立科学合理的生态环境补偿机制

①建立生态环境政府补偿机制。中央政府对生态环境建设的

补偿投入应承担主要部分；地方各级政府也应加大对自然保护区、生态功能区的保护力度，增加财政预算和人、财、物的投入，提高对生态环境补偿的力度。②建立流域范围内的生态环境补偿机制。通过购买排放配额的形式来补偿对整个流域内生态环境的破坏，这一制度很好地解决了生态环境建设资金短期的难题。③建立保护生态环境的产业补偿机制。一是征收资源使用税，提高资源税率。中国现有的加工产业和基础产业大都以农业自然资源为原材料，因此，国家应当征收资源使用税，并适当提高现行资源税率，扩大资源税的征收范围，把资源成本、环境成本纳入到企业效益核算指标体系，最后国家再以转移支付的方式对农业产业进行补偿，达到以工补农的目的。二是以立法的形式进行刚性约束。通过国家立法或区域立法等刚性规定来进行强制性约束，以实现产业补偿机制和补偿行为的形成。

三 学术价值和社会价值

本成果由六章构成。全书立足于中国的国情、农情和灾情，紧紧围绕着农业自然灾害以及对自然灾害的防御与治理这一主题来展开研究，试图通过建立模型对农业自然灾害的类型、地域等进行风险识别，为中国农业自然灾害的辨识、估算与评价体系的建立提供了可供参考的研究方法。成果的一大特点就是在理论维度上建立的农业自然灾害风险管理模式和综合性自然灾害防范体系具有相当的现实性和可操作性，对风险管理模式的探索和对中国农业自然灾害的实际评估具有重要意义；而立体交叉型防范体系的建立无疑会对中国农业自然灾害单一型防范体系的修正和弥补发挥积极作用。

中国西部欠发达地区城镇化路径的探索与决策

——《中国西部地区城镇化道路及小城镇发展研究》成果简介

　　西南民族大学刘晓鹰教授主持完成的国家社会科学基金项目《中国西部地区城镇化道路及小城镇发展研究》（批准号为03BJL037），最终成果为同名专著。课题组成员有：郑长德、戴宾、江世银、王涵、杨建翠。

一 西部地区城镇发展的现状与问题

西部大开发政策实施后，西部城镇化得到快速发展。2003 年底，西部地区共有城市 170 个，其中超大城市有 4 座，特大城市有 28 个，大城市有 46 个，中等城市有 63 个，小城市有 29 个，建制镇有 7088 个。

从西部地区的城市体系等级结构比例来看，中小城市占 54.11%，高于全国平均水平近 20 个百分点；而作为区域经济中心或二级中心的特大城市、大城市比例偏小。2003 年底，全国城市总量为 660 个，城市密度是 1:1.45 万平方公里，西部地区的城市总量是 170 个，城市密度是 1:4.05 万平方公里，大约是全国平均城市密度的 1/3。在西部地区的城市总量中，大中城市比例更小，因此，和东中部相比，西部地区无论在城镇数量、密度、体系、布局等方面，还有很大的差距。总体看来西部地区的城市分布特点是，东部密集，西部稀少，北线和南线密集而中线稀少。从南到北，西部地区的城市主要集中在两大区域，即成（都）渝（重庆）—贵（州）昆（明）地区和亚欧大陆桥沿线地区。而在青藏高原、新疆沙漠地区，城市十分稀少。

西部地区城市竞争力总体十分低下，西部大部分城市远远落后于东部的许多新兴城市。在中国 200 个城市竞争力排名中，西部只有重庆、成都、西安和昆明四城市排名前 50 位，其他包括若干省会在内的城市的排名，均十分靠后，如乌鲁木齐排在 69 位，呼和浩特排在 74 位，兰州排在 75 位，贵阳排在 87 位，而银川排在 135 名，西宁排在 140 名，西部地区的许多大中城市的城市竞争力不断下降。

二 西部地区城镇化发展的总体思路

加快推进西部城镇化进程，应当采取空间集中化战略，重点发展产业空间集聚与城镇区域集聚程度高的地域内的城市与城镇。西部城镇化道路的基本思路应当是：实施空间集中化和重点推进战略，大力促进乡村人口与社会生产要素向区位条件优越、空间可达性强、产业集聚程度与城镇聚合程度较高的重点区域集中，优先发展重点区域内的城市，扩大其城市规模，强化城市之间、城市与城镇之间的分工协作和经济一体化程度，提高城市的空间聚合能力，促使其向都市圈、城市带、城市群等新的城市空间形态发展，在新的城市空间形态中形成大中小城市及小城镇的有机结合，扩展城镇化地区，使西部若干重点区域的城镇化率先达到全国先进水平，进而带动整个西部地区城镇化水平的提高。其具体构想如下。

（1）优先发展西陇海—兰新线经济带、长江上游成渝经济带、南贵昆经济区、呼包—包兰—兰青线经济带四大重点区域内的大中城市。进一步强化重庆、成都、西安作为西部地区最大的、具有跨省区影响的区域性中心城市的功能，更好地发挥其经济、金融、信息、贸易、科教和文化中心的作用，发挥其在西部社会经济发展中的服务、辐射和带动作用，使重庆、成都、西安成为西部地区现代产业集聚和人口集聚的核心和战略支撑点；加速重点区域内大中城市的发展，使其率先跨入特大、大城市的行列，使其成为西部现代产业与人口的主要集聚地。

（2）促进城市的集群化发展，提高城市的空间聚合度，促进都市圈、城市带、城市群等新的城市空间组织形态的形成，使城镇化由传统的以单个城市为核心的"点"的集聚模式向以都市圈、城市带、城市群等新的城市空间组织形态为中心的"面"或"群"的集聚模式转化，形成更为广阔的城镇化地区。强化重点区域内大中城市与小城市、小城镇的经济一体化，促进大中小城市及小城镇的协调发展，扩展城镇化地域。在提高强势地域内大中城市集聚能力的同时，通过其产生的外部需求以及产业、资本、技术的向外辐射扩散，加速大中城市与周边城镇的经济一体化程度，将工业化、城镇化的影响传递到周边小城镇，使周边小城镇以组团式布局形态与中心城市、大城市形成合理的功能分工，形成一体化的城市空间结构体系，扩展城镇化地区。

（3）培育和发展省（自治区）域区域中心城市。促进省（自治区）域区域中心城市的形成，有条件地分步发展为大中城市。通过调整和优化产业结构，增强城市综合功能，提高城市的集聚能力以及对周边地区的辐射能力，以充分发挥这些城市在区域经济发展中的主导作用，使其成为省（自治区）域内的区域性中心城市和面向省际边界地区的经济中心。

（4）积极扶持发展小城市，有选择地重点发展一批小城镇。通过强化城市功能、扩大规模，加强与大中城市的社会经济联系，积极扶持现有小城市向中等城市迈进。小城镇发展应改变过度分散和低水平发展的状况，加快实现从数量扩张到质量提高、从分散建设到集中建设的转变。提高产业与人口的集聚规模，逐步推进小城镇升级，使部分小城镇成长为小城市。重点发展三类小城镇：第一，大中城市影响力范围的小城镇，特别是大中城市周边的小城镇；第二，都市圈、城市带、城市群等新的城市空间组合形态内的小城镇；第三，县城所在地或达到一定规模和经济实力、具有区域增长点意义的小城镇。

三 西部地区城市集群化发展与城镇化

城市集群化发展能使整个区域内的大中小城市协调发展成为具有高度创新能力的网络化构造的城市群体，因此说它是西部地区城市顺应知识经济、经济全球化发展大趋势的迫切选择。中国西部地区城市经过多年的集聚发展，现在基本上形成了8大城市群体。

1. 西部地区城市群分类研究

根据区域—城市的发展规律、城市集群化发展从低级向高级的发展规律，我们通过西部城市群区域的城市数量、人口、城镇化率、GDP 等多指标分析，对区域城市的综合实力的对比研究和聚类分析，将西部城市群分为三类：初级阶段、中级阶段和高级阶段三类。

（1）初级发展阶段的城市群。西部地区处于初级发展阶段的城市群有 6 个：内蒙古中部城市密集区、新疆天山北坡城市密集区、兰州—西宁城市密集区、贵州中部城市密集区、广西南—北—钦—防城市群和云南中部城市群。该类城市群的显著特点是城市建成区面积、地区和市区的人口总数、非农业人口总数、GDP 总值、规模以上工业产值都明显低于关中平原城市带和成渝地区城市群（虽然云南中部城市群的地区人口数量较多，GDP 总值、规模以上工业产值较高，但其城镇化水平太低，城市的等级规模秩序严重呈现两极分化，因此也属于城市群发展的初级阶段）。

（2）中级发展阶段的城市群。西部地区处于中级发展阶段的城市群有 1 个：关中平原城市带。该城市群的城市建成区面积、地区和市区的人口总数、非农业人口总数、GDP 总值、规模以上工业产值都大大高于发展的处于初级阶段发展的 6 个城市群，但又明显小于成渝地区城市群。

（3）高级发展阶段的城市群。西部地区处于高级发展阶段的城市群有 1 个：成渝城市集群。成渝城市集群由成都平原都市带（由成都都市圈和成德绵城市带组成）、重庆城市群、川南城市群和川中城市密集区四个城市群组成，因此说是一个城市集群，而且是西部地区唯一的城市集群。该城市集群的城市建成区面积、地区和市区的人口总数、非农业人口总数、GDP 总值、规模以上工业产值极大地超过西部地区的其他任何城市群，其人口数量、城市个数、经济总量甚至可以与东部地区的四大城市群相比。

2. 西部地区城市群发展调控策略

（1）初级发展阶段的城市群发展调控策略。重点是加快城市之间、城市内部的道路基础设施建设，迫切需要充分利用西部大开发的资金和政策倾斜的历史机遇，通过政府主导进行投资，给予重点扶持发展，为发挥政府推动作用，协调城市基础设施建设和区域经济的发展，为促进城市群成长创造优良的环境。扶持社会公共事业、扶持重点领域及优势领域产业，引导区域内的其他城市主动与首位城市或区域性中心城市，实现城镇化的集聚发展。

（2）中级发展阶段的城市群发展调控策略。针对该类城市群的发展调控策略以发展为主要目的，即发挥市场主导作用，促进城市群区域一体化发展。通过城市群区域内一体化基础设施网络的建设，引导城乡建设、产业布局、要素流动；打破区域人为壁垒和行政界限壁垒，建立一体化的市场机制；推进城市群区域内人才、资金、技术、信息等生产要素以及各种有形商品在区域内部的高效流动，建设城市群区域共同市场体系；联合发展产业集群、现代服务业，形成有竞争力和带动力的产业；协调区域内部及区际之间的区域性基础设施建设、跨区域基础设施建设、区域性公共设施建设、生态环境保护等，增强区域整体竞争优势。

（3）高级发展阶段的城市群发展调控策略。该城市集群与前两类城市群有很大的不同，表现在：城市数量众多，城市人口数量巨大；在城市集群里又包含若干个次级城市群；形成了较为完善的城市网络体系；整个城市集群的经济实力十分强大，整个城市集群处于快速发展过程中；城市集群内各城市有着较强的经济协作分工，同时在发展中又存在着基础设施重复建设、产业结构雷同、行政区经济分割等严重的矛盾问题。

处于高级发展阶段的城市集群发展调控策略一个非常重要的方面是建立完善权威的政府组织机构，建立完善城市—区域空间管治协调机制，实施共同政策措施推动城市集群区域与城市一体化发展；对整个区域空间范围的产业发展、城市空间组织、基础设施建设、生态建设与环境保护等方面进行统一规划，协调区域内部产业空间、区域性及跨区域基础设施建设、区域性公共设施建设、生态环境保护等；整合区域整体优势，提升整个城市集群的发展质量和竞争力；促进城市—区域空间形成更加完善的城市网络结构。

四 西部城镇化发展的分区研究

胡焕庸线（爱辉—腾冲线，即中国人口分布线）是著名地理学家胡焕庸先生 20 世纪 30 年代提出来的，它显示了中国东西部人口分布的巨大差异。同时东西部之间、西部地区内部的城市化与经济发展水平和这条标注的人口分布的直线也有着相似的稠密程度分布。昆仑山系（这里主要指昆仑山脉、祁连山和阿尔金山脉）以南的地区，平均海拔 4000 米以上，长年霜冻，土地垦殖率低，自然条件恶劣，历史上均属于地广人稀的地区，不利于城镇化的形成和发展。通过对西部城市的聚类分析和对比研究，以城市化、人口、地缘格局为主线，参照 GDP、城市数量、经济发展速度、民族人文风俗等多个指标和以上两个考虑，将西部分为三个经济区域。

其中，"西三角"是一个地跨川、陕、渝三地的复合型经济区域，是中国西部最大的经济核心区，通过与"长三角"、"珠三角"相比较，可见"西三角"的提出和建立是西部大开发和西部地区城镇化推进的必然过程，建立起这种连片的区域城市经济合作的开发模式，对于中国西部全面性的资源开发、经济建设、民族团结、生态重建、东西一体和国家安全有着重要的战略意义和深远影响。

从中国的"长三角"、"珠三角"和"京津唐"三大增长极发展的经验来看，单个城市孤立发展十分困难都是区域间共同发展的结果，"西三角"正是要实现内部各自产业的优势互补，整合资源，共同发展，以"西三角"为纽带，沟通西南与西北，协手打造成为中国经济的第四增长极，西部发展的龙头。

五　城镇型建制镇、中心镇是西部小城镇发展的重点

广大西部地区，除城关镇和非农产业比较发达的建制镇，即城镇型建制镇外，还有一类小城镇能够有效地辐射带动区域农村经济社会发展。这类小城镇在众多的乡镇型建制镇中，为数较少，除城关镇外，小县中有 1～2 个，大县中有 3～4 个镇，它们位于周围几个小城镇的中心，处于几条重要的交通线交汇处，地理区位优势突出，经济力量较强，存在较合理的产业结构，第三产业相对其他乡镇更为发达，具有发展成为区域经济中心的良好前景。

城镇型建制镇和中心镇大多处于重要交通线的交汇处，区位优势突出，或为县级人民政府所在地，或具有悠久的历史，或具有良好的区域发展空间。其人口规模与经济规模明显高于一般建制镇，第三产业有一定的基础，基础设施建设较好，具有很大的发展潜力，能够带动周围一大片区域经济社会的发展。城镇型建制镇和中心镇在县域经济发展中处于非常特殊的地位，对带动和促进县域经济发展具有举足轻重的作用。因此，在西部地区小城镇发展战略中，要摒弃"乡乡建镇"的均衡发展战略，而重点和优先发展城镇型建制镇、中心镇，将其建成集几个区域中心即生产中心、商贸中心、金融中心、交通中心、科技文化教育中心和管理服务中心于一体，使其成为区域经济的"增长中心"，并通过集聚效应和扩散效应带动农村区域经济和社会发展。

电子商务环境下的会计变革研究

——《电子商务环境下的会计理论、方法与对策研究》成果简介

中山大学林斌教授主持的国家社会科学基金项目《电子商务环境下的会计理论、方法与对策研究》（批准号为01BJY017），最终成果为研究报告《网络环境下的会计变革：理论与方法》。课题组成员有：韦沛文、辛清泉、刘光友、杨德明、刘善敏、石水平、王彦超。

该成果基于电子商务、信息技术与互联网推动会计环境变迁这一视角，采用规范分析、案例研究与经验检验相结合的方法，分别从互联网企业报告、电子商务环境下的审计理论与对策、电子商务环境下的管理会计变革以及基于互联网的投资者关系管理四个方面展开了研究。

一　互联网企业报告

自 20 世纪 90 年代中期开始，基于互联网的企业报告的理论探讨和实践调查在职业界和学术界备受关注。该成果从两个方面对互联网企业报告进行研究。一是以一家在美国纳斯达克上市的中国通讯公司的企业报告为案例研究对象，首先系统总结了该公司的基于互联网的信息发布、企业报告模型、收集投资者反馈信息、在线交流等实践。其次，应用代理理论和信息披露理论，结合公司的实际情况，对该公司管理层进行互联网企业报告的行为动机进行了深入的阐释。然后，对公司互联网企业报告的实施效果进行了总结和分析。最后，根据对投资者的调查反馈意见，分析了目前公司互联网企业报告的不足和可资改进之处。通过以上四个方面的案例分析，为中国公众公司开展互联网企业报告展现了一个较为生动和深入的样本，对推动和改进中国企业开展互联网企业报告具有较强的现实意义。

该成果对互联网企业报告展开的第二项研究是基于中国上市公司的大样本实证分析。根据 Hedlin 的互联网企业报告三阶段模型，从互联网应用基础、内容、技术、用户支持四个方面，采用 31 项指标，对中国 2004 年底的 1351 家上市公司互联网企业报告情况进行全面的调查和分析。研究发现，目前有一半以上的上市公司在公司网站上发布与投资者有关的各种信息；中国上市公司互联网财务报告水平相对于前几年已有了迅速地发展，特别是在互联网的应用基础和财务报告的内容方面增长速度明显，但在技术和用户支持上增长速度相对缓慢；中国互联网财务报告水平同欧美国家 2000 前后的水平相比仍有明显的差距，特别是在互联网报告的技术和用户支持方面差距更为明显。此外，分析表明，中国上市公司互联网企业报告存在较为明显的规模效应和上市板块效应，而行业效应则较为微弱。

二 电子商务环境下的审计理论与对策

电子商务环境下，传统的审计专业职能依然适用。审计师同样需要提供相应的审计鉴证服务，客观性和独立性同样是审计师向电子商务企业提供审计及其他鉴证服务的基本职业特征。但是，与传统的财务报表审计相比，在新的鉴证服务领域，审计师并不是唯一的能够提供该业务的职业。为提高审计职业界的核心竞争力，一方面要求完善电子商务环境下的审计理论框架，另一方面也需要创新审计模式。

在审计理论框架方面，在电子商务环境下，审计目的不仅包括揭露会计错误与报告中的舞弊行为，而且还需要从根源上防范、杜绝会计错弊现象发生，同时向被审计企业提供管理咨询、技术支持等多元化服务；审计线索将主要集中于数字化证据，需要通过并行审计、网络对接或专业审计软件收集和下载企业经济业务数据；审计报告从静态、定期向实时转变。另外，针对电子商务环境下因技术因素和非鉴证服务带来的审计独立性问题，需要发展新的独立性评价标准。

三 电子商务环境下的管理会计变革

管理会计变革可以从认识论性质、变革的逻辑和变革管理三个视角来加以理解。根据制度经济学理论，管理会计变革的制度框架由该制度框架由制度、行动、规则和惯例组成。在某一时点，制度静态地规定和约束了行动，但是，行动又会逐渐对制度产生影响，随着时间的累计，制度又动态地发生改变。就管理会计而言，某些管理会计的变革可能是相当激进的，包括对现行惯例和制度的基础性革命。同时，某些管理会计的变革可能是缓和的，表现出明显的路径依赖。一般说来，革命性的管理会计变革只有在外界环境发生剧烈变动时才可能出现，比如，公司被接管、经济大衰退、市场崩盘等。在大多数情况下，管理会计变革是缓慢的过程。

电子商务环境为推动管理会计变革积蓄了潜在的力量。该成果以 ERP 为例，阐述了信息技术对管理变革的影响。研究表明，与 ERP 系统的导入相伴随的是管理会计的逐渐演化。一般说来，ERP 并不会立刻为管理会计带来新的技术和工具，但它会逐渐改变经营企业的方式，也会逐渐导致管理会计师工作重心的转移。

该成果采用理论分析和案例研究结合的方法，围绕着管理会计的价值增值和控制职能，对电子商务环境下的管理会计变革进行研究。在价值增值视角方面，研究表明，在电子商务环境下，确定价值增值的动因和发展相应的以关键业绩指标为基础的业绩评价系统是相当重要的。采取作业成本法和平衡计分卡有助于上述两个任务的实现。在控制视角方面，研究表明，基于网络技术的全面预算管理是一种重要的管理控制制度。在网络环境下，网络管理、信息资源共享、实时控制和动态分析是支撑预算管理的四个特征。需要建立有效的针对电子商务环境下的企业内部控制策略。包括识别电子商务环境下的风险、控制活动中引入信息技术、合理设置内部关键控制点以及充分发挥基于网络的电子商务优势。

四　基于互联网的投资者关系管理

近年来，投资者关系（Investor Relation）得到了监管部门的高度关注。该成果通过将投资者关系引入法和金融学理论模型，分析得出，由于由于公司投资者关系提高了投资者知情权，减少了公司与投资者间的信息不对称，故而应与代理成本存在负相关关系，同时，也应能促进公司治理水平与业绩提高。通过观测2004 年 A 股上市公司网上投资者关系的有关信息，该成果认为，在投资者关系与代理成本的关系上，上市公司投资者关系指数与大股东占款显著负相关，但与资产周转率、管理费用率无显著关系。这表明上市公司投资者关系活动在一定程度上抑制大股东侵占小股东利益的隧道行为，但未起到提高经理人员经营效率、提高公司运作效率的作用；在投资者关系与公司治理业绩效的关系上，上市公司投资者关系对公司市场价值产生了显著的正向影响，但对公司治理水平、会计业绩均无显著影响。以下两个因素造成了理论与实证结果的差异：第一，中国上市公司从事投资者关系其主要目的在于融资，对流通股股东利益并不太关心。第二，由于中国资本市场股权结构的特殊性、法律机制的缺陷，造成了流通股股东"以脚投票"的决策无法有效地影响上市公司"以手投票"的机制。因此要发挥投资者关系的作用，唯有协调控股股东与中小股东利益，引入"辩方举证"、"集体诉讼"等机制切实保障中小投资者权益。

辅助信息在抽样调查中的应用模型与方法研究

——《辅助信息在抽样调查中的应用模型与方法研究》成果简介

　　暨南大学刘建平教授主持完成的国家社会科学基金项目《辅助信息在抽样调查中的应用模型与方法研究》（批准号为 04BTJ013），最终成果为专著《辅助信息在抽样调查中的应用模型与方法》。课题组成员有：陈光慧。

当今社会已经步入信息时代，人们每天都面对着海量的数据和信息。无论是国家对经济社会的宏观管理，还是处于社会再生产各个环节的投资者、生产者和消费者以及各种中介机构的微观管理；无论是有效地生产，还是高质量地生活，抑或科学地研究，都需要获取和利用大量、及时、有效的信息。社会对信息的依赖和需求日益增大，人们对有效获取信息的手段和方法愈来愈重视。面对海量的信息，如何有效地获取和利用信息是统计工作的一项基本任务。作为统计调查主体方法的抽样调查，由于在获取信息中所具有的独特优势而得到越来越广泛的重视和应用。一项大中型抽样调查能否获得成功，很大程度上依赖于抽样调查中对辅助信息利用得好坏。

一 该成果的主要内容和重要观点

（1）研究思路与方法路径。该成果的研究思路与方法可归纳为两条路径。路径一：两个阶段→一个目标→两个标准。两个阶段是指辅助信息在抽样调查中的应用主要体现在抽样设计和抽样估计两个阶段；一个目标是指如何充分利用现实中各种类型的辅助信息进行抽样设计和估计量设计，构造出一个精度更高的估计量；两个标准指的是评价抽样设计和估计量优劣的两个依据：一个是构造的估计量要满足无偏性、有效性、一致性和充分性等统计性质的要求，另一个是要能给出估计量的方差及其估计量的计算公式。这是该项成果的整体研究思路。路径二：超总体回归模型→有限总体回归模型→样本回归模型。传统的抽样调查将总体看成是固定的，随机性仅表现在样本的抽取，估计推断以抽样设计为基础。该成果把有限总体看成是超总体的一个随机实现，把超总体回归模型作为研究的工具，是一种基于模型的模型辅助估计方法。它首先研究如何充分利用现有的各类辅助信息设计超总体回归模型，其次研究如何估计超总体回归模型的参数 β。如果掌握有限总体的数据，就依据有限总体的数据估计出超总体回归模型参数的估计值 β，进而给出估计量的方差；实际调查中，一般并不掌握有限总体的数据，这时就运用概率样本数据进行估计，估计出超总体回归模型参数的样本估计值 $\hat{\beta}$，进而得到方差的估计量。这是该成果在估计量设计阶段利用辅助信息的主要方法路径。

（2）提出在普查基础上科学编制抽样框是在中国统计调查方法体系中真正确立普查基础地位和抽样调查主体地位的关键，给出了编制基础抽样框和操作抽样框以及对名录库进行更新维护的思路和方法。

（3）建立了抽样调查的基础概念体系。它是构建辅助信息在抽样调查中应用模型和方法体系的基础。这些基础概念包括抽样设计、样本示性变量、包含概率、π 估计量、π 估计量的方差及其估计量。这些概念相互之间逻辑关系紧密，对于抽样从设计到估计的全过程起着基础的和基本的作用。抽样设计是研究包含概率、π 估计量及其相关统计性质的基础。在有限总体中，抽样设计确定了，包含概率和 π 估计量也就随之确定了。不同的抽样设计，给出不同的包含概率，最终也使 π 估计量具有不同的形式。π 估计量是在抽样设计下得到的一般性估计量，π 估计量具有的统计性质能很容易推广到具体抽样设计下的不同情形。样本示性变量的定义和优良特性使包含概率、π 估计量及其统计性质的推导简洁方便。该成果的研究内容是以包含概率和 π 估计量为基础的。

（4）建立了辅助信息在抽样设计中应用的模型与方法体系。该成果分别对等概率抽样设计中的伯努力抽样、简单随机抽样、系统抽样，以及不等概率抽样设计中的泊松抽样、πPS 抽样和 PPS 抽样如何利用辅助信息提高抽样效率进行了系统深入的研究，比较了各种方法对辅助信息的利用程度及其效率。特别是给出了样本量大于 2 时 πPS 抽样设计下方差估计的一种简便算法，使 πPS 抽样的应用不再局限于样本量小于等于 2 的情形，给出了在 MPPS 抽样下利用辅助信息对 Hansen-Hurwitz 估计量进行扩展的方法，解决了多目标抽样下估计量整体估计精度不高的问题。比较好地解决了如何在分层抽样设计中利用辅助信息分配样本、选择分层标志、确定分层界限和层数的问题，探讨了利用辅助信息寻求多目标分层抽样的最优设计方法。系统研究了在整群抽样设计和二阶抽样设计中应用不同类型辅助信息的基本条件和方法，对两种方法的抽样设计效应以及影响效应大小的因素进行了深入的分析研究。

（5）建立了辅助信息在抽样估计中应用的模型与方法体系。该成果所用的抽样推断方法是模型辅助估计。这种方法只是把超总体回归模型作为一种辅助工具，而不是依赖超总体模型进行估计，不管模型是否会出现设定误差，都不会直接影响到回归估计量基本统计性质的成立。在抽样估计阶段，要利用已知的辅助变量提高抽样估计的精度，关键在于建立反映辅助变量与研究变量之间关系的回归模型。所以，该研究成果专门研究了如何根据获得的辅助信息的不同类型，建立恰当地反映辅助变量与研究变量之间关系的超总体回归模型，从而最大限度地提高各种回归估计量的精度。首先研究了如何由一般的超总体回归模型推导出GREG 估计量，对 GREG 估计量的统计性质进行了严格的推导证明。其次，根据辅助变量与研究变量之间具体的回归关系，对一般的超总体回归模型所得出的结论加以推广，建立比率模型、线性回归模型、事后分层回归模型和非参数回归模型，分别推导出比率估计量、线性回归估计量、事后分层回归估计量和非参数回归估计量，并研究相应的估计量性质。从而建立起一个较为完整的抽样估计方法体系。

（6）建立了辅助信息在抽样设计与估计量设计中同时应用的

模型与方法体系。为了更加充分地利用已有的辅助信息，尽可能地提高抽样估计的精度，该成果将抽样设计与估计方法作为一个整体，研究了利用一种或多种辅助信息同时改进抽样设计和估计量设计的模型和方法。把抽样设计阶段的分层抽样和抽样估计阶段的比率估计、回归估计结合起来进行研究，使辅助信息在分层抽样设计和比率估计与回归估计中同时得到应用；研究了如何利用不同种类的辅助信息在整群抽样设计和二阶抽样设计下进行回归估计，对整群抽样设计效应进行了更深入的讨论，对分层整群抽样回归模型与事后分层整群抽样回归模型进行了系统的研究；研究了如何利用辅助变量进行二重分层抽样、二重回归估计以及二重分层回归估计，即在二重抽样下同时考虑分层抽样设计和使用回归估计方法，实现从抽样设计和估计方法两个层面同时提高二重抽样的估计精度。

（7）辅助信息在抽样调查其他环节中应用的模型与方法。该研究成果围绕抽样设计和估计量设计这两个关键，对辅助信息在相关课题中的应用模型和方法也进行了研究，具体包括辅助信息在域估计、样本轮换和无回答中的应用。从满足多层次推断和多级管理的需要出发，分别研究了辅助信息在域估计中的直接估计和间接估计的应用模型和方法。研究了在样本轮换中分别以前期样本资料为辅助信息的估计量，同时以前期样本资料及全面资料为辅助信息的回归估计量和校准估计量。研究了处理无回答的加权调整法和插补法，提出了校准加权调整法，这种方法综合了加权调整法和插补法两者的优点，更充分地利用了已有的辅助信息，从而更多地减少了由于无回答的存在给估计带来的精度损失。

二 研究成果的学术和社会价值

1. 建立了辅助信息在抽样调查中应用的模型和方法体系

该成果在系统总结前人研究成果的基础上，对辅助信息在抽样调查中各个环节的应用模型与方法进行系统研究，建立了辅助信息在抽样调查中的应用模型和方法体系。这也有利于从事抽样调查实践的人员运用该研究成果对抽样实践进行指导，从而提高中国抽样调查的方法技术水平，提高抽样调查的效率和效益。

2. 在若干方面取得突破性进展，解决了抽样方法中存在的一些难题

给出样本量大于 2 时 πPS 抽样下方差估计的一种简便算法，解决了二阶包含概率不易计算的难题，拓展了 πPS 抽样的应用范围；给出了 MPPS 抽样下，利用辅助信息对 Hansen-Hurwitz 估计量进行扩展的方法，解决了多目标抽样下估计量整体精度不高的难题。通过辅助变量的最小值和最大值进行线性转化改进比率估计量，给出在不同条件下选用有效估计量的标准；在比率模型和线性回归模型中考虑异方差问题，针对不同的方差结构，给出相应的估计方法；将事后分层作为估计方法研究，根据定性和定量的辅助信息分别建立事后分层回归模型；根据辅助变量与研究变量之间的非参数回归关系建立非参数回归模型等，开辟了抽样估计方法研究的新领域。

基于知识管理的图书馆学创新体系研究

——《基于知识管理的图书馆学创新体系研究》成果简介

南开大学柯平教授主持的国家社会科学基金项目《基于知识管理的图书馆学创新体系研究》（批准号为02BTQ001），最终成果为专著《图书馆知识管理研究》。课题组成员有：王国强、李卓卓、白庆珉、付立宏、白华、王平、李大玲、白清理。

一　研究成果的主要内容

第一，深入考察了知识管理与图书馆学的内在联系，揭示了知识管理对图书馆学的影响。一是从历史与现实、理论与实践多角度地揭示从图书馆与知识管理之间的内在关联。将图书馆作为知识管理的单位，将文献（知识）的开发利用看做一种形式的知识管理。二是从逻辑的角度，即考察知识管理与图书馆学在学术逻辑上的对接关系。知识管理是以知识为核心的管理，图书馆主要从事显性知识（亦称文献知识、客观知识）的聚散活动，运用知识管理理论对图书馆的知识（含显性知识、隐性知识及二者的相互变换）进行管理，以便最有效地开发、配置和利用图书馆的知识资源。因而图书馆学与知识管理具有内在的逻辑联系。为揭示知识管理对图书馆学的影响，从知识原理对图书馆学的意义出发，分析了图书馆应用知识管理的意义以及应用知识管理的范畴，重点分析了学习型组织与学习型图书馆，以及知识管理对图书馆员的影响。还对图书馆知识管理与图书馆信息管理进行了比较。

第二，对图书馆知识管理的理论与应用进行了研究。一是对图书馆知识管理进行理论综述；二是从管理创新的角度对图书馆知识管理进行研究；三是建立图书馆知识管理模式与应用，通过实证分析，剖析国内外图书馆实施知识管理的成功案例，为图书馆学发展的知识管理趋向提供经验支持；四是从图书馆知识资本的角度对图书馆知识管理进行了具体的探讨和微观应用。

第三，以知识管理为轴心，设计图书馆学的创新体系。

知识管理引导图书馆学的目标创新，图书馆学的目标创新意指图书馆学应与时（知识管理之时势）俱进，图书馆学理论应始终保持对图书馆实践（主要是知识管理实践）的动态指导能力。要实现图书馆学的目标创新，必要前提是图书馆学的若干要素或子系统相应的实施创新，这些要素或子系统主要包括图书馆学观念、图书馆学概念、图书馆学方法、图书馆学体系以及图书馆管理与图书馆服务等的基本领域。

二　研究成果的主要观点

第一，知识管理应用于图书馆学对图书馆学宏观与微观均有创新的价值。图书馆应用知识管理有三个基本的层面：从管理的层面，在科学管理、全面质量管理和信息管理的基础上，运用知识管理进行图书馆管理和服务的改革，开发利用图书馆的知识资本，特别是加强对隐性知识和人力资源的管理，实施图书馆制度创新、图书馆组织创新、图书馆知识创新和技术创新，提高图书馆的管理和服务的质量与水平，提升图书馆在信息社会的地位。从组织的层面，将图书馆创建学习型组织，营造新的图书馆文化，让图书馆始终充满活力，发掘图书馆的巨大潜力，提高图书馆的应变能力、竞争能力、可持续发展能力。从个人的层面，从"读者第一"的概念转化为两个第一的概念，即服务上的"读者第一"和管理上的"员工第一"，发现和培养知识资源工程师，发挥员工的积极性、主观能动性和创造性，使图书馆员从文献管理工作者转变为信息管理工作者，由信息资源专家发展为知识资源专家。提出未来的图书馆员将成为知识资源管理员。

第二，图书馆知识管理是图书馆学的一个新领域。图书馆的知识管理模式的总体目标是持续知识创新（社会功能表现为增值知识服务）；管理基础是图书馆知识；管理层面是：组织的管理、团队的管理、个体的管理；知识环节是：知识生成、知识存贮、知识转移、知识共享、知识创新；业务过程是：馆员队伍建设、信息资源建设、用户服务、基础结构建设。四个业务过程以图书馆的知识作为其知识管理的基础，分别通过上述五个知识环节展开，通过上述三个层面进行管理，四个过程协调实现图书馆知识管理的总体目标。图书馆知识管理的实施分为四个阶段（探索学习阶段、准备阶段、实施阶段和创新阶段）和三个方面（支持工作的知识管理实施、管理工作的知识管理实施、业务工作的知识管理实施）。

第三，发现和管理知识资本是图书馆知识管理的重要内容。图书馆知识资本是作为组织的图书馆所拥有的无形资本。相对于馆舍、设备、经费等有形资本而言，将图书馆知识资本分为五类：馆藏文献资本、服务结构资本、知识产权资本、人力资本和基础结构资本。图书馆知识资本管理主要有两种模式：一是图书馆知识资本运营——以资源与服务为中心的模式；二是图书馆知识资本运营——以管理与文化为中心的模式。图书馆知识资本评估是图书馆知识管理的重要工具，也应当成为当代图书馆评估的新内容。

第四，图书馆战略知识管理主要在三个层次上：一是图书馆知识资产的战略管理，将图书馆员工、图书馆法、图书馆业务流程等作为图书馆的无形资本，使其增值。二是将图书馆作为学习型组织，探讨图书馆组织的战略学习。三是探讨图书馆的发展与图书馆文化等问题，从而提升图书馆的社会地位和文化价值。

第五，知识管理对图书馆学理论的创新之一是知识资源论。知识资源论主张图书馆学研究应当定位在知识的层面。知识资源论突破了以图书馆作为图书馆学的研究对象，主张以知识资源作为图书馆学研究对象，将图书馆学界定为关于知识资源的收集、组织、管理与利用，研究与文献和图书馆相关的知识资源活动的规律，以及研究知识资源系统的要素与环境的一门科学。

第六，基于知识管理的图书馆学新体系是从宏观和微观两个视角进行的。宏观角度是将整个知识经济背景下的社会作为一个知识资源系统，将图书馆学的研究范围辐射到研究整个社会知识资源系统的规律。微观角度是将知识资源的理论深入到图书馆学着重研究的实体——图书馆中，研究特定机构图书馆中的知识资源规律和所涉及的要素。宏观与微观的两个分析模型是形成图书馆学新体系的逻辑依据。宏观模型由四个相互关联的系统组成：一是由知识资源、环境和人三大物质有机联系在一起构成的社会知识体系；二是知识活动；三是知识资源业；四是图书馆事业。微观模型以知识为中心，将三大实体（文献、用户、图书馆）和三大活动（服务、管理、资源）这六个要素组合起来。

第七，创新的图书馆学体系突破以往的简单划分或者详细罗列的方法，突出体系的逻辑构建，从知识管理到知识资源论到学科体系，形成逻辑严密的体系。图书馆学新体系包括宏观图书馆学和微观图书馆学两大分支，宏观图书馆学包括图书馆学基础理论、图书馆学方法论、图书馆学发展、图书馆环境研究、图书馆事业原理、图书馆类型与形态六个分支；微观图书馆学包括文献——资源研究、用户——服务研究、图书馆——管理研究三个分支。这一体系既体现了图书馆学的知识基础与整体思路的改变，又继承了传统图书馆学的合理要素，有利于图书馆学的发展。

该成果从文献分析、调查统计、模型建立、比较研究等多个角度对知识管理和图书馆知识管理进行了全面深入的探索，以知识管理为基点构筑起来的图书馆学创新体系本身就是理论上的创新。这一体系突破了传统图书馆学以图书馆为中心的基本思路和发展模式，既不脱离图书馆事业，又扩大了图书馆学的范畴，有利于图书馆学理论与实践的发展。

企业知识管理的基本战略研究

——《企业信息资源管理战略研究》成果简介

　　中国科学院研究生院霍国庆教授主持的国家社会科学基金项目《企业信息资源管理战略研究》（02ATQ003），最终成果为专著《企业知识管理战略研究》。课题组成员有：谭大鹏、王能元、吴磊、蒋日富、谢阳群、缪园。

该成果对知识管理的基本概念、模型和流派进行了系统研究，基于对企业知识管理战略研究进展、企业知识管理战略进化过程及其与企业战略的关系的分析上提出了企业知识管理的三种基本战略，即知识转移战略、知识创新战略和知识经营战略，并分别对这三种战略进行了系统深入的研究，最后分析了工业企业到知识型企业的转型，提出了知识型企业的发展策略。

知识管理是服务于组织或个人的战略目标，整合信息技术的信息处理能力与人的创造和创新能力，创造、获取、组织、存储、共享、调适、应用、再利用和评估知识并把这些知识转化为组织或个人的智力资产和竞争力的过程。知识管理综合模型的主要特征包括：①完整的知识管理包括五个层面，从里到外，核心是知识创造，第二层是知识管理流程，第三层是知识管理平台，第四层是知识管理绩效，第五层是知识管理环境；②知识管理流程是知识管理的主体，其依据是知识生命周期，知识产生于知识的创造或创新活动，在知识获取、组织、存储、共享、调适的过程中得到发展，在应用和再利用的过程中实现价值，在评估的基础上得以再生从而开始新的生命周期或被淘汰从而结束知识循环；③知识管理关注从知识到组织产出的转换；④现代知识管理则更依赖于现代信息技术提供的信息和知识处理能力；⑤知识管理的效率和效果取决于组织的战略创新、文化变革和政策支持。

置于企业战略体系中进行研究，知识管理战略可以分为职能层知识管理战略和业务层知识管理战略。职能层知识管理战略是为企业业务层战略服务的，选择成本领先战略的企业往往倾向于采用从外部引入知识的知识转移战略，选择差异化战略的企业往往倾向于采用内部创造知识的知识创新战略，选择成本领先与差异化整合战略的企业则倾向于综合或交替采用知识转移战略和知识创新战略。业务层知识管理战略包括成本领先知识管理战略、差异化知识管理战略和整合知识管理战略，该类战略中的知识业

务本身是利润的来源，为此，其战略目标是实现知识业务利润的
最大化并塑造基于知识业务的核心竞争力，业务层知识管理战略
也称为知识经营战略。这样，知识经营战略、知识转移战略和知
识创新战略就构成了企业知识管理的 3 种基本战略，这 3 种战略
具有时空统一性，它们是在企业发展过程的不同阶段相继形成的，
但又在同一个现实的企业中并存和兼容。

　　知识转移战略主要是一种知识外源战略，是企业不具备知识
创造能力或为了降低知识管理成本而从企业外部引入所需知识，
进而通过知识试验、知识共享、知识应用和知识集成等活动，支
持、改进和提升企业的业务活动和管理活动的一系列相互协调的
职能活动。知识转移战略的实施要求企业建设和完善知识转移机
制、组建专门的知识转移组织或队伍、构建知识转移平台、倡导
和推进学习型组织建设。知识转移有一定的规律，这些规律的外
在表现就是知识转移模式。根据企业知识转移的方向，可以把知
识转移模式划分为横向知识转移、纵向知识转移和沉淀式知识转
移三大类，其中典型的知识转移模式包括战略知识转移、授权式
知识转移、流程式知识转移、链式知识转移、标杆式知识转移、
共享式知识转移、集成式知识转移、营销式知识转移、评估式知
识转移 9 种。知识转移战略实施也伴随着一定的风险，主要包括
知识引进风险、知识共享风险、知识应用风险和知识输出风险。

　　知识创新战略主要是一种知识内源战略，也可称之为自主知
识创新战略，是指外部创造的知识无法充分满足企业内部或企业
顾客的需求，同时企业已经积聚了相当的知识基础和凝聚了足够
的研发力量后，企业寻求在企业内部开展经常性的研发（R&D）
活动并自我创造所需的知识，以保持企业的领先地位或知识垄断
地位。企业的知识创新战略是差异化战略的核心和其他业务层战
略的基础，是由知识创新目标体系和策略体系所组成的。企业知
识创新战略实施的结果往往形成各种知识创新模式，本项目从四

个维度来探讨企业知识创新模式，根据知识创新的深度可分为模仿式创新、跟随式创新和领先式创新 3 种模式，根据知识创新的主体可分为团队创新、全员创新和合作创新 3 种模式，根据知识创新的范围可分为产品创新、技术创新、工艺创新、服务创新和管理创新等 5 种模式，根据知识创新的方式可分为知识内化、知识群化、知识外化和知识融合 4 种模式。本项目特别对中国科学院基础研究团队的知识创新模式进行了大样本问卷调查，期望能够给企业知识创新模式的形成与发展提供借鉴。企业知识创新战略的实施也必然伴随着风险，主要包括路径依赖风险、脱节风险、方向判断风险、技术转化风险、政治干预风险、欺骗风险等。

知识经营战略是指企业通过提供知识产品和服务，满足客户知识需求，构建知识核心竞争力，获取知识经营竞争优势的一系列相互协调的目标与行动。依据知识需求和知识生产两个维度，知识经营战略还可以分为 3 种类型，分别是知识价值转移战略、知识价值增值战略和知识联盟战略。知识价值转移战略是知识企业利用内部生产的知识以满足外部顾客的知识需求的承诺与行动，知识企业通过向外部客户提供知识产品与服务，提高客户价值，获取业务收入，增大知识企业价值；知识价值增值战略是知识企业利用内部生产的知识来满足自身的知识需求的承诺与行动，这将能够显著增加企业的智力资产价值，并通过智力资产的转换实现提升企业声誉和增加企业市场价值的目的；企业知识联盟战略是知识企业利用外部联盟企业生产的知识以满足外部顾客的知识需求的承诺与行动，选择该战略的知识企业一般是中小型知识中介企业。3 种知识经营战略的适用条件有所不同，知识价值转移战略要求企业必须构建知识文化、整合智力资产资源、适度规模定制地生产知识产品、大量销售知识产品服务；知识价值增值战略要求企业利用技术平台、建立知识管理机制、积累智力资产、将智力资产沉淀到企业内部，并应用知识创新与应用能力将知识价值转移到有形产品中；知识联盟战略要求企业具有把握市场知识需求的能力和知识供应链整合能力。3种知识经营战略所面临的风险也各不相同，知识价值转移战略面临的主要风险包括战略目标冲突、道德风险、客户后向一体化和核心刚度等；知识价值增值战略面临的主要风险包括战略错配风险、成本失控风险和知识外溢风险等；知识联盟战略面临的主要风险包括机会主义、对联盟依赖性过大和知识供应商前向一体化等。

循序或有选择地实施上述知识管理基本战略的企业将转型成为知识型企业，根据本项目组的研究，知识型企业就是以知识或知识型员工的智力资本为输入，以知识加工、知识创新和知识传播为主要活动，通过提供知识产品或知识服务来满足顾客的需求，进而实现知识价值最大化和追求可持续发展的有机体。知识型企业业务模式的主要特征包括价值创造、成本控制、质量控制、差异化、业务协同、供应链协同等。知识型企业组织模式的主要特征包括自我管理、扁平化、无边界、动态组合、网络结构、自我矫正、战略整合等。知识型企业领导模式的主要特征包括价值导向、愿景驱动、战略牵引、伦理约束、沟通制胜、激励创新等。

知识型企业一方面是工业企业战略转型的产物，另一方面是知识经济的直接产物。工业企业在实施知识转型时适合采取以下策略：①重塑价值观；②注重顾客关系管理；③打造知识管理团队；④加速信息化进程；⑤增加研发投入；⑥提供双重产品；⑦改进激励体系。新生的知识型企业适合选择和实施下述策略：①准确定位；②把握客户的知识需求；③整合知识资源；④打造知识经营团队；⑤培育知识竞争力；⑥建立新的激励体系；⑦塑造知识文化。具备一定竞争力的知识型企业适合选择和实施下述策略：①确立共同愿景；②引导客户需求；③培育知识领导者；④激发团队创造力；⑤塑造核心竞争力；⑥领导知识联盟；⑦建设学习型组织。

宋代汝窑的发现与研究

——《宝丰清凉寺汝窑址的发现与研究》
成果简介

　　河南省文物考古研究所孙新民研究员主持
完成的国家社会科学基金项目《宝丰清凉寺汝
窑址的发现与研究》（批准号为 01AKG002），
最终成果为专著《宝丰清凉寺汝窑》。课题组成
员有：郭木森、赵文军。

瓷器与造纸术、指南针、火药和印刷术"四大发明"一样，是中国对人类文明的重大贡献，在英文中瓷器被称作"china"，成为中国国名的代称。宋代是中国瓷业大发展的黄金时期，各种不同的制瓷传统蓬勃兴起，新的工艺技术层出不穷，技术的传播和相互影响十分活跃，形成了丰富多彩、百花齐放的繁荣局面。汝窑瓷器胎质细洁，造型工整，釉色呈纯正的天青色，有"雨过天晴云破处"之美誉。在釉面上往往开有极小的纹片，细碎繁密，宛如鱼鳞状或冰裂纹。加之在制作时工艺精细，满釉裹足支烧，支钉细小如芝麻状。明清文献中所谓"汝、官、哥、定、钧"宋代五大名窑，往往把汝窑排在第一位，即把汝窑列于名窑之首；清代乾隆皇帝曾在16处名窑瓷器上的题诗计183首，其中汝窑瓷器有15首，反映出明清时期从皇帝到士大夫对汝窑的喜爱。

北宋灭亡后，金人入主中原，窑工南迁，窑区荒废。数百年过去了，寻访汝窑遗址及烧造技术，成为陶瓷研究者和考古工作者的一大夙愿。汝窑遗址的发现颇费周折，前后历经半个世纪之久，中国三代陶瓷和考古工作者为此付出了心血和汗水。1950年陈万里先生考察汝窑，首次调查发现宝丰清凉寺瓷窑遗址。1987年河南省文物考古研究所在宝丰清凉寺瓷窑址首次试掘，出土了10余件御用汝瓷，确认该窑址就是寻觅已久的汝窑址。直到2000年的第六次考古发掘，才在该窑址的北部即清凉寺村内找到了汝窑中心烧造区，终于揭开了汝窑的神秘面纱。

该成果分为上、下两编。上编共五章，第一章为汝窑的发现与工作概况；第二章为探方分布与地层堆积；第三章为遗迹，分别介绍了发现的20座窑炉、3处作坊、3眼水井、45个灰坑和过滤池及澄泥池等情况；第四章为遗物，可分为瓷器、模具、窑具、作坊具和钱币五大类，其中汝窑瓷器占大宗，可复原约4000余件，器物种类有碗、盘、碟、盏、盏托、盆、洗、钵、套盒、瓶、壶、炉、尊、杯和器盖等，每种又可分为A、B、C等多种造型；

第五章是结语，主要谈了文献记载的汝窑及其后仿、窑址的年代与性质、窑址出土瓷器与传世品比较、汝窑与其他窑口的关系四个方面的问题。下编分三章，第一章为汝窑瓷器的试烧报告，介绍了对汝窑遗址中出土的胎料和釉料进行试烧的收获；第二章是汝窑瓷器的科学分析与研究；第三章是汝窑与其他窑口瓷器含量的比较研究。书后还附有 3 个表，分别是出土钱币统计表、探方地层一览表、灰坑登记表；并收有 3 个附录，即传世汝窑瓷器一览、史料记载的汝窑和有关汝窑的书目及文章。

该成果除了在上编的第一、二、三、四章，按照考古报告惯例详细描述地层堆积、遗迹和遗物，第五章探讨窑址的年代与性质及其与其他窑口的关系外，特别注重了研究方法的创新和与自然科学的结合。在下编的第二章中，收集了中国科学院上海硅酸盐研究所前后三次测试汝窑瓷片的胎釉化学组成，并请北京师范大学、郑州大学、中国科技大学和香港城市大学等单位，采用中子活化分析和穆斯堡尔谱、同步辐射 X 射线荧光分析、能量色散 X 射线探针技术等多种现代科学方法，分别对汝瓷的着色机理、汝瓷成分、微观结构和汝瓷产地等进一步做了科学分析，取得了新的成果。第三章中又分别请上海硅酸盐研究所、郑州大学、复旦大学和北京师范大学等单位，对汝窑瓷器的微量元素做了科学测试，以对比汝窑与老虎洞窑（即南宋官窑）、汝窑与张公巷窑、汝窑与钧窑等窑口的不同之处。与此同时，为进一步探讨汝瓷胎、釉在不同条件下的呈色机理和结合程度等方面的变化，以期揭开汝瓷成型和烧造工艺的神秘面纱。课题组还把窑址中出土的胎料和釉料在汝州荣华汝瓷研究所进行了试烧。经过前后 10 窑 37 种不同配方的试烧，在呈色相同的条件下，不同的配方所需的烧成温度不同，即熔剂在配方中的比例与烧成的温度有关，汝窑瓷器素胎的烧成温度为 830℃，成品烧成温度为 1235℃。汝窑遗址中出土的釉料与胎料，在现代窑炉烧成中胎釉结合较好，没有开片，说明其膨胀系数一致。而同种釉料配方，在不同的胎体上烧成的釉色、质感也有所差别。

汝窑由于为宫廷烧制御用瓷的时间较短，故传世瓷器不多，南宋时已有"近尤难得"之叹。2000 年度在宝丰清凉寺汝窑烧造区的发掘，在不少地方瓷片堆积厚度达 20 厘米，汝窑瓷器占全部出土瓷片的 98％以上。从初步整理结果来看，宝丰清凉寺汝窑址出土的瓷器中，有很少一部分是汝窑创烧前的民窑精品，而绝大多数属于典型的汝窑瓷器，其造型、釉色和支烧工艺与传世品几无二致，可以说汝窑传世品中的所有器类均能在窑址中找到。与此同时，还发现了不少传世品中未见的新器形，主要有香炉、梅瓶、鹅颈瓶、方壶、套盒、盏托、器盖、碗、盘、盆、钵、盒等 10 余种，不少器类还有多种造型。与传世品不同的是，在一些器形的表面还饰以纹饰，以莲纹为最常见，这在以釉色取胜的汝窑传世品中实属罕见。如鹅颈瓶的腹部刻有折枝莲花，薰炉的炉壁模印仰莲，盏托的托壁刻以覆莲，碗外壁上模印三层莲瓣，盒盖的顶部刻画有盘龙图案等，并有鸳鸯、鸭、龙体等雕塑，形象逼真，制作精致。上述器物的胎质、釉色均与汝窑瓷器相一致，又出土于同一地层，从而大大丰富了汝窑瓷器的品种。

这次发现的烧制御用汝瓷的窑炉，有望揭开汝窑瓷器烧造之谜。20 座窑炉集中于发掘区的西北部，呈扇形分布。窑室周壁用耐火砖垒砌，一般由窑门、火膛、窑床、隔墙和烟囱组成，大致分为两种形制。一种计 7 座，窑室面积较大，平面结构呈马蹄形，前圆后方。根据地层、窑炉间的叠压关系和出土的遗物分析，马蹄形窑炉的年代略早，大约为汝窑瓷器的创烧阶段；而椭圆形窑炉偏晚，约在北宋晚期御用汝瓷烧造的鼎盛时期。上述窑炉仍属于北方典型的半倒焰式窑，火焰在进入窑室后，先上升到窑顶，热量遇阻向下燎烧窑底，烟气则从吸烟孔经烟囱排出窑外。从窑炉附近不见煤灰和火膛普遍较浅看，烧制汝窑瓷器的燃料是柴而不是煤。其中，椭圆形窑炉窑室面积奇小，便于控制窑内温度，其窑壁烧结程度很高。该窑炉结构奇特，与北方地区常见的制瓷窑炉差别很大。同时，这里还出土有大量用于测试窑炉温度的火照和火照插饼，表明烧制御用汝瓷十分重视窑炉火候和温度的控制。这里的匣钵也与其他区域出土的匣钵有别，往往在匣钵表面还抹有一层耐火泥，对于密封匣钵接口和保持匣钵内温度应有一定的作用。

1987 年汝窑遗址发现以前，陈万里先生在《汝窑的我见》一文中，根据北宋人徐兢《宣和奉使高丽图经》的成书时间和书中有"汝州新窑器"一语，推断汝州烧制宫廷用瓷的时间是在宋元祐元年（1086）至徽宗崇宁五年（1106）的 20 年之间。1987 年汝窑遗址在宝丰发现以后，叶喆民先生依据文献记载的宝丰及大营镇历史沿革，认为"汝窑的鼎盛时期大体可推测在宋元祐元年（1086）至宣和末年（1125），即哲宗、徽宗时期"。李辉柄先生的《宋代官窑瓷器》一书在否定了北宋汴京官窑之后，提出汝窑就是北宋官窑"官汝窑的烧瓷历史大约始于政和元年，至北宋灭亡（宣和六年，即 1125），期间仅有 14 年的时间"。

关于汝窑瓷器的年代问题，该成果根据地层和遗址的相互叠压关系划分为两个发展阶段。第一阶段既烧制满釉支烧的天青釉瓷器，又烧制豆青和豆绿釉刻、印花瓷器；出土的匣钵多呈褐红色，外壁不涂抹耐火泥，应属于汝窑瓷器的创烧阶段。在该阶段地层和遗迹内各出土"元丰通宝"铜钱 1 枚，表明汝窑的创烧不晚于宋神宗元丰年间。第二阶段均为天青釉瓷器，传世的汝窑瓷器形制应有尽有，并出现了一些新的器类。从出土的一些模具标本看，该阶段的不少器类采用模制，器物造型工整，器壁厚薄均匀，充分显示出当时窑工制作的精细程度。在属于该阶段的遗迹F1 内清理出 1 枚"元符通宝"铜钱，说明汝窑瓷器的成熟阶段可能早到宋哲宗时期。因此，结合宝丰清凉寺民窑区域的发掘成果

看，陈万里和叶喆民先生推断汝窑的年代为哲宗、徽宗时期，还
是比较符合历史实际的。

　　关于汝窑的性质，有人认为是汝官窑，甚至提出"北宋官
窑"之说。该成果认为，通过对窑址出土瓷器与传世品的对比，
可以确定宝丰清凉寺窑址就是汝窑址；而且宋至清人文献中均以
汝窑名之，大家已经习惯认可，大可不必另起"汝官窑"或"官
汝窑"之名。宋人文献："汝窑宫中禁烧，内有玛瑙末为釉，唯供
御拣退方许出卖，近尤难得"，这表明汝窑是贡窑性质，在"供御
拣退"后还可以出卖，显然不是"宫中自置窑烧造"的北宋官
窑。通过宝丰清凉寺汝窑址的发现与发掘，不仅找到了汝窑窑口，
为传世汝窑瓷器的鉴定提供了可靠的依据；而且从地层上确定了
汝窑瓷器的年代，发现了烧制汝窑瓷器的作坊和窑炉，这对于深
入探讨汝窑的发展历史和制作工艺有着重要的意义。

人口学学科体系研究

——《人口学学科体系研究》成果简介

中国人民大学人口研究所邬沧萍教授主持完成的国家社会科学基金项目《人口学学科体系研究》（批准号96ASH017），最终成果为同名专著。课题组成员有：林富德、周清、翟振武、姚远、杜鹏、乔晓春、刘爽、穆光宗、段成荣、孟向京、宋健、苑雅玲、王丹瑕。

这一研究成果基本上汇集了目前国际、国内对于人口学研究的各流派观点，同时又有科学的创新之处，对于人口学学科体系重新进行了科学的认识和归类，是一项具有时代性、综合性、创新性的优秀成果。该成果最重大一个理论创新就是对现代人口学做出科学定位，明确现代人口学是第二次世界大战后，由于人类出现了人口史无前例的增长这一客观实践的需要，在原有人口学的基础上全面创新而发展起来的崭新科学，可称为"现代人口学"，以与传统人口学相区别。它是对传统人口学的理论升华和方法、内容上的创新，是一门有明确研究对象、有独特的研究方法、有国际公认的科学学名（Demography）和掌握有独特的、最丰富的人口数据资源应用于教学、研究、培训和实践活动的一门独立科学。由于这门科学性质和特点是其他科学无可替代的。

该成果把现代人口学比较成熟的科学知识，按学科的基础理论和科学发展史，按人口学量化研究方法，按人口变量的研究，按亚人口的研究，按人口变量和非人口变量相互关系的研究，分成25个专题研究，并各自成为单独一章，每章实际上是人口学每个分支学科的概述，因此该成果可以看成是人口学百科全书的简本。

该成果共分五编。

第一编：论和史。包括人口学是一门科学和人口学学科体系，人口学的理论基础和指导思想。主要阐明人口科学的性质、研究对象、对比国内外人口学的学科体系、论证本书的学科体现的科学根据和对几个有关问题的说明，还包括人口理论、人口史、人口思想史和历史人口学，旨在强调论从史出、以论带史和史论结合并强调以马克思主义为理论指导。

第二编：方法论。包括人口统计学、人口普查（含抽样调查）、人口研究的技术方法和数理人口学。本编强调人口学有自己的特殊的量化和实证的研究方法。人口学源于人口统计学又高于人口统计学。本编把二战后开发的人口学最新量化研究方法又有实用价值的方法都囊括在内。

第三编：人口各个变量（Variables）的研究。包括人口生育、死亡（寿命）、人口迁移、人口结构、人口分布、人口中的婚姻家庭问题和人口质量。这是本书最重要的一个组成部分。二战后由于人口研究的蓬勃发展，人口学许多变量研究已不仅是人口学的分支，而且已逐步迈向独立的、专门的跨学科研究了。

第四编：亚人口的研究。包括女性人口、少数民族人口和老年人口。在传统上人口常常以整个人口为研究对象，很少研究各亚人口的变量。二战后人口研究的深入开展，许多变量的认识必须深入研究有关亚人口的变量，这是人口学发展中的一个新增长点。囿于教学实践，本书只包括三个亚人口。至于更多亚人口研究如就业人口、外来人口、贫困人口等仍有待今后进一步的研究。

第五编：人口与其他变量相互关系研究。包括人口与经济、人口与社会、人口与环境和工商人口学。本编的分支研究如人口经济学、人口社会学等早已成为一门公认的跨学科。本书没有以人口经济学、人口社会学命名，主要是由于人口变量与非人口变量的关系是双向的，可以相互影响，沿用人口经济学、人口社会学的命名很容易把人口学看成只是其他学科的分支，体现不出人口学分支的特点。由于独立的经济人口学、社会人口学在国内还鲜为人知，所以采取一个中性的命题，不但不会妨碍而且有利于研究的开展。

本成果内容涵盖了人口理论、人口统计、数理人口、人口结构、人口迁移、人口管理、人口质量、人口普查、工商人口、人口与经济、人口与社会、人口与资源环境、人口分析方法、亚人口等各专门方向的研究内容、研究状况、研究方法、历史总结与未来发展趋势及前景等，此外对当前现有的流派及观点给出了简略的评价。

　　本成果强调人口学的研究对象是人口变量，消除对人口学只研究计划生育的误解，本书明确人口学研究总人口也研究亚人口，是一门数量科学、实证科学和方法科学，为人口学研究人口的数量、质量、结构、迁移、分布等开辟道路，并为跨学科研究提供实证的理论和方法。本书论证人口学是一门不可代替的科学，是人口学研究和人才培训的不可或缺的教材和专著。

　　本研究成果对中国人口学学科发展具有重要的理论意义和实践价值。人口学学科体系是指人口学本体连同它的理论、历史和方法以及各分支学科或分支专题研究的总和。现在国内外达成共识的是人口学是一门方兴未艾的朝阳科学，在今后人类知识体系中仍将起到愈来愈重要的作用。现代人口学蓬勃发展的近半个世纪以来人口知识和资料迅速增加，使得这门学科更加成熟和丰富了。在当代许多从传统学科中已经分化出很多的分支学科，其中有些甚至成为相对独立的学科。而到一定阶段为了更深入认识客观世界，又出现各门学科综合起来成为许多交叉学科（或跨学科）。这是科学发展的规律，人口学的发展也是遵从这样的客观规律。现在随着对人口现象和人口过程认识的深化，对许多人口变量或人口问题的认识已经相当深入，人口学必须把其中一部分知识分出来作为一门门分支学科进行单独研究，否则认识就难以深入，研究人口学学科体系就是顺应人口学知识发展的进程，把它们提出来促进对它们的研究，以期获取更多的成果。

附　录

附表 2007 年国家社科基金项目结项成果名单

学科	批准号	项目名称	成果名称	负责人	工作单位
马列科社	00BKS005	邓小平的马克思主义理论教育思想研究	改革开放以来中国共产党思想理论教育的理论与实践研究 （1976. 10 ~ 2006. 9）	石云霞	武汉大学法学院
	00EKS004	信息社会青少年思想政治教育方法论研究	信息社会青少年思想政治教育研究	邹学荣	西南师范大学
	01BKS009	深化干部制度改革：从源头遏制腐败的治本措施——对广东干部制度改革的调研与思考	广东干部选任制度改革的调研与思考	杨丹娜	中共广东省委党校
	01BKS018	新形势下我国社会主义政治文化建设研究	中国现代化进程中的政治文化走向	刘学军	中共中央党校政法教研部
	01CKS003	20 世纪资本主义的改良及其影响	渐进的革命——20 世纪资本主义改良研究	林德山	中央编译局
	02AKS002	马克思主义中国化研究	马克思主义中国化研究	肖浩辉	湖南省社会科学界联合会
	02BKS006	乡域政治运行的个案研究	小镇喧嚣——一个乡镇政治运作的演绎与阐释	吴　毅	华中科技大学
	02BKS010	党在社会主义初级阶段的基本政治纲领研究	党在社会主义初级阶段的基本政治纲领研究	李贺林	北京市社会科学院科学社会主义研究所
	02BKS013	我国现阶段的知识分子问题研究	我国现阶段的知识分子问题研究	张荣华	石油大学（华东）

续附表

学科	批准号	项目名称	成果名称	负责人	工作单位
马列科社	02CKS002	广东省非公有制企业劳资关系问题研究	广东省非公有制企业劳资关系研究	吴　江	暨南大学经济系
	02EKS003	国外执政的共产党与其他国家主要执政党执政经验教训的比较研究	一些外国执政党在执政能力建设方面的经验教训	蔡　武	中共中央对外联络部
	03AKS002	作为思想体系的"三个代表"重要思想研究	作为思想体系的"三个代表"重要思想研究	荣长海	天津社会科学院
	03AKS005	中国公民人文素质现状与对策研究	中国公民人文素质现状与对策研究	袁贵仁	北京师范大学价值与文化研究中心
	03BKS007	马克思劳动价值论的现实形态研究	马克思劳动价值论及其现代形态	朱炳元	苏州大学
	04BKS007	邓小平坚持社会主义的理论与实践研究	问题是怎么坚持"邓小平坚持社会主义理论与实践"	陈湘舸	浙江大学法学院马克思主义研究所
	04BKS008	"三个代表"重要思想与全面建设小康社会	"三个代表"重要思想与全面建设小康社会——小康社会研究	曲庆彪	辽宁师范大学
	04BKS014	政治文明建设中公民有序政治参与研究	我国公民有序政治参与研究	魏星河	中共江西省委党校科学社会主义教研部
	04BKS016	社会主义政治文明与统一战线研究	社会主义政治文明与爱国统一战线互动论	王继宣	中央社会主义学院统战理论教研部
	04BKS020	多元文化冲突与主流意识形态理性权威的建构	多元文化冲突与主流意识形态理性权威的建构	陈少岚	三峡大学政法学院

续附表

学科	批准号	项目名称	成果名称	负责人	工作单位
马列科社	04BKS030	20世纪中国马克思主义伦理思想发展研究	20世纪中国马克思主义伦理思想发展研究	王泽应	湖南师范大学
	04BKS031	新疆南疆高校开展马克思主义宗教观与无神论教育研究	新疆南疆高校马克思主义宗教观和科学无神论教育研究	李化龙	新疆喀什师范学院党委
	04CKS006	当代资本主义文化输出战略与社会主义发展中的文化安全问题研究	当代资本主义文化输出战略与社会主义安全维护问题研究报告	李 青	中共山西省委党校
	04CKS007	冷战以后的日本社会主义运动研究	冷战以后的日本社会主义	朱艳圣	中共中央编译局
	05BKS018	红色旅游研究	红色旅游研究	周振国	河北省社会科学院
	05CKS005	邓小平意识形态安全思想研究	邓小平意识形态安全思想研究	田改伟	中国社会科学院政治学所党史党建
党史党建	98BDJ014	腐败现象滋生蔓延的调查和对策	腐败现象滋生蔓延问题的调查和治理对策	彭吉龙	中共中央纪律检查委员会
	01ADJ003	互联网与思想政治工作创新研究	互联网与思想政治工作实务；互联网与思想政治工作案例	谢海光	上海交通大学党委宣传部
	01BDJ002	建国以来妇女干部选拔任用的历程及其基本经验	建国以来妇女干部选拔任用的历程及其基本经验	董妙玲	河南教育学院政治系
	01BDJ011	信息网络化给党员思想观念和生活方式带来的影响及对策研究	网络信息对党员影响及对策研究	李淑华	天津市委党校

学科	批准号	项目名称	成果名称	负责人	工作单位
党史党建	01BDJ019	"三个代表"与共产党员先进性研究	共产党员先进性研究	王正宁	中共重庆市委党校
	02BDJ001	聂荣臻军事与科技思想研究	聂荣臻军事思想与实践研究、聂荣臻科技思想与实践研究	阙洪玉	江津市委党史研究室
	02BDJ002	中共中央南方局统一战线工作历程研究	中共中央南方局统战史论	胡大牛	中共重庆市委党校
	02BDJ007	五十年代的党风廉政建设及其历史经验研究	20世纪50年代中国党风廉政建设问题研究	李义凡	信阳师范学院政法系
	02BDJ008	中国共产党与当代中国体制改革模式的合理选择	中国共产党与当代中国体制改革模式的合理选择	关海庭	北京大学政府管理学院
	02BDJ010	学风建设的历史经验及改进的对策	学风建设的历史经验及改进的对策	祝福恩	中共黑龙江省委党校
	02BDJ016	青年知识分子的思想倾向与巩固党的执政地位研究	青年知识分子的思想倾向与巩固党的执政地位问题研究	陈家超	中共湖北省委党校
	03BDJ005	建国以来中国共产党探索工业化道路的理论发展与创新研究	中国共产党对工业化道路的探索与创新	高伯文	中共福建省委党校
	03BDJ011	让鲜红的党旗永不落——十三届四中全会以来党的建设创新与前瞻	十三届四中全会以来党的建设回顾与前瞻	邵云瑞	南开大学马克思主义教育学院
	04ADJ002	中国共产党的执政学研究	中国共产党执政学	雷厚礼	中共贵州省委讲师团

续附表

学科	批准号	项目名称	成果名称	负责人	工作单位
党史党建	04BDJ012	西部少数民族聚居区党的执政能力建设研究	西部少数民族聚居区党的执政能力建设研究	梁代生	中共青海省委党校党史党建教研室
	04BDJ017	现阶段党群关系和党的群众工作理论研究	群众观·党群关系·群众工作——人民群众主体论	衣　芳	中共山东省委党校
	04BDJ018	新阶段密切党群关系的运行机制研究	新阶段密切党群关系运行机制研究	彭穗宁	中共四川省委党校
	04BDJ019	我国老工业基地社会结构变迁与巩固党的社会基础专题调查研究	我国老工业基地社会结构变迁与巩固党的社会基础专题调查研究	苏　伟	中共重庆市委党校
	04BDJ020	当代中国青年知识分子思想政治倾向及教育问题研究	青年知识分子——时代·重逆·创新	高　军	哈尔滨理工大学
	04CDJ005	中国共产党民间外交理论与实践研究	中国共产党民间外交理论与实践研究	王玉贵	苏州大学
	05ADJ004	中华廉洁文化与中国共产党先进性建设	中华廉洁文化与中国共产党先进性建设	沈其新	湖南大学
	05BDJ017	社会阶层分化与党的执政基础	社会阶层分化与党的执政基础	彭心安	中共厦门市委党校
	05BDJ022	关于营造党内不同意见平等讨论的环境研究	关于营造党内不同风气平等讨论的环境研究	刘益飞	中共成都市委党校
	05BDJ032	建立健全群众举报腐败行为的工作机制研究	群众举报腐败行为工作机制研究	乔德福	郑州师范高等专科学校

续附表

学科	批准号	项目名称	成果名称	负责人	工作单位
党史党建	05BDJ034	网络舆论的引导与和谐中文网络论坛的构建研究	网络舆论的引导与和谐中文网络论坛的构建研究	王天意	中共海口市委党校
	05CDJ003	网络环境下党的群众工作创新研究	网络环境下党的群众工作创新研究	杨金卫	山东省社会科学院
	05XDJ007	新疆是中国的"三个一部分"研究	新疆是中国的"三个一部分"研究	朱培民	中共新疆维吾尔自治区党校
	05XDJ009	新疆党的执政能力建设与提高民族工作水平研究	新疆地区党的执政能力建设与提高民族工作水平研究	杨发仁	新疆维吾尔自治区社会科学院
	06BDJ011	民主联合政府与政治协商会议——1944~1949年中国政党政治研究	民主联合政府与政治协商会议——1944~1949年的中国政治	秦立海	天津大学社会科学与外国语学院
	06BDJ036	构建警示训诫防线与提高执政能力治党水平研究	构建警示训诫防线研究	董雷	中共陕西省委党校
哲学	98BZX037	新经济伦理研究	新经济伦理研究	李权时	广州市社会科学院
	00BZX013	当代符号学问题的马克思主义研究	从符号的观点看——一种关于社会文化现象的符号学阐释	苟志效	中共广东省委党校
	00BZX048	西部开发与民族文化建设研究	西部开发与民族文化建设研究	刘家志	云南大学公共管理学院哲学系
	00CZX001	全球化与苏南可持续发展新文化模式研究	科学发展观与苏南新文化	冯颜利	苏州大学

学科	批准号	项目名称	成果名称	负责人	工作单位
哲学	01AZX001	马克思主义哲学中国化问题	马克思主义哲学中国化：历史与反思	陶德麟	武汉大学哲学系
	01AZX004	哲学上的革命与转型：马克思主义哲学与现代西方哲学比较研究	哲学上的革命与转型：西方近现代过渡时期哲学	刘放桐	复旦大学哲学系
	01BZX003	当代科技革命与马克思主义哲学	当代科技革命与马克思主义哲学	胡新和	中国社会科学院哲学研究所
	01BZX004	马克思历史哲学的当代意义	真正的马克思——《资本论》三大手稿历史观的当代意义	孙承叔	复旦大学哲学系
	01BZX005	20世纪马克思主义哲学在苏联	20世纪马克思主义哲学在苏联	李尚德	中山大学哲学系
	01BZX007	杨献珍哲学思想研究	杨献珍哲学思想通论	杨洪林	武汉科技学院
	01BZX021	儒家理论及其现代价值研究	儒家（哲学、政治、道德、史学、教育）理论及其现代价值	宋焕新 苗润田	曲阜师范大学
	01BZX022	儒道互补的理论结构及其现代价值	儒道互补的理论结构及其现代价值	安继民	河南省社会科学院哲学研究所
	01BZX030	《希腊哲学史》第4卷	《希腊哲学史》第4卷	陈村富	浙江大学人文学院哲学系
	01BZX046	西方美学史	西方美学史	汝信	中国社会科学院
	01BZX053	汉语语言哲学研究	语言哲学研究	朴金波	吉林大学
	01EZX001	当今中国民众信仰及合理引导	当今中国民众信仰合理引导	于咏华	中共河南省委党校

学科	批准号	项目名称	成果名称	负责人	工作单位
哲学	02AZX003	唯物主义的社会主义内蕴与社会主义向唯物主义的回归	唯物主义：社会主义的思想来源与实践指引	张奎良	黑龙江大学哲学与公共管理学院
	02BZX001	辩证唯物主义描述理论研究	哲学描述论引论	王天思	上海大学社会科学学院
	02BZX005	历史唯物主义与西方马克思主义的社会历史观	社会理论与社会批判	王晓升	苏州大学政治与公共管理系
	02BZX016	人文精神与法治文明关系研究	人文精神与法治文明关系研究	李瑜青	上海大学知识产权学院
	02BZX018	马克思主义哲学范畴在当代的发展	马克思主义哲学范畴在当代的发展	张传开	安徽师范大学经济法政学院
	02BZX024	深层本体论：21世纪科学思想趋势	深层本体论与科学思想的当代转换	鲁品越	上海财经大学
	02BZX029	孔孟之间的哲学——以出土文献为背景	孔孟之间	郭沂	中国社会科学院哲学研究所
	02BZX039	韩国儒学史	韩国儒学史	李甦平	中国社会科学院哲学研究所
	02BZX041	亚里士多德自然哲学研究	拯救自然——亚里士多德自然观研究	徐开来	四川大学哲学系
	02BZX044	技术与文化批判的英国新马克思主义	技术与文化批判的英国新马克思主义	乔瑞金	山西大学哲学系
	02BZX045	现代逻辑及其在哲学、语言学和人工智能等领域中的应用	现代逻辑及其在哲学、语言学和人工智能等领域中的应用	李小五	中国社会科学院哲学研究所

学科	批准号	项目名称	成果名称	负责人	工作单位
哲学	02BZX051	经济全球化下的儒家伦理	经济全球化下的儒家伦理	杨清荣	中南财经政法大学
	02BZX052	东西方生死观之比较与信念伦理	走向本真的存在——死亡问题的现象学探究	靳凤林	河北大学马列教研部
	02BZX053	公民社会和公共生活伦理	公共生活与公民伦理	廖申白	北京师范大学哲学系
	02BZX057	马克思主义人学视野中的制度伦理建设问题研究	制度伦理：道德社会的基础——马克思主义人学视野中的制度伦理建设问题研究	李仁武	中共广州市委党校
	02BZX059	制度伦理研究	制度伦理研究	倪素香	武汉大学政治与行政学院
	02BZX069	西部大开发中的技术转移与文化摩擦	西部开发中的技术转移与文化摩擦；西部开发中的技术转移与文化摩擦问题的分析与对策	张明国	北京化工大学科学技术与社会研究所
	02CZX001	真理问题探索	真理符合论的困难及其解决	郭继海	武汉科技大学文法与经济学院
	03BZX007	民族历史向世界历史转化的哲学回应——马克思世界历史理论个案研究：以中国近代哲学为例	历史向世界历史转化的哲学回应——马克思世界历史理论个案考察：以中国近代哲学为例	刘敬东	中共广东省委党校

学科	批准号	项目名称	成果名称	负责人	工作单位
哲学	03BZX022	道家哲学与西方心理辅导及心理治疗学的互动研究	道家道教哲学与西方心理辅导、心理治疗学所互动研究	吕锡琛	中南大学政治学与行政管理学院哲学系
	03BZX026	现代新儒学的走向	现代新儒学的走向	宋志明	中国人民大学哲学系
	03BZX036	西方后现代主义历史哲学	历史学研究的语言学转向——西方后现代历史哲学研究	韩震	北京师范大学哲学系
	03BZX040	何谓正义——当代西方正义理论研究	何谓正义——当代西方正义理论研究	姚大志	吉林大学哲学社会学院
	03BZX046	政府经济职能转换中的特殊道德矛盾及伦理规导	政府经济职能转换中的特殊道德矛盾及伦理规导	乔法容	河南财经学院经济伦理研究所
	03BZX052	马克思的环境伦理思想及其当代价值研究	马克思的环境伦理思想及其当代价值研究	宋周尧	中共安徽省委党校理论研究所
	03BZX054	新世纪中国农民道德建设	当代中国农民道德建设	刘建荣	湖南师范大学
	03BZX059	20世纪中西美学原理体系比较研究	20世纪中西美学原理体系比较研究	张法	中国人民大学哲学系
	04BZX001	现代性问题的马克思哲学革命	现代性问题与马克思哲学革命的当代意义	张盾	吉林大学哲学社会学院
	04BZX002	哲学与生活	哲学与生活	李文阁	求是杂志社
	04BZX004	马克思主义科学无神论理论研究	马克思主义科学无神的当代阐释	李士菊	河北师范大学法政学院

学科	批准号	项目名称	成果名称	负责人	工作单位
哲学	04BZX007	哲学境界与当代意义上的形而上学	当代意义上的形而上学与哲学境界	陆杰荣	辽宁大学哲学与公共管理学院
	04BZX016	突现论：科学思维新范式——复杂性科学的哲学研究	复杂系统突现的哲学研究	颜泽贤	华南师范大学哲学所
	04BZX021	科学隐喻在科学解释中的方法论意义	隐喻、修辞与科学解释：一种语境论的科学哲学研究视角	郭贵春	山西大学科学技术哲学研究中心
	04BZX042	意向性理论的当代发展	意向性理论的当代发展	高新民	华中师范大学政法学院
	04BZX044	超内涵逻辑	超内涵逻辑	鞠实儿	中山大学逻辑与认知研究所
	04BZX049	塑造传媒文化的灵魂：大众传播中的伦理问题研究	传播与伦理：大众传播中的伦理问题研究	邓名瑛	湖南师范大学
	04BZX053	我国财经信用体系建设中的伦理机制研究	我国财经信用体系建设中的伦理机制研究	郭建新	南京审计学院人文社科部
	04BZX059	礼仪的伦理学视角	礼仪的伦理学视角	蒋璟萍	湖南女子职业大学
	04BZX065	成吉思汗与古代蒙古文化思想	成吉思汗与古代蒙古文化思想	那仁敖其尔	内蒙古农业大学人文社会科学学院
	04CZX002	马克思的上层建筑理论研究	马克思的上层建筑理论研究：基于国家议题的论述	郁建兴	浙江大学经济学院
	04CZX009	皮尔士哲学和现代西方哲学	皮尔士哲学思想及其意义	汪胤	上海交通大学人文学院

学科	批准号	项目名称	成果名称	负责人	工作单位
哲学	05BZX025	科学的内在指标研究	科学的内在指标研究	马 雷	东南大学人文学院
	05BZX054	市场逻辑与分配正义	市场逻辑与分配正义	何建华	中共浙江省委党校哲学部
	05BZX057	为政治立"法"：毛泽东政治伦理思想研究	为政治立"法"：毛泽东政治伦理思想研究	王秀华	中共河北省委党校哲学部
	06BZX018	消费时代大众文化的审美想象与哲学批判研究	消费时代大众文化的审美想象与哲学批判研究	傅守祥	中共浙江省委党校
	06CZX022	当代艺术终结的哲学反思	当代艺术终结的哲学反思	刘悦笛	中国社会科学院哲学研究所
经济理论	92BJL017	黄山旅游经济开发研究	黄山旅游经济开发研究	黄传新	中共安徽省委宣传部
	00BJL004	社会主义政治经济学方法论与现代中国经济矛盾主体范畴分析	社会主义政治经济学方法论与现代中国经济矛盾主体范畴分析	刘永佶	河北大学经济学院
	00BJL050	西部大开发与中西部发展关系研究	西部大开发与东中西部发展关系研究	叶金生吴 勇	中共武汉市委宣传部
	01AJL003	垄断资本全球化问题理论探讨	垄断资本全球化问题理论探讨	齐 兰	中央财经大学
	01AJL008	网络化条件下的企业治理结构创新	企业间网络的经济学分析	杨瑞龙	中国人民大学经济学院

续附表

学科	批准号	项目名称	成果名称	负责人	工作单位
经济理论	01BJL003	农业组织及技术进步与农业剩余劳动力转移之关系研究	农业产业组织及技术进步与农业剩余劳动力转移之关系研究	方齐云	华中科技大学经济学院
	01BJL014	珠三角率先基本实现现代化研究	珠江三角洲率先基本实现现代化研究；珠江三角洲前沿报告	梁桂全	广东省社会科学院
	01BJL018	城市化演变与西部城市化未来趋势研究	城市化演变与西部城市化未来趋势研究	徐和平	贵州财经学院
	01BJL033	马克思主义论经济全球化	马克思主义论经济全球化	王绍熙	对外经济贸易大学
	02BJL032	海南经济特区的工业化、信息化进程及其与台湾的比较研究	海南特区工业化进程及其与台湾的比较研究	黄景贵	海南大学经济管理学院
	02BJL042	民国时期经济政策的沿袭与变异	民国时期经济政策的沿袭与变异	徐建生	中国社会科学院经济研究所
	02CJL001	中国最优经济转型路径下的所有制结构调整	中国转型中的所有制结构调整：产权改革与放松管制	陈钊	复旦大学中国社会主义市场经济研究中心
	02CJL003	经济全球化的马克思主义经济学分析	经济全球化的马克思主义经济学分析	赵景峰	广东商学院经贸学院
	03BJL005	完善社会主义市场经济体制研究——转型经济过程的阶段性与评估指标体系研究	经济转型的阶段性演进与评估	景维民	南开大学经济学院

学科	批准号	项目名称	成果名称	负责人	工作单位
经济理论	03BJL008	现代生产理论研究	现代生产论纲	弓克	通化师范学院
	03BJL017	我国宏观调控新内涵与宏观调控政策协调	景气政策与经济繁荣——宏观调控新内涵与宏观经济政策协调	王健	国家行政学院科研部
	03BJL021	国有资产管理体制改革研究	国有资产管理体制改革研究	陈小悦	清华大学经济管理学院
	03BJL025	转型背景下的企业诚信与企业竞争优势关系研究	转型背景下企业诚信与企业竞争优势的关系	宝贡敏	浙江大学管理学院
	03BJL027	全面建设小康社会的东西部经济合作与联动模式研究	全面建设小康社会的东西部经济合作与联动模式研究	徐建华	华东师范大学
	03BJL031	国际产业转移与中国工业化新路	国际产业转移与中国工业化新路	李欣广	广西大学商学院国际经济贸易系
	03BJL033	地市城乡经济协调发展研究	地市城乡经济协调发展研究	徐同文	临沂师范学院
	03BJL043	晋商信用制度及其变迁研究	晋商信用制度及其变迁研究	刘建生	山西大学经济与管理学院经济系
	03BJL054	长江上游经济带与生态屏障的共建及协调机制研究	长江上游经济带与生态屏障的共建及协调机制研究	邓玲	四川大学经济学院
	03CJL010	我国进行对外直接投资的产业和区位选择问题研究	发展中国家对外直接投资研究——基于中国的理论分析与模式选择	赵春明	北京师范大学经济学院

学科	批准号	项目名称	成果名称	负责人	工作单位
经济理论	04AJL004	以资金流量分析为依据的中国宏观金融模型研究	以资金流量分析为依据的中国宏观金融模型研究	贝多广	中国人民大学财经学院
	04AJL005	资产管理公司运营状况和未来发展方向问题研究	资产管理公司运营状况和未来发展方向问题研究	王柯敬	中央财经大学经济学院
	04BJL002	中国特色社会主义经济学体系探析	中国特色社会主义经济学	杨承训	河南财经学院
	04BJL003	马克思主义流通理论发展研究	马克思流通理论的当代视界与发展	晏维龙	淮海工学院
	04BJL004	中国生产力多元结构及市场机制基本特征与"五统筹"经济关系、宏观经济调控体系实证研究	生产力不平衡结构及中国市场机制基本特征与"五统筹"经济关系、宏观经济调控体系的实证研究	陈璋	中国人民大学公共管理学院国民经济管理系
	04BJL008	中国农村专业合作社制度选择和制度设计研究	中国农村专业合作社制度创新和设计研究	蒋玉珉	安徽师范大学经济法政学院
	04BJL013	社会主义市场经济条件下的城市经营理论研究	城市经营论	王振有	中共湖北省黄石市委
	04BJL023	国家安全与国民经济应变力	中国国民经济应变力研究	朱庆林	中国人民解放军军事经济学院
	04BJL024	区域工业化中的技术扩散效应与制造业结构升级研究	区域工业化中的技术扩散效应与制造业结构升级研究	殷醒民	复旦大学经济学院

学科	批准号	项目名称	成果名称	负责人	工作单位
经济理论	04BJL029	公有制实现形式与股份制研究：完善国有经济的市场化经营	走进市场的国有企业——公有制实现形式与股份制研究	钱　津	中国社会科学院经济研究所
	04BJL030	我国大型国有经济主体股份制与增强控制力研究	我国大型国有经济主体股份制与增强控制力研究	纪尽善	西南财经大学
	04BJL043	西方国防经济学最新发展研究	西方国防经济学最新发展研究	杜为公	中国人民解放军军事经济学院
	04BJL050	从中美经贸关系的最新发展趋势看中国参与经济全球化的内在机制与经济影响	从中美经贸关系的最新发展趋势看中国参与经济全球化的内在机制与经济影响	庄宗明	厦门大学经济学院
	04BJL051	经济全球化背景下中国反洗钱立体监管网络研究	开放条件下中国反洗钱监管网络问题研究	杨胜刚	湖南大学
	04BJL052	中国制造业分工与地区经济增长研究	分工、集聚与增长	梁　琦	南京大学商学院国际经济贸易系
	04BJL055	中国进入贸易大国行列后贸易政策及战略的修正研究	中国进入贸易大国行列后贸易政策及战略的修正研究	兰宜生	上海财经大学国际工商管理学院
	04BJL056	国际资本流动与我国对外经贸发展重要战略机遇期研究	利用好国际资本流动机遇是中国长期稳定增长的必由之路	江小涓	中国社会科学院财政与贸易经济研究所

学科	批准号	项目名称	成果名称	负责人	工作单位
经济理论	04BJL061	企业迁移的基本趋势、对区域经济结构的影响及其调控政策研究	企业迁移的基本趋势、对区域经济结构的影响及其调控政策研究	刘怀德	长沙理工大学
	04BJL064	对中国藏区国家级贫困县的调查研究及对策建议	对中国藏区国家级贫困县的调查研究及对策建议	翟松天	青海省社会科学院
	04CJL008	边疆少数民族地区经济增长与就业辩证关系及失业保障制度研究	边疆少数民族地区经济增长与就业辩证关系及其失业保障制度研究报告	钱振伟	云南财贸学院
	04CJL015	当代西方"新政治经济学"研究	当代西方新政治经济学研究	黄新华	厦门大学公共管理教育中心
	04CJL019	区域空间经济关联模式分析理论与实证研究	区域空间经济关联模式分析理论与实证研究	陈　斐	南昌大学经济与管理学院经济学系
	04XJL006	五个统筹与贵州发展研究	五个统筹与贵州发展研究	黄钧儒	贵州省社会科学院
	04XJL011	西部地区生态建设利益补偿机制与配套政策研究	南水北调中线工程水资源保护区利益补偿机制研究；西部资源开发中的生态补偿机制和政策研究	杨清玉	中共陕西省委党校科研处
	04XJL014	新疆全面建设小康社会进程中的若干现实问题研究	新疆全面建设小康进程中的若干现实问题研究	艾里·阿西尔	中共新疆维吾尔自治区委党校
	05BJL024	中国家族企业治理研究	中国家族企业治理研究	刘绵勇	中共江西省委党校

学科	批准号	项目名称	成果名称	负责人	工作单位
经济理论	05BJL037	中国工业化与城市化研究	中国新型工业化与城市化研究	万高潮	北京理工大学新经济研究院
	05BJL061	转型经济的所有制改革模式研究——以乌克兰所有制改革模式为视角	转型经济的所有制改革模式研究——以乌克兰所有制改革模式为视角	林治华	大连大学
	05BJL063	中国民营企业对外直接投资的理论、模式及机制研究	民营企业对外直接投资——理论、战略及模式	欧阳峣	湖南商学院
	05CJL021	区位竞争优势视角下的"世界工厂"变迁	区位竞争优势视角下的"世界工厂"变迁	张明之	解放军南京政治学院科研部
	05CJL026	区域经济宏观调控与统筹发展	区域经济宏观调控与统筹发展	刘健	中共安徽省委党校
	05XJL007	我国城市化过程中农民的社会保障与农村土地制度改革研究	我国城市化过程中农民的社会保障与农村土地制度改革研究	李燕琼	西南科技大学
	05XJL009	西藏跨越式发展中的产业结构问题研究	西藏经济跨越式发展中的产业结构问题研究	房灵敏	西藏大学
	05XJL011	统筹区域协调发展新举措研究——"泛珠三角"区域合作耗散结构论分析	统筹区域协调发展新举措研究——泛珠三角区域合作耗散结构论分析	汤正仁	中共贵州省委党校
	05XJL013	油气资源开发与西部区域经济协调发展战略研究	油气资源开发与西部区域经济协调发展战略研究	胡健	西安石油大学

学科	批准号	项目名称	成果名称	负责人	工作单位
应用经济	96BJB085	中国百家著名企业创立名牌战略实践经验与理论研究	名牌战略	刘仲康	中国人民大学工业经济系
	99CJY009	加快中部地区小城镇建设问题研究	加快中部地区小城镇建设问题研究	阳小华	湖北省社会科学院农村经济研究所
	00BJY005	西部大开发中区域间经济合作竞争的理论及实证研究	西部大开发中区域间经济合作竞争的理论及实证研究	孟卫东	重庆大学工商管理学院
	00BJY060	中国工业增长中的劳动投入与人力资本积累及加入WTO后的竞争力研究	中国工业增长中的劳动投入、人力资本积累和加入WTO后工业竞争力研究	蔡昉	中国社会科学院人口与劳动经济研究所
	00BJY070	我国农民收入增长动力机制研究	我国农民收入增长动力机制研究	郭犹焕	华中农业大学经济贸易学院
	00BJY112	中国海外直接投资理论及战略研究	中国海外直接投资理论研究	吴勤学	北京联合大学商务学院
	00EJY002	西部大开发背景下的企业发展研究——雅安三九药业有限公司发展实证分析	区域发展与企业行为研究；西部大开发背景下的企业发展研究——雅安三九药业有限公司发展实证研究	欧晓明	华南农业大学
	01AJY001	粤港区域产业结构战略性调整优化的研究	粤港区域产业结构战略性调整优化研究	陈鸿宇	中共广东省委党校
	01BJY004	中国民营企业生命周期研究	中国民营企业生命周期研究报告	许晓明	复旦大学企业管理研究所

学科	批准号	项目名称	成果名称	负责人	工作单位
应用经济	01BJY017	电子商务环境下的会计理论、方法与对策研究	网络环境下的会计变革：理论与方法	林　斌	中山大学管理学院
	01BJY030	知识价值与知识资本化理论研究	知识价值与知识资本化理论研究	张少杰	吉林大学
	01BJY041	经济全球化下的矿产资源安全问题研究	经济全球化下的矿产资源安全问题研究	汪云甲	中国矿业大学社会经济发展研究院
	01BJY048	网络经济下的企业战略管理创新	网络经济下企业战略管理创新	徐二明	中国人民大学工商管理学院
	01BJY051	东北老工业基地国有资本营运跟踪研究	东北老工业基地国有资本营运跟踪研究	马　克	中共吉林省委党校
	01BJY070	"流通革命"与中国流通产业结构调整及现代化研究	流通革命：历史演进、结构调整、组织创新及其现代化	徐从才	南京经济学院
	01BJY075	中国光电子信息产业发展战略与对策	中国光电子信息产业发展战略与对策	唐良智	武汉东湖高新区战略发展研究院
	01BJY080	网络经济中税收电子化及其风险研究	网络经济中税收电子化及其风险研究	庞　磊	广东商学院财税系
	01BJY094	养老金投资与资本市场发展关系研究	养老金投资与资本市场发展关系研究	伊志宏	中国人民大学工商管理学院
	01CJY018	电子时代的中国税制创新	电子商务时代的税制创新	刘　怡	北京大学经济学院

续附表

学科	批准号	项目名称	成果名称	负责人	工作单位
应用经济	01EJY002	鞍钢改革跟踪调查与国企发展战略研究	鞍钢改革跟踪调查与国企发展战略研究报告	闫海涛	鞍山师范学院
	02AJY008	西北地区的环境保护、水资源管理与农业可持续发展	西北地区的环境保护、水资源管理与农业可持续发展研究报告	王刚	兰州大学干旱农业生态国家重点研究室
	02BJY010	政府主导型人力资源中介组织的改革与发展研究	政府主导型人力资源中介组织的改革与中介市场发展研究	李新建	南开大学国际商学院人力资源管理系
	02BJY028	人口、资源、环境、经济、社会、科技可持续发展研究	人口、资源、环境、经济、社会、科技可持续发展研究	周逸	北京理工大学
	02BJY039	民族地区专业技术人才开发研究	民族地区专业技术人才开发若干问题研究	郜良	中共内蒙古自治区委党校
	02BJY069	我国中小企业信用评级体系研究	我国中小企业信用评级体系研究	夏敏仁	对外经贸大学中小企业研究所
	02BJY073	黄河——可持续发展的经济学分析	黄河:可持续发展的经济学分析	雷仲敏	青岛化工学院经济与管理学院
	02BJY077	农村社会保障理论体系与运作方略研究	农村社会保障理论体系与运作方略研究	刘俊哲	河南省社会科学院
	02BJY099	基于顾客感知价值的服务企业竞争力研究	基于心理契约的服务忠诚决定因素整合研究;基于顾客价值的服务企业竞争力	范秀成	南开大学国际商学院

学科	批准号	项目名称	成果名称	负责人	工作单位
应用经济	02BJY114	网络经济、电子商务与中小企业创新研究	网络经济、电子商务与中小企业创新研究	陈广宇	河南财经学院
	02BJY134	中国金融业混业经营问题研究	金融业经营体制的演进与变迁——中国金融业混业经营问题研究	艾洪德	东北财经大学
	02BJY137	制度变迁与我国保险公司的风险管理研究	制度变迁中的中国保险业：风险与风险管理对策	孙祁祥	北京大学经济学院
	02CJY009	城市泔脚垃圾回收处置的市场化机制研究	城市泔脚垃圾回收处置的市场化机制研究	杨　凯	华东师范大学资源与环境科学学院
	02CJY013	循环经济是实现可持续发展的必然途径	循环经济是实现经济可持续发展的必然途径	吴易明	江西财经大学国际经济贸易学院
	03BJY005	环台湾海峡经济圈竞争力比较研究	环台湾海峡经济圈竞争力比较研究	王秉安	福建行政学院
	03BJY007	合理经济开放度的理论依据与政策选择	合理经济开放度的理论依据与政策选择	许统生	江西财经大学经济学院
	03BJY014	非经典计量经济学理论方法研究	季节时间序列分析；分数积分过程研究	张晓峒	南开大学国际经济研究所
	03BJY015	我国利率机制的结构性特征与金融政策风险研究	我国利率机制的结构性特征与金融政策风险研究	庞晓波	吉林大学商学院
	03BJY030	东北地区城镇化道路研究	东北地区城镇化道路研究	陈玉梅	吉林省社会科学院

学科	批准号	项目名称	成果名称	负责人	工作单位
应用经济	03BJY041	中国农业自然灾害的风险管理与防范体系研究	中国农业自然灾害的风险管理与防范体系研究	王国敏	四川大学政治学院
	03BJY053	西部地区传统中小企业转型中的资金困难及融资渠道研究	西部传统中小企业转型融资问题研究	揭筱纹	四川大学工商管理学院
	03BJY056	行为金融的整体风险管理理论及其应用研究	行为金融的整体风险管理理论及其应用研究	马超群	湖南大学工商管理学院
	03BJY057	推进边疆民族地区的信息化与跨越式发展	推进边疆民族地区的信息化与跨越式发展；信息化——西南边疆民族地区实现跨越式发展的必然抉择	杨　娅	中共云南省委党校哲学教研部
	03BJY060	建立有中国特色的中介组织主导型市场农业体制研究	中国特色的中介组织主导型市场农业体制——我国农业市场化的"制度安排"与政策建议	池泽新	江西农业大学
	03BJY066	固原贫困山区回汉农家生产、生育和教育现状的比较研究	固原南部山区回汉农家生产、生育和教育现状的实地考察	林燕平	宁夏回族自治区社会科学院
	03BJY071	第三方物流与供应链管理相互促进的原理与方法	第三方物流与供应链管理相互促进的原理与方法	骆温平	上海海运学院交通运输学院
	03BJY072	面向大规模定制的供应链的集成优化方法	面向大规模定制的供应链的集成优化方法	李贵春	天津师范大学经济与管理学院

续附表

学科	批准号	项目名称	成果名称	负责人	工作单位
应用经济	03BJY074	我国水资源及其价格管理制度改革研究	我国水资源及其价格管理制度改革研究	温桂芳	中国社会科学院财贸经济研究所
	03BJY079	我国保税区向自由贸易区转型的模式研究	中国保税区转型目标模式研究	高海乡	对外经济贸易大学国际工商管理学院
	03BJY081	中国食用农产品安全生产长效机制和支撑体系建设研究	中国食用农产品安全生产长效机制和支撑体系建设研究	李铜山	河南省社会科学院农村经济研究所
	03BJY085	旅游业对扩大就业、资源节约和环境保护贡献的理论与评价体系研究	旅游业可持续发展的理论与评价体系；旅游业对扩大黑龙江省就业、资源节约和环境保护贡献的影响及对中国发展旅游业的启示	王朗玲	黑龙江大学应用经济研究所
	03BJY090	企业危机预警评价系统的创建	企业危机预警评价系统的构建	周永生	桂林工学院
	03BJY095	不对称国际税收竞争研究——兼论我国税收政策的调整	国际税收竞争：基本形式、不对称性与政策启示	邓力平	厦门大学财政系
	03BJY102	国际资本流动与经济增长的关联性研究	当代国际资本流动对后发国家经济增长效应研究	李玉蓉	吉林大学经济学院
	03BJY103	结构变革中的中国金融体系系统性风险及其控制——构建有效的中国金融安全网	金融体系系统性风险辨识、测度及其控制——构建有效的中国金融安全网	范小云	南开大学金融学系
	03BJY106	中国农业保险发展的机制与模式研究	中国农业保险发展的机制与模式研究	谢家智	西南农业大学经济管理学院

学科	批准号	项目名称	成果名称	负责人	工作单位
应用经济	03CJY014	农地流转的交易成本与价格体系研究——新一轮农村改革中农地使用权流转的问题研究	农地流转的交易成本与价格体系研究	邓大才	湖南省社会科学院
	03CJY025	金融衍生工具风险形成与管理	金融衍生工具风险形成与管理	孙宁华	南京大学商学院经济学系
	04BJY007	证券市场监管与会计舞弊甄别及防范研究	证券市场监管与会计舞弊甄别及防范研究	黄世忠	厦门国家会计学院
	04BJY009	中国上市公司交叉持股的经济后果研究	中国上市公司交叉持股的经济后果研究	储一昀	上海财经大学会计与财务研究院
	04BJY019	推进城市化进程中失地农民就业安置模式研究	推进城市化进程中失地农民就业安置模式研究	杨盛海	湖南省社会科学院
	04BJY021	扩大城市就业的对策研究	扩大城市就业的对策研究	罗润东	南开大学经济研究所
	04BJY026	水资源产权与水市场研究	水资源产权与水市场研究	李磊	哈尔滨理工大学
	04BJY030	中小企业信用管理体系建设研究	中小企业信用管理体系建设研究	钟田丽	东北大学
	04BJY037	中小企业信用管理体系建设研究	中小企业信用管理体系建设研究	方晓霞	中国社会科学院工业经济研究所
	04BJY043	非农化资本形成机制分析及政策涵义	非农化资本形成机制分析及政策涵义	彭建强	河北省社会科学院
	04BJY045	农村土地适度规模经营及相关问题研究	农村土地适度规模经营及相关问题研究	林善浪	福建师范大学经济学院

学科	批准号	项目名称	成果名称	负责人	工作单位
应用经济	04BJY046	农村土地适度规模经营及其相关问题研究	农村土地适度规模经营及相关问题研究	钱文荣	浙江大学农业现代化与农村发展研究中心
	04BJY050	农村金融体制改革整体思路及路径选择研究	农村金融体制改革整体思路及路径选择研究	张文棋	福建农林大学
	04BJY055	新疆棉花产业竞争力研究	新疆棉花产业竞争力研究	樊亚利	新疆财经学院工商管理系
	04BJY062	新形势下我国利用外资战略与维护国家经济安全研究	新形势下利用外资战略与维护国家经济安全研究	卢晓勇	南昌大学软件学院
	04BJY065	加工贸易转型升级和结构优化研究——我国服装出口拓展化分析	加工贸易转型升级和结构优化研究——我国服装出口拓展化分析	邬关荣	浙江工程学院经贸与管理学院
	04BJY075	优化税制结构研究	优化税制结构研究	岳树民	中国人民大学财政金融学院
	04BJY087	偿还养老金隐性债务研究	偿还养老金隐性债务研究	申曙光	中山大学岭南学院风险管理与保险学系
	04BJY089	入世后提高中国保险业竞争力研究	入世后提高中国保险业竞争力研究	江生忠	南开大学风险管理与保险学系
	04CJY001	跨国公司在中国的发展趋势与我国的对策研究	基于共同演化视角的跨国公司战略与产业集群互动研究	王益民	山东大学管理学院
	04CJY011	发展对经济增长有突破带动作用的高新技术产业研究	发展对经济增长有突破带动作用的高新技术产业研究——产业集成效应与信息产业集成化	张　贵	河北工业大学

续附表

学科	批准号	项目名称	成果名称	负责人	工作单位
应用经济	04CJY013	农村土地适度规模经营及相关问题研究	农村土地适度规模经营及相关问题研究	陈欣欣	杭州商学院经济学院
	04CJY022	长江三角洲城市旅游空间一体化分析及其联合发展战略研究	长江三角洲城市旅游空间一体化分析及其联合发展战略	卜显红	江南大学商学院
	04CJY024	中小金融机构发展研究	中小金融机构发展：模式与策略研究	程惠霞	北京师范大学管理学院
	04XJY001	贵州能源与经济可持续发展研究	贵州能源与经济可持续发展研究	申振东	贵州大学
	04XJY006	非经营性国有资产监督管理对策研究	非经营性国有资产监督管理对策研究	吴红卫	中共青海省委党校经济学部
	04XJY013	扩大城市就业的对策研究	扩大城市就业的对策研究	陈建刚	中共贵州省委党校经济管理教研部
	04XJY015	广西不同区域城镇化产业经济支撑研究	广西不同区域城镇化产业经济支撑研究	董友涛	中共广西壮族自治区委党校
	04XJY026	重庆市城镇化进程中的农民市民化问题研究	重庆市城镇化进程中的农民市民化问题研究	王渝陵	重庆市社会科学院
	04XJY029	面向小康社会的西部农村劳动力转移问题研究	面向小康社会的西部农村劳动力转移问题研究	李友根	重庆交通学院
	04XJY049	增强新疆主要产业竞争力研究	提升新疆主要产业竞争力研究	崔光莲	新疆财经学院

学科	批准号	项目名称	成果名称	负责人	工作单位
应用经济	04XJY051	四川民族地区经济社会可持续发展的政策选择与制度安排	四川民族地区经济社会可持续发展的政策选择和制度安排	吴德辉	中共四川省委党校
	05AJY006	开发性金融理论与实践	开发性金融理论与实践	程 伟	辽宁大学
	05BJY023	循环经济研究：柴达木矿产资源开发的模式转换	循环经济研究：柴达木矿产资源开发的模式转换	冀康平	青海省社会科学院
	05BJY024	半干旱区沙地生态系统服务功能及其经济价值测评	半干旱区沙地生态系统服务功能及其经济价值测评	张 华	辽宁师范大学城市与环境学院
	05BJY040	加入WTO过渡期后我国产业安全问题研究	加入WTO过渡期后我国产业安全问题研究	王培志	山东财政学院国际经贸学院
	05BJY042	地下水水权制度建设及其运行机制研究	地下水水权制度建设及其运行机制研究	葛颜祥	山东农业大学
	05BJY046	新一轮全球产业分工重组与我国产业结构调整研究	新一轮全球化与我国产业结构调整：基于汇率信号的一项研究	谷克鉴	中国人民大学商学院
	05BJY051	制造业的国际竞争优势及其跨国投资战略	中国制造业的国际竞争优势及其跨国投资战略	陈湛匀	上海大学国际工商管理学院
	05BJY066	建立体现科学发展观要求的县域经济社会发展综合评价体系研究	建立体现科学发展观要求的县域经济社会发展综合评价体系研究	张春光	中共山东省委党校

续附表

学科	批准号	项目名称	成果名称	负责人	工作单位
应用经济	05BJY070	粮食安全的体制与政策研究	中国粮食安全：体制及政策研究	朱 泽	中共中央政策研究室
	05BJY071	WTO框架下我国国内农业支持水平与结构优化研究	聚集三农：中国农业支持政策供需分析、模拟与优化研究	傅泽田	中国农业大学
	05BJY076	我国数字化运输与物流市场机制理论及运作模式研究	我国数字化运输与物流市场机制理论及运作模式研究	杨华龙	大连海事大学交通工程与物流学院
	05BJY084	促进旅游业快速健康发展研究	促进旅游业快速健康发展研究	熊元斌	武汉大学商学院旅游系
	05BJY085	促进旅游业快速健康发展研究——以分时度假研究为切入点	促进旅游业快速健康发展研究——以分时度假研究为切入点	王婉飞	浙江大学管理学院旅游研究所
	05BJY088	网上交易中信用体系问题研究	网上交易中信用体系问题研究	李 琪	西安交通大学
	05BJY090	按照"五个统筹"要求调整中国财政支出结构问题研究	五个统筹与财政支出结构	张 馨	厦门大学经济学院
	05CJY001	中部地区崛起战略与政策研究——区域创新系统的构建与培育	中部区域创新系统发展战略与政策研究	任胜钢	中南大学商学院
	05CJY020	中国电力与经济关系及电力发展战略研究	中国电力与经济关系及电力发展战略研究	何永秀	华北电力大学工商管理学院
	05CJY021	统筹城乡发展问题研究	统筹城乡发展问题研究	刘美平	河南财经学院

学科	批准号	项目名称	成果名称	负责人	工作单位
应用经济	05CJY026	我国畜产食品质量安全的信用机制研究	我国畜产食品质量安全的信用机制研究	刘华楠	华中农业大学经贸学院
	05CJY031	货币政策透明度理论研究	货币政策透明度理论研究	程均丽	西南财经大学中国金融研究中心
	05XJY001	西部大开发的新战略选择	西部大开发新的战略选择：发展特色优势产业研究——以宁夏为例	陈育宁	宁夏大学
	05XJY006	新疆绿洲生态农业经济可持续发展研究	新疆绿洲生态农业经济可持续发展研究	雍 会	石河子大学
政治学	00CZZ001	邓小平社会主义初级阶段的法政治哲学研究	邓小平法政治哲学研究——三维学科视角下的探讨	丁士松	武汉大学法学院
	01AZZ001	公共管理最新基本理论研究	公共管理新论——利益分析视角	陈庆云	北京大学政治学与行政管理系
	01BZZ001	有中国特色政治学基本范畴与基本理论研究	有中国特色政治学基本范畴与基本理论研究	杨海蛟	中国社会科学院政治学研究所
	02BZZ014	全球化与我国政府公共行政体制改革	全球化与我国政府行政体制改革研究	周大仁	湖北省行政学院
	02BZZ019	地方政府管理应对入世研究	地方政府管理应对市场化和入世研究——从浙江地方政府制度供给角度的分析	马力宏	中共浙江省委党校
	02BZZ027	中国政务公开研究	中国政务公开研究	干以胜	中国共产党中央纪律检查委员会

学科	批准号	项目名称	成果名称	负责人	工作单位
政治学	02BZZ028	我国社会阶层结构的变化与政治发展研究	我国社会阶级层结构的变化与政治发展	李元书	黑龙江省社会科学院政治学研究所
	02BZZ029	西部地区城市社区建设管理中的政府职能阶段性配置及输出方式研究	西部地区城市社区建设管理中的政府职能阶段性配置及输出方式研究	崔运武	云南大学公共管理学院公共管理系
	02BZZ030	地区经济差距整合的政治学研究	地区经济差距整合的政治学研究	宋延君	中共吉林省委党校
	02BZZ035	构建新型的政府与企业关系：中国行业协会研究	中国行业协会研究：构建新型的政府与企业关系	徐家良	北京师范大学
	02CZZ001	农村税费改革与基层政权建设研究	农村税费改革与基层政权建设研究	马宝成	国家行政学院科研部
	03AZZ001	边疆多民族地区政治文明建设的条件、任务和途径	边疆多民族地区政治文明建设的条件、任务和途径	周 平	云南大学政治系
	03BZZ010	当代西方多元文化主义政治思潮、国外政治学学科发展新特点	当代西方多元化主义政治思想研究	常士閣	天津师范大学政法学院
	03BZZ012	执政党与政治整合	执政党与社会整合——中国共产党与新中国社会整合实例分析	王邦佐	上海市社会科学界联合会
	03BZZ014	权力制约和监督研究	权力制约和监督研究	王寿林	空军指挥学院科研部

学科	批准号	项目名称	成果名称	负责人	工作单位
政治学	03BZZ016	政务公开中国家秘密的保护制度问题研究	政务公开中国家秘密的保护制度问题研究	卢琰华	中共哈尔滨市委党校
	03BZZ026	入世后我国企业竞争力提升与政府信息服务模式研究	我国企业竞争力提升与政府的信息服务模式研究	周志忍	北京大学政府管理学院
	03BZZ033	信息革命的国际政治效应研究	信息革命的国际政治效应研究	黄凤志	吉林大学行政学院
	03BZZ034	区域公共管理理论与实践研究	区域公共管理理论与实践研究	陈瑞莲	中山大学行政管理研究中心
	03BZZ037	城市土地储备与经营的制度缺陷及其补偿机制研究	城市土地储备与经营的制度缺陷及其补偿机制研究	卢新海	华中科技大学
	03BZZ038	科研项目课题制管理的科学化问题研究	科研项目课题制管理科学化问题研究	黄浩涛	中国社会科学院科研局
	03CZZ005	中国城市社区发展与制度创新	中国城市社区发展与制度创新研究	乌云娜	中共内蒙古自治区委党校
	03CZZ006	基于最佳管理实践的地方政府绩效考评研究	中国地方政府绩效考评：理论与方法研究	吴建南	西安交通大学人文社会科学学院公共管理系
	04AZZ001	全面建设小康社会进程中的社会矛盾调节机制研究	全面建设小康社会进程中的社会矛盾调节机制研究	靳江好	中国行政管理学会
	04AZZ003	中国公共管理的重大理论问题与政府管理创新的对策研究	中国公共管理的重大理论问题与政府管理创新	唐铁汉	国家行政学院

学科	批准号	项目名称	成果名称	负责人	工作单位
政治学	04BZZ011	农民有序政治参与研究	农民有序政治参与研究	应德平	中共贵州省委党校
	04BZZ020	社会化、市场化背景下事业组织规制问题研究	事业组织的政府规制	朱仁显	厦门大学公共事务学院
	04CZZ010	政府绩效评估体系研究	地方政府绩效评估指标体系设计研究；政府绩效评估体系研究	倪 星	武汉大学政治与公共管理学院
	04CZZ011	政府绩效评估体系研究	群众参与政府绩效评估问题研究	邓国胜	清华大学公共管理学院
	04CZZ015	中国农业节水灌溉市场的有效性及政策绩效评价研究	中国农业节水灌溉市场的有效性及政策绩效评价研究	王克强	上海财经大学公共经济与管理学院
	05BZZ002	政治文明进程中的程序化建设研究	政治文明进程中的程序化建设研究	赵振宇	华中科技大学新闻与信息传播学院
	05BZZ028	深化我国事业单位管理体制改革研究	深化我国事业单位管理体制改革研究	赵立波	中共青岛市委党校
	05BZZ035	社会保障与政府职能研究	社会保障与政府职能研究	林毓铭	暨南大学
	05CZZ015	跨行政区水污染防治管理模式研究	跨行政区水污染防治管理模式研究	王亚华	清华大学公共管理学院
社会学	96ASH017	人口学学科体系研究	人口学学科体系研究	邬沧萍	中国人民大学人口研究所

学科	批准号	项目名称	成果名称	负责人	工作单位
社　会　学	00BSH005	当代中国老龄群体的社会管理问题研究	当代中国老龄群体社会管理问题研究	宋宝安	吉林省社会科学院
	00BSH023	黄河中下游家族村落民俗与社会现代化研究	黄河中下游家族村落民俗与社会现代化研究	段友文	山西师范大学中文系
	01ASH001	转型中的中国社会分层与社会流动研究	社会分层：从理论到现实的探讨	刘祖云	武汉大学法学院社会学系
	01ASH002	社会转型过程中个人与社会关系研究	社会互构导论：世界眼光下的中国特色社会学理论的新探索——当代中国"个人与社会关系研究"	郑杭生	中国人民大学社会学系
	01BSH008	中国本土条件下的人类学方法论研究	人类学研究方法	王建民	中央民族大学民族学系
	01BSH018	消费模式转型与代群消费观念的变迁	城市消费制度转型与代群消费观念变迁——围绕中国城镇居民消费生活和劳动动机的制度安排及其广州居民消费观念的变迁	王　宁	中山大学社会学系
	01BSH019	西部大开发过程中西南少数民族心理特征嬗变研究	西南少数民族心理特征嬗变研究	潘志清	中共广西壮族自治区委党校
	01BSH025	城乡二元社会结构一元化演变中的乡村经济重组：成都平原实证研究	城乡二元结构演进中的乡村经济——成都平原实证研究	何景熙	四川大学

学科	批准号	项目名称	成果名称	负责人	工作单位
社会学	02BSH024	技术社会学中的技术建制和建制化问题研究	技术社会学中的技术建制与建制化研究——用结构、符号解构科学技术和建构技术发展模式	韩永进	山西师范大学管理与应用哲学研究所
	02BSH039	城市弱势群体：社会福利理论、政策与实践——来自残疾人群的研究	城市弱势群体：社会福利理论、政策与实践——来自残疾人群的研究	蔡禾	中山大学社会学系
	02CSH006	网络与中国传统人际关系的文化变迁	中国本土文化人际关系与网络人际关系研究：网络人际交往调查研究报告	王晓霞	中共天津市委党校哲学教研部
	03BSH012	失地农民利益补偿问题研究	失地农民利益的合理补偿与征地制度的改革	徐琴	江苏省社会科学院社会学研究所
	03BSH034	西部大开发中少数民族地区人才开发配套政策研究——以宁夏回族自治区为例	西部大开发中少数民族地区人才开发配套政策研究——以宁夏回族自治区为例	邝经邦	宁夏大学西部发展研究中心
	03CSH002	当代西方社会学理论的新进展——非主流社会学理论的影响及趋势	当代西方社会学理论的新进展——非主流社会学理论的影响及其趋势	文军	华东师范大学法政学院社会学系
	03CSH009	改革开放以来中国农民价值观变迁研究	改革开放以来中国农民价值观变迁研究	康来云	中共河南省委党校
	04ASH004	大城市发展模式的比较研究	社会学视野中的大城市发展模式研究	潘允康	天津市社会科学院社会学研究所

学科	批准号	项目名称	成果名称	负责人	工作单位
社会学	04BSH006	以制度建构推动中西部城镇化演进的机制研究	基于制度创新的中原城市群可持续城镇化研究	王　耀	河南省社会科学界联合会
	04BSH009	法律援助的实证研究	社会学视野中的法律援助	郭星华	中国人民大学社会与人口学院社会学系
	04BSH029	粮食主产区农民增收及其国家支持体系研究	粮食主产区农民增收及其国家支持体系研究	吴照云	江西财经大学
	04BSH030	国家政策与乡村社会稳定的关系研究	国家农村政策与乡村社会稳定关系研究	邱新有	江西师范大学政治与行政管理学院
	04BSH031	农村地方政权存在的问题与对策研究	农村地方政权存在问题与对策研究	胡　荣	厦门大学社会学系
	04BSH038	统筹城乡发展中的农村支持体系研究	统筹城乡发展中的农村支持体系	张佩国	上海大学社会学系
	04BSH042	基本养老保险制度中政府作用研究	基本养老保险制度中政府作用研究	李连友	湖南大学
	04CSH005	多元文化视野下的西南民族儿童社会化研究	文化与儿童社会化	陈世联	重庆师范大学
	04CSH006	当今中国城市居民民主观幸福感研究	当今中国城市居民民主观幸福感研究	邢占军	中共山东省委党校
	04CSH009	社会网络方法及应用	社会网络方法及应用	刘　军	黑龙江大学哲学与公共管理学院

学科	批准号	项目名称	成果名称	负责人	工作单位
社会学	04XSH002	西部地区人才分布状况的演化过程及其稳定性分析——以贵州省高校人才分部状况为典型案例	西部地区人才分布状况的演化过程及其稳定性分析——以贵州省高校人才分部状况为典型案例	林　志	贵州财经学院
	05ASH003	"中国综合社会调查（CGSS）"项目研究与设计	中国"综合社会调查（CGSS）"研究与设计	李路路	中国人民大学社会学系
	05BSH005	虚拟社会和现实社会的关系研究	虚拟世界与现实社会的关系研究	何明升	哈尔滨工业大学人文学院
	05BSH014	教育公平与社会分层研究	教育公平与社会分层	钱民辉	北京大学社会学系
	05BSH027	情感的社会学理论探视与现实研究	情感的社会学理论探视与现实研究	郭景萍	广东商学院人文学院
	05BSH034	边疆民族地区构建社会主义和谐社会进程中的社会稳定问题调查研究——以云南为例	边疆民族地区构建社会主义和谐社会进程中的社会稳定问题调查研究——以云南为例	鲁　刚	云南民族大学人文学院社会学系
	05BSH051	农村新型合作医疗制度研究	新型农村合作医疗制度研究	邓　波	华东交通大学
	05XSH020	三峡外迁移民在安置地社会融合与社会稳定研究	三峡外迁移民社会融合与稳定调研报告	宋子然	四川师范大学移民文化研究所
法学	99BFX012	重大刑事案件趋升的原因和对策	重大刑事案件趋升的原因及对策研究	莫洪宪	武汉大学法学院

学科	批准号	项目名称	成果名称	负责人	工作单位
法学	00BFX012	民法、商法、经济法的定位与功能研究	民法、商法、经济法的定位与功能研究	王保树	清华大学法学院
	01BFX001	孙中山、毛泽东、邓小平法治思想研究	孙中山、毛泽东、邓小平法治思想论	王云飞	大连海事大学
	01BFX006	农村法治建设研究	农村法治建设研究	薛刚凌	中国政法大学法律系
	01BFX007	行政诉讼原理研究	行政诉讼举证责任分配规则论纲	刘善春	中国政法大学
	01BFX017	中国社会保险基金营运的法律问题研究	中国社会保险基金营运的法律问题研究	徐卫东	吉林大学
	01CFX002	全球化背景下的多元法律文化互动研究	全球化背景下多元法律文化互动研究	黄文艺	吉林大学
	01EFX001	珠江三角洲土地行政执法研究	珠江三角洲土地行政执法研究	吴军辉 邱庄胜	中共广东省委党校
	02BFX003	近现代中西法概念理论比较研究	一种历史实践——近现代中西法概念理论比较研究	刘星	中山大学法学院
	02BFX010	证券交易中的民事责任问题研究	证券交易中的民事责任制度研究	赵万一	西南政法大学法一系商法教研室
	02BFX013	反限制竞争法律制度研究	反限制竞争法律制度研究	盛杰民	北京大学法学院
	02BFX035	国际恐怖主义犯罪及其法律对策	国际恐怖主义犯罪及其法律对策研究	赵秉志	中国人民大学法学院

学科	批准号	项目名称	成果名称	负责人	工作单位
法学	02CFX002	中西传统法律思维方式比较研究	法律实践中的推理与思维：中国古代的模式及与英国的比较研究	王志强	复旦大学法学院
	03BFX001	伦理观的变迁与法律权利的发展	权利的伦理基础	强昌文	安徽大学法学院
	03BFX006	完善尊重和保障人权法律制度研究	完善尊重和保障公民基本人权法律制度研究	林 喆	中共中央党校政法教研部
	03BFX023	中国公司法与证券法理论和实践问题研究	公司法修改条文建议稿；公司法修改论证报告	赵旭东	中国政法大学
	03BFX026	WTO规则与中国经济法发展问题研究	WTO规则视角下的中国经济法及其发展研究	黄进才	河南师范大学
	03BFX027	完善我国知识产权制度研究	中国知识产权的制度评价与立法完善	吴汉东	中南财经政法大学
	03BFX035	我国集团诉讼改革研究	我国集团诉讼改革研究	汤维建	中国人民大学法学院
	03BFX040	中国农民的社会保障问题	中国农民社会保障制度研究	刘翠霄	中国社会科学院法学研究所
	03BFX041	毒品犯罪证据研究	毒品犯罪证据研究	崔 敏	中国人民公安大学
	03CFX012	完善我国知识产权保护制度研究	完善我国知识产权保护制度研究	刘亚军	吉林大学法学院
	04AFX006	洗钱罪与对策研究	洗钱犯罪及其对策研究	张 军	司法部

学科	批准号	项目名称	成果名称	负责人	工作单位
法学	04BFX027	银行资产法律问题研究	银行资产证券化法律问题研究	管晓峰	中国政法大学民商经济法学院商法研究所
	04BFX031	环境法学基础理论创新研究	环境法学基本理论	陈泉生	福州大学法学院
	04BFX046	虚拟财产法律保护体系的构建	虚拟财产法律保护体系的构建	刘惠荣	中国海洋大学法学院
	04BFX050	法的实施与纠纷解决机制研究	纠纷解决的理论与实践	范　愉	中国人民大学法学院
	04BFX057	WTO框架下竞争规则的设立与我国竞争法的完善	WTO框架下竞争规则的构建与我国竞争法体系的完善	张瑞萍	北京交通大学法律系
	04CFX011	公平交易与竞争立法完善中的难点问题研究	公平交易与竞争立法完善中的难点问题研究	王先林	安徽大学经济法制研究中心
	04CFX018	行业组织研究	自治、监督与平衡——行业协会研究报告	黎　军	深圳大学法学院
	04CFX020	生态补偿制度研究	生态补偿法律制度	曹明德	西南政法大学经济贸易法学院
	04XFX001	中国特色的权力制约与监督法律制度研究	中国特色的权力制约监督机制研究	喻　中	中共重庆市委党校
	04XFX003	有限责任制度的法经济学研究	有限责任制度的法经济学研究	夏雅丽	西北大学法学院
	04XFX008	西部大开发中公共资源招标拍卖的监督管理研究	西部大开发中公共资源招标拍卖的监督管理研究	侯水平	四川省社会科学院

学科	批准号	项目名称	成果名称	负责人	工作单位
法学	04XFX018	西部大开发中新疆少数民族文化遗产的保护和立法研究	西部大开发中新疆少数民族文化遗产的保护和立法研究	白京兰	新疆大学法学院
	05BFX021	债权总则给付障碍法的体系建构	债权总则给付障碍法的体系建构	杜景林	对外经济贸易大学中德学院
	05BFX042	刑事诉讼法修改研究	刑事诉讼法再修改理性思考	樊崇义	中国政法大学诉讼法学研究中心
	05BFX045	公益诉讼法律制度研究	公益诉讼法律制度研究	颜运秋	湘潭大学法学院
	05CFX003	中国传统法律推理的理念与技术	中国传统法律推理的理念与技术	王志强	复旦大学法学院
	05CFX010	关联交易的法律问题研究	关联交易的法律问题	李建伟	中国政法大学民商经济法学院
	06BFX007	英国司法制度史研究	英国司法制度史	程汉大	山东师范大学政治法律学院
国际问题研究	99CGJ004	当代中东民族问题的国际化与地区战略安全格局	当代中东民族问题的国际化与地区安全格局	王联	北京大学国际关系学院
	00BGJ006	21世纪的国际经济规则	21世纪国际经济规则——经济全球化视角	张汉林	对外经济贸易大学
	02BGJ005	中东、里海油气和中国能源安全战略	中东、里海油气和中国能源安全战略	钱学文	上海外国语大学中东研究所

续附表

学科	批准号	项目名称	成果名称	负责人	工作单位
国际问题研究	02BGJ006	东欧及独联体国家经济转型的比较研究	东欧及独联体国家经济转型的比较研究	纪　军	中共中央党校国际战略研究所
	02BGJ014	日本处理对外贸易摩擦的经验研究	日本处理对外贸易摩擦的经验研究	王厚双	辽宁大学国际经济学院
	03BGJ004	东盟的大国平衡战略及其对中国安全环境的影响	在大国间周旋：东盟的大国平衡战略	曹云华	暨南大学东南亚所
	03BGJ009	汇率与经济增长：理论与东亚经济	汇率与经济增长：理论与东亚经验	高海红	中国社会科学院世界经济与政治研究所
	03BGJ024	当代国际关系体系转变与构建大国战略稳定框架	当代国际体系与大国战略关系	夏立平	上海国际问题研究所
	03CGJ004	外国直接投资影响下的发展中国家经济安全研究	外国直接投资影响下的发展中国家经济安全研究	崔　健	吉林大学东北亚研究院
	03CGJ008	全球治理机构与跨国非政府组织——兼论中国入世后的策略选择	全球治理机构与跨国非政府组织	王铁军	山东大学政治学与公共管理学院
	04AGJ001	新的世界格局下的"台独"与国家安全	新的世界格局下的"台独"与国家安全	余克礼	中国社会科学院台湾研究所
	04AGJ002	新世纪的中俄关系	新世纪的中俄关系	姜　毅	中国社会科学院俄罗斯东欧中亚研究所
	04BGJ006	中国—东盟教育合作机制	中国—东盟教育合作机制研究	唐晓萍	广西教育学院

学科	批准号	项目名称	成果名称	负责人	工作单位
国际问题研究	04BGJ014	跨国污染行业转移与我国利用外资的福利效应研究	跨国污染行业转移与我国利用外资的福利效应研究	牛海霞	浙江大学经济学院国际商务研究所
	04BGJ016	国际纺织品贸易一体化与我国新时期纺织服装贸易发展战略	国际纺织品贸易一体化与我国新时期纺织服装贸易发展战略	赵京霞	对外经济贸易大学国际经济研究院
	04BGJ020	国外非政府组织的现状、趋势及我对策	国外非政府组织的现状、趋势及我对策	王家瑞	中共中央对外联络部
	04BGJ023	为新的世界秩序而探索：考克斯的国际关系理论评介	为新的世界秩序而探索：罗伯特·考克斯的国际政治经济学理论评述	李　滨	南京大学公共管理学院政治与行政管理学系
	04BGJ025	七十年代以来的拉美新自由主义结构改革及其评价	拉美新自由主义改革的兴起与衰落：1973～2003	王晓燕	中国社会科学院拉丁美洲研究所
	04CGJ002	建立中日韩自由贸易区与我国的对策研究	建立中日韩自由贸易区与我国的对策研究	廉晓梅	吉林大学东北亚研究院
	04CGJ003	南亚次大陆经济发展与区域安全	南亚次大陆的经济发展与区域安全	邓常春	四川大学南亚研究所
	04XGJ005	费尔干纳：伊斯兰极端主义运动	费尔干纳：伊斯兰极端主义运动	石　岚	新疆维吾尔自治区社会科学院中亚研究所
	05BGJ001	中国民间对日索赔运动研究	追索正义与尊严的艰难诉求——中国民间对日索赔研究	苏智良	上海师范大学

学科	批准号	项目名称	成果名称	负责人	工作单位
国际问题研究	05BGJ002	"新开放观"研究——经济全球化条件下开放效益的理论分析	新开放——对外开放理论与战略再探索	张幼文	上海市社会科学院世界经济研究所
	05BGJ013	国家安全战略中的危机决策	国家安全危机决策	唐永胜	国防大学战略教研部
	05BGJ018	印度对我国西藏政策研究报告	印度对我国西藏政策研究报告	赵　萍	中共西藏自治区委党校
	05BGJ024	俄罗斯、中亚地区的能源问题及对我国的影响研究	俄罗斯、中亚地区的能源问题及对我国的影响研究	季志业	中国现代国际关系研究院
	05CGJ007	外国直接投资与国家生态环境安全研究	外国直接投资与国家生态环境安全研究	徐　鹤	南开大学环境与社会发展研究中心
中国历史	99BZS013	先秦社会思想研究	先秦社会思想研究	晁福林	北京师范大学历史系
	99BZS016	黄河中下游水利史研究	黄河中下游地区水利史	程有为	河南省社会科学院历史研究所
	99CZS002	历史时期西北地区民间信仰与自然环境的关系研究	宗教信仰与环境效应——明清时期陕西宗教信仰地域扩散的个案研究;太白山信仰与关中气候——感应与行为地理学的考察	张晓虹	复旦大学中国历史地理研究所
	00BZS026	国民政府时期农村基层政权研究	绅权·党权·政权:国民政府时期县以下基层政治研究	王奇生	中国社会科学院近代史研究所

学科	批准号	项目名称	成果名称	负责人	工作单位
中国历史	00BZS027	中国近代城市规划史（1840~1949）	中国近代城市规划史（1840~1949）	李百浩	武汉工业大学建筑学院
	01AZS001	历史时期长江中游地区的人类活动与环境变迁	历史时期长江中游地区人类活动与环境变迁研究	张建民	武汉大学人文学院历史系
	01BZS004	商代史	商代史	宋镇豪	中国社会科学院历史研究所
	01BZS011	明清"招商"政策与东西部区域经济关系研究	明清"招商"政策与东西部经济关系研究	刘森	苏州大学
	01BZS016	环北京地区森林变迁和生态灾难历史研究	历史上环北京地区森林变迁和生态灾害的关系	董源	北京林业大学林业史研究室
	01BZS020	齐鲁文化与当代民族文化的建构	齐鲁文化与当代民族文化的建构	王志民	山东师范大学齐鲁研究中心
	01BZS021	在华英文媒体与近代早期的中西关系	商人、媒体与1830年代的中英关系	吴义雄	中山大学历史系
	01BZS032	博览会与近代中国	博览会与近代中国	马敏	华中师范大学
	01EZS001	中国家谱总目	中国家谱总目	王鹤鸣	上海图书馆
	02BZS006	清代州县行政和乡里制度研究	清代州县行政和乡里制度研究	魏光奇	首都师范大学历史系
	02BZS021	内阁蒙古堂档与喀尔喀汗国史研究	内阁蒙古堂档与喀尔喀汗国史研究	宝音德力根	内蒙古大学蒙古学学院

续附表

学科	批准号	项目名称	成果名称	负责人	工作单位
中国历史	02BZS024	儒学·书院·社会——文化社会学视野中的书院	儒学·书院·社会——社会文化史野中的书院	肖永明	湖南大学岳麓书院文化研究所
	02BZS033	殖民统治下台湾民众的文化认同对国家认同的影响——台湾"皇民化运动"研究	台湾民众国家认同演变研究	徐鲁航	广东省汕头大学台湾研究所
	02BZS037	乡绅与乡村社会结构的历史变迁——1901～1937年的中国乡村社会	变动时代的乡绅——乡绅与乡村社会结构（1901～1945）	王先明	南开大学历史学院
	02BZS040	近代（1840～1919）湘籍政治家群体与中国近代化进程关系研究	近代湘籍政治家群体与中国近代化（早期现代化）进程关系研究	刘云波	湖南省社会科学院历史研究所
	02CZS005	东晋十六国南北朝侨州郡县与侨流人口研究	东晋南朝侨州郡县与侨流人口研究	胡阿祥	南京大学历史学系
	03AZS002	民本思想与中国古代统治思想的关系研究	民本思想与中国古代统治思想	张分田	南开大学历史学院
	03BZS001	中国实录体史学研究	中国实录体史学研究	谢贵安	武汉大学人文学院历史系
	03BZS004	中国历史上秘密结社与民间宗教研究	秘密社会与中国革命	邵雍	上海师范大学人文学院历史系
	03BZS012	简牍与秦汉社会	简牍与秦汉社会	于振波	湖南大学岳麓书院文化研究所

学科	批准号	项目名称	成果名称	负责人	工作单位
中国历史	03BZS020	近代康藏民族关系史	近代康藏民族关系史	任新建	四川省社会科学院康藏研究中心
	03BZS022	日本现存南京大屠杀史料研究	日本现存南京大屠杀史料研究	程兆奇	上海社会科学院历史研究所
	03BZS030	唐宋科学技术进步与生产力、环境关系研究	唐宋科学技术与经济发展的关系研究	郑学檬	厦门大学人文学院历史系
	03BZS031	中国古代城市的发展与功能研究	宋辽金元城市发展研究	韩光辉	北京大学环境学院历史地理研究中心
	03BZS033	结合海外的实地考察论郑和下西洋	海外考察论郑和	孔远志	北京大学东南亚文化研究所
	03CZS010	中国江南地区一个家族的变迁：洞庭席家研究	中国江南地区一个家族的变迁：洞庭席家研究	马学强	上海市社会科学院历史研究所
	04BZS026	危机与应对：自然灾害与唐代社会	危机与应对：自然灾害与唐代社会	阎守诚	首都师范大学历史系
	04BZS036	晚清学术传统与现代学术的建立	晚清学术传统与现代学术的建立——以汉学为中心的研究	罗检秋	中国社会科学院近代史研究所
	04CZS012	19世纪以来中国与吉尔吉斯关系研究	19世纪以来的柯尔克孜族及中国与吉尔吉斯斯坦关系研究	阿斯卡尔·居努斯	新疆维吾尔自治区社会科学院历史研究所
	05CZS003	《四库全书总目》研究史	《四库全书总目》研究史	陈晓华	首都师范大学历史系
	05XZS005	夜郎文化史	夜郎文化史	王鸿儒	贵州省社会科学院文化研究所

续附表

学科	批准号	项目名称	成果名称	负责人	工作单位
中国历史	05XZS014	西藏地方经济史（古近代）	西藏地方经济史（古近代）	陈崇凯	西藏民族学院
世界历史	01BSS001	部落联盟与酋邦	部落联盟与酋邦	易建平	中国社会科学院世界历史所
	01BSS002	历史与现实：世界文化多元化研究	历史与现实：世界文化多元化研究	王晓德	南开大学
	01BSS008	20世纪美国对中国西藏政策研究	美国在西藏的游戏——20世纪美国对中国西藏政策研究	李晔	东北师范大学历史系
	01BSS011	国际冷战中的大国战略关系研究（1949~1972）	国际冷战中的大国战略关系研究（1949~1972）	徐天新	北京大学历史学系
	02BSS004	古代巴尔干地区国家、民族、宗教问题研究	拜占延帝国统治下的巴尔干半岛	陈志强	南开大学历史学院
	03BSS011	英国对土耳其海峡政策的演变	英国对土耳其海峡政策的演变（18世纪末至20世纪初）	赵军秀	首都师范大学历史系
	03CSS002	战后美国高技术产业区研究	美国高技术城市研究	韩宇	厦门大学历史学系
	04BSS010	16~19世纪中亚各国与俄国关系论述	16~19世纪中亚各国与俄国关系论述	蓝琪	贵州师范大学历史与政治学院
考古学	01AKG002	宝丰清凉寺汝窑址的发现与研究	宝丰清凉寺汝窑	孙新民	河南省文物考古研究所

学科	批准号	项目名称	成果名称	负责人	工作单位
考古学	03BKG005	曾国青铜器	曾国青铜器	张昌平	湖北省文物考古研究所
	04BKG008	元明清遗存蓝札体梵文文物的解读与研究	元明清遗存蓝札体梵文文物的解读与研究	张保胜	北京大学东方学研究院
	04CKG001	中国西北地区先秦时期的自然环境与文化发展	中国西北地区先秦时期的自然环境与文化发展	韩建业	北京联合大学应用文理学院
民族问题研究	00BMZ008	尹湛纳希与我国多民族文化	尹湛纳希文化主义思想解读	布仁门德	内蒙古民族师范学院科研处
	00CMZ003	云南直过民族生产方式的变迁及管理体制创新研究	云南"直过民族"生产方式的变迁及管理体制创新研究	那金华	云南民族学院
	01BMZ008	澳门土生葡人研究	明清时期澳门土生族群的形成、发展与变迁	汤开建	暨南大学
	01BMZ009	内蒙古通史	内蒙古通史	郝维民	内蒙古大学蒙古学研究院
	01CMZ001	中国多民族国家的民族理论——新范式的探索	中国多民族国家的民族理论——新范式的探索	周传斌	宁夏大学政法学院
	01CMZ002	中国朝鲜族聚居区民族和睦成因研究	中国朝鲜族聚居区民族和睦成因研究	刘智文	吉林省民族研究所
	02AMZ003	中亚民族史	中亚民族史	魏良弢	南京大学民族研究所
	02BMZ003	历代达赖喇嘛与中央政府关系研究	历代达赖喇嘛与中央政府关系研究	马连龙	青海省社会科学院

学科	批准号	项目名称	成果名称	负责人	工作单位
民族问题研究	02BMZ011	中国南方跨国民族"和平跨居"模式研究	和平跨居论——以中国南方与大陆东南跨国民族地区为例	周建新	广西民族学院
	02BMZ013	贵州少数民族面具文化研究	贵州少数民族面具文化研究	顾朴光	贵州民族学院历史系
	02CMZ005	泸沽湖周边及香格里拉民族文化生态与经济协调发展	泸沽湖周边及香格里拉民族文化生态与经济协调发展	李 锦	四川省民族研究所
	03BMZ002	民族传统文化发展创新与高原小康社会建设研究	民族传统文化发展创新与高原小康社会建设研究	贾晞儒	青海民族学院民族研究所
	03BMZ003	西南少数民族地区村民选举的实施与效益的研究	西南少数民族地区村民选举的实施与效益的研究报告；西南少数民族地区村民选举的变迁	龚慕霞	贵州大学政治学系（马列部）
	03BMZ015	长江上游四川横断山区生态移民研究	长江上游四川横断山区生态移民研究	李星昌	四川省民族研究所
	03BMZ017	城市化中猎牧民族的游牧与定居问题研究	城市化中猎牧民族的游牧与定居问题研究	李·吉尔格勒	中共内蒙古自治区委党校
	04AMZ003	中国少数民族口头和非物质遗产抢救保护和人的发展政策研究	少数民族非物质文化遗产抢救、保护和人的发展政策研究	赵学义	国家民委民族问题研究中心

学科	批准号	项目名称	成果名称	负责人	工作单位
民族问题研究	04BMZ005	关于维吾尔族起源、形成和发展问题的探索	关于维吾尔族起源、形成和发展问题的探索	田卫疆	新疆维吾尔自治区社会科学院历史研究所
	04BMZ018	西部人才政策措施实施效果的调查与评估	西部人才政策措施实施效果的调查与评估研究	胡跃福	湖南省社会科学院
	04BMZ023	全面建设小康社会与少数民族地区经济社会发展	全面建设小康社会与加快少数民族地区经济社会发展	张文奎	内蒙古政协文史委员会
	04BMZ027	哈萨克族经济生产方式转型与社会文化变迁调查研究	哈萨克族经济生产方式转型与社会文化变迁调查研究	周亚成	新疆大学人文学院
	04BMZ033	中国北方牧区放牧制度研究	中国北方牧区放牧制度研究	敖仁其	内蒙古自治区社会科学院
	04CMZ004	西北民族地区经济与社会协调发展研究	西北民族地区经济与社会协调发展研究	岳天明	西北师范大学政法学院
	05BMZ007	民族区域自治制度的发展与完善——自治区自治条例研究	民族区域自治制度的发展与完善——自治区自治条例研究	宋才发	中央民族大学
	05BMZ011	西藏民族地区"兴边富民"与边疆安全问题研究	西藏民族地区"兴边富民"与边疆安全问题研究——以林芝、山南地区为例	阿旺次仁	西藏自治区社会科学院
	05BMZ022	汉藏民族关系史	汉藏民族关系史略	蒲文成	青海省政协

续附表

学科	批准号	项目名称	成果名称	负责人	工作单位
民族问题研究	05BMZ036	四川民族地区水电工程移民政策创新研究	四川民族地区水电工程移民政策创新研究	庄万禄	西南民族大学
	05CMZ003	西藏藏药产业发展对策研究	西藏藏药产业发展对策研究	占　堆	西藏大学
	05XMZ011	新疆少数民族大学生就业问题研究	新疆少数民族大学生就业问题研究	綦群高	新疆农业大学人文社会科学院
	05XMZ036	青藏地区"汉藏走廊"的形成及经济社会发展问题研究	青藏地区"汉藏走廊"的形成及经济社会发展问题研究	刘景华	青海省社会科学院
宗教学	00BZJ008	中国历代王朝对民间宗教的政策措施	民间宗教教派的嬗变与历代王朝的统治措施	马西沙	中国社会科学院世界宗教研究所
	01AZJ003	我国社会主义初级阶段邪教问题的根源及治理对策研究	当代中国邪教成因及治理对策	谭松林	中国国际友谊促进会
	01BZJ002	藏传佛教因明学名著翻译系列	藏传佛教因明学名著翻译系列	万　果	西南民族学院藏学系
	02BZJ001	宗教人类学学说史	宗教人类学学说史纲要	金　泽	中国社会科学院世界宗教研究所
	02CZJ001	云南阿吒力教经典研究	云南阿吒力教研究：学术史、史料考辨、经典和法会	侯　冲	云南省社会科学院宗教研究所

续附表

学科	批准号	项目名称	成果名称	负责人	工作单位
宗教学	02CZJ002	生命的安顿——佛教涅槃思想研究	生命的安顿——佛教涅槃思想研究	赵行良	湖南省湘潭师范学院法学院哲学系
	02EZJ001	中华基督教全国总会"边疆服务"研究	中华基督教会全国总会边疆服务研究	杨天宏	四川师范大学历史系
	03AZJ001	马克思主义宗教观研究	马克思主义宗教观研究	陈荣富	杭州商学院
	03BZJ003	佛教戒律与中国古代道德法律的相互影响	佛教戒律与中国古代道德法律的相互影响	严耀中	上海师范大学人文学院
	03BZJ013	明代大慈法王研究	明代大慈法王研究	陈楠	中央民族大学
	04BZJ017	《札芭岭扎》译注	《札芭岭扎》译注	顿珠拉杰	西藏自治区社会科学院宗教所
	04XZJ002	彝族原始宗教研究	彝族原始宗教研究	张纯德	云南民族大学西部民族研究中心
	05XZJ009	抵御境外敌对势力利用宗教进行渗透的对策研究——云南跨境民族中的宗教渗透与反渗透	抵御境外敌对势力利用宗教进行渗透的对策研究——云南跨境民族中的宗教渗透与反渗透	张桥贵	云南民族大学党委行政办公室
中国文学	97BZW017	明清山水审美意识研究	明代山水审美研究	夏咸淳	上海社会科学院文学研究所
	98BZW001	邓小平文艺思想、江泽民关于文艺的论述与新时期文学	邓小平文艺思想论稿；邓小平文艺思想与新时期文学	邱明正	上海社会科学院文学研究所

学科	批准号	项目名称	成果名称	负责人	工作单位
中国文学	01AZW001	西方文论影响下的我国新时期文论的发展与有中国特色文学理论体系建构研究	中国新时期文艺学史论	曾繁仁	山东大学校办
	01BZW016	魏晋南北朝文化思潮与文人集团、文学流派研究	魏晋南北朝文化思潮与文人集团、文学流派研究	詹福瑞	河北大学人文学院
	01BZW018	元和诗歌双向接受史的文化学考察	元和诗歌传播接受史的文化学考察	尚永亮	武汉大学人文科学学院中文系
	01BZW026	中国戏曲传播接受史	中国戏曲传播接受史	赵山林	华东师范大学中文系
	01BZW028	汉文化特色及形成	汉代文化特点及形成	杨树增	海军大连舰艇学院政治系
	01BZW029	《乐府诗集》研究	《乐府诗集》研究	王小盾	上海师范大学人文学院
	01BZW030	唐代诗歌与其他文体关系研究	唐诗和其他文体关系研究	余恕诚	安徽师范大学中国诗学研究中心
	01BZW037	1949～2000中外文学比较史	1949～2000中外文学比较史	朱栋霖	苏州大学
	01BZW042	20世纪旧体词研究	20世纪旧体诗词研究	陈友康	云南民族学院汉语言文学系
	01CZW003	先秦时期的语言观及其对中国文学的影响	商周社会语言活动及观念研究	沈立岩	南开大学中文系
	02AZW003	中国古代戏剧形态研究	中国古代戏剧形态研究	黄天骥	中山大学中文系

续附表

学科	批准号	项目名称	成果名称	负责人	工作单位
中国文学	02BZW020	类群理论与杂剧的生成	类群理论与杂剧的生成	刘晓明	广州大学
	02BZW034	清代诗歌与中国传统诗学	清代诗歌与中国传统诗学	石玲	山东师范大学齐鲁文化研究中心
	02BZW049	建国后 17 年（1950～1966）中外文学关系研究	建国后 17 年（1950～1966）中外文学关系研究	方长安	武汉大学中文系
	02BZW054	20 世纪海外华文文学综论	山外青山天外天——海外华文文学综论	王宗法	安徽大学中文系
	02CZW001	中国现代文学观念的起源与演变	20 世纪中国现代型文学观念研究	马睿	四川大学文学与新闻学院
	03BZW003	当代中国文学与先进文化	先进文化与当代文学	张炯	湖南大学中国语言文学学院
	03BZW004	中国古代叙事思想研究	中国古代叙事思想研究	赵炎秋	湖南师范大学文学院
	03BZW012	《四库全书总目》中的文学批评	《四库全书总目》中的文学批评	郭丹	福建师范大学文学院
	03BZW017	辞赋文体研究	辞赋文体研究	郭建勋	湖南大学文学院
	03BZW018	文学史学原理研究	文学史学原理研究	董乃斌	上海大学文学院中文系
	03BZW023	《史记》与民族精神	《史记》与民族精神	池万兴	西藏民族学院语文系
	03BZW030	元代文学思潮与诗文流派	元代文学思潮与诗文流派	查洪德	安阳师范学院
	03BZW037	两宋词人丛考	两宋词人丛考	王兆鹏	武汉大学中文系

学科	批准号	项目名称	成果名称	负责人	工作单位
中国文学	03CZW001	闽粤赣客家文学史论纲	客家文化与文学；闽粤赣客家文学史纲；客家山歌文学研究	钟俊昆	赣南师范学院
	03CZW008	20世纪中国文学中的母爱主题和儿童教育	"乳汁"与"蜂蜜"——20世纪中国文学中的母爱主题和儿童教育	翟瑞青	山东省德州学院中文系
	04BZW014	中国戏曲通鉴	中国戏曲通鉴	王永宽	河南省社会科学院
	04BZW021	李杜之变与唐代文化转型	李杜之变与唐代文化转理	葛景春	河南省社会科学院
	04BZW041	20世纪中国诗学与西方诗学的关系研究	西方资源与本土语境——20世纪中西诗学关系研究	谭桂林	湖南师范大学
	04BZW043	开创现代中国文学研究的新空间——民国报纸文艺副刊研究	开创现代中国文学研究的新空间——民国报纸文艺副刊研究	郭武群	天津市社会科学院文学研究所
	04BZW052	华人新生代作家和新华侨华人作家的比较研究	华人新生代作家和新华侨华人（新移民）作家的研究	黄万华	山东大学文学与新闻传播学院
	04BZW057	中国新文学版本批评	新文学的版本批评	金宏宇	武汉大学中文系
	04BZW058	民间叙事传统与故事传承研究	民间叙事传统与故事传承——以湖北省长阳都镇湾土家族故事传承人为例	林继富	华中师范大学文学院
	04BZW059	柯尔克孜民间文学中的帕米尔现象	柯尔克孜民间文学中的帕米尔流派	曼拜等	新疆师范大学人文学院中国文学系

学科	批准号	项目名称	成果名称	负责人	工作单位
中国文学	04BZW062	中国蒙古文学学术史	中国蒙古文学学术史	巴·苏和	内蒙古民族大学
	04CZW006	汉语诗歌的音乐形式及其变迁	寂静之音——汉语诗歌音乐形式及其历史变迁	沈亚丹	东南大学人文学院
	04XZW001	礼俗仪式与先秦诗歌演变研究	礼俗仪式与先秦诗歌演变研究	韩高年	西北师范大学文学院
	04XZW002	从人与自然关系的嬗变看意境型诗歌的生成和流变	从人与自然关系的嬗变看意境型诗歌的生成和流变	王建疆	西北师范大学文学院
	04XZW004	唐代侠风与文学	唐代侠风与文学	汪聚应	天水师范学院
	04XZW005	新中国文艺政策的文化阐释	新中国文艺政策的文化阐释	周晓风	重庆师范大学
	05BZW040	"中国现代文学"与"中国当代文学"之关联研究	断裂与连续：中国现当代文学的知识谱系学	李　杨	北京大学中文系
	06CZW016	伪满洲国时期文学研究	异态时空中的精神世界——伪满洲国文学研究	刘晓丽	华东师范大学中文系
外国文学	95BWW006	篇章语义学	英汉概念结构对比	陆国强	复旦大学外国语言文学系
	00BWW005	美国文艺复兴时期经典作家研究	美国文艺复兴经典作家的政治文化阐释	杨金才	南京大学外国语学院
	00CWW004	现代日本文学批评史	现代日本文学批评史	叶　琳	南京大学外国语学院日语系
	01EWW001	艾丽斯·沃克与当代美国女性文学	艾丽斯·沃克与当代美国女性文学	王晓英	南京师范大学外国语学院

学科	批准号	项目名称	成果名称	负责人	工作单位
外国文学	03BWW008	印度现当代文学与后殖民主义	后殖民：印英文学之间	石海军	中国社会科学院外国文学研究所
	03BWW011	文艺复兴时期英国诗歌与园林传统	文艺复兴时期英国诗歌与园林传统	胡家峦	北京大学外国语学院英语系
	04BWW010	加拿大英语文学发生与发展研究	加拿大英语文学发生与发展研究	冯建文	兰州大学加拿大研究中心
	04BWW016	法国现当代左翼文学	法国现当代左翼文学	吴岳添	湘潭大学
	04BWW019	跨文化视野中的卡夫卡研究	卡夫卡研究	曾艳兵	青岛大学文学院
	04CWW006	中国德语文学研究史	中国德语文学研究史（1949 年前）	叶　隽	中国社会科学院外国文学研究所
	05BWW002	思想认同的焦虑：后殖民理论旅行中的对话和超越精神	思想认同的焦虑——旅行后殖民理论的对话和超越精神	陶家俊	四川外语学院研究生部
	05BWW011	拉斯普京创作研究	拉斯普京创作研究	孙玉华	大连外国语学院院长办公室
	05BWW021	约翰·巴斯小说研究	约翰·巴斯小说研究	王建平	东北大学
语言学	00BYY019	《庄子》句型研究	《庄子》动词配价研究	殷国光	中国人民大学中文系
	00BYY020	唐五代语法研究	唐五代语法研究	吴福祥	中国社会科学院语言研究所
	00CYY002	甘青地区独有民族语言文化的区域特征研究	甘青地区特有民族语言文化的区域特征	钟进文	中央民族大学文学艺术研究所

学科	批准号	项目名称	成果名称	负责人	工作单位
语言学	01BYY005	欧美学生汉语语法学习和认知专题研究	欧美学生汉语语法学习和认知的专题研究	崔希亮	北京语言文化大学对外汉语研究中心
	01BYY008	中国学生的英语学习自我形象研究	中国学生的英语语音自我概念研究	王初明	广东外语外贸大学
	01BYY011	全国高校英语教师师资培养模式研究	全国高校英语教师师资培养模式研究	刘润清 周 燕	北京外国语大学中国外语研究中心
	01BYY013	官话方言内部比较研究	官话方言内部比较研究	钱曾怡	山东大学文学院
	01BYY017	中古汉语词汇研究——汉译佛典词汇研究	中古汉语词汇研究——汉译佛典语言研究	颜洽茂	浙江大学汉语史研究中心
	01BYY019	《金瓶梅》语言研究	《金瓶梅》语法研究	蒋宗福	西南师范大学汉语言文献研究所
	01BYY026	西域诸语言的接触与影响——汉语及其他语言在维语发展过程中的影响	西域诸语言的接触与影响——外来语对维吾尔语的影响；维吾尔语外来词词源词典	阿尔斯兰	新疆大学人文学院中文系
	01BYY028	藏缅语、壮侗语、苗瑶语语法类编	汉藏民族语言语法类编	黄 行	中国社会科学院民族研究所
	01BYY029	阿拉伯语与阿拉伯——伊斯兰文化	阿拉伯——伊斯兰文化与阿拉伯语	国少华	北京外国语大学阿拉伯语系
	01CYY003	隋唐五代楷书整理与研究	隋唐五代碑志楷书构形系统研究	齐元涛	北京师范大学中文系
	02BYY001	形式语言学研究	形式语言学研究	宁春岩	湖南大学外语学院

续附表

学科	批准号	项目名称	成果名称	负责人	工作单位
语言学	02BYY024	闽、台闽南方言韵书比较研究	闽、台闽南方言韵书比较研究	马重奇	福建师范大学文学院
	02BYY030	面向信息处理的现代汉语元语言系统研究	元语言系统研究的理论和方法——基于对象语言和工具语言的原创	李葆嘉	南京师范大学文学院
	02BYY036	对蒙古语语料库的短语标注	现代蒙古语短语标注语料库	华沙宝	内蒙古大学蒙古学学院
	02BYY037	湘西鄂西杂居区少数民族语言受汉语影响研究	湘西苗语、土家语受汉语影响论——语言接触个案	杨再彪	吉首大学中文系
	02BYY041	自由派翻译传统的梳理	自由派翻译传统的梳理	张彩霞	山东师范大学大学外语教学部
	03BYY002	英汉语多维连贯系统研究：语言类型学比较及在小说翻译中的应用	英汉语多维连贯系统研究：语言类型学比较及在小说翻译中的应用	王东风	中山大学
	03BYY006	方言对儿童语音意识的形成与阅读能力发展的影响	方言对儿童语音意识的形成与阅读能力发展的影响	李荣宝	福建师范大学
	03BYY010	石鼓文诂林	石鼓文诂林	徐宝贵	吉林师范大学文学院
	03BYY019	计算语言学方法研究	计算语言学方法研究	冯志伟	教育部语言文字应用研究所
	03BYY027	入湘三峡移民的语言交际问题研究	入湘三峡移民语言及其交际问题研究	刘青松	中南大学文学院
	03BYY032	东汉魏晋疑伪佛经的语言学鉴别研究	东汉三国疑伪装佛经考辨研究	方一新	浙江大学中文系

续附表

学科	批准号	项目名称	成果名称	负责人	工作单位
语言学	03BYY035	藏汉语亲属关系研究	藏汉语亲属关系研究	王志敬	西藏大学藏学系
	03BYY041	当代西方修辞学的流派与汉语修辞学发展研究	20世纪西方修辞学理论研究	温科学	广西大学外国语学院
	04BYY011	外国留学生习得不同标记汉语句子的实验研究	外国留学生习得不同标记汉语句子的实验研究	王永德	上海财经大学
	04BYY016	《回回药方》的阿汉对音与元代汉语语音研究	《回回药方》的阿汉对音与元代汉语语音研究	蒋冀骋	湖南师范大学
	04BYY026	对语音变化的类型和模式化研究	语音变化类型与模式研究报告论文集	陈肖霞	中国社会科学院语言研究所
	04BYY030	汉语处所词的类型和共性研究	类型学视野下的汉语空间短语研究	储泽祥	华中师范大学语言与语言教育研究中心
	04BYY036	蒙古语术语规范化标准化问题研究	蒙古语术语研究	巴特尔	内蒙古自治区社会科学院
	04BYY039	中国大学生英语口语能力发展的规律与特点	中国大学生英语口语能力发展的规律与特点	文秋芳	北京外国语大学
	04CYY013	语言世界图景的文化阐释	语言世界图景的文化阐释	彭文钊	中国人民解放军外国语学院
	05BYY004	现代汉语的历时发展演变研究	现代汉语的历时发展演变研究	刁晏斌	辽宁师范大学文学院
	06CYY012	现代汉语旁指代词的功能研究	现代汉语旁指代词的功能研究	彭爽	东北师范大学

续附表

学科	批准号	项目名称	成果名称	负责人	工作单位
新闻学	98BXW005	新闻传媒产业经营研究——中国新闻出版业的产业化	新闻出版产业经营研究	吴海民	中国引进时报
	01BXW001	中国动画事业现状与发展研究	中国动画事业现状与发展研究	郭　虹	复旦大学新闻学院
	01BXW003	少数民族语文的新闻事业研究	中国少数民族新闻传播通史；中国当代少数民族新闻事业调查报告	白润生	中央民族大学
	02AXW001	21世纪初我国大众传媒发展研究	21世纪初我国大众传媒发展战略研究	胡正荣	中国传媒大学
	02AXW002	中国出版通史（八卷本）	中国出版通史	余　敏　郝振省	中国出版科学研究所
	03BXW010	现代化历史进程与百年中国传播	现代化与百年中国报刊话语嬗演——对现代化历史进程与百年中国传播的一种解读	田中阳	湖南师范大学新闻与传播学院
	03BXW013	传播媒介对"三农"的作用及指标体系研究	媒介对农功能评价指标体系设计研究	方晓红	南京师范大学新闻与传播学院
	04BXW001	江泽民新闻思想研究	江泽民新闻思想研究	陈富清	国家广播电影电视总局
	04BXW011	广播电视媒体资本运营研究	广播电视媒体资本运营研究	周明夫	中共青岛市委党校
	06BXW010	"中国威胁论"的舆论走向与对策研究	"中国威胁论"的舆论走向与对策研究	林良旗	中国外文出版发行事业局

学科	批准号	项目名称	成果名称	负责人	工作单位
图情文献学	01CTQ001	图书馆电子期刊资源的管理模式研究	图书馆电子期刊资源管理	袁琳	四川大学华西校区图书馆
	02ATQ003	企业信息资源管理战略研究	企业知识管理战略研究	霍国庆	中国科学院研究生院
	02BTQ001	基于知识管理的图书馆学创新体系研究	图书馆知识管理研究	柯平	南开大学
	02CTQ001	从传统图书馆到数字图书馆的转型研究	从传统图书馆到数字图书馆——衔接与过渡；数字图书馆应用系统——功能与服务	聂华	北京大学图书馆
	02CTQ003	中国地方志流播日本研究	中国地方志流播日本研究	巴兆祥	复旦大学历史系
	02ETQ001	西部民族地方文献数字化研究	西部民族地方文献数字化信息资源建设导论	刘泳洁	吉首大学图书馆
	02ETQ003	当代中国档案事业发展的社会文化探源	中国档案事业发展的社会文化探源	吴荣政	广西民族学院
	03BTQ001	虚拟个人数字图书馆——面向用户的数字图书馆集成方案和个性化的信息服务环境	个人数字图书馆原型系统——一个基于 OAI 的个人数字图书馆	王军	北京大学信息管理系
	03BTQ010	图书情报机构网上启发式答疑系统设计——无人值守虚拟咨询服务解决方案	图书情报机构网上启发式答疑系统设计——无人值守虚拟咨询服务解决方案	吴云标	杭州商学院

续附表

学科	批准号	项目名称	成果名称	负责人	工作单位
图情文献学	03BTQ012	IRM 及 KM 范式下的情报学发展模式研究	IRM 及 KM 范式与情报学发展研究	马费成	武汉大学信息管理学院
	03BTQ019	面向干部教育的党校信息化建设研究	面向干部教育的党校信息化建设研究	王东闽	中共福建省委党校
	03BTQ021	网络信息组织模式的优化研究	网络信息组织模式的优化研究	黄如花	武汉大学信息管理学院
	03CTQ005	现代企业制度下的企业档案信息管理研究	知识资源管理：现代企业制度下企业档案管理的大趋势	张　斌	中国人民大学档案学院
	04BTQ001	数字馆藏评价与绩效分析	数字馆藏评价与绩效分析研究报告	索传军	郑州大学图书馆
	04BTQ003	数字资源整合的理论与方法	数字资源整合的理论与方法	马文峰	中国人民大学图书馆
	04BTQ004	图书馆质量管理体系研究	图书馆质量管理体系研究	罗　曼	中山大学信息管理系
	04BTQ009	当代中国图书馆学史（1949.10～1979.12）	中国图书馆学史稿（1949 年 10 月至 1979 年 12 月）	周文骏	北京大学信息管理系
	04BTQ013	知识创新的信息保障体系研究	基于创新的知识管理体系	董小英	北京大学光华管理学院
	04BTQ026	面向网络信息组织的中文网络本体语言研究	语义网信息组织技术与方法	戴维民	中国人民解放军南京政治学院上海分院
	04CTQ005	基于中文 XML 文档的全文检索研究	基于中文 XML 文档的全文检索的创新研究	夏立新	华中师范大学信息管理系

学科	批准号	项目名称	成果名称	负责人	工作单位
图情文献学	04CTQ006	基层农业信息服务体系建设研究	零公里的探索——基层农业信息服务体系建设研究	李道亮	中国农业大学
	05BTQ004	图书馆危机管理研究	图书馆危机管理——理论与实践	刘兹恒	北京大学信息管理系
	05BTQ005	图书馆的知识转移机制研究——图书馆知识资本运营机制研究	图书馆知识资本概论	毛赣鸣	赣南师范学院
	05CTQ005	热带区域农业信息化路径和策略研究——以海南为例的分析	热带区域农业信息化路径和对策研究——以海南为例的分析	蔡东宏	华南热带农业大学经济贸易学院
	05XTQ001	弱势群体知识援助的图书馆新制度建设	弱势群体知识援助的图书馆新制度建设	贺洪明	中共贵州省委党校图书馆
人口学	01CRK001	上海就业形势的分析和预测	上海就业形势的分析和预测	肖黎春	上海社会科学院人口与发展研究所
	03BRK001	地区发展差距拉大的人口学研究	空间流动、社会流动与区域发展	李若建	中山大学政务学院人口研究所
	03CRK001	新疆维吾尔人口离婚问题研究	新疆维尔族人口离婚问题研究	艾尼瓦尔	新疆大学经管学院人口研究所
	04BRK007	人口城镇化背景下的户籍制度变迁	人口城市化背景下的户籍制度变迁——石家庄户籍制度改革案例研究	王文录	河北省社会科学院
	04CRK002	健全城市最低生活保障制度的对策研究	完善城市最低生活保障制度的对策研究	黄晨熹	华东师范大学人口研究所

续附表

学科	批准号	项目名称	成果名称	负责人	工作单位
人口学	05BRK003	振兴东北老工业基地中的人口城市化战略研究	振兴东北老工业基地中的人口城市化战略研究	景跃军	吉林大学东北亚研究院
	05BRK011	人口安全的制度安排研究	人口安全的制度安排研究	庞立	山东社会科学院人口学研究所
	05XRK001	边疆少数民族地区人力资源开发及其可持续发展研究——以云南为例	边疆少数民族地区人力资源开发及其可持续发展研究——以云南为例	杨林	云南师范大学
	06BRK001	中国人口城市化研究	中国人口城市化研究	温明春	北京理工大学人口资源环境可持续发展中心
统计学	99BTJ001	社会科学成果评估指标体系及微机处理	社会科学成果评估指标体系及微机处理	周志宽	中国社会科学院科研局
	01BTJ006	新经济增长理论与政策选择的计量模型研究	中国经济增长研究——计量模型与政策选择	肖红叶	天津财经学院统计学系
	02BTJ010	我国非正规经济的定量测估方法研究	我国非正规经济的定量测估方法研究	刘洪	中南财经政法大学
	02CTJ001	服务业复杂数据挖掘的统计方法研究	服务业数据挖掘统计方法	任仕泉	四川大学工商管理学院
	03BTJ005	处理无回答问题的模型及应用研究	处理无回答问题的模型及应用研究	金勇进	中国人民大学统计学系
	03BTJ009	中国教育产出核算问题研究与实践	中国教育产出核算问题研究与实践	罗良清	江西财经大学统计学院

学科	批准号	项目名称	成果名称	负责人	工作单位
统计学	04BTJ008	外资利用与中国经济发展的统计实证研究	外资利用与中国经济发展的统计实证研究	康　君	国家统计局
	04CTJ004	中国体制转轨绩效的统计评价与实证研究	中国经济体制转轨绩效的统计测算与对策研究	张　伟	济南大学
	05BTJ012	中国总资本水平及资本效率统计研究	中国总资本水平及资本效率统计研究	钱雪亚	浙江大学经济学院
	05CTJ004	信用风险管理中数据挖掘技术和方法的研究	信用风险管理中数据挖掘技术和方法的研究	刘京军	中山大学
	06CTJ006	相对绩效评价方法与评价体系研究	相对绩效评价方法与评价体系研究	周　宏	中央财经大学
体育学	01BTY001	奥林匹克改革对当代国际体育及中国体育的影响	奥林匹克改革对当代国际体育及中国体育的影响	任　海	北京体育大学
	01BTY002	奥林匹克运动对当代中国政治、经济、文化综合效应的研究	奥林匹克运动对当代中国政治、经济、文化综合效应的研究	李元伟	国家体育总局体育科学研究所
	01BTY009	关于我国体育管理体制改革与制度创新的研究	中国的体育管理体制改革与制度创新	金育强	湖南师范大学
	01BTY014	我国体育无形资产专门法律保护的研究	我国体育无形资产专门法律保护的研究	于善旭	天津体育学院
	02BTY010	对我国足球职业俱乐部市场化进程中法治建设的研究	对我国足球职业俱乐部市场化进程中法制建设的研究	沈建华	上海体育学院体育理论教研室

续附表

学科	批准号	项目名称	成果名称	负责人	工作单位
体育学	02BTY021	我国体育信息网络化建设的社会学、经济学分析及发展对策研究	我国体育信息网络化建设的理论与实践研究	肖沛雄	广州体育学院
	02CTY008	2008年奥运会志愿者服务的对策研究	2008奥运会志愿服务的对策研究	阚军常	哈尔滨体育学院
	03BTY002	北京2008年奥运会"人文奥运"内涵与实践研究	北京2008年奥运会"人文奥运"内涵与实践研究	孙葆丽	北京体育大学
	03BTY007	社会资本在辽宁体育人才培养中的功效研究	社会资本在辽宁运动员培养中的功效研究	徐延辉	沈阳师范大学社会学系
	03BTY008	关于我国体育赛事市场化运作的过渡性特征与对策研究	关于我国体育赛事市场化运作的过渡性特征与对策研究	杨铁黎	首都体育学院
	03BTY009	竞技体育产业市场：都市环境、需求及商业价值研究	竞技体育产业市场：都市环境、需求和商业价值研究	唐豪	上海大学
	03BTY012	转型时期中国体育伦理与法律规范的协同构建研究	当代中国体育伦理建构研究	刘湘溶	湖南师范大学校长办公室
	03BTY015	"全面小康社会多元化体育服务体系"目标任务、实现进程及对策措施研究	全面小康社会多元化全民健身服务体系研究	裴立新	广州体育学院体育理论教研室
	04ATY003	我国竞技体育发展模式的形成、演变与重构的研究	我国竞技体育发展模式的形成、演变与重构的研究	熊晓正	北京体育大学

续附表

学科	批准号	项目名称	成果名称	负责人	工作单位
体育学	04BTY005	长江三角洲竞技体育资源一体化开发的模式与机制研究	长江三角洲地区竞技体育资源一体化开发模式与机制研究	戴 健	上海体育学院体育管理系
	04BTY011	体育社团在中国体育发展中主体地位的研究	体育社团在中国体育发展中主体地位的研究	祝 莉	国家体育总局体育科学研究所
	04BTY013	对"非典"前后城镇居民体育观念与行为的研究	对"非典"前后城镇居民体育观念与行为的研究	何敏学	辽宁师范大学体育学院
	04BTY015	转型期我国体育需求与供给特征、成因及未来发展趋势与对策	转型期我国体育需求与供给特征、成因及未来发展趋势与对策	李丰祥	山东理工大学体育系
	04BTY018	西部少数民族地区群众体育的现状调查及传统体育与现代体育的融合研究	西部少数民族地区群众体育的现状调查及传统体育与现代体育的融合研究	霍 红	成都体育学院
	04BTY020	辽宁竞技体育崛起和持续发展研究	辽宁竞技体育崛起和持续发展研究	邹 师	沈阳师范大学体育科学学院
	04CTY002	我国体育健身娱乐业服务质量研究	我国体育健身娱乐业服务质量研究	刘 兵	上海体育学院
	04CTY006	小康社会的体育旅游资源开发研究	中国体育旅游研究	于素梅	周口师范学院
	04XTY001	转型时期和地区发展二元结构双重约束条件下西部地区政府竞技体育管理方式的研究	竞技体育管理方式：西部的路径与抉择	刘 青	成都体育学院经济管理系

学科	批准号	项目名称	成果名称	负责人	工作单位
体育学	05ATY002	中国体育经济政策研究	中国体育经济政策研究	隋　路	辽宁省沈阳市体育局
	05BTY006	闽台两地体育文化及交流在祖国统一大业中的作用与地位及功能拓展对策研究	闽台两地体育文化及交流在祖国统一大业中的作用与地位及功能拓展对策研究	陈少坚	集美大学体育学院
	05BTY020	当代中国竞技体育非均衡发展模式的研究	当代中国竞技体育非均衡发展模式的研究	于文谦	辽宁师范大学体育学院
	05XTY003	少数民族传统体育学科体系建设研究	少数民族传统体育学科建设研究	赵静冬	云南民族大学体育学院

图书在版编目（CIP）数据

国家社科基金项目成果选介汇编　第四辑/全国哲学社会科学规划办公室编 . - 北京：社会科学文献出版社，2008.2
ISBN 978 - 7 - 5097 - 0060 - 0

Ⅰ.国...　Ⅱ.全...　Ⅲ.社会科学 - 科技成果 - 汇编 - 中国　Ⅳ. C12

中国版本图书馆 CIP 数据核字（2008）第 013165 号

国家社科基金项目成果选介汇编　第四辑

编　　　者 /	全国哲学社会科学规划办公室
出 版 人 /	谢寿光
总 编 辑 /	邹东涛
出 版 者 /	社会科学文献出版社
地　　　址 /	北京市东城区先晓胡同 10 号
邮政编码 /	100005
网　　　址 /	http：//www. ssap. com. cn
网站支持 /	（010）65269967
责任部门 /	编辑中心（010）65232637
电子信箱 /	bianjibu@ ssap. cn
责任编辑 /	薛铭洁
责任校对 /	赵宇红
责任印制 /	盖永东
总 经 销 /	社会科学文献出版社发行部
	（010）65139961　65139963
经　　　销 /	各地书店
读者服务 /	市场部（010）65285539
排　　　版 /	北京步步赢图文制作中心
印　　　刷 /	北京四季青印刷厂
开　　　本 /	880×1230 毫米　1/32
印　　　张 /	16　字数 / 399 千字
版　　　次 /	2008 年 2 月第 1 版
印　　　次 /	2008 年 2 月第 1 次印刷
书　　　号 /	ISBN 978 - 7 - 5097 - 0060 - 0/C·0001
定　　　价 /	39.00 元

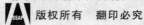